U0669049

|学|术|著|作|

主编
王纯菲　宋玉书

广告美学

GUANGGAO MEIXUE

中南大学出版社
www.csupress.com.cn

图书在版编目(CIP)数据

广告美学/王纯菲,宋玉书主编.—长沙:中南大学出版社,2015.11
(2020.7 重印)
ISBN 978 - 7 - 5487 - 1950 - 2

Ⅰ.广…　Ⅱ.①王…②宋…　Ⅲ.广告学—美学
Ⅳ.F713.80

中国版本图书馆 CIP 数据核字(2015)第 273326 号

广告美学

王纯菲　宋玉书　主编

□责任编辑　彭亚非
□责任印制　周　颖
□出版发行　中南大学出版社
社址:长沙市麓山南路　　邮编:410083
发行科电话:0731 - 88876770　　传真:0731 - 88710482
□印　　装　长沙印通印刷有限公司

□开　　本　720 mm×1000 mm　1/16　□印张 18.75　□字数 367 千字
□版　　次　2015 年 11 月第 1 版　□印次　2020 年 7 月第 3 次印刷
□书　　号　ISBN 978 - 7 - 5487 - 1950 - 2
□定　　价　55.00 元

序

高楠

《广告美学》修订再版，证明着这部教材的价值。这是一种充满生命力的延续价值。这证明它不仅合于广告业的既往与现实需要，而且合于广告业的发展需要。这部教材的作者们说，既然教材的第一版由我写了一篇序，这版教材最好仍由我写篇序，我觉得这种说法也有道理，就应允了写这篇序。

一个不争的事实是，中国当代广告是自1980年代以来，随市场经济发展起来的，中国当代广告由初生到成熟，由蹒跚学步到飞跃前行，以一种令人关注的变化态势标示着中国市场经济发展繁荣的程度。广告由此成为市场经济发展状况的晴雨表。这种一体性关系为广告研究者、制作者与传播者提供了一个基本的、重要的语境规定性，即必须把广告放到中国独特的市场经济以及随之而来的大众文化繁荣语境中去思考、研究、制作与传播。这部广告美学教材充分地注意到这一点，把广告美学思考、归纳、概括的路径，拓展为中国市场经济及大众文化通览与深思的路径。

从广告美学的角度说，广告是别出心裁的形式创意与传播表现。《广告美学》准确地抓住了广告美学的这一核心规定性，将之章、节、目地，条理化地进行教材性展开。这有四个要点需予以强调。

首先，广告是一种形式，一种传播形式，这一点特别重要，因为它关涉着广告的本质属性。广告的基本功能在于它以某种形式传达某种信息，广告传播的信息是广告形式的内容。广告形式与广告信息的形式与内容的关系很独特。通常讲的各种生活现象的形式与内容，具有互为表里的一体性关系，即形式中有内容，内容中有形式，就拿鲜花与绿树来说，鲜花既是我们看到的花的形式，同时又是这花的生命内容，花的形式凋零了，花的生命也就凋零了，同样，花的生命凋零了，花的形式也就凋零了。《红楼梦》里黛玉葬花所以感人，就在于对岁月与生命关系体验细腻的林黛玉，深刻地体悟到桃花的形式与生命的一体化关系，她埋葬的是落花逝去的生命。绿树也是这样，“一叶落知天下秋”，落叶是形式，秋的生命轮回的季节生命特征，则是这一年绿叶生命逝去的枯黄飘落的形式。人不也是一样吗？他或她的行走坐卧、举止言谈，即是他或她的外在形式，同时也是他或她的内在性格内容、精神内容，孟子说听其言观其行则知其人，人格在言行中，言行又在人格中，就是这个道理。广告就不同了，广告形式是广告传播的信息内容的特征性外加，是套上去的，只要有某些甚至某点特征的适合性或者暗合性，就可以进行形式与内容的配套，就像男人着男装，女人着女装，这是特征适合，至于男人穿什么款式的男装，女人穿什么款式的女装，其中的选择性、搭配性、随意性就大了。一个男性化妆品的广告，可以用女性去表现，比如女性留意、赞许的目光，而男人却可以完全不出现；某个品牌的洗发液，可以配之以大海的形式，蓝天白云的形式，只要这样的形式与这样的内容间能确立起某种暗合关系，如大海般的自由感，蓝天白云般的剔透感等，用精辟的广告词画龙点睛的把其中的暗合关系作以点示，也就可以了。所以广告形式是对外在于广告内容的特征性适合与暗合的表现。

其次，广告形式的这种与内容的特征性适合或暗合关系，是别出心裁地创造出来的。这里用到“别出心裁”并不是教材表述的词语，而只是一种比喻性词语，用以比喻广告形式创造的不走常路，甚至不走正路。走常路走正路了，广告形式也就平淡无味了。即是说广告形式要以出人意料、令人惊讶、使人忘情为其接受效应。这里有个创造的广告形式与所传达的信息内容的对应程度与对应的迂回程度问题。显然，广告总是有待接受的广告，它需要接受者不同程度地接受，才能产生预期的广告效应，才能成为广告。所以，这里说的广告传播的信息内容的对应程度或对应的迂回程度，就不仅是广告形式的创造者一厢情愿的事，他必须充分考虑广告受众对于广告的接受水平，广告形式与广告内容的对应程度与对应迂回接受的程度是一个创造与接受的关系尺度或关系标准，创造与接受在这种关系尺度与标准中相互作用，相互规定。回视 1980 年代末与 1990 年代的多数广告，广告形式与广告信息内容的对应性一般都采取直接对应关系，洗头液的广告就直接洗头，剃须刀片的广告就直接剃须，饮料广告就直接陈示饮料的制作原料、瓶装样式，并且直陈于喝饮料的动作。这只是初级的广告，是广告的 ABC。当然，其中也有当时的别出心裁标准，即将商品转化为有广告模特、有动作、有色彩的画面，比起很少有广告的计划经济时代的常规的口号式宣传，这已是很大的突破了。广告形式与广告内容的迂回对应，则要复杂得多，它要把低水平的直接对应的直线关系多变出几道弯，或者斜插出来，在看似没有对应关系的领域开掘形式，再把这开掘的形式以某种特征性关系，借助于受众的理解与联想，突转到广告信息内容中来。如某个电视品牌广告，创造出一个奇特的犀牛群在热带雨林奔走的形式，其中一头犀牛迎着受众奔来，哗地一声冲破电视屏幕，探出头来，在受众的大惊失色中，借助广告词点破广告形式与内容之暗合对应关系——这是一种令人身临其境的高清电视效果。这种绕着弯表现的形式与内容的关系，绕的弯越出人意外，又能瞬间收回到信息的特征性内容上来，就越别出心裁，也越能取得广告效果。

再次，创造这样广告形式与广告信息内容的别出心裁的过程，在广告中有一个专有概念，即创意。从广告美学角度说，创意不是别的，它就是别出心裁地创造广告形式与广告信息内容的迂回对应关系。现在很多领域都争着运用创意这个概念，创意越来越成为某种预设目的去开拓新思路的智慧运作，它体现为创新性的实践规划，从创新的智慧运作而言，这种创意理解合于最初被运用于广告界的创意的本意，从广告美学角度说，广告创意的独特性在于，它不是活动实践性或物质实践性的，而主要是视觉听觉形式性的。广告美学所着重研究的广告形式创意要点见于三个方面。一是寻找将要创造的广告形式与既定的广告信息内容的对应性关系，这是一个在二者的比照中进行的特征性形式因素的寻觅、发掘、组合的过程，这个过程中形式与内容的特征性确定是前提，这特征性以信息内容为基点，可以是品牌特征、功能特征、效果特征、形象特征、构成特征等等。随着这一过程的展开，广告形式便逐渐明显起来；二是所创造的广告形式与受众接受期待的对应性关系，不同受众期待不同的广告信息内容，尽管这类期待多数受众可能是不自觉的，有待引导与开发的，这就是通常说的潜在市场需求。同时，对同类广告信息内容，不同受众的期待与关注要点不同，此时与彼时的关注与期待要点也不同。就汽车广告而言，对不同品牌轿车的关注与期待，男性与女性不同，青年与中年不同，在男性与女性中，青年与中年中，又有各自的不同需求。而对同一品牌的车，不同消费者又有不同的关注，有更关注外观的，有更关注内饰的，有更关注便捷的，有更关注安全的等。广告形式创意就是要认真分析比较这类期待式需求的差异，锁定预选的受众群，针对性地使所创造的形式与选定受众的接受期待呈对应性关系，这就是广告学所特别强调的广告定位策略，定位策略在广告美学中是广告形式创意的主导性策略；三是在广告形式创造中自觉地与预先选定的受众再建立起审美接受的对应性关系。审美接受的动力与热情引发于受众的审美趣味，广告审美趣味是集中在广告形式上的对于某种形式类型、形式结构、形式要素的关注性期待。受众对广告形式的审美趣味受多方面因素的影响并且经常变动，容易受不同因素的影响，并且不同受众间也经常地、随时地产生相互影响。总体说，包括时代情趣影响、消费热点影响、时尚影响、亲和影响、习俗影响、节庆影响等。演艺明星广告尽管不断地出问题，但受众仍然保持长盛不衰的接受热情，就是在于在这类广告模特身上，常常能激发出时尚情趣、逐热情趣及亲和情趣。审美趣味作为动力性审美接受心理，它的期待性还体现为期待实现性，如果一个广告体现了受众的期待，却因为过于平直或过于迂回的表现令受众感到乏味或费解，就会使受众的广告接受期待受到冷落，并因冷落而不得实现，这样的广告形式也就失去了受众，这是创意的失败。

第四，广告是一种在传播中得以表现并产生效应的别出心裁的创意形式，顾名思义，广告是在传播中被受众接受的信息形态，这就是“广而告之”。广而告之的广，规定了广告对于传播的依托，在当下的大众传播时代，就是对于大众传媒的依托。大众传媒，按照广告学的一般性理解包括电视、广播、报纸、杂志、环境。还有最近兴起的网络即互联网。环境，该是一种新的提法，但其内容并不新，不过就是先前广告学所说的露天路牌广告，现场展示广告及各种活动广告，它们都是现实生活环境及各种社会活动环境的媒体，因此统称为环境广告更为妥帖。广告的别出心裁的创意形式既然必须成为大众传媒才能成为真正意义的广而告之即广告，那么，它的形式创意就必然是合于大众传媒规定性的形式创意，就广告美学而言，它就必然是合于大众传媒的创意形式。合于大众传媒，就是被大众传媒所规定，这里又涉及一个重要的广告审美关系，即广告创意形式与大众传媒的关系。在这一关系中，大众传媒提供着广告形式的规定性，亦即广告的大众传媒形式规定性。大众传媒形式的规定性，对于广告审美形式而言，是一种钢性规定性，是广告形式必须被规定的规定性。毫无疑问，电视广告的规定性，是规定时间里视频形式的规定性。规定时间，是空间化的时间形态，即电视广告必须把空间形式纳入规定的时间之中，这决定了电视广告在审美上视像展示的精粹性，精粹到广告模特的每一个瞬间表情，都必须具有瞬间识得的评价性、赞叹性、快适性，其中评价性是理性的，赞叹性是情感的，快适性是感性的，三者融一又要瞬间识得，靠的是创意表现的水平，而这一水平背后，是更为深厚与复杂的社会心理的理解、社会表情的理解、社会交流的理解；同时，每一个关系行为的展示，每一个品牌形象的展示，每一个广告词语的运用，都必须合于信息内容传播的需要，合于受众接受期待的需要，合于电视广告传播的需要，还要合于具体广告的意旨及总体规定性的需要。报纸广告是另一种规定，报纸广告是语言广告，即便有时可以配以形象照片，但其生动性与形象鲜明性毕竟无法与电视广告同日而语，报纸广告的长处就是语言话语的强大的可理解力与无可比拟的渗透力，对此，合于信息要点、合于受众定位、合于受众理解需求的广告语便具有了决定一切的重要性。报纸广告美便是广告词的语言美，语言的比拟性、象征性、抒情性、评点性、概括性、告知性等，被报纸广告发挥的淋漓尽致，而其中的语言审美的一般性是什么，便是广告美学须予探索的内容。报纸广告所特有的语言审美需求，使它成为语言艺术大众传媒转换的广阔天地，经典小说、经典诗歌，经由广告解构后的碎片化，以其修辞性、形象性、抒情性成为广告语言美得以凝聚的宝库。

以上对广告的审美特点所作的要点性阐发，均在《广告美学》中得到了很到位的论证与阐释。这部教材的编写者们，他们对于广告及广告美学的理解是与中国的广告业同步展开的，他们是中国首先注意到广告审美属性的广告学学者。在中国广告正处于经验积累阶段的10多年前，他们便倾心倾力地投入这一领域，在没有经验的地方，他们借助于理性建构期的美学、文艺学、艺术学、传播学的知识与经验积累，渗透性及综合性地对这一领域的经验匮乏部分进行融合贯通的理解与阐释，因为他们的坚信知识的普遍性与实践的普遍性是相通的，举一而反三是可行的。凭借这种学理自信与当时对于起步阶段的广告业的关注与经验积累，凭借对于广告教学及广告实践的责任感，他们在国内率先推出了这部《广告美学》第一版本，转瞬间，10多年过去了，这部书的作者们与中国广告业共前行共起伏。他们是中国广告业的精细的观察者，他们观察着后者的每一道狂澜每一道微波，并随时进行着经验的记录与理论的提升，他们收集这部教材在每一轮教学中与广告实践是否同步的信息，并随时进行着课堂的即时讲授中的部局调整。当下，他们中当时的中年者已渐入老年，他们中的当时的年轻人，如今已添了些许中年的白发。现在他们用进一步的理论与实践积累，修订了《广告美学》的第一版本，拿出了适应于当下的广告审美实践的解释与阐发。他们输入这部教材浸透着责任感的心血与努力，应该受到这部教材的受教者的尊重与感激。

最后要说的是，学无止境，教无止境，广告业的时代发展同样没有止境。当这部修订版教材推出时，它面对的不是一座已经游览的巍峨耸立的高山，而是一道不断流淌、不断变换着流道的大河，广告业的大河。在这几年中，仅是几年中，便铺天盖地而来的网络传播，互联网传播，使中国广告业进入了前所未进的拐点。这是真正的柳暗花明又一村。于是广告业界的奋斗者、打拼者们发现仿佛一切都变了。既往已经熟悉，已经逐渐模式化的一套广告经验路数，似乎从根本上改变了。先前在大众传媒的广告传播中已经驾轻就熟的广告创意、广告创作、广告传播的路数，由一对多的单向传播、定位性的焦点传播、迂回性的创意传播，正被多对多的、即时互动的、多元的散点传播所取代，消费者正由被广告引导的被动消费转为自主寻觅所需广告的主动消费，广告所营造的被西方后现代主义学者们称为的幻象世界，正被点击随意购买的实物世界所取代，人不再被广告的创意虚幻所包围，而是被多方面涌来的实物消费与实在消费所包围。而在这个巨大的变化过程中，广告对于欲求的引导性、开掘性正被欲求对于广告的选择性所取代。这种现实状况导致广告的审美属性由其别出心裁的创意形式属性，向着面对需求多元多向分类的信息对象所引发的广告形式的被寻觅性所取代。这是一种新的广告审美属性，即适于寻觅并易于寻觅的广告形式属性，广告形式的迂回的对应性优势被简要的一对一式的直线对应的广告形式所取代，在精心创意中按照定位策略与大众传媒顺应策略精心制作广告，被朴素的一目了然的互联网广告取代，这是广告审美属性的否定再否定式的循环式的对初级广告审美样式的超越性回归。在互联网广告的这样一种变化态势中，广告美学该如何揭示这种变化态势中的广告审美奥秘？这显然是这部《广告美学》辛勤不已、前行不已的作者们所面临的新的挑战。新修订的《广告美学》虽有所触及，但仍需深入探索。为此，我们期待着《广告美学》此修订版之后的再修定。青山日日在，春秋代季行。

以此为序。

2015 年 10 月 31 日　沈阳

目 录

第一章

美学与广告美学

广告是一种信息传播形式，如与艺术结盟、与美学牵手，就具有了传播与审美的双重价值，使受众在接收商品信息的同时获得审美的愉悦。

广告的审美价值、广告活动中的审美创造和审美接受等审美现象引起了美学界和广告学界的关注，于是“广告美学”作为美学的分支学科和广告学的分支学科出现于两个学术领域，同时作为交叉学科成为美学界和广告学界共同研究的课题。这一学科的建立，对于美学和广告学的学科建设、美学理论和广告理论的丰富具有重要意义，对于广告实践活动和社会审美文化建设同样具有重要意义。

第一节　美学与广告美学的学科关系

美学是广告美学的理论根基，为广告美学提供了理论资源，广告美学是美学向社会实践领域的延伸，反映了美学走向社会实践，进入营销传播领域的趋向。

一、以审美现象为研究对象的美学

人类在书写第一页文明史的时候，就开始了审美活动，表达了自己对美的追求。古代思想家们对人类的审美意识、审美活动、艺术经验进行了及时的总结与研究，他们对美与艺术等问题的探讨、思考，他们的美学思想与艺术观念，为美学这一学科的建立奠定了基础，成为美学理论建设的起点。1750 年，德国哲学家、美学家鲍姆嘉通出版了他的美学专著《美学》，由此美学成为一门独立的学科。鲍姆嘉通提出了“美学是感性认识的科学”，界定了美学的研究对象，说明了美学的学科性质，阐述了美学内容的构成。虽然《美学》带有明显的学科初创期的粗糙痕迹，但其学术价值和里程碑意义是不言而喻的。“正是鲍姆嘉通美学的启蒙、创始，才有康德和黑格尔对美学体系所做的系统化、完善化的工作。"①康德和黑格尔分别从主观唯心主义和客观唯心主义出发研究美学问题，建构了不同的美学体系，充实和丰富了西方美学理论，赋予了美学系统、完整的理论形态，为美学这一新兴学科的长足发展做出了贡献。马克思主义的诞生使美学研究、美学理论建设发生了质的变化。马克思主义经典作家关注审美现象，研究审美问题，提出了许多重要的美学思想、美学命题，这些思想、命题不仅成为马克思主义美学体系的理论基石，而且为美学研究、美学理论建设提供了科学的理论基础和方法，指出了新的研究途径。

中国当代美学是在马克思主义美学思想和美学命题的基础上建立起来的新学科。在此之前，中国的美学理论建设同西方一样经历了一个漫长的过程。虽然孔孟老庄等思想家的著述和诸多文艺论著如文论、诗论、词论、画论中也包含着丰富的美学思想，但这些思想家、文学家、艺术家当时还没有自觉的美学研究意识，对美的问题缺乏比较系统的理论表述，未能构筑起一个理论框架和范畴系统，所以这些蕴藏着可观的美学理论资源、具有较高美学理论价值的著述还不能算做名副其实的美学著作。19 世纪末 20 世纪初，梁启超、王国维等知识分子开始引进西方美学理论，同时采掘中国古代美学思想，用美学理论解释中国的文学和艺术，尝试着建设中国自己的美学学科。20 世纪三四十年代，朱光潜、宗白华、蔡仪等撰写了《谈美》《悲剧心理学》等一系列著述。这些为中国美学的创立做出杰出贡献的美学家或是利用西方美学和心理学的研究成果分析审美经验、审美对象，或是立足于中国美学通过比较探索中国美学的审美境界，或是运用马克思主义哲学的认识论去建设一个新的美学体系，从而把中国的美学建设推向一个新的阶段，为中国的美学学科建立打下了基础。中华人民共和国成立后，中国的美学建设获得了一个崭新的学术环境，进入了新的历史时期。在马克思主义理论和方法的指导下，新中国的学者们开始着手建立中国的美学体系。经过数十年的努力，至 20 世纪末，中国美学领域出现了前所未有的繁荣景象：大量译介西方美学著述，系统研究中国美学历史，充实和完善美学理论体系，加强各个门类艺术和社会生活的美学研究、面向全社会普及审美教育……随着美学理论队伍的壮大、科研工作的快步进展、美学论著的纷纷问世，一个富有中国特色的当代美学体系逐步构建起来。

每一学科都有自己确定的研究对象和研究目的。美学，顾名思义，是关于美的科学，它以审美现象为研究对象，以审美活动为研究起点，通过对各类的审美现象、审美活动、审美机制的分析，认识美的本质、揭示美的规律，把握人与现实的审美关系，达到指导审美实践、审美创造的目的。对于美学的研究对象、研究

---

① 杨恩寰主编：美学引论，沈阳：辽宁大学出版社，1992 年 12 月，第 6 页。

范围，中外美学界都曾存在着不同的观点。有的研究者仅以艺术或艺术美为美学的研究对象，把美学等同于艺术科学或艺术哲学，或者只将艺术纳入自己的学术视野，而忽略包括自然美和社会美的现实美，把纷纭复杂的审美现象排斥于学术研究之外。有的研究者认为美学的研究对象和范围应该更为宽广，即应以现实美即自然美和社会美的研究为基础，以艺术美及其创造、鉴赏的研究为重点和主要内容。还有学者提出，美学应该关注现实生活中的各种审美现象，广泛而全面地研究自然、社会与艺术的美，以及美的规律、人们的审美意识等。人类的审美活动是多种多样的，审美现象存在于社会生活的各个方面，艺术只是现实美的集中反映，是社会审美意识的集中表现。美学不能不把艺术美作为重要研究对象，但美学研究不应局限于艺术活动而忽略其他审美现象，更不能把美学等同于艺术学。凡是有研究价值的审美现象，特别是人类的审美创造活动、人与现实的审美关系，都应该进入美学研究的视野。美学就是从千姿百态的审美现象中认识美的本质的过程，它揭示美的规律，把握人与现实的审美关系，形成自己的理论系统，并以此指导人们的审美实践，实现美学学科建设的宗旨。

当前，中国美学界的学术视野十分宏大，研究领域不断拓宽，理论美学研究和应用美学研究都非常活跃，一方面继续向理论的高峰即"美的哲学"攀升，一方面向现实生活的各个领域延伸，专门研究生产、生活各个领域有关审美的问题。理论美学与应用美学既相对独立又相互交融的双向推进，美学学科内部的不断细分，美学与其他学科的交叉、渗透、整合，新兴学科、交叉学科、边缘学科等美学分支学科的崛起，"自上而下"的哲学研究与"自下而上"的经验研究的结合、互补，这些都显示了当代中国美学开放、发展的良好势头，反映了中国美学研究领域学术观念、学术思维、学术方法的重大变革。正是在这样的形势下，广告活动中普遍存在的审美现象引起了学界的注意，广告作品的审美价值、广告活动中的审美创造、广告受众的审美心理、广告对社会审美文化的影响等一系列问题成为美学界和广告学界共同的研究课题，在众多研究成果的支撑下，美学的一个分支学科——广告美学应运而生。

二、专注广告审美现象的广告美学

广告走近美学，广告活动中审美现象的普遍存在，是市场竞争、广告竞争的结果，也是广告受众对广告提出的审美要求。在广告的初始阶段，无论内容还是形式都很古朴简单，随着商业的逐渐发达、市场日趋繁荣并出现竞争，商家开始注重广告的宣传形式和传播效果，有意识地运用艺术手段吸引广告受众的视听，于是广告出现了艺术化倾向，增添了审美价值。例如中国古代的店面广告——招幌就反映了这种倾向。除了一些鸡毛小店外，大部分的商家都比较注重招幌的形式美，招幌的造型、色彩、图案、书法乃至材料、做工，各方面无不反映商家和制作者的审美追求和艺术匠心，体现出美的规律。从有关文字资料和《清明上河图》等绘画中可以看到，唐宋以来的招幌型制各异，色彩缤纷，争妍斗奇，十分美观，具有很强的视觉冲击力，不仅传递了商业信息，而且唤起人们的美感，给人留下美好而深刻的印象。诗人杜牧的诗句"千里莺啼绿映红，山村水郭酒旗风"就说明了招幌已不仅具有广告的宣传效应，而且具有了审美价值，和莺啼、绿树、红花等自然景观一样成为人们的审美对象。现代社会商业竞争、广告竞争更加激烈，受众对广告的审美要求更高，无论哪类广告从设计到制作都注重创意，追求形式美和表现力，艺术性越来越强，审美价值越来越突出，以此吸引受众的注意力，激发他们的审美需求，借助赏心悦目的审美效应达到传播信息、促进销售的目的。

对于广告的艺术性和审美价值的作用，美国著名广告人、"艺术派"旗手威廉·伯恩巴克曾有精辟的阐述。他说："独特的品味、卓越的艺术、非凡的撰稿手法，才是促销的好工具。"他认为，广告必须对受众的视听产生冲击，引起他们心灵的震撼，唤起他们的注意和共鸣，只有这样才有可能让他们行动——购买或利用商品。"如果你没有吸引力使人来看你的广告，那么你在广告中说什么都是浪费金钱。"在他看来，利用艺术的磁性唤起人们的美感，可使广告产生以一当十的吸引力，所以他在广告创作中注意运用各种方法，使人们不仅注意到他的广告，而且喜欢他的广告，记住他的广告，听从他的广告，从而达到促销效果。同伯恩巴克一起被誉为"美国广告创意革命时期三位代表人物"的大卫·奥格威和李奥·贝纳，虽然高扬"广告是科学"的大旗，但同样重视广告的艺术性和审美效应，他们的一些作品同样具有鲜明的审美价值。奥格威为万宝路香烟所做的广告几十年来一直出现在世界各地的街头，原野、骏马、牛仔的世界具有鼓动人心的力量，令人向往。李奥·贝纳为罐装豌豆所做的广告以"月光下的收成"为标题，文案笔致清新简约，充满了浪漫的气氛，散发着月夜田野的气息，生动而准确地传达了产品信息。这些著名广告人的理论与实践，充分说明了艺术、审美价值之于广告的作用。今天，威廉·伯恩巴克的观点已经成为广告活动主体的共识。现在的广告活动主体无不重视美的力量，无不都将艺术性、审美价值视为广告获取良好传播效应的重要因素，自觉地按照美的规律设计制作广告，用艺术包装广告。尽管现在仍然有不少粗劣的毫无审美价值的广告出现，但大量的广告是赏心悦目、富有魅力的。广告创作者用艺术笔法描述商品的特征、功能，诠释品牌的历史、价值和意义，传达新的消费信息和生活理念。所以广告中除了商品、品牌的介绍外，还有生动的故事、精彩的情节、美仑美奂的场景以及动人心魄的情感，不仅吸引人们的目光，而且令人感动、陶醉。南方黑芝麻糊的电视广告便如一篇优美清丽的散文，令人百读而不厌。"绝对"牌伏特加广告在瓶子上做文章，赋予品牌丰富的文化内涵和审美价值，在提升品牌知名度、美誉度的同时提升了自己的魅力，成为平面广告的经典。受众或许对广告产品并不感兴趣，但在广告的欣赏过程中他们记住了有关产品的信息，并对广告商品及其品牌生出好感，不知不觉中接近了广告商品。类似的许许多多富有创意和魅力的广告昭示着，广告巧妙地利用了艺术，走向了美学，利用美的强大力量征服广大的受众，而广告美一定程度上决定了广告传播乃至市场竞争的成败。

广告将艺术嫁接到自己的枝干上，不仅增强了传播力，提升了文化品位，而且具有了艺术的特征，由商业宣传工具、信息传播形式而同时成为实用艺术和审美对象。正如艺术理论家 M. 卡冈在《艺术形态学》一书中所说的那样，艺术价值可能作为具有对人产生艺术影响的唯一功能被创造出来，也可能在另一种价值——功利价值的基础上被创造出来。如建筑实用艺术和工业艺术中的价值，演讲艺术和广告艺术等的宣传价值，各种宗教仪式中的祭仪价值，艺术体操或花样滑冰等体育运动的价值，艺术摄影、艺术特写、纪实艺术影片中的纪实——新闻价值……M. 卡冈看到了功利性很强的广告所具有的艺术价值、审美价值，所以把广告当作一种艺术形态，归属于实用艺术。的确，广告的艺术性和审美价值使广告具有了艺术的魅力，现在把广告视为一种艺术、重视广告艺术价值和审美价值的人日益增多，欣赏广告的受众同样日益增多。他们或是在接受广告信息的同时欣赏着广告的美，从中获得审美的愉悦，或是在欣赏广告之际了解了广告商品，得到了广告信息。一些艺术展览会、艺术收藏馆的“大雅之堂”上陈列着广告作品，“广告饕餮之夜”的狂欢景象、人们对精彩广告的欣赏品评以及广告所引发的社会讨论等等，也都能够说明广告已经以自身的艺术价值和审美价值成为审美对象，不再是简单的商品叫卖或政治宣传、道德说教了。

当然，尽管很多广告因其艺术性和审美价值而被受众当作艺术小品、审美对象，但艺术性毕竟不是广告的本质特性，审美价值也不是广告的恒常价值。广告的目的和主要功能是传递商品信息，因此艺术在广告中无论成分多少都是作为表现手段而被运用，审美价值无论有多高都不能代替宣传价值。即使在广告艺术、广告美学日益受到重视的今天，人们仍然强调广告首先要履行信息传播的职能，评价广告同样不但要看其是否富有创意和艺术性，更要看其是否具有强大的宣传力和促销力。也就是说，信息传播始终处于首位，审美则在其次。无论对广告怎样进行艺术加工和审美处理，都不能削减广告的功利色彩，不能改变广告功利性这一最恒定的本质属性，更不能使广告成为专供审美的纯艺术。相反，广告应因艺术加工和审美处理而变得功利色彩更加浓郁，广告的信息更加突出，即如威廉·伯恩巴克所说的：“你写的每一件事情，在印出广告上的每一件东西，每一个字，每一个图表符号，每一个阴影，都应该有助长你要传达的讯息的功效。对任何艺术的成功度的衡量是以它达成广告目的之程度来决定的。”如果不能处理好广告功利性和艺术性的关系，不能摆正宣传价值和审美价值的关系，那么广告的审美价值无论怎样高，都会失去它的意义。

但是，既然广告具有审美价值，产生审美效应，广告美不仅在一定程度上能够决定广告传播和市场竞争的成败，而且能够影响社会审美文化，那么它就应该得到应有的学术关注，成为广告学和美学的研究对象。特别是在商品经济发达、市场竞争激烈，广告像空气一样弥漫于生活空间、对社会生活的影响日益明显的今天，更有必要研究广告美的问题。况且，广告审美现象与其他审美现象不同而自有其特点，广告美与其他形态的美有所不同而显其规律，广告的审美创造、受众对广告的美学要求、对广告的审美接受与鉴赏同样有自己的特点和规律，这就决定了我们不能简单地运用美学的基本原理去解释所有的广告审美现象，用美学的一般规律概括广告审美的特殊规律，也就是说，不能用美学替代广告美学，而需要建立专门研究广告审美现象、审美规律的学科。应和这种需求而诞生的广告美学于是就有了特别的意义。

三、美学与广告美学的学科关系

作为美学的一个分支学科，广告美学以美学基本理论为基础理论，着重研究广告活动中的审美现象，揭示广告审美的特点与规律，以指导广告实践，提升广告传播效果。美学是广告美学的根基，广告美学是美学理论的延伸，是美学理论在广告传播领域的应用。它的建立标志着美学研究领域的拓展，反映了美学与社会实践的密切关系以及当代美学发展的趋向。但广告美学又不是美学与广告学的简单粘贴、拼凑，而是科学与科学的对接、交融、整合，而且广告美学有自己的研究对象、自己的学科空间、学术个性和理论体系，在美学领域既与其他分支学科并立，又呈现独特的风采。

毋庸置疑，作为基础学科、理论学科，美学为广告美学输送理论营养，提供基础理论和研究方法。美学的基本原理、美学从各类审美现象中概括的一般规律，以及各种各样的美学思想、美学理论，既是广告美学的理论基础，又是广告美学研究的理论指导。广告美学以美学的基本理论为基础理论，以先进的美学思想为理论导向，运用美学的概念、范畴，借鉴美学研究的科学方法，研究广告活动中审美现象的特点、规律，分析广告的审美价值，指导广告领域的审美实践。正是因为有美学硕大的根基为依托、有丰富的美学研究成果为理论资源，有科学的研究方法可以利用，同时能够吸收广告实践给予的新鲜养分，广告美学这一美学分支茁壮地成长起来，成为美学和广告学两个学科领域中一个共同的活跃的分支学科。广告美学的研究成果也因为美学的理论贡献而透射着美学的哲学光辉，显示出比较丰厚的理论蕴涵。

美学为广告美学的建立奠基，广告美学则以自己的理论贡献和实证成果充实、丰富了美学理论。如前所述，广告审美现象、广告美既体现了一般事物美的特征又有自己的特点，广告审美活动既反映美的一般规律又有特定的规律，广告的审美创造既遵循美的原则又有特定的要求，受众面对广告时的审美心理与面对其他审美对象时也有差异，这些决定了广告审美具有特殊的学术研究价值。除此之外，广告特别是现代广告实践还提出了许多需要解决的美学问题。广告美学致力于广告审美现象的研究，既要回答广告审美方面的一系列理论问题，又要解决广告实践中的美学问题。毫无疑问，这一专门性研究对美学理论建设具有重要的意义。它不仅反映了当代美学的开放性，拓展了美学的学术空间，延伸了美学的研究范围，填补了美学研究的一些空白，充实丰富了美学理论，而且为美学理论、美学思想、美学命题提供了有价值的实证。它和其他美学分支学科一道用丰硕的研究成果支撑美学理论这株大树，使它更加壮实繁茂，蔚为大观。

广告美学还体现了中国当代美学坚持理论与实践相结合的学术原则，反映了当代美学面向审美实践、服务于社会生活、生产的学术走向。尽管美学的理论性很强，但中国当代美学并没有囿于理论研究而忽视审美实践，更没有耽于哲学思辨而漠视审美经验，而是理论建设与应用研究互相应和、携手并进，理论美学与应用美学双向前行，同步发展。理论与实践紧密联系，一方面充分发挥理论的指导作用，体现理论为实践服务的宗旨，一方面注重对审美实践的研究，从实践中汲取宝贵的资源充实自身。特别是近年来，美学研究的视野不断扩大，美学介入的领域越来越多，专门研究生活、生产各个领域审美问题的应用美学学科不断出现，使许多过去遭冷落的生活生产领域成为美学开拓的新空间，许多被忽略审美现象进入了学术视野，许多生活生产的实际问题成为美学研究的课题。广告审美现象得到关注，美学走出象牙塔进入广告领域，美学与广告学整合建立起广告美学，就是美学坚持理论与实践相结合原则、取之于实践又用之于实践的结果。而这种结果既延伸了美学的触角，丰富了美学学科自身，又提升了广告的文化品位，促进了广告及广告学的进步。

第二节 广告美学的研究对象及其理论框架

每一学科都有自己的研究对象和理论框架，它们是学科建立的基础，学科构成的基本要素。广告美学虽然是一门新兴学科，一门分支学科，但同样有自己特定的研究对象和理论框架。它的特定的研究对象使之区别于美学与美学的其他分支学科而获得独立的地位，它的理论框架为其理论形态、理论体系的形成搭建了基本结构，为学术探索、科研行程提供了路线图。

一、广告美学的研究对象

美学以广泛的审美现象为研究对象，其范围覆盖了自然美、社会美和艺术美。广告美学研究范围相对狭小，研究对象专一，只是研究广告活动中的审美现象，通过对广告审美现象的专门研究探讨广告活动中的美学问题。

审美现象即审美关系中的审美活动，而“审美现象就是审美事实，审美关系、审美活动及更深层的‘美的规律’、美的本质都包含在审美现象之中”。① 广告美学以广告审美现象为研究对象，具体说来就是研究广告的审美属性和广告美的本质特征、广告审美活动中的主客体关系、广告的审美创造和审美欣赏、审美批评以及广告审美文化。

1. 广告的审美属性及本质特征

广告具有鲜明的工具性、功利性，以广而告之的方式传播信息，在传者与受众之间搭建起沟通桥梁。虽然它不是作为审美对象被创造出来，但广告创造过程中艺术的加盟、美学的介入以及受众对广告审美价值的感知、认同，使广告又成为审美客体、审美对象，具有了审美的属性。正如罗兰·巴尔特在《形象的修辞——广告与当代社会理论》中指出的，“从商品不是以它的使用价值推荐给消费者，而是作为语言和符码所支撑的价值体系来寻求文化认同开始，商品就被深刻地美学化或者说是文化化了”②。在现代消费文化语境之下，美的生成、审美属性的获得，使广告由功利性鲜明的信息传播工具而成为具备艺术品质的“广告艺术”，由非审美对象而成为审美对象，在广告活动主体、广告受众与广告之间构建起一种新的关系——审美关系。尽管这种审美关系是建立在信息传播与信息接受关系的基础之上，并常常被传与受的实用功利关系遮蔽，使广告审美主体不能清晰地发现广告的审美潜质、审美意义，但只要他在广告活动中获得了审美经验，那么这种关系就存在了，广告成为审美对象就变成不争的事实。成为审美对象的广告与许许多多能够唤起人们审美感受的事物具有相同之处，能够体现美的一般特征，但它还具有能够反映自己个性的本质特征。正是这种本质特征使广告不同于其他审美对象、广告审美现象不同于其他审美现象，使广告美学的建立具有了特别的意义。广告美学要通过描述广告美的形态、分析广告美的生成、研究广告审美关系、概括广告审美现象来认识广告的审美属性和审美属性的构成，把握广告审美现象的本质特征。而广告的审美属性、广告美的本质特征这一问题是广告美学的基本问题，只有解决了这些问题才能弄清楚什么是广告美以及广告独特的审美价值和审美意义，为广告审美研究奠定基础。

2. 广告活动中的审美创造

“审美创造是审美经验的对象化，亦即审美意象的构成及其物化或物态化的

① 杨恩寰主编：《美学引论》，沈阳：辽宁大学出版社，1992 年 12 月，第 29 页。

② ［法］罗兰·巴尔特，让·鲍德里亚，等：《形象的修辞——广告与当代社会理论》，北京：中国人民大学出版社，2005 年，第 132 页。

过程。”①广告活动中的审美创造主要是指广告活动主体——广告设计制作者遵循“美的规律”，运用艺术手段或其他方法设计制作广告的行为过程。这种行为是一种自觉的主动的积极行为，其目的明确——让广告赏心悦目，吸引受众的注意，博得受众的喜欢，给受众留下良好而深刻的印象，进而对广告商品萌生好感，对广告诉求采取认同态度。也就是说，广告活动中“美的追求”与艺术活动中“美的追求”不同，并不以审美为旨归，而是以信息的有效传播和促销功能的实现为目的。尽管如此，广告活动中的“美的追求”对社会审美文化还是产生了积极的效果。受众不排斥甚至比较愿意接受富有艺术韵味、审美价值较高的广告，在欣赏广告的过程中自觉或不自觉地接受了广告的价值取向和审美引导、审美规范。

对“美的追求”体现于广告活动的每一个环节，其中广告创意、广告表现这一环节是决定广告审美价值、审美效应的关键性环节，也最能反映广告活动主体的审美意识、审美创造能力，反映一定时代的审美趋向、审美文化。创意和表现在广告活动中举足轻重的特殊作用，使之理所当然地成为广告学和广告美学研究的重点。创意的非审美动机即实用动机与审美创造的关系，创意活动中的审美思维，创意的美学原则，创意中的艺术借鉴，广告的形式美，广告表现的美学原则，广告美的呈现类型，广告文案的美学追求，商品形象、品牌形象、企业形象塑造过程中的审美运作，广告审美创造的制约因素以及审美创造的主体条件等等，都是广告美学研究的具体内容。当然对广告创意、表现环节中审美创造的研究不仅仅是现象、行为和规则的研究，在现象、行为和规则中蕴涵着审美创造的特点、规律和审美创造的形式，广告美学要从纷纭复杂的现象、行为和原则中提炼广告审美创造的特点与规律，上升为理论以指导广告实践，使研究既具实践意义，又有理论意义。

3. 广告活动中的审美感受

审美感受即美感，是审美主体观照审美对象时所产生的心理反应和情感经验，是审美主体的审美意识在审美过程中积极活动的成果。审美感受是美学研究的重要对象和范畴，无论在哪种理论模式中，审美感受都是非常重要的内容。有的理论模式还把审美感受作为研究的起点，从美感经验开始研究美、审美关系、审美活动。广告美学同样重视审美感受的研究。因为广告成为人们的审美对象，与人们构成审美关系时，就会引发人们的审美感受，唤起人们的美感。而无论什么样的审美感受都会直接影响到广告传播效果、影响到广告功利价值和审美价值的实现。

广告美学研究广告活动中美感的发生、美感的层次和特点、美感发生时审美主体的各种心理反应以及广告应怎样愉悦性情等。如同接受美学着重研究审美活

① 杨恩寰主编：《美学引论》，沈阳：辽宁大学出版社，1992 年 12 月，第 436 页。

动的终端一样，广告美学既注重广告创造活动中的审美感受，更注重广告受众的审美心理活动——审美态度、审美需求、审美期待、审美观念、审美趣味、审美标准、审美情感、审美理解、审美判断等，进而探索受审美需求驱动、由审美意识调控的审美心理活动机制。注重研究广告受众的审美感受，把握他们的心理反应，有针对性地满足他们的审美需求，迎合并引导他们的审美意识，唤起他们的审美情感，不仅有利于广告传播，而且有利于提升他们的审美能力和审美境界，激发他们对美的追求，有利于社会审美文化建设。

4. 广告活动中的审美批评

广告是社会批评的对象。广告对社会经济、文化的重要作用，对人民精神、物质生活的重要影响以及与受众的频繁接触、“密切关系”，使之成为社会关注的热点、社会批评的众矢之的。受众对广告评头品足，说长道短，有臧有否，亦爱亦憎，反映了受众与广告的互动关系，体现出受众关注广告、参与广告活动的自觉意识和积极态度。

广告批评包括审美批评和非审美批评。审美批评是对广告审美属性、审美价值、审美创造、审美效应等方面的批评，是受众在审美欣赏经验的基础上，以美学的尺度对广告所进行的鉴赏、阐释和评价。非审美批评主要是对广告的实用功利价值、科学价值、社会历史价值以及道德伦理等方面的批评。审美批评是审美欣赏的理性延伸，“具有理性分析和综合的社会科学研究活动的特征”①，是在一定的审美观念、审美理想指导下对审美对象的审美价值和社会历史价值做出的判断和阐释。在广告活动中，广告受众把自己对广告的审美感受提升到理性的层面，以理性分析和判断的方式评价广告，批评中包含了受众的审美观念、审美取向、审美趣味等价值体系要素，也反映了受众的审美理解力、判断力和创造力。广告美学把审美批评纳入研究范围，对审美批评的功能、批评的特点、批评的标准、批评的效应、批评所需要的主体条件等等给予学术关注。

5. 广告审美文化及其后现代性表现

广告具有文化的属性，是一种文化形态、文化载体，是纷繁复杂的文化世界中一种具有独特意义的现象，与其他文化形态共同构成一个焕发着勃勃生机的多元共生的文化生态环境。广告审美现象也是一种文化现象，广告美学将广告审美文化作为一个课题，研究广告审美文化的特征、功能、系统构成、运行机制等具有理论价值和实践意义问题，并在此基础上进入学科前沿，接近学术制高点，着重探讨广告审美文化的现代性问题，描述广告审美文化的后现代性表现，论析广告审美文化对纯美学的颠覆、对传统审美趣味的挑战、对传统艺术创作规律的消解，对广告审美文化的后现代性表现发出理性的追问。将广告审美文化的后现代

① 杨恩寰主编：《美学引论》，沈阳：辽宁大学出版社，1992 年 12 月，第 397 页。

性这一极具理论色彩、学术价值的问题作为重要研究对象，反映了广告美学理论研究的新动向，体现了学科建设的新高度。

二、广告美学的理论框架

研究对象的确定及其彼此之间的逻辑关系，在一定程度上决定了学科体系的理论框架和学术路线。广告美学以研究对象的逻辑关系为依据，构建了自己的理论框架，为理论研究、学科体系的建设提供了一个模式。这一模式以广告审美现象为研究起点，从广告审美现象的存在入手分析广告的审美属性，然后进入广告审美活动的研究，根据广告审美主体在广告审美活动中所处的位置及其主要作用，分别阐释广告活动主体的审美创造和广告受众的审美感受，以及审美主体的审美批评，最后上升到文化的层面审视广告审美现象，揭示广告的审美文化意义。

以广告审美现象为起点，是因为“审美现象就是审美事实，审美关系、审美活动及更深层的‘美的规律’、美的本质都包含在审美现象之中”①。广告美学从广告审美现象的普遍存在、广告成为受众的审美对象开始，首先研究广告美的生成和审美关系的构建，揭示广告的审美属性与本质特征，确认广告的审美价值，解决广告美学最基本的理论问题。

广告美是广告审美活动的结果。广告审美主体的“美的追求”使广告获得了审美价值，成为审美对象，所以在把握了广告审美属性、确认了广告的审美价值之后，即进入广告审美活动的分析，对处于审美活动不同阶段的审美主体的审美经验分别进行研究。一方面分析广告活动主体的审美创造，阐述广告审美创造的特点与原则，揭示广告审美创造的规律；一方面研究广告受众的审美欣赏，分析受众的审美感受，揭示广告活动终端的审美活动特点，从而把握广告审美活动的运动形式和环节。

在审美创造、审美观照中生成的审美形象呈现不同的形态。作为广告美的物化形态，广告审美形象不仅反映了审美主体的审美需求、审美观念、审美能力，而且显示了广告美的基本条件、构成因素，以及广告功利目的对广告审美创造、广告审美形象的要求。因此在研究了广告审美主体的审美活动之后不能不涉及审美客体，不能不阐释广告审美形象的创构、广告形式美的构成及构成规律，以说明它们是怎样被创造出来，何以既为受众欣赏又能够担负起信息传播的任务。

与审美创造、审美欣赏一样，广告审美批评也是一种审美活动，或者说是审美活动的一种形式。审美批评通过对审美对象的理性评价将审美创造与审美欣赏联系起来，既促进审美创造，又引导审美欣赏，具有特殊的意义。所以，广告审

① 杨恩寰主编：《美学引论》，沈阳：辽宁大学出版社，1992 年 12 月，第 29 页。

美活动的研究应由审美创造、审美欣赏延伸至审美批评，在理论框架中给予审美批评一个重要位置。

而广告审美现象所体现的文化意义把广告审美研究推向文化的层面，在文化的层面上或从文化视角审视广告审美现象、特别是审美主体的审美活动，发现审美文化之于理论建设、社会文化的特殊作用。至此，一个基本完整的比较合理的理论框架搭建起来，一个学科体系基本构成。

由审美现象至审美活动，再向审美文化延伸，本书即按照这样一个框架来组织内容，结构全篇。当然，广告美学的理论框架是开放的，学科体系也呈现开放的态势。随着对广告审美现象认识的深入、学科建设的进步，我们对广告美学的理论框架会有新的认识、新的调整。每一个学科，特别是新兴学科，都是在不断认识、不断调整、不断充实中走向成熟，臻于完善的。

第三节　广告美学学科建设的意义与任务

毋庸置疑，建立广告美学具有重要的理论意义和实践意义。纷纭繁杂的广告审美现象和广告实践走近美学的趋势，向美学界和广告学界提出了学科建设的新要求，而美学研究和广告研究也需要不断向深度和广度开拓，需要不断地进行理论创新和实践创新。一方面，广告审美现象需要理性的解释，广告审美实践需要科学理论的指导；另一方面，理论建设、学科建设，特别是创新性建设需要不断地研究新问题，开发新领域，不断地从实践中获取新的资源丰富自己。理论建设和广告实践两方面的共同要求，即可说明建立广告美学、构筑一个全面而系统的理论体系的意义。

作为美学的一个分支学科、应用美学的一个方面军，广告美学的主要任务是把握广告审美现象，概括广告审美现象与广告美的特征，揭示广告审美的规律，指导广告审美实践。

一、把握广告审美现象

广告审美现象纷纭繁杂，以各种各样的形态呈现于受众面前。广告美学首先要对林林总总的广告审美现象进行梳理、辨识，对其特征、类别、形式等给予描述、解释，从而准确地把握广告审美现象，为揭示广告的审美规律、指导广告的审美实践奠定基础。

把握广告审美现象，首先要区分哪些现象是审美现象、哪些现象是非审美现象。因为审美毕竟不是广告的基本功能，广告不是作为审美客体被创造出来的，所以并非所有的广告活动都是审美活动，也并非所有的广告都具有审美属性、审美价值，都能成为审美对象，与广告活动主体和广告受众构成审美关系。广告的审美价值可能生成于积极的审美创造中，也可能生成于非审美创造中，如商业功利价值的创造。广告审美现象往往同非审美现象交互渗透、彼此依附，难以做到泾渭分明。因此，广告美学研究首先要依据一定的标准，界定、确认广告审美现象，从而明确广告美学的研究对象。

把握广告审美现象还必须准确地描述广告审美现象的特征，区分广告审美现象与其他审美现象的异同。例如，广告常常被称为“广告艺术”，很多广告也确有艺术的气质，显示了很高的审美价值，被视为艺术而成为审美对象。但“广告艺术”毕竟属于商业艺术，与纯艺术有本质的区别，所以不能把广告审美现象当作纯粹的艺术现象，把广告美当作艺术美。广告审美现象与其他审美现象也是既有相似相近之处，又有鲜明的区别。广告美学应当理清广告审美现象与其他审美现象的异同，把握广告审美现象的个性特征，以利于更清晰地认识这一独特的审美现象。

审美现象是一个多层次的整体，审美活动、审美规律等都包含在现象中，诚如黑格尔所说的：“同规律相比，现象是整体，因为它包含着规律并且包含着更多的东西，即自己运动着的形式和环节。”①所以把握广告审美现象，除了要把握现象的整体，还需要分析审美现象的丰富内容、多种表现形式，以及运动的各个环节，既要宏观，又要微观；既见森林，亦见树木。从宏观到微观、从森林到树木，再从微观到宏观，从树木到森林，这样才能全面、深入认知广告审美现象，构建一个有关广告审美现象的知识系统。

二、揭示广告审美规律

把握广告审美现象只是广告美学研究的第一步，在此基础上揭示广告审美规律是广告美学研究的重要任务和核心内容。

“美学研究的任务，不仅在于描述审美现象，把握审美事实，提供有关审美现象的知识，而且在于以科学的观点和方法，透过审美现象去揭示其内在的本质和联系，以逻辑形式构成一个再现审美现象历史过程的、符合审美活动实际行程的、显示审美现象的本质规律的理论体系。”“美学研究不能只提供审美事实的知识，还必须提供审美规律的理论。美学不能只强调由哲学走向科学，局限于审美事实，还必须强调由科学上升到哲学，揭示审美规律，以使美学理论体系具有历史和逻辑的必然性。”②同样，广告审美研究也不能停留于广告审美现象的审视与描述，必须继续深入探求存在于广告审美现象之中、深藏于广告审美现象背后的审美规律，并予以科学的阐述。

---

① 转引自杨恩寰主编：《美学引论》，沈阳：辽宁大学出版社，1992 年 12 月，第 29 页。

② 杨恩寰主编：《美学引论》，沈阳：辽宁大学出版社，1992 年 12 月，第 40 页。

揭示广告审美规律是广告美学理论建设的需要。和其他学科一样，广告美学也以经验的总结、特征的把握、本质的概括、规律的揭示为其理论体系的要件。而在这诸多要件中，规律的揭示尤为重要，不仅构成了理论体系的核心，而且反映了研究的深度、理论的高度。所以广告美学理论建设以规律的揭示为要务，在科学思想的指导下，运用科学的方法，揭示广告审美的本质特征和规律，力求准确地阐释广告审美现象特别是审美活动所反映的美的一般规律和特殊规律。对于广告美学这样一个新兴学科、交叉学科来说，揭示审美规律——不仅揭示广告审美现象所包含的一般规律，而且揭示广告审美的特殊规律，解决非常重要的一个理论问题，显示学科的科学性质和哲学性质，其理论建设、学科建设意义尤为显著。

揭示广告审美规律亦是广告审美实践的需要。任何社会实践活动都有其客观规律，任何社会实践活动都必须遵循一定的客观规律，审美活动也不例外。马克思在《1844 年经济学哲学手稿》中说过："动物只依照它所属的物种的尺度和需要来造型，但人类按照任何物种的尺度来生产并且能够到处运用内在的尺度到对象上去；所以人类也依照美的规律来造形。""依照美的规律来造形"，马克思主义经典作家提出了一个重要的美学命题，同时指出人类的审美活动和其他生产活动一样，能够自觉地遵循着客观规律——"美的规律"来创造。而"依照美的规律来造形"，就必须了解、掌握审美规律，善于利用审美规律，自觉遵守审美规律的要求。但并非每一位广告审美主体都能够发现、了解审美规律，都能够自觉地按照审美规律去实践。广告美学提供有关广告审美规律的理论，阐述规律的必然性和掌握规律的必要性，帮助广告审美主体认识、掌握广告审美规律，这对于广告审美实践是大有裨益的。

广告审美规律包含于广告审美现象、体现于广告审美实践的运行过程中，以各种各样的形式呈现，因而揭示广告审美规律不仅需要理性思考、逻辑判断，更需要从事实出发，分析审美现象，总结审美经验，拨开现象的迷雾，寻找规律性的东西。这意味着，要完成揭示审美规律的任务，不能简单地将美学的概念、范畴套在广告审美现象上，用美学的一般原理解说所有的审美现象而无视广告审美现象的特殊性，而必须进行大量的实证研究。唯有从广告审美事实出发，以大量的广告审美现象为依据，才能发现广告审美现象的特性，深刻地揭示广告审美现象的一般规律和特殊规律。

三、指导广告审美实践

广告美学不仅是一种认识，而且是一种价值、一种规范，具有指导广告审美活动、规范广告审美实践的作用。广告美学的宗旨就是建立科学的理论体系以指导广告审美实践，因此广告审美研究的任务目标最后落实于应用，落实于广告审美实践。理论源自实践，又用于实践，以实践为理论的基础、理论的归宿，这体现了广告美学理论与实践相统一的原则，体现了这一学科发展的正确方向。

广告美学是广告审美创造活动的理论指南。创作赏心悦目的广告，吸引受众的注意，获得受众的青睐，产生良好的宣传效应，这是广告活动主体的追求。但广告创作不同于艺术创作，是“戴着枷锁跳舞”。广告的功利性、广告传播的特定规律、广告创作对象的特性、广告媒体的时空限制、广告投资的数额以及审美创造的诸多规律，从不同的方面对广告审美创造提出了规定性要求，制约着广告审美创造活动。如何处理广告的功利价值与审美价值的关系？怎样有效利用广告传播和审美创造的规律达到预期目的？怎样增强广告的艺术表现力、赋予广告较高的审美价值？审美创造中怎样突出“广告艺术”的特征迅捷实现广告目标？这些问题的解决都需要广告美学的指导。如果在缺乏知识和理论指导的情况下进行广告审美创造，是难以设计制作出传播效果好、深为受众喜爱的广告的。许多“恶俗广告”的出现，就反映了广告活动主体美学素养的匮乏、美学知识理论的缺失和美学观念的错误。而那些“叫好不叫座”的广告也同样说明广告创作者掌握了审美的一般规律却未能掌握广告审美的特定规律和原则。显而易见，进行广告审美创造必须在广告美学的指导下进行，广告活动主体必须具有良好的美学素养并掌握广告审美创造的规律、规则、规范，否则无法实现广告传播的美学追求，难以创作出适合于“美的规律”的广告作品。

广告美学为广告审美欣赏、广告审美批评提供了标准。尽管受众清楚广告的实用功利性是第一位的，但面对广告的时候仍然心存审美期待，关注着广告的审美价值，把广告当作审美对象，对广告进行审美评价。还有许多广告受众以纯粹的审美态度欣赏广告，把广告接受当作单纯的审美体验、审美消费。受众对广告审美欣赏和审美批评能够促进广告的审美创造，有利于广告质量的提高，但广告毕竟是信息传播工具，广告的欣赏和批评毕竟不同于艺术的欣赏和批评，也不同于商品、技术等的欣赏和批评。欣赏者和批评者必须了解广告的特点、功能与传播规律，了解广告审美创造的特点、规律和原则，才能对广告有正确的审美把握。广告学和美学能够提供有关广告和审美的相关知识，但它们不能完全解决广告审美欣赏和审美批评所需要的知识体系。而广告美学术业专攻，不仅提供专门性的知识、系统的理论，而且构建了一个科学的批评标准和方法——具有针对性的适用于广告审美批评的价值尺度和方法，能够正确地引导欣赏和批评，提升欣赏和批评的层次，使广告审美欣赏和审美批评能够给予审美创造积极的影响，实现创造与接受的双向互动，共同进步。

广告美学对于社会审美教育、社会审美文化的建设也具有一定的指导意义。广告文化是一道独特的社会文化景观，广告审美价值取向对社会审美观念具有一定的导向作用，对社会审美文化建设具有不可忽视的影响。从这个意义上说，广告的审美创造也肩负着美育的责任。那么广告应当怎样遵守审美规范？怎样传达正确、健康的审美观念，提高受众的审美修养，培育受众的审美能力？怎样参与社会审美文化的建设，给予社会审美文化积极的影响而不是消极的误导？对此广告美学也提供了指导性意见。

总而言之，广告美学具有鲜明的应用意义，为广告的审美创造、审美欣赏、审美批评、审美教育等提供了理论知识，引导广告审美实践符合“美的规律”，为广告审美实践、为广告事业的健康发展做出了理论贡献。

本章小结

广告审美现象的普遍存在引起了美学界和广告学界的关注，广告的审美价值、广告活动中的审美创造、审美接受、审美批评以及广告审美文化等一系列问题成为美学界和广告学界共同的研究课题。在众多研究成果的支持下，广告美学得以建立。美学是广告美学的根基，广告美学是美学的分支学科，是美学理论的延伸。它的建立反映了美学与社会实践的密切关系以及当代美学的发展趋向。广告美学以美学的基本理论为基础理论，以先进的美学思想为导向，运用美学的概念、范畴和理论，借鉴美学研究的科学方法，研究广告审美现象的特点、规律，同时以自己的理论贡献和实证成果充实、丰富了美学理论。

广告美学以广告审美现象为研究对象，着重研究广告的审美属性、广告美的本质特征、广告审美活动中的主客体关系和广告活动中的审美创造、审美接受、审美欣赏、审美批评以及广告审美文化。广告美学以研究对象的逻辑关系为依据，构建了自己的理论框架，即以广告审美现象为起点，从广告审美现象入手分析广告的审美属性，然后进入广告审美活动的研究，分别阐释广告活动中的审美创造、审美接受、审美批评，最后上升到文化的层面审视广告审美现象，揭示广告审美现象的文化意义。

广告美学的建立既具理论意义又有实践意义。理论建设、学科建设需要开发新的领域，研究新的问题，不断地从社会实践中获取新的资源丰富自己；而广告审美现象需要理性的解释，广告审美实践需要科学的理论指导。广告美学的任务就是把握广告审美现象，揭示广告审美规律，指导广告审美实践。

第二章

广告的美学属性与特征

广告是借助大众媒介劝服并改变特定受众态度与行为的信息传播活动，它伴随着21世纪人类文明的重大变革——信息经济时代的到来应运而生。广告这种鲜明的现代性、时尚性、前卫性决定了其美学属性，必然具有多元性、互融性、交叉性，即充分体现了崭新文化语境背景下，消解纯粹精神审美期待与大众现实功利需求之间的距离，突显出集实用与审美成一体、融科学与艺术为一炉的特色。

第一节 广告美的美学属性

一、广告美的审美属性

1. 广告美与自然美、社会美、艺术美

美的具体形态包括客观存在的现实美以及对其能动反映的艺术美。而所谓现实无非包括自然界和人类社会，所以现实美又包括自然美和社会美。至于艺术美，则既包括纯艺术美又包括具有直接功利目的的实用艺术美。在这个美的层级体系中发现广告美与其他审美形态的内在联系，便是探索广告美的美学属性的首要任务。

自然美泛指自然物的美。随着人类在生产实践中对自然规律的认识把握不断深化，自然界在人的生产实践活动中不再是主体的“异己”力量，而是转化为主体本质力量的观照对象，即马克思所说的“人化的自然”。自然美包括两种基本类型。第一类是在自然物中留有人类加工的痕迹，被人工劳动改造过的自然，如运河、避暑山庄、园林景观等，它们突出的特征是具有人工实践直接改变了的自然物的外观形态，这成为体现主体意志精神本质力量的对象载体，如苏州园林，运用园艺、雕刻、书画等艺术手段，将大自然因地制宜地加以改造，把人类的审美

意识对象化为移步换景、回环曲妙的园林景致，使其以合规律的形式显示着合乎审美意蕴目的的内容；自然美的第二种类型是指未经人造加工过的自然物的美，即包括宇宙间整个无机界和有机界、非生物和生物的总和，上至天系星辰、风光霁月、璀璨星汉、沧海云天，下至湖光山色、瀑泽丘壑、草木虫鱼、珊瑚贝螺，如刘勰所云："云霞雕色，有逾画工之妙，草木贲华，无待锦匠之奇。夫岂外锦，盖自然耳。"①这种自然美同样是人的本质力量的对象化，如同我国美学家李泽厚的"积淀说"所指出的，人类面对自然物时，总是通过长期的生活实践"积淀"赋予其肯定人类的某些特定的精神特质、积久形成的某种所谓"有意味的形式"，对自然物的审美愉悦中体现着人类精神意志等本质力量。广告美与上述两种类型自然美最明显的差异在于，它并非是指向自然物的本质力量对象化，广告美的创造不是对自然的"人化"过程，而是需要创造出一种凝结着人类体力脑力劳动的人工化的广告作品，这种关系并非建立在人和自然之间，因而不符合自然美最基本的定性特征。

社会美是社会生活中所存在的美的最直接、最深广和最常见的形态。在人类社会实践的感性方式中人类主体力量得到对象化的直观显现即社会美。广告主体在广告实践活动中充分发挥显示了自身的本质力量，这体现了社会美的风采。无论是在广告创造制作活动还是广告经营管理活动中，广告主体都能表现出锐意进取的创新精神、锲而不舍的拼搏意识、卓然不群的创意品格以及开阔的视野、敞亮的胸怀、精勉的奋斗、灵动的慧思……这既是主体自由能动力量的挥洒，又是对客观理性法则的遵循，在主客观统一中人类自由自觉的生命力量得以直观确证，这是社会美中的重要部分——实践活动美的生动写照。因此广告美具有一定社会美的属性。

艺术是人类对现实世界以审美方式的特殊把握，这种方式的能动性突出体现为人的审美理想、趣味、意志等本质力量物化为人工的艺术产品，凝结为审美形象，这也正是艺术美与具有直接现实性的自然美、社会美的核心区别，广告美的创造最终都要落实为广告作品的呈现与传播，因此广告美与艺术美有着更为深刻密切的联系。

2. 广告美是传播设计型实用艺术美

对广告美的进一步探索必然面临这一现代审美新生事物有别于传统审美形态的问题，其交叉性横向性决定了单一美学观点对其界定的不足与匮乏。新经济时代的信息化全球文化趋向启示我们应把信息传播学作为审视广告的基本理论平台，抓住广告美的审美设计与实用功利相结合的根本特性，挖掘其审美属性的特质，说明它是一种传播审美设计型的实用艺术美。这一表述包括了这样几层

① 刘勰：《文心雕龙·原道》，杭州：浙江文艺出版社，1997年，第2页。

含义：

（1）广告美是一种实用艺术美。实用艺术与纯粹艺术（或称为狭义的艺术）是两种并存的艺术形态。实用艺术产生于人类社会文明早期，随着社会生产力水平、社会分工细密化的提高，从实用艺术中逐渐分离出来了音乐、文学、绘画、舞蹈等脱离直接实用目的，而以间接功利性为特征，专门满足人们精神性审美需求的纯粹艺术美。在人类不断实现和确证自身本质力量的艺术史苍穹中，实用艺术与纯粹艺术一直都是不分尊卑、无有高下的日月双璧，恒久共存、交相辉映。

无论何种类型的广告都有着明确的信息传播任务，具有十分明显的现实功利性，所以广告美应属于艺术美范畴中的实用艺术美。广告美的创造是为了更好地完成其传达商品、服务、实用功利性或公共利益性理念等信息任务，是实现其传播实用目的的形式和手段。对于广告美所禀有的这种实用属性，很多学者均投以关注乃至作为专门的研究对象。有的研究提出，实用广告美学作为广告美学的实践化，主要是运用美学基础知识、美术相关能力研究广告中美、美感和艺术美的表现以及广告审美和广告的审美创造。在广告创造过程中，由于美学的深入和运用，以及受众对高审美价值的感知和认同，使广告成为审美客体和审美对象。广告创作主体遵循“美的规律”，运用艺术等手段创意制作广告作品的行为即为广告活动中的审美创造。[①] 因而广告美的审美属性归根到底附丽于其实用功能之上，因而属于实用艺术美。

（2）广告美的创造是一种现代审美设计活动。广告美体现了新科技经济浪潮冲击下实用与审美相结合的现代审美设计的特色，广告美的创造是一种现代审美设计活动。审美设计学是在现代工业科技经济迅猛发展的时代背景下诞生兴起的现代美学分支，目前存在着“生产美学”“劳动美学”“技术美学”“工艺美学”等别名，对其论见也尚未尽得共识。审美设计的核心精神在于“设计”，或根据英文“design”按照国际通用提法称之为“迪扎因”，前苏联美学家奥符相尼柯夫综合既往研究成果对其概括为：“迪扎因是一种创造性活动（包括这种活动的产品），它的目的是要形成和调整对象——空间环境，在这个过程中使其职能的方面和审美的方面达到统一。”[②]当今现代审美设计的内涵和外延已突破了早期迪扎因主要应用于工业产品的局限，将技术与艺术的结合延伸到室内外环境设计、建筑设计、城市设计、园林设计、服饰设计、美食设计等广阔天地。

广告美创造包括的商业设计、装潢设计、视觉传达设计、企业形象设计等方面，都是广告创意运作、制作技术与艺术审美的有机结合，是一种现代审美设计活动。

① 孔昭林：《实用广告美学》，北京：高等教育出版社，2006 年，第 8 页。

② 转引自涂途：《现代科学之花——技术美学》，沈阳：辽宁人民出版社，1986 年，第 106 页。

(3)广告美的创造是艺术化信息传播活动。广告是现代社会大众信息传播的重要方式，传播信息是广告的基本功能，广告美的创造过程也就是将广告信息主旨传达得更为艺术化，使广告在完成传播信息功能的本质前提下兼具审美价值，从而提高传播效果的过程。

美国数学家、控制论科学创始人维纳(Nordert Wiener)对信息下过这样的定义："信息是人们在适应外部世界并且使这种适应反作用于外部世界的过程中，同外部世界进行交换的内容的统称。"①广告是社会大众交换、沟通商品、劳务、意见、理念等方面信息的重要方式，利用艺术手段增强广告信息传播效果本身也是传播学、信息论美学等科学原理的充分体现。在广告信息传播流程中，广告美的创造主体即信息编码者(信源)按照受众审美接受规律进行信息"组块"，使广告设计信息的编码乃至载体信道形式在艺术加工下调动受众丰富的感性与理性、浅表与深蕴、感官与心灵的多元信息因素，从而保证充分激活广告受众(信宿)的认识资源，保证广告信息主题顺利通过信息过滤后为受众所吸纳接受，引发积极的认同与行为。经过艺术处理的广告对受众"晓之以理，动之以情"，诉之以视听形象，感之以气势情韵，符合信息论美学所提出的审美信息规律。设计信息既包括物质、形式、造型、色彩、结构等方面的技术信息，也包括功用性能、寓意喻指等内容性的语义信息以及设计主体风格、个性、趣味方面的审美信息。广告美促成了广告审美信息的全面整合，由表及里地提升了广告信息的境界品位，立体多元化地提高了广告信息传播效果。

二、广告美的审美参照形态

广告美是一种传播设计型实用艺术，因此广告美具有两个核心特质，一是这种美具有直接功利性，二是这种美寓于信息传播活动之中，这如同广告美的生命基因，决定了它与纯艺术美以及技术美之间存在着不可混淆的本质区别。

1. 广告美与纯艺术美的区别

无论广告美创造得多么美轮美奂，多么具有艺术魅力和感染力，它也不同于纯艺术美，二者存在着明显的差异。

(1)性质与目的的差异。广告美之所以属于实用艺术美而不属于纯艺术美的根本原因是它具有向受众传播广告信息的现实功利性目的，功利性价值永远是第一位的，审美价值永远是第二位的，审美价值是附丽于功利价值目的之上的方式和手段。这一点与纯艺术美的非实用性、非直接功利性、专门满足人类纯粹的精神审美需要等特征相比成为首要的本质区别。

广告创作者之所以借鉴多种艺术手段，充分挖掘广告传达的审美功能、美学

① 转引自邹志仁:《信息学概论》，南京：南京出版社，2007年，第5页。

意蕴，研究广告受众的审美心理规律，其中最根本的原因就是为了更高效地完成广告信息传播的功利目的。所有的感染、烘托等艺术手法等都是提高广告信息传播效果、引发受众态度行为积极转变的策略性手段。如同美国广告家丹·E·舒尔茨谈到商业广告时所说的："切记，广告是去销售或影响购买产品或劳务。广告如果能消费、娱乐或震撼，甚至使观众落泪，那就了不起，但广告主要的工作是销售产品、劳务或构想。"日本 Aminovital 氨基酸功能食品的人体艺术广告(图 2－1)就很能说明广告美以功利性为首要特性的问题。该系列平面广告中的模特以各种充满张力活性的姿态展示着人的形体美。

图 2－1　日本 Aminovital 氨基酸功能食品的人体艺术广告

富有光泽、结实饱满的深金色肌肉，匀称的身材，张扬着生命活力的边缘曲线，充满弹性和跳跃感的足弓、筋络，凸显蕴蓄着势能的股肱，在运动姿态的节奏韵律中令人恍如回到古希腊的艺术神庙。然而画面右下方氨基酸食品的包装盒以及氨基酸对人体健康益处的文案都表明模特们除了需要体育锻炼美体塑身，其健美形体的获得也得益于 Aminovital 氨基酸功能食品的呵护滋养。在这则广告中，人体艺术美的展现并不是单纯为了令受众陶冶身心、欣赏人类"宇宙的精华，万物的灵长"的高雅风姿，而是为了更具感染震撼力地表现氨基酸产品的保健美体功能。另外一则日本冲绳岛的旅游宣传平面广告(图 2－2)也具

图 2－2　日本冲绳岛旅游宣传平面广告

备异曲同工之妙。为了吸引各国观光游客，突出冲绳旅游项目的日本文化特色，该广告将冲浪游乐画面背景以日本古老的浮世绘风格表现：湛蓝的天宇、凄美的樱花、苍茫的大海、细碎的银浪，一切都显得斑斓迷离、亦真亦幻，充满东方古老国度的异国情调。而这所有的艺术韵味都是为了突出冲绳岛旅游的别样风格，吸引众多的国外游客为其心驰神往。足见广告美中审美因素是完成功利目的的辅助性手段，现实功利性的主导地位是其与纯艺术的核心区别。

(2)艺术加工深广度的差异。广告美的现实功利主导性决定了其艺术审美因素的运用要受到现实受众条件等多方面因素的制约，艺术加工的深度广度不能超越受众接受水平的界限，这与纯艺术创作有着较为明显的不同。

既然广告是一种大众信息传播方式，传播广告信息是其基本的现实目的，广告美的创造就不能脱离客观现实条件而苦心孤诣地追求纯粹审美的精神世界，所以广告美的艺术加工的深度广度都有其适可而止的限度，以不妨碍广告信息的顺利传播接受为底线。艺术为人类把握世界的特有方式，有其无限的深刻广延性，艺术品理应是宇宙世界、社会人生的真理的揭示与敞开。海德格尔曾经说："艺术是实现了的哲学"，"艺术的本质就是存在的真理自行置入作品"①。我国现代美学家宗白华先生这样概括"艺术境界"："……以宇宙人生的具体为对象，赏玩它的色相、秩序、节奏、和谐，借以窥见自我的最深心灵的反映；化实景为虚景，创形象以为象征，使人类最高的心灵具体化、肉身化，这就是'艺术境界'。所以，艺术家要能拿特征的'秩序的网幕'来抓住那真理的闪光。……尤能直接地启示宇宙真体的内部和谐与节奏。"②然而广告美则不尽相同，它毕竟要服务于向大众传播广告信息的现实目的，其艺术加工既受到大众文化水准、理解水平、审美趣味的局限，也必须符合特定的商品、服务、理念的诉求宗旨，过于玄远艰深、过于广泛辐散都不利于广告信息的有效传播，广告美的艺术加工要充分考虑各种层位信息的适度配比，从而保证广告既卓然脱俗、神采生动，又不至于曲高和寡、孤芳自赏。例如伊莱克斯电器《幸福篇》的广告文案："幸福，就是洗干净一堆衣服，还有时间陪你散散步。这样的幸福，源于伊莱克斯直喷捷净技术。""幸福，就是煲了一下午汤，只费了一点点气。这样的幸福，源于伊莱克斯聚焰强火技术。"③广告对于"幸福"这一人类永恒的生命价值追求，扬弃了深邃无穷的哲思探讨，规避了晦涩深沉的人文追问，转而和光同尘，尽归于真水无香般"洗衣""散步""煲汤"等与产品密切相系的日常生活，足显品牌自然随性，暖心入怀的生活态度与品牌亲和力。再如新华人寿保险公司的系列平面广告(图2－3)，运用幻

① ［德］海德格尔：《林中路》，孙周兴译，上海：上海译文出版社，2004年，第21页。

② 宗白华：《美学散步》，上海：上海人民出版社，2002年，第70页。

③ 《中国广告》，2006年7月，第98页。

化风格的手绘笔调将“新华人寿”的暗喻表现为三幅画面中的醒目意象：困于茫茫大海中孤舟的风帆、面对绝难逾越悬崖的梯索、陷于稠密丛林中的明路，并分别配以文案：“关爱，让人生更开阔！”“关爱，让人生更超卓！”“关爱，让人生更长远！”从而喻指出新华人寿保险公司助人以危难、馈人以希望的亲和形象。这则广告其意象拈之于现实生活，其理念取之于常情人心，没有故作高深玄远而能厚重大气、暖人心腑，融商业诉求、企业公关、人文关怀、审美意境于一体，出色地把握了广告美这种实用艺术美在创作处理上的分寸。

图 2－3　新华人寿保险公司的系列平面广告

(3)审美接受体验的差异。在审美接受阶段，广告美与纯艺术的差异主要表现为前者的审美接受主体的审美体验受到相对较多的现实因素制约，广告美对于欣赏主体的震撼启迪通常不及纯艺术美深广强烈。

艺术美对接受主体通常具有较高的震撼力、启发力，艺术美的接受体验是审美体验最高级最集中的形态。著名心理学家 M · 詹姆士在《心理学原理》一书中曾这样生动描述过艺术美的审美心理活动：“当美激动我们的那一瞬间，我们可以感到胸际的一种灼热，一种剧痛，呼吸的一种颤动，一种饱满，心脏的一种翼动，全身的一种摇撼，眼睛的一种湿润……以及除此而外的千百种不可名状的征兆。”①杰出的艺术确实能令人全身心浸润在艺术的光辉之中，能令人的情思灵魂得到涤荡洗礼，能启迪人的生命理想，改变人的人生轨迹。而相比之下，广告美的审美体验就不易具备同样程度的力量。

首先，广告的现实功利属性决定了接受者大多不易达到完全摒弃功利心理因素，不易形成较为“虚静”的艺术体验“心境”。纯艺术接受者的心理状态往往具有超越世俗直接功利性的“虚静”特征。浸润于艺术审美体验中的接受主体，心灵超出利害得失的忧扰，了然无碍，惟其“虚”；心神谛凝于审美对象，专注宁谧，惟其“静”。对此幽妙的审美心境，我国现代著名美学家宗白华的拈提颇能道破深蕴：“艺术心灵的诞生，在人生忘我的一刹那，即美学上所谓的“静照”。静照的起点在于空诸一切，心无挂得，和世务暂时绝缘。这时一点觉心，静观万象，万象如在镜中，光明莹洁，而各得其所，呈现着它们各自的充实的、内在的、自由的生命，所谓万物静观皆自得。这自得的、自由的各个生命在静默里吐露光辉。”②

然而，在广告传播环境之中，尤其是商业政治性广告的传播环境之中，传受双方往往具有心照不宣的功利心理，即使纯熟老到的广告制作人能以出人意表的灵妙创意令受众欢颜心许，但同样熟稔于现代信息传播模式的受众也能轻易洞明广告背后的实质性功利目的，因而不易形成纯艺术审美体验中那种超然忘却现实功利的“虚静”心态。

其次，广告毕竟是一种大众传播文化形式，不是所有的艺术形态都能普遍适于广告美的创造。广告传播中传受双方的沟通传达主要在大众文化、通俗文化的层面展开，不仅过于奥雅玄深的审美意蕴不易引起大多数受众的心理共鸣，就是一些常见的艺术美形态，如悲剧、讽刺等通常也因为广告承担着引发受众的态度行为向积极方向转变的使命而显得不合时宜，而这些审美因素恰恰包含着人类生命体验较为幽隐深刻的丰富底蕴，这就形成了广告美的审美体验程度较艺术美逊色的又一原因。

最后，广告审美信息的结构容量限制了审美接受潜力的发挥。广告是现代社会信息传播的尖兵，受众接受情境的短时性、瞬间性以及昂贵的媒体投放经费限定了广告的信息容量。大多的广告作品都以短小精悍、简洁凝练见长，即使是以故事情节形式表现的广告也必须充分运用“戏剧化”手法，提炼浓缩矛盾冲突，尽量在最短时间和篇幅里完成广告主题的诉求。另一方面，广告受众的审美心理规律也对广告容量提出“精兵简政”的要求。美国心理学家米勒(G. Miler)曾发表论文《神秘的七加减二》，提出一般成人短时记忆容量的平均值为 7 ± 2。在通常的

---

① 转引自张涵等:《艺术与生命》，郑州：河南教育出版社，1993 年，第 267 页。

② 宗白华:《美学散步》，上海：上海人民出版社，2002 年，第 21 页。

情况下，人以肉眼辨识画面内容需要时间为2秒以上，以语言表达说清65个字需要30秒钟，可见主客观双方面的条件都限定了广告不可能是洋洋洒洒的鸿篇巨制，不可能像《战争与和平》《复活》《浮世德》那些传世名作一样波澜跌宕、余味不绝，令审美受众尽情品味。巨量更新的信息浪潮中，广告战倡导速战速决，于瞬时诉无穷，于方寸现大千。张艺谋执导的威驰汽车电视广告剧情曲折起伏，情感故事缠绵缱绻，其中还请了幽默红星范伟客串增色，然而也必须将情节矛盾高度集中，运用时空交错、意念闪回等手法将一段都市白领爱情故事在几分钟之内演绎完毕。尽管情感传达不乏动人之处，但把时空跨度相当大的情感历程压缩成“小品”格式自然不能达到爱情题材艺术品那样惊心动魄的程度，更难如《红楼梦》这样的艺术精品般能令痴情的读者为之肝肠寸断、感怀难释。迈克·费瑟斯通对此曾以电视广告为例评述道：“观众们如此紧紧地跟随着变换迅速的电视图像，以至于难以把那些形象的所指，连接成一个有意义的叙述，他(或她)仅仅陶醉于那些由众多画面迭连闪现的屏幕 图像所造成的紧张与感官刺激。”①在紧促受限的传播接受情境下，广告美自然不易产生如纯艺术般强大的审美震撼力量。

2. 广告美与技术美

更容易与广告美相混淆的美学范畴是技术美。技术美学是随着现代工业科技的发展而产生的美学分支。20世纪50年代末，捷克斯洛伐克的设计艺术家佩特尔·图奇内正式提出使用“技术美学”这一名称。技术美是技术美学的核心概念，核心理念是将技术与艺术相结合，把美学应用于产品的设计、制造、生产过程中等技术领域。由于它最初主要关注工业生产领域，因而又被称为“工业美学”“生产美学”“劳动美学”，随着现代科技经济不断发展，技术美学的范围也日益扩大到建筑、城市环境、商业等更为广泛的领域。

早在20世纪30年代，英国工艺美术学家威廉·莫里斯在英国美学家约翰·罗斯金的启发下，主张将艺术审美与产品的设计和生产相结合，这种思想促成了日后德国著名的包豪斯(Bauhaus，意即建筑之家)学校的诞生。该学校在建筑师格罗皮厄斯的领导下曾辉煌一时，它致力于实现产品的实用功能与审美设计的有机统一。虽然由于历史条件的限制，包豪斯刚进入全盛就很快夭折，但它开拓的技术与艺术相结合的新路却薪火不断影响深远。其后欧美、日本等现代化国家的技术美学会等组织机构陆续创立，1957年在瑞士日内瓦成立了国际技术美学协会，技术美以及与之关联密切的“迪扎因”理论越来越成为现代美学景观中醒目的亮色。

通过对于技术美学发展轨迹的简要回溯，我们可以提炼总结出，所谓技术美

---

① [英]迈克·费瑟斯通：《消费文化与后现代主义》，南京：译林出版社，2000年，第8页。

主要是人类的生产技术与艺术相结合创造出来的在产品的设计、生产制造中所体现的对人类本质力量的确认与直观。当然随着社会科技经济的进步发展，技术美和“迪扎因”理论逐渐突破了原有的主要局限于劳动工具、工业产品的狭小天地，不断广延渗透到农业、商业、科技文化等诸多领域，极富成效地提高了社会劳动产品的整体品位质量，美化更新了生产者的劳作环境与心境，真正赋予了劳动以美的享受。广告美与技术美具有诸多相似之处，尤其是审美与实用相结合的特性令彼此具有一种近乎孪生的亲缘关系，但是深入剖析之下，我们仍会考察出二者之间存在的本质差别。

图2－4　建筑师格罗披乌斯设计的包豪斯校舍

首先，二者的性质不同。技术美的呈现载体是人类劳动产品，是物质性客观存在，属于人类物质文化的组成部分；广告美具有信息传播特性，是对社会客观存在的反映形式，属于人类精神文化的范畴。以现代科学的物质、能量、信息三种资源划分而言，技术美的构成对象属于物质资源，而广告作品则属于信息资源。

其次，二者的“功能美”表现不同。所谓“功能美”是指实用艺术中审美对象内容、形式方面的审美价值与实用价值的辩证统一。在现代社会里，所谓“实用价值”既表现为某种劳动产品的使用价值，也表现为诸如传播信息等新型实用价值。技术美与广告美都具备“功能美”，技术美的“功能美”表现为审美与具体劳动产品的使用价值的结合，而广告美的“功能美”并不涉及直接的使用功能，它的“功能”诉诸于某种信息的成功传播与接受。

综上可见，广告美除了审美属性外具有两大基因特质：现实功利性与信息传播属性，这使其既区别于单纯满足精神审美需要的纯艺术美，也区别于以物质性劳动产品为主要载体的技术美。这种特殊属性直接决定了广告美具有以美的手段达成真、善目的的特征，也使其审美价值表现出兼具科学、实用、欣赏三元融合的趋势。对此作进一步的考察，有助于向正处于现代转向期的古老美学和尚处于青春成长期的年轻广告学提供更多的融合线索。

第二节　广告美的本质特征

法国著名哲学家、美学家狄德罗说："真、善、美是些十分相近的品质，在前面的两种品质之上加以一些难得而出色的情状，真就显得美，善也显得美。"①这有助于启发我们在考察一种美的特征时不应遮蔽其与真、善之间难以割舍的关系。真、善、美是人类彰显确证自身力量的三元向度，三者之间相融相生、相辅相成，真是美的基础，善是美的灵魂，广告美的实用属性造就了它以美的手段达成真、善目的的特色风貌，这形成了广告美重"真"尚"善"的规定特性。

一、真实性是广告美的生命基石

真，即客观规律性。人的实践活动是通过认识和把握事物的规律，在客观必然规律的指导下来完成的。广告美的创造活动同样要遵循真实客观的必然法则，真实性是其前提性基本原则。

1. 广告美的创造要以实事求是地传达广告信息为基础

广告美的真实性首先表现为广告的内容和形式要与广告信息的真实情况、内在本质相符合，这既是广告完成准确传播信息的使命的要求，也是维护社会市场经济秩序，反对虚假广告等不正当竞争的道德及法律的规范要求。

广告的现实目的在于及时有效地传播广告信息，任何有违于真实性的广告，都丧失了能消除受众不确定性认知的信息功能，所谓"皮之不存，毛之焉附"。无论形式多么花哨绚丽的广告如果背离了真实性的首要法则，就已经没有资格完成信息传播的任务，更遑言展现艺术审美价值。在讲求诚信与公平的现代社会，广告尤其应持有真实性的操守，这也成为国内外广告界共同的职业道德以及法规的关注焦点。国际广告协会所推举的优秀广告五条标准中明确提出"列出商品或服务的真实优点"。我国《广告法》规定："广告应当真实、合法，符合社会主义精神文明建设的要求。"目前在市场经济的快速发展过程中，虚假广告屡禁不止，这种对受众的欺骗和伤害只能最终导致广告、广告主和广告公司的信任危机，这有待于进一步建立健全整治虚假广告的系统体制，调动全国各地的相关部门以及受众力量共同努力，保证广告的艺术表现以真实性为生命基石，在实事求是、真实可信的基础上，赋予广告以艺术魅力，这是广告美创作的基本要义。

2. 应该处理好广告美的真实性和艺术假定性的关系

真实性是广告美的首要原则，这并不等于广告美中不允许运用艺术假定性的处理手法。既然广告美是一种实用艺术美，就理应实至名归地富于审美情趣、审

① ［法］狄德罗：《绘画论》，北京：商务印书馆，1980 年，第 135 页。

美品位、审美价值，必然要运用一系列艺术化的灵活手段，加强广告传达诉求效果。也就是说，广告美的真实性并不狭隘地排斥适当的艺术虚拟性或称艺术假定性。广告美可以广泛吸收音乐、绘画、文学、影视、电脑动画等艺术形式中的夸张、比喻、象征等虚拟因素，将广告主旨表现得神气活现、耐人寻味。

当然，广告美中这一“实”一“虚”之间的微妙关系需要难能可贵的把握技巧。如何使广告受众(信宿)在完整准确地领会接受广告信源、不发生信息变形的同时，又以恰如其分的传播方式使受众充分领略广告艺术的灵机妙趣，这需要广告人兼具现实理性与艺术直觉的复合型素质。许多杰出的广告作品能够出色地展示出个中精妙，如曾获第22届时报广告金像奖银奖的李奥贝纳广告公司为喜力啤酒创作的《情人节篇》，画面左上角表现了一个心状的啤酒盖，这在现实生活绝对是乌有之物，但这种艺术变形并不能损及广告的真实性，因为在现实生活情理逻辑的保证下，不会有人因之导致对产品的认知偏差，反而这种契时契机合情合境的艺术处理使这则情人节啤酒广告显得格外真情饱满、令人心怡。

因此，真实性与艺术假定性在广告美中并不矛盾，而是互为辉映相得益彰，其中关键要把握好广告美表现中“生活真实”与“艺术真实”的度。符合现实生活正常情理逻辑的真实性属于“生活真实”，而来源于生活又超越于生活的适当艺术加工所体现的真实就属于“艺术真实”。如李白诗篇中的“白发三千丈”“君不见黄河之水天上来，奔流入海不复回；君不见高堂明镜悲白发，朝如青丝暮成雪”都是艺术真实。艺术真实的要义在于“离形得神”，求其神肖而不拘泥于形似，所以能令受众超越相状直接领会其中真意，这保证了艺术信息虽在表象层面作夸张变形处理，却并不妨害语义内容和审美气息的完整传达。广告美的艺术假定性手法，运用得妥当与否就应以受众认知效果作为判别标准，“艺术真实”的处理若被受众错认为是“生活真实”就会客观地导致信息误导、广告失真。所以，广告艺术创作过程中尤其要注意将艺术加工把握在不损及确切传达信息主旨的尺度之内。“水能载舟，亦能覆舟”，为了保证广告美的真实性生命根基，对艺术假定性手法，应该深研要妙、谨慎为用，这样才能使广告作品生发出虚实相生的艺术魅力。

二、科学性是广告美的坚实保证

广告美的重“真”特性还表现为广告美的科学性。人类文明告别了农业社会、工业社会，已经迈入知识经济时代，信息科技、人工智能、国际互联网的全球化大发展深刻地改变了人类审美创造活动的内涵和形式，广告美这一现代应用美学的重要分支鲜明地体现了人类文明新纪元的科学特性，也生动地印证了人类对象化生产活动必须遵循客观法则，按照美的规律来建造。

1. 广告美的科学性表现为创造广告美必须综合运用多种学科的科学原理

广告美学是一门结合了广告学、美学、商品学、传播学、文化学、艺术学等诸多学科的交叉横向学科，它吸收汇聚了众多传统学科和新兴学科的科学理论成果，将广告审美传播实践中的感性经验提升为理论，总结出广告审美活动特有的科学规律。

广告科学性是实现其传播功能的重要保证。广告美诞生于合规律性与合目的性的广告创作之中，功利性目的的达成必然关涉到社会、经济、市场、传播、心理等各方面因素，所以广告人员必然要借助科学的研究手段如现代科学媒体工具、运算方法、研究方法等进行系统化调研、整理、分析，并通过科学思维、理性探索发现广告活动以及相关领域的必然规律，从而使广告活动走向理性和自觉。比如对广告审美心理的研究，就是以普通心理科学为基础对广告受众审美心理规律的探索和总结。由美国人阿·霍尔提出、得到国际广告学界和设计界普遍认可的爱德玛(AIDMA)原则就是一个典型的广告设计审美规律。广告要达到理想的接受效果，就要善于利用各种艺术形式手段方法，首先吸引广告受众的注意力(attention)，充分调动受众群体的“注意力资源”，用新颖独特的广告信息形式抓住受众的“眼球”，使之对诉求主题产生兴趣(interest)，激发出对商品的购买欲望(desire)，使广告信息符合受众的记忆和特点，巩固记忆(memory)，加深印象，从而最终促发态度的转变，发生购买商品的个体行为(action)。注意、兴趣、欲望、记忆、行动，这是消费者在购买商品过程中所经历的心理活动流程，爱德玛原则对广告审美接受过程中的消费者行为心理做出了实践总结与理论概括，用以充分发挥广告美的传播功效。图2-5中福特汽车平面广告便是成功应用AIDMA规律的典范。广告画面中乍看恍如自然界中出现的“双日奇观”，足以吸引广告受众的眼球和好奇心，引发探知底细的兴趣，待端详明白原来是对福特汽车双灯赫耀、隆重登场的夸张表现，又令人在忍俊不禁中对品牌形象留下深刻的记忆印痕。

图2-5 福特汽车平面广告

又如切诺基吉普车(Cherokee Jeep)平面广告，画面以大气磅礴的天地、峭壁作为背景，赫然闯入受众眼帘的是峭壁上几近垂直矗立的STOP路牌，这夸张地暗示着切诺基吉普车所向披靡的越野能力，表现了吉普车功率超强、底盘坚固、通行无阻的诉求主题，激发着男士消费群体渴望征服、挑战极限的潜在欲望。STOP 路牌赫亮抢眼的视觉触点效应极易在受众脑海中打造鲜明而清晰的品牌印象并由此引发购买行为。这些成功的广告充分体现了对认知心理科学规律的遵循。

2. 广告美的科学性还表现为对现代科学技术的大量吸收和运用

现代科技的高速发展也重新塑造了广告艺术的创造方式，渗透到广告作品创作流程的具体环节中，吸收运用大量现代科技成果成为现代广告审美创作的显著特征。

首先，科学技术极大地丰富和提高了广告的制作手段，为广告的艺术表现拓展了极为广阔的空间。仅是电子计算机技术的应用就使电脑排版、电脑设计、电脑绘图等方法成为广告创作者的多面助手，使广告的视听表现呈几何级倍数地提升，空中广告、电脑动画、三维技术等令受众在广告美中尽享超越时空般的自由。

其次，科技进步带来了广告媒体的超前拓展，网络媒体等成为广告美尽显风姿的亮丽舞台。广告作品的媒介载体在科技浪潮冲击下得到广泛开拓，其中突出的代表是网络、电子商务、DM(direct mail 直投邮件)、手机短信等新兴媒体方式对广告传统四大媒体(电视、广播、报纸、杂志)格局的重塑革新。尤其是网络广告，其互动反馈性和受众主动性的显著特点使广告传受双方顺利实现灵活及时的双向沟通，成功地疏解了信息渠道的反馈障碍，极大调动和增强了受众的参与热情和参与便利，充分提高了信息传播效率，从而使文字、声音、色彩、图像、虚拟情景等广告信息以更为生动活泼、多姿多彩的方式传送，使广告创意表现真正进入了“精骛八极，神游万仞”“思接千载、视通万里”的自由境界，适应了现代社会受众的审美理念、审美趣味、审美潮流，也推动了广告美向更广阔更精纯的程度不断提升。

三、功利性是广告美的本质特征

从美学意义而言，广告美的尚“善”特征是指广告美以功利性为根本特征，即广告审美创作具有鲜明的现实功利性，其中的“功利”既包括商业广告、意见广告等通过对产品、服务或政见主张的艺术化诉求所实现的经济政治价值，也包括社会广告、公益广告等经由公共信息的审美传播而实现的社会公共利益。所有类型的广告都担负着传播说服性信息的功利任务，功利性堪称广告美迥异于传统审美形态的一大本质特征。

1. 广告美体现了对实用功利性的回归与超越

人类审美创造活动的演进史表明，在人类社会的早期阶段，纯粹艺术与实用艺术以及劳动技术是浑融一体的，并不存在明确的分界。由于那时生产力水平的低下，人类无暇脱离实用功利需求去专门从事单纯满足审美需要的产品，人类制造工具、从事生产的功利需求与审美需求是共存一体的，人类的审美意识的萌芽正是在这种以保障生命生存为主要目的的功利性生产活动过程中产生出来。其后，在长期社会劳动实践过程中，人类在创造劳动产品的功利性活动中，不断深化确证直观人的本质力量与生命存在，也不断发展完善审美意识和审美创造能力。所以，从人类审美发生学的角度而言，功利性是人类审美创造的动力源头。随着生产力水平的提高，艺术生产得以从社会生产部门中独立出来，人类有能力有条件单独从事脱离功利性现实生存需要的纯艺术品的生产，这标志着人类自由自觉的生命能力发展到了新阶段。然而这并不是人类发展的终结，人类更为深广意义上的自由自觉召唤着主体力量对实用功利性实现新的超越。这也正是当今时代，劳动美学、技术美学、商品美学等名目繁多的实用艺术美在后工业时代勃兴的动因。知识经济社会里人类呼唤与物质功利之间建立新型的审美关系，从而在物质功利需求实现的同时健全自身的精神、审美力量。广告美的核心特征即是完成功利性传播诉求的同时，运用审美规律创造美的广告内容与形式，这本身就体现了美对现代科学技术、商业经济大发展的崭新时代的积极回应，这既是美对现实功利性的回归，又是美对现实功利性的超越。

2. 广告美的审美理想是“尽善尽美”——功利性与艺术性的统一

广告美的核心特征即是功利性与艺术性的结合，而二者之间协调融合得成功与否，直接关系到广告作品的成败高下，功利性与艺术性的统一成为广告审美创造的理想标准。《论语》中曾记载孔子品鉴古乐时评武乐为“尽美矣，而未尽善也”，评韶乐为“尽美矣，又尽善也”，其推崇的就是一种完美融合社会功利内容与艺术审美形式的美学标准。广告美是一种实用艺术美，也应该“取法乎上”，追求游刃于功利与审美之间的圆融品格，得体合宜地处理功利价值与审美价值的辩证关系。

（1）应将功利性与审美性有机结合，在二者相辅相成珠联璧合的协作中切实提高广告信息的传播效果和艺术感染力。早在改革开放初期，刚刚步入起始阶段的中国广告曾经走过一段弯路。那时广告创作片面重视广告的功利职能，广告对现实功利信息的传达过于密集、简单、直露，结果压抑了广告的发展。广告成长壮大的历史轨迹启示我们，广告的功利价值与审美价值必须有机结合，在艺术加工表现的渲染烘托下广告诉求才能具有出色的情状、动人的神采；在清晰、明确的功利目标指引下，艺术手段的运用才能做到有的放矢、弹不虚发，令受众心悦诚服。叫好又叫座的广告作品无不在这对关系的平衡处理上达到近乎完美的巧妙的结合。

舍得酒挥洒创造的营销奇迹，便是广告营销传播实现实用性与艺术性美善相彰的共赢效益的出色明证。舍得酒的目标消费者是具足财富成就、人生经验、眼界胸怀、文化期待的“金领”人群，其品牌的核心价值“舍得是一种大智慧”，很容易赢得目标消费群体的情感共鸣。“舍得”的理念，是生长在中国人骨子中的一种思想形态，它集成了中国儒释道三家的学说精华，对人们的生活和工作都深具思想指导作用和实际应用价值，易于博得大众思想认同和日常生活口碑传播，诸如“有舍才有得”“大舍大得、小舍小得、不舍不得”等家常熟语和人生感悟，时常被消费者用来作为对自己或者他人的勉力之语。“舍得”智慧理念这一极具个性差异化的品牌核心价值，作为沟通目标消费者的关键文化符码，贯注着中华传统文化中的人生智慧精华，凸显着卓然不群且大雅大俗的灵性气质，有的放矢地缔造出富于深切沟通和人文关怀的共鸣空间。随之呼应的通路、广告、公关、终端等环节，均统一于“舍得”人生智慧的灵魂旗帜下，浑然一体地灵动展开，将其深厚的品牌内涵淋漓尽致地发挥演绎，在感召消费者及社会公众体悟博大生存智慧的烛照洗礼中，推动全盘营销战略赢得节节胜进。

图 2-6　舍得酒系列广告

再如达彼思广告有限公司(上海)为别克君威汽车所做的广告。在寂静的城市工地背景中，一辆别克君威汽车的启动带动了整个城市的律动，驾驶员扭动着方向盘、机械吊车有节奏的摆动，组成了一曲流畅欢跃的合奏。继而随着一声深呼吸，汽车驶向公园，秋千和风车随风而动作为衬景点缀着漂亮的车身、优雅的车型。最后汽车停下来的一瞬间，整个城市又随之停止，归于寂静。文案为:

“动，可生万象；静，能容万物；心至行随，动静合一。”这则广告中，雄浑从容的意境营造优雅的审美气韵，蕴蓄着浑融大气的哲理气息，而这一切无疑是为了突出别克君威汽车领导者的气度姿态，表现别克车主“大时代推动者”的优越地位，以艺术化方式完成了商业信息传播的功利目的而又不落直白，不留痕迹，深得“不着一字，尽得风流”的艺术三昧，这样的广告创作艺术旨趣的确值得效法。

（2）功利性与艺术性具有协作中的主从关系，功利价值是第一性的，是广告创作的根本目的和首要尺度；审美价值是第二性的，是实现功利目的的手段途径，是为功利价值服务的。美国广告大师威廉·伯恩巴克曾说过：“你写的每一件事情，在印出广告上的每一件东西，每一个字，每一个图表符号，每一个阴影，都应该有助长你所要传达的信息的功效。你要知道，你对任何艺术的成功的衡量是以它达成你广告目的之程度来决定的。”[①]这就说明广告美具有与纯艺术美截然不同的特性，审美价值必须服务于功利价值的实现，必须居于现实功利之后。广告艺术审美因素如同散发曼丽高雅气韵的奇葩，而功利性才是这艺术之花的现实之根。再绚丽特异的广告创意表现，如果没有做到伯恩巴克在著名的ROI理论中所强调的“关联性”（relevance），失去了与信息传播宗旨的紧密联系，游离于现实功利性目标之外，就只能成为空无实义的花枪噱头，早晚会枝干枯萎花叶凋零。广告美的创作尤其要谨防和杜绝这种“华而不实”的唯美倾向。如今经常会看到这样一些喧宾夺主的广告，耗用了大量的资金投入，大打“名人战”“大场景战”“电脑动画战”，可广告播放之后，受众们记得更多的是广告明星们的气质、外表，情节场景的炫目动人，而对广告所要传达的信息主题却莫名其妙，不知所云，甚至同类产品之间的差别、特征也没有留下什么印象，反而闹出张冠李戴的笑话。这种广告艺术创作中的浮华之风不早日肃清，恐怕还要有更多的广告重蹈“华而不实”“劳民伤财”的覆辙。我们要科学地认识广告艺术创造活动中现实功利性对艺术审美的制导地位，以功利性目的为主导，以艺术手段为辅助，从而在二者的主从协作中更好地提高广告的信息传播效果。

四、从众性体现了广告美的现代性品格

广告美重“善”的倾向还表现为广告审美的众人化标准取向，广告艺术在以众人化审美趣味为创作指南的过程中逐渐完成了对传统美学中纯粹个性化的审美距离的消解，这体现了现代美学回归大众、回归日常生活的开放性特征。

在现代文化语境背景下，审美活动主体完成了由少数精英向社会大众的转换。在思想理念的转变、经济科技的大发展、全球一体化的迅猛推进等诸多方面因素的作用下，更多大众群体在审美活动中的地位变消极被动为积极主动。文化

① 转引自张薇：《广告美学》，武汉：武汉大学出版社，2012 年，第 52 页。

艺术领域中这种审美泛化的倾向备受美学研究者关注。“审美泛化即是指审美模式或形式的普泛化、通俗化、平面化、时尚化。审美泛化已构成当代文化的一个独特的景观，审美泛化主要指的就是日常生活世界的审美化。……如果说传统艺术的审美性主要是一种精英文化意识的审美性，那么进入当代以来，文化艺术所体现出来的审美性，则多呈现出普泛化大众化的审美倾向。”①

这一倾向在实用艺术型广告美的创作中体现得尤为明显，突出表现为具有鲜明的审美标准众人化特征。“众人化”相对于“个性化”而言，是指审美创作的出发基点不是传统美学中主要以创作个体纯粹个性为标准的自我指向性，而是主要以社会大众群体为标准的他人指向性，当然这个“大众群体”如何确定取决于广告信息传播目标群体的划定，受现实功利性目的的制约。

社会大众是当今广告信息传播的主要受众，以大众审美水平、审美趣味、审美理想为现实基础，是广告审美传达不偏离于信息传播任务的重要保证。广告毕竟是一门讲求现实功效的实用艺术，如果传受双方坚持不放传统美学中所说的非功利审美观照的“审美距离”，刻意追求审美创作的阳春白雪、超俗出众，就必定不能胜任在大众信宿之中传播信息的使命。纯艺术中醉心于一己审美情趣的纯粹个性化审美空间在广告美中显然已不合时宜，奔涌而来的全球一体化浪潮推动着广告美在社会文化理念、传播理论、市场营销理念等更新的现代变革中不断趋向大众化。在图 2－7 中，广告人让昔日艺术圣殿中的世界名画《最后的晚餐》在平面广告中俨然“易容”“乔装”，混迹尘世，屈尊为法国的时装品牌做符合大众趣味的宣传声势。再如整合营销传播（intergrated market communication），也是在现代市场营销理念由 4Ps（以产品为中心）转向 4Cs（以消费者为中心）的背景下而兴起的信息传播新趋势，IMC 理念所推广的广告创作必须充分重视受众信息资源的采集了解，以“同一个声音”立体化、多元化、艺术化地面向受众实现卓有成效的大众传播。如微软视窗 Windows95 的整合营销传播，其广告代理公司威登暨肯尼迪公司原拟定其名为“芝加哥 94”，后考虑到芝加哥仅是美国一个城市的名字，具有一定的地域狭隘性，与全球化推广传达任务之间存在着隔膜，而其后选定的“视窗”则具有明显的“大众化”认知资源优

图 2－7　法国的时装广告

① 宋伟：《后理论时代的来临》，北京：文化艺术出版社，2011 年，第 246～247 页。

势，传递了敞亮眼界、胸怀天下的人类共同理想。广告公司采用滚石音乐为背景，用快镜头表现了不同职业的人们使用视窗95 的场景，配合进行的广告宣传共同体现视窗95 拥抱世界、亲和大众的形象定位，在充分注重营造艺术感染力的同时贴近全球消费者受众的共同文化心理，由此取得了出色的传播业绩。同样，我国许多优秀广告也非常注重通俗平易，尊重大众审美趣味，像“喝孔府家酒，做天下文章”的广告语，大气儒雅，胸襟卓然，平实亲切，言简义丰，颇有“寄至味于淡泊”的古风。南方黑芝麻糊、雕牌洗衣皂、“从头再来”公益广告等情感诉求式广告艺术手法的运用，更是切中普通百姓的怀旧、亲情等现实情怀，其感染力、亲和力是纯粹个人化的孤高自赏所不能媲美的。

第三节 广告的审美价值

真、善的内容诉诸美的形式是广告美形态的根本规定性，它不仅表现为广告美注重真实性、科学性的重“真”特征和注重功利性、从众性的重“善”特征，而且也表现为立体多元的审美价值体系，即广告美交叉融合具备了科学、实用、审美三元向度的价值要素，分别表现为认知价值、传播价值与欣赏价值。

一、认知价值

价值，体现为对人某种需要的满足。广告具有实用性的信息传播功能，其艺术化表现对于加强受众对广告信息传达的认知效果，满足受众的信息认知需求具有极大的助益作用。

在信息经济时代，人类的认知逐渐成为一种抢手的资源，而首当其冲的感知环节尤其具有前提制导性的战略地位。广告美将广告信息内容以“有意味的形式”进行艺术表现性传达，能有效调动广告受众的认知资源，更大程度地提高广告认知功效。审美知觉同普通知觉最大差异性在于“表现性”，即能够穿越外部结构形式而传达内在意蕴，这一点同样体现于广告美以“有意味的形式”对广告信息主旨的艺术表现上。对此，有学者做了精到阐述：“至于商品广告，则是在商品符号得以游离的基础上，对之进行进一步的形式化或形象化，使之在消费需求、消费定位的诉求主旨中获得另外的形式表现。这样的形式表现所传达的既是商品本身的信息，又是商品信息的消费化。……这使得广告形式成为多方面信息的聚合器，传统的、国外的、文化的、艺术的、交往的、时尚的等等，都根据消费需求而选择性地凝聚，广告形式因而成为有意味的形式。正如麦克·费瑟斯通所说：独具匠心的广告能够‘把罗曼蒂克、奇珍异宝、欲望、美、成功、共同体、科学进步与舒适生活等等各种意象附着于肥皂、摩托车、洗衣机、及酒精饮品等平庸的消费品之上。'"①

其次，人类的知觉普遍具有整体性的特征，而广告审美知觉的特殊性在于整体性中能提供人以美的把握。如美国著名视觉心理学家鲁道夫·阿恩海姆所说："视觉形象永远不是对于感性材料的机械复制，而是对现实的一种创造性把握，它把握到的形象是含有丰富的想象性、创造性、敏锐性的美的形象。"②在现代广告艺术表现中，"图—底"关系的处理就是对审美视觉原理常见的典型应用。NBA 篮球赛广告《十字架篇》《眼睛篇》(图 2－8) 中，满版的橙色的篮球作为画面背景("底")以及球面上纹路形成的"十字架""眼睛"的意象("图")非常强烈地吸引着受众的注意力，在"图—底"鲜明的对比和巧妙的形式构造之中，"NBA 总冠军到了最后的对决的时候，精彩时刻不容错过""谁都舍不得眼睛""最后审判的时刻已经到了"的广告主旨传达得淋漓传神，从而形成了广告外部信息形式与内部精神意蕴之间的同构对应关系。

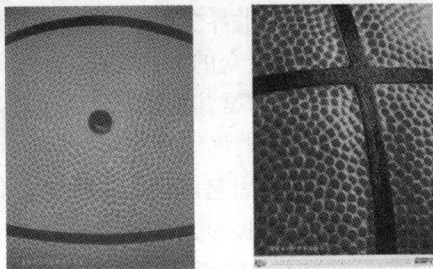

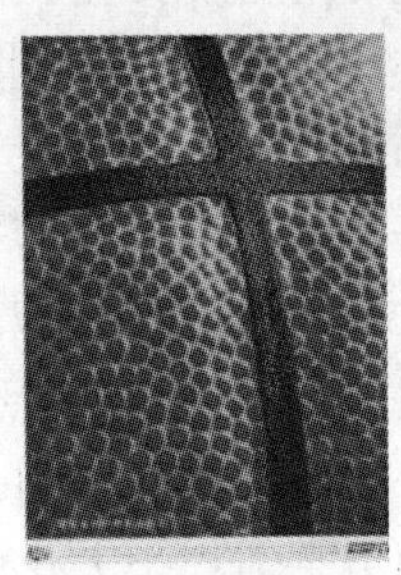

图 2－8　NBA 篮球赛广告《十字架篇》《眼睛篇》

阿恩海姆曾指出："推动我们情感活动的力，与那些作用整个宇宙的普通的力，实际上是同一种力。只有这样去看问题，我们才能意识到自身在整个宇宙中的地位以及这个整体的内在统一。"③可见，受众身心力量与外部宇宙世界之间"力的图式"在广告审美信息的传达下形成协调共鸣，使广告信息认知过程中充溢着整体性生命的交融感和震撼力，无疑具有更大的认知资源激活力度，更有助于发挥广告信息的认知功效。

二、传播价值

广告最基本的功能是传播功能。在现代文明社会中，广告是传播商品、劳务、意见、理念等信息的重要方式，同时也以审美手段反映社会文化、审美趣味、流行潮流。在现代社会中，广告成为与产品生产销售的"物流"、货币及所有权的"商流"并存的"信息流"，并成为前二者疏通引导的中介渠道。无论是何种广告信息，都具有告知与劝服两个基本任务，这派生形成了广告美在信息传播领域中

---

① 高楠、王纯菲：《中国文学跨世纪发展研究》，北京：人民文学出版社，2008 年，第 229 页。文中迈克·费瑟斯通语引自：《消费文化与后现代主义》，南京：译林出版社，2000 年，第 21 页。

② ［美］鲁道夫·阿恩海姆：《艺术与视知觉》，北京：中国社会科学院出版社，1984 年，第 609 页。

③ ［美］鲁道夫·阿恩海姆：《艺术与视知觉》，北京：中国社会科学院出版社，1984 年，第 625 页。

随不同传播阶段特点而形成的四大传播功能：促进功能、劝服功能、增强功能和提示功能。

1. 促进功能

广告美的促进功能是指广告信息的艺术化传达可以使受众感知和了解广告信息，从而加强趋向广告诉求的积极需求与欲望。如在产品的导入期，商品广告的任务即是向受众介绍推荐产品，对产品的优势特征进行艺术化渲染突出就显得尤为重要。三全速冻食品在产品导入期的广告审美创作就充分注意到这一点。为了突出三全品牌让消费者的饮食生活更轻松更快乐的核心价值理念，在国内同类市场竞争中展示一个出彩的亮相，其导入期系列广告均以中国红为主色调，在满天飘落的金星点缀的背景上，调皮可爱的小厨师、三全水饺和元宵的蒸蒸热气烘托出了轻松快乐的喜乐气氛，令人充满审美愉悦，从而切中了以打拼创业阶层为主的中青年消费者的生活方式、消费需求、审美偏好等特点，获得开门红，市场占有率遥遥领先。图2－9中的咖啡馆广告画面简洁，对比鲜明，用咖啡奶油蛋糕的局部特写形成一条笔直的道路，再配上广告语——现在就去 Wild Bean Cafe 咖啡馆，格外富于食欲诱发力和消费行为感召力，在视觉上和味觉上尤其会引发“吃货”消费族群无限的美妙联想。

图2－9 咖啡馆广告

2. 劝服功能

广告美的劝服功能是指以广告艺术感染力增强受众的感觉知觉印象，形成积极的情感偏好，从而有利于提高广告的说服力，促进受众转变态度与行为。这种传播功能通常表现在产品市场销售和信息传播的成长成熟期。

受众在劝服功能的作用下从对广告信息的感知了解阶段提升到积极倾向的成熟阶段。例如宜家家居推出过的一组广告，画面以城市平民百姓杂乱的阳台及居室环境为主要背景，在抢眼的位置突出一两件亮丽的宜家产品，表现了宜家家居针对普通城市百姓消费者所制定的营销新路线。其中亲民力量的渲染烘托着实得益于广告视觉意象呈现出的真实自然的平民生活镜像，整体画面语言如话家常，娓娓道来，朴素平淡中透发着逐渐步入百姓家庭的现代新潮气息，这对那些心存偏见的保守怀旧型大众消费者具有很强的情感劝导力。

3. 增强功能

广告美还可以通过艺术化的信息传达保持受众既已形成的积极态度与行为，以艺术感染力增强受众的信心，保证其对广告信息的认同达到持续水平。

在商品营销领域，深受消费者们关心的一些高卷入型产品，往往尤为需要这种功能帮助稳定受众的选择。如在上海大众帕萨特汽车“成就明天”为主题的形象重塑广告运动中，《商战决胜定律篇》(图 2－10)尽展帕萨特的华贵气质，以胜利女神、拿破仑等为主题的世界名画喻指商战中的鼓舞、谋划、攻坚等阶段，表现商战决胜的定律在于统帅的从容英勇，在豪华尊贵的气势中暗示车主的身份、地位、个性和品位，拓展消费者对商品附加价值的认知，巩固增强消费者选择的信心与偏好。

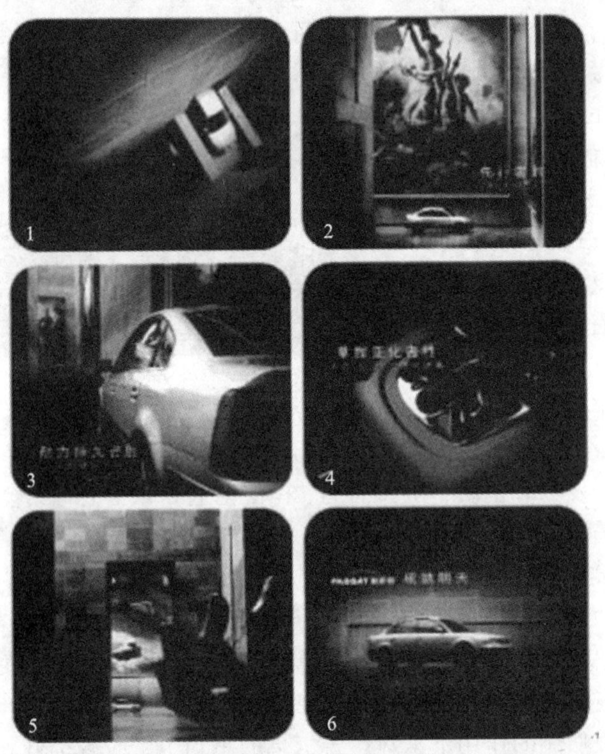

图 2－10　帕萨特《商战决胜定律篇》(视频截图)

1. 字幕：商战决胜定律；2. 字幕：先行者胜 2.8V630 气门；3. 字幕：耐力持久者胜，双面镀锌车身；4. 字幕：掌握变化者胜 手动/自动一体变速器；5. 字幕：思虑周全者胜 正面/侧面双安全气囊；6. 字幕：克服逆者胜 ABS/EDS 系统旁白：PASSAT 帕萨特，成就明天

4. 提示功能

广告美的提示功能主要表现在产品销售和信息传播的成熟期和衰退期，广告利用审美因素重新触发受众既有的接受认同，引发习惯性的积极行为。20 世纪 70 年代，美国政府因为中东地区频繁发生劫机事件而警告美国人不要乘飞机到欧洲包括希腊地区旅游。希腊国家观光组织为力挽美国游客大量流失的损失，请

美国广告怪杰乔治·路易斯创意制作了电视广告艺术片。片中38位美国艺术家、科学家、歌星等名人逐个登场，在镜头前感怀述说饱含美国人“希腊情结”的同一句话：“I’m going home , to Greece .”希腊是西方人包括美国人的文化血脉策源地，那里萦系着他们回归精神家园的憧憬与梦想，“我们要回家，回希腊。”为主题的广告艺术片以巨大的文化认同感唤醒了美国民众心中的文化寻根意识，瓦解了政府的警告，令希腊旅游观光业重现生机，终于从衰落低迷中解脱出来。

三、欣赏价值

艺术审美欣赏与一般信息接受过程的主要区别即在于欣赏主体在审美对象中不仅理解其中的确定性意义因素，而且能创造性地发现多向度多层面的意义系列，形成深远的、意味无尽的审美内蕴空间。如同现代解释学代表人物伽达默尔所说：“对一文本或艺术品真正意义的发现是没有止境的，这实际上是一个无限的过程。不仅新的误解被不断克服，使真理得以从遮蔽它的那些事件中敞亮，而且新的理解也不断涌现，并提示出全新的意义。”①由于受较多现实功利因素的影响，广告美在审美接受体验方面较难达到与纯艺术美相媲美的程度。但是相对于普通信息接受过程而言，广告美体现出一定的欣赏价值，即广告的审美化表现能使受众创造性地解读广告信息的内涵意蕴，而这离不开广告审美对象与广告欣赏主体双方面创造性因素的能动结合。

1. 广告审美对象的文本多义性

在审美接受中，艺术家创作完成但尚未经过接受者欣赏解读的作品称之为文本，这时的艺术品处于自在状态，意义解读方式有无限可能性。这被德国学者伊赛尔称之为“图式化视域”，其中的意义“空白”“未定点”就构成了文本所特有的“召唤结构”，召唤着不同背景条件下的广告欣赏主体在广告信息主旨确定性理解的同时，对其内蕴进行创造性的解读。尽管广告作品在意义包孕的丰富性上不能与纯艺术品同日而语，但在广告艺术世界中，许多杰出的广告作品往往都具有一定的文本特征，也同样具有某种意义势能结构，可供欣赏主体进行一定的想象、发挥、填充。图2－11这则由瑞典DDB广告公司制作的麦当劳超大份咖啡的平面广告就将广告文本的“召唤结构”运用到了极致。画面上除了右下方麦当劳的

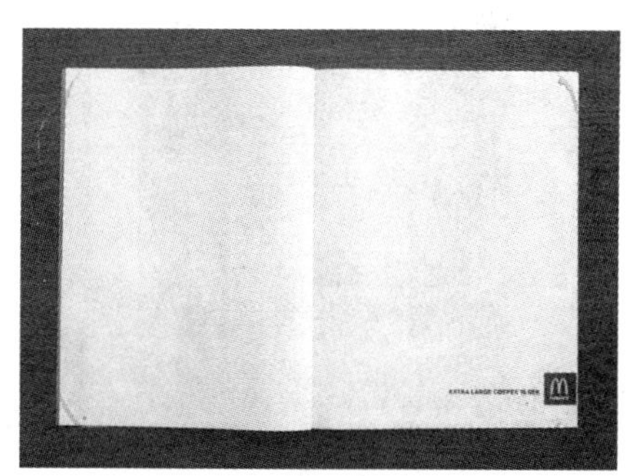

图2－11　麦当劳超大份咖啡平面广告

① ［德］伽达默尔：《真理与方法》，王才勇译，沈阳：辽宁人民出版社，1987年，第265页。

LOGO 和简练的广告语之外，一眼看去便只有占据一本杂志中央的“超豪华空白”以及四边的淡淡印痕——细看之下，原来竟是巨无霸咖啡留下的渍迹！对这款咖啡的“超大”表现得可谓夸张诱人而又幽默亲和。大幅的留白，简约的线条，图式结构中召唤引发起受众产生的内蕴解读却回味不尽，意趣丰盈。再如颇具中华传统美学气象的水井坊白酒平面广告《雕刻家篇》，在典雅醇厚的意象营造下折射出一位雕刻家智心慧眼中深邃隽永的思想感悟，足以引人生发对时空岁月沧桑变化、天地万物灵毓造化的无限灵思，也更为丰富立体地塑造了广告主水井坊“中国酒业第一坊”的企业形象。可见广告作品中的多义性“空白”和召唤结构是产生审美意蕴空间必不可少的重要因素。

2. 广告审美主体的期待视野建构

广告审美意义生成的主体因素，主要是指接受者在认知心理先存图式作用下期待视野的建构。所谓“先存图式”或称“先行理解”是指接受主体在广告接受过程发生之前既已形成的认知心理范式，也就是由其过去的个性气质、生活经历、文化水平、审美教养，尤其是在广告传播语境下接受主体的现实功利性动机、需求、态度、意志等诸种因素所塑造的心理定势。这种心理定势决定了受众对广告信息的接受和破译实际上是依照其期待视野进行的创造性阐释观照。

图 2－12　万科房产平面广告

接受美学代表人物姚斯说：“一部文学作品，并不是一个自身独立、向每一代的每一读者均提供同样的观点的客体。它并不是一座纪念碑，形而上学地展示超时代的本质。它更多地像一部管弦乐谱，在其演奏中不断获得读者新的反映，使文本从词的物质形态中解放出来，成为一种当代的存在。”①在广告审美接受中，

① ［德］姚斯：《接受美学与接受理论》，周宁、金元浦译，沈阳：辽宁人民出版 1987 年，第 26 页。

特定条件的特定欣赏者，以其自身的思想感受、精神意趣、审美水准、功利需求等均能在自我的期待视野中对广告对象进行创造性的意义解读。如万科房产以“珍视生活品质”为创意概念的系列企业形象广告(图2－12)，一改房地产广告极尽尊荣华贵的老套，洗尽铅华，出之简约，以一庭一隅一径一灯饰的意象拈取点染出宁静致远的诗意心境，“品位与金钱无关”为主题的文案，于含蓄内敛、清新平淡中表现出精致蕴藉的美学格调。同样，万科房产西山庭院的平面广告也洗脱了直白的商品贩卖气息，整体给人一种祥和宁静之感。画面主体并不复杂，只是棋盘、棋子以及点点氤氲淡染的云雾，一片超脱尘世的气韵便暗香流动，盈然卷上，淡泊、闲适、雅致，这些品牌精神和生活理念堪与怀具如此审美文化期待视野的目标消费者深契其心。这样的广告作品体现了对受众群体生命体验丰富性的充分关注，考虑到业主受众们财富积累以外更为广延幽深的心灵期待空间，与欣赏主体的审美期待视野形成了同构性的默契融合。受众的欣赏体验能够由感知房产信息的基础意义开始，进而深广到心理“先有图式”中既有的人生情怀、精神向往、生命寄托等立体层面，使广告的意义内存由表浅走向深广，由单一走向多元，由贫乏走向丰美。在这里广告欣赏主体不是消极被动的接受器，而是积极能动的创造者，广告欣赏主体的想象联想等创造性解读促成广告作品产生更为丰富深广、耐人寻味的审美价值。

本章小结

广告是现代实用美学的重要分支研究对象，其多元性、互融性、交叉性等现代审美品格塑造出其沟通科技与人文、实用与审美，以美的形式达成真善的内容的核心特性。这使它与传统意义上的自然美、社会美、艺术美等审美形态既存在难以割裂的内在联系，又表现出独具个性的鲜明特色。作为传播设计型实用艺术美，广告美具有现实功利性与信息传播属性两大基因特质，这铸模出它与纯艺术美和技术美之间的本质区别：因为广告美具有现实功利性，所以它不同于专门满足人类纯粹精神需要的纯艺术美，在艺术加工、审美接受体验等方面，也通常不及纯艺术美深广；因为广告美具有信息传播属性，属于精神文化范畴，所以它又不同于以具体劳动产品为载体，与某种使用价值相结合的技术美。

广告美的传播设计型实用艺术美属性还使其体现出明显的重“真”尚“善”的特性。因其重“真”，所以广告美以真实性为生命基石，以科学性为坚实保证；因其尚“善”，所以广告美以功利性为本质特征，以从众性为现代品格。广告美的真实性要求广告艺术加工既不能与客观真实情况相左，有违于道德、法律规约，又要妥善运用艺术假定性手法创造虚实相生的艺术魅力；广告美的科学性表现为对多种学科的科学原理的综合运用，也表现为对现代科学技术的大量吸收；广告美的功利性体现了审美在与功利的深度结合中走向回归与超越，这要求在二者有机结合、互为促进的同时要确保功利性的主导地位，将艺术手段用于实现功利目的；广告美的从众性顺应了现代艺术的大众化趋势，广告创作以大众审美趣味为标准，消解了广告审美与大众的距离，保证了广告信息的顺畅传达。

在广告信息传播的实践过程中，广告美体现出了科学、实用、欣赏融为一体的审美价值新形态。广告美的认知价值表现为广告的艺术化处理有助于加强广告受众的认知效果，以富于表现性的传播形式更有效地满足受众的信息需求；广告的传播价值落实于广告信息的告知与劝服两大传播任务的完成，具体表现为促进、劝服、增强、提示四种功能；广告美在接受环节中表现出了普通信息传播不易具有的欣赏价值，具有本文多义性的广告作品与受众的期待视野相结合，能够生成对广告意蕴的创造性解读。在认知价值、传播价值、欣赏价值因素的协同作用下，广告美势必会提升广告信息的传播实效。广告借助艺术手段的震撼感染力有助于更为出色地完成传播广告主题信息、说服受众转变态度行为的现实功利目的。

第三章

广告创意的审美活动

“创意是针对具体的广告作品而言的，所涉及到的只是具体广告作品的诉求与表现。20 世纪 60 年代的广告理论与实践，主要就是围绕这一问题展开的。”①——可以说，广告学由此开始走入了一个“从诉求到创意的时代”。广告大师奥格威认为：好的点子即创意。美国广告界权威詹姆斯·韦伯则主张：创意是一种商品、消费者以及人性诸事项的组合。而当前广告界比较流行的看法是：创意与品牌战略、策略有密切的关系。所以不难得出这样的结论，广告创意是表现广告主题的、能有效与受众沟通的艺术构想。

既然广告创意归根结底是一种艺术构想，那么它必然符合人类审美活动的一系列规律，它必然是人类艺术创造的普遍真理与广告运动的具体实际相结合的产物。

第一节 广告创意的审美文化语境

广告创意作为现代广告活动不可或缺的一部分，在促进社会经济发展和推动广告文化繁荣等方面发挥着不可低估的作用。然而，一个时代和一个社会的广告创意活动又是这个特定时代、特定社会的产物，它总是在特定的文化语境中发生、发展的。因此，对广告创意的审美文化语境的关注，必然成为严谨的学术研究所涉及的理论问题。

一、何谓广告创意的审美文化语境

语境(context)是一个常用的术语，主要被用在两个方面：第一，它指某种社

① 张金海：《20 世纪广告传播理论研究》，武汉：武汉大学出版社，2002 年，第 72 页。

会情景或环境的直接而具体的特征，某种特定的互动行为或传播就处于这种情景或环境之中；第二，在更加广泛的意义上，它用于描述更大的社会、政治与历史的情势与条件，某些行为、过程或事件就处于这些情势或条件之中，并被赋予意义。就这两方面而言，这个术语都把注意力引向构成与制约社会活动的、虽不必可见但仍属限定的力量。

具体地说，狭义上所谓广告创意的审美文化语境主要是指广告创意活动所处的社会情景和环境的特征；就广义而言，还包括与此密切联系的整个社会的政治、历史的情势与条件。

随着历史演进和时代的发展，广告创意的审美文化语境历经着变动与整合，逐步呈现出审美视野全球化、文化取向多极化、审美态度多元化等趋势，其内涵越来越丰富，其形式越来越多彩。应该说，文化语境是形成一个社会、一个时代广告创意活动面貌的内在要素和根本原因；也是把握、认识一个社会、一个时代广告传播现象的基本规律和客观标准。广告创意与文化语境有着天然的、客观的、不可剥离的、深刻的内在的联系。

二、广告创意审美文化语境的层次划分

广告创意的审美文化语境在内容上具体表现为广告创意的审美文化环境。

广告创意的审美文化环境是一个纷繁复杂、千头万绪的集合体。一方面，它是广告创意赖以生存和发展的前提条件；另一方面，它又是造成广告创意现状、制约广告创意未来发展的主要因素。因此，廓清广告创意的文化环境面貌、把握广告创意的文化环境因素、理清广告创意的文化环境构成是全面理解广告创意审美活动的前提。

从文化学的角度看，广告创意的文化环境实际上是一种客观的文化存在，它包括丰富的内涵和众多的层次。广告创意的文化环境大致可以划分为三个层次，即物质层面、制度层面、精神层面。

广告创意审美文化环境的物质层面主要包括人类所创造的物质财富或物质性成果，这个层面是构成广告创意审美文化环境的基础性层面。

广告创意审美文化环境的制度层面，主要指人类为了进行生产和生活而达成的某种关系和制度的总和。

广告创意审美文化环境的精神层面是指人类在思想、精神、心理、意识领域里所创造的精神财富的总和。从宏观的角度看，它包括思维方式、道德意识、知识、信仰、宗教、艺术等精神性成果的创造；从微观的角度看，它包括一个行业、领域人们的看法、见解等，其核心为价值观念。

三、广告创意审美文化语境各层面的主要内容

1. 广告创意审美文化语境物质层面的主要内容

树木花草、山石泥土是自然的存在物，而当人类根据自己的主观意志将它们改造成砖瓦、房屋、园艺、雕塑时，它们便成为了人类文化的物质性成果。从马克思主义的角度讲，所谓“人化自然”或者“改造世界”指的就是人类在物质文化方面的创造与贡献。伴随着人类科学技术水平的不断提高和人类征服自然、改造自然能力的极大提升，许多创造成果不仅表现为看得见摸得着的“物质”，更表现为无形的成果，今日社会发展异常迅猛的信息技术就是突出的例子，但它依然属于物质性成果。总之，这个层面的文化又可以称之为“物质文化”也可以称之为“物态文化”。

具体而言，广告创意审美文化环境的物质层面，又可以包含更为细致和深入的内容。比如它包含社会的生产力水平、社会分工情况尤其是媒介技术的发展水平等方面。

下面，从媒介技术发展水平的角度举例说明。

追溯世界范围内广告传播的历史不难发现，从以“招幌”为代表的古代广告传播形式到以平面色彩为主体的近代报刊广告传播形式，广告传播的每一次重大改变和创新都与媒介技术的成熟和发展密不可分。时值今日，新媒介技术的出现和发展，更是为广告创意与传播注入了新鲜的活力。

1967 年，美国 CBS 技术研究所所长 P·戈尔德马克（P. Goldmark）发表了一份计划，目的在于开发一种新的电子商品即 EVR①，在这份计划中他首次使用了“新媒介”（new media）这一概念。1969 年，美国传播政策总统特别委员会主席 E. 罗斯托（E. Rostow）在向当时的美国总统尼克松提交报告书时，也多次使用了这一名词。此后，“新媒介”这个称谓迅速在美国社会流行，并且在全世界广为流传，到了 70 年代末和 80 年代初，成为西方传播学界所普遍接受和热烈探讨的话题。

概括说来，所谓“新媒介”，主要是指以现代电子计算机技术（或数字技术）为内核的新型传播媒介，包括数字电视、数字广播、数字化卫星传送、因特网（Internet）、信息高速公路（Information Highway）多媒体（multi-media）等多种形式。毋庸置疑的是，新媒介的出现和发展，改变了广告创意文化环境物质层面的传统根基，使得广告传播的文化环境发生了剧烈的变化。

近些年方兴未艾的“网络广告”就是一例。网络广告主要是指以互联网为媒体发布、传播的商业广告，其最早出现于 1994 年的美国。在网络广告发展的早

① Electronic Video Recorder［Recording］电子录像机［录像］电子录像。

期，Banner 是网络广告的主要形式，一般是使用 GIF 格式的图像文件，可以使用静态图形，也可用多帧图像拼接为动画图像。除普通 GIF 格式外，还包括 Rich Media Banner（丰富媒体 Banner）能赋予 Banner 更强的表现力和交互内容，但一般需要用户使用的浏览器插件支持（Plug-in）。Banner 一般被翻译为网幅广告、旗帜广告、横幅广告等。Internet Advertising Bureau 在 1997 年提出了参考性的标准网幅尺寸，称之为 IAB CASIE Banner Size。

此后，随着网络技术和数字技术的发展，网络广告逐渐成为当代社会广告活动的热点，在世界范围内获得了飞速的发展。其形式愈发丰富，现阶段主要包括传统展示广告、即时信息（IM）广告、窄告网广告、网络视频广告、富媒体（Rich Media）广告、搜索引擎广告、电子邮件广告等模式。

有研究者考证，我国第一个商业性网络广告出现在 1997 年 3 月，最早出现在 Chinabyte 网站上，广告主是 Intel，广告表现形式为 468 × 60 像素的动画旗帜；Intel 和 IBM 是国内最早在互联网上投放广告的广告主。经过多年的发展，2003 年，中国网络广告市场总额突破 10 亿元大关；2010 年至 2011 年互联网广告市场取得爆发式增长，据《传媒蓝皮书：中国传媒产业发展报告（2015）》数据统计，2014 年中国网络广告收入首次超过电视广告，其市场规模超过 1500 亿元，约达到 1565.3 亿元。

不难想象，新媒介技术对传统媒介技术的改造甚至是替代，必将从物质基础的层面上，改变广告创意的审美文化环境，从而带动广告传播的迅疾变革。可以说，从媒介技术的物质层面看，今日广告创意所面临的审美文化环境就是所谓“数字化生存”。

2. 广告创意审美文化语境体制层面的主要内容

“制度”有时也被称之为“体制”，它的内涵极为丰富、复杂。

从宏观的角度看，人类制度最广阔的一个部分是社会制度。例如，马克思主义学说将人类社会制度归纳为原始社会、奴隶制社会、封建社会、资本主义社会、社会主义社会等几个主要形态，并提出关于“共产主义社会”的远景描绘。

从微观的角度看，在同一类形态的社会制度前提下，也有更细微的制度表现，如君主立宪的资本主义、高度垄断的资本主义等。社会主义的社会制度根据不同国情条件，其社会制度也各有特色，如有中国特色的处于初级阶段的社会主义等。每一个事业、行业领域，都会有各种各样的制度文化创造。如电影行业的生产制度，通过影片制作公司、制片厂的方式来组织实施；电视行业的生产制度，则是通过电视台（媒体）运行方式来组织实施等。

那么，所谓广告创意审美文化环境的制度层面也包括广义和狭义两个方面。广义上说，它是指广告创意活动所处时代的社会制度、国家体制乃至于法律、法规等；从狭义上讲，它是指广告创意活动所面对的事业规则和行业约束。

应该说，广义的制度层面决定着广告创意活动的本质属性和基本宗旨；而狭义的制度层面则制约着广告创意活动的从业守则和职业操守。

下面举例加以说明。

现代西方传播学的“控制研究”，很早就提出了社会大众传播背后的“无形的手”的课题。事实上正是如此，不同的社会宏观体制架构决定了广告创意活动在不同的土壤上生长、开花、结果。世界上没有纯粹的天马行空、无拘无束的广告创意，从艺术构想和创造性思维的角度看，受制度层面约束的广告创意活动是所谓美学研究的一个很形象的命题即“带着镣铐的舞蹈”。

以我国的广告法规为例，《中华人民共和国广告法》由第八届全国人民代表大会常务委员会第十次会议于1994年10月27日通过，自1995年2月1日起施行。这部法律为规范广告活动，保护消费者的合法权益，促进广告业的健康发展，维护社会经济秩序，提供了明确的法律依据。2015年4月24日，第十二届全国人民代表大会常务委员会第十四次会议对其进行了修订，自2015年9月1日起施行。新《广告法》明确界定了虚假广告的定义，新增关于互联网广告的规定，进一步提高了法律责任的震慑力；强化了广告监管部门的职权职责，明确大众媒介发布责任，进一步严格规范媒体发布广告行为，对广告监管部门和广告从业者都提出了更高的要求。

曾几何时，现实生活中的广告营销无孔不入，千奇百怪的广告创意恣意妄为——开车等红灯，经常会有小广告硬插在车窗上；走到家门口，会发现门把手上插着广告宣传单；打开电脑网页，满屏都是关不掉的弹窗广告……有人将之形容为生活中的“烦人广告”。新《广告法》规定，任何单位或者个人未经当事人同意或者请求，不得向其住宅、交通工具等发送广告，也不得以电子信息方式向其发送广告。利用互联网发布、发送广告，不得影响用户正常使用网络，确保一键关闭。违反以上两种者，将对广告主处5000元以上3万元以下的罚款。另外，针对广大民众普遍反映的“明星代言虚假广告”“保健品广告夸大宣传”“养生讲座推销产品忽悠老年人”等问题，新《广告法》也做出了严格的规定：不得利用不满10周岁的未成年人作为广告代言人；针对不满十四周岁的未成年人的商品或服务广告，不得含有劝诱其要求家长购买广告商品或服务的内容；对于保健食品广告，要求不能表示功效、安全性的断言或者保证；不能涉及疾病预防、治疗功能；不能声称或者暗示广告商品为保障健康所必需；不能与药品、其他保健食品进行比较；不能利用广告代言人作推荐、证明等等。

由此不难想象，广告创意的最终实现，既是广告创作者的才华显露与艺术表达，更是广告人在一个国家、民族、社会的法律约束和道德规范下，尊重民族禁忌、体察风俗习惯、囿于社会风尚、符合大众口味的创作结果。

3. 广告创意审美文化语境精神层面的主要内容

与“物质层面”相对，精神层面往往是看不见也摸不着的。精神潜藏于人的灵魂深处，在以价值观念作为核心的精神层面里，由于价值观念千差万别而带来的精神层面的丰富、复杂，可能是文化环境研究最为困难的事情。与“物质层面”的可衡量、可鉴定、可比较的明确标准系统不同，“精神层面”不易定量研究，不易通过实物把握，精神层面的各个部分之间的差异和不可比较，是文化环境构成中最为复杂丰富的一个部分。

所谓广告创意文化环境的精神层面，广义上指广告创意所处社会的道德意识、宗教信仰、知识教育、艺术观念和人们的思维方式；狭义则指广告创意的行业理念、创作模式、思想潮流、价值标准等。

具体来说，在大的方面，广告创意总要顾及到一个社会、民族的文化禁忌和道德标准，同时也要符合特定人群的思维方式和审美习惯。在小的方面，广告创意总会考虑到不同地域、群体的文化差异和环境背景，尽量以符合受众的文化习惯为宗旨。

例如，在全球经济一体化的发展趋势日益明显的今天，跨越国度的广告传播必然会遭遇到不同国别的文化差异问题。因此，必然涉及到广告创意文化环境的精神层面。在考虑到不同国家、民族、地域的文化传统、风俗禁忌的同时，广告创意总会因地制宜、投其所好地发挥艺术构想，即使是同一商品在不同市场环境中也会出现创意、展现上的迥然相异——这种种的差异和区别，是造成不同国家、地区迥然相异的广告现象的文化环境因素，它不但影响和制约广告传播的内容和内涵，也形成和培养广告传播的运作和技法。有趣的是，学者研究发现：文化的价值、规范和特质会深入广告诉求中，在不同层次的广告信息中出现，使得不管是广告中的插图、标题甚至是使用的召唤手法都带有相当的文化意蕴。有这样的统计比较了日本和美国的广告诉求，日本广告使用软性诉求的比例是美国的四倍，而美国广告使用硬性诉求的比例也高出日本四倍之多——也就是说美国广告惯于使用直接、推销式的手法，而日本广告则更倾向使用营造气氛、烘托情绪等间接的表现手法。从这个例子不难看出，两国的广告之所以大相径庭，关键还在于其背后文化环境的制约，尤其是观念传统、精神思想的制约。

第二节　广告创意的审美思维特点

时值今日，广告传播不仅是社会经济生活不可或缺的重要组成部分，同时也成为构筑社会大众文化生活的重要组成部分。今日之广告，不仅超越了早期广告传播以传递商品信息为主要目标的初级阶段，更逐步上升到以奇幻的艺术效果来吸引注意、推动时尚的高级阶段。随着广告对社会文化的影响力的增大，随着人们对广告关注、鉴赏水平的提高，许多中外优秀广告作品也可以登堂入室，成为一种新兴艺术，被人们品头论足、鉴别欣赏。人们开始认同一种说法：广告创意也是一种审美活动。

那么问题随之而来：广告创意的审美思维活动是否体现了人类精神创造的规律性；广告创意的艺术构思活动是否具有自己独特的个性——这些正是本节探讨的主旨所在，即究竟广告创意的审美活动具有何种思维特点。

一、何谓广告创意的审美思维

心理学一般把思维定义为：思维是人脑对客观事物间接和概括的认识过程，并且通过这种认识，把握事物的一般属性和本质属性。为了提出和解决生活实践中的各种问题，人们在思维活动中进行着各种心智操作，这个过程充满了思索与判断，主要包括分析、综合、比较、抽象和概括、具体化。

简单地说："分析"是在头脑中把事物的整体分解成各个部分、个别方面和个别特性，并加以认识的过程；"综合"是指把个别属性、个别方面结合成为某个整体"比较"是确定事物之间相同与不同之处的过程；"抽象"是在比较基础上分离出事物共同的本质的特征；"概括"是将抽象的部分事物共有的本质特征结合起来，并推广到同类其他事物上的过程；"具体化"是在概括的基础上，将对事物的一般认识，应用到相应的个别事物上去。

一般认为：广告创意的思维方式隶属于艺术的思维方式。就艺术思维而言，它是人类以艺术方式掌握世界时特有的思维形式和思维方法，同科学思维主要运用概念、推理、判断来思考世界的方式不同，艺术思维"在这种使理性内容和现实的形象互相渗透融会的过程中，艺术家一方面要求助于常醒的理解力，另一方面也要求助于深厚的心胸和灌注生气的情感"①，它是主要以形象、情感、虚构的方式来掌握世界的。

在传统文化当中，艺术思维最突出地表现在文学艺术领域的实践与运用。由于文学作品以语言为主要表达工具，有人又将此种艺术思维称为"诗性思维"。由于"自然世界是多维的，立体的、色香味俱全的，而人类约定性语言却是一维的、线性的；自然世界是连续的整体，但人类语言是分段分节的结构单位；自然世界是无限多样、无限丰富的，而人类语言是有限而单调的，几十个音位，几千个音素，几十万个几百万个词汇单位，几十几百个句型，几十几百个修辞格，如此而已"②——这段引文说明了以语言为思维材料和作品形式的文学艺术，与其他以具体物质材料为作品形式的艺术活动之间的差别，即语言艺术家在对自然材料进

① 黑格尔：《美学(一)》，北京：商务印书馆 1979 年，第 358 页。

② 张荣翼，张小元，张利群：《文艺学概论》，成都：天地出版社，2001 年，第 37 页。

行艺术掌握的同时，还需要对语言这种形式进行“二度征服”。语言本身的抽象性给文学艺术的思维活动提出了更高的要求。

广告创意的审美艺术思维则是广告创作主体对客观广告活动的抽象和概括的认识过程，是通过这种认识把握广告创意活动一般属性与本质属性的过程。在这个过程当中，广告创意主体运用包括语言、文字、图像、声音等丰富的符号元素，基于现实、超越想象、灵活运用、妙笔生花地去构思和缔造全新的艺术形象。

二、广告创意的审美思维特点

广告创意的审美思维活动具有以下一些基本特点：

1. 全息式的审美观察

审美观察往往被看作是审美思维活动的第一步，在传统的文艺理论中，无论是文学家或是文学理论家都对审美观察给予了极大的重视。巴尔扎克曾经说过：文学艺术是由两个截然不同的部分——观察和表现所组成的。而审美观察的核心在于审美发现。罗丹说过，“美是到处都有的。对于我们的眼睛，不是缺乏美，而是缺乏发现”。

“全息”本来是一个纯技术性的概念①，指的是“物体整个空间情况的全部信息”。现今“全息”的概念被社会学者引入到大众文化研究领域，用以说明“大众符号活动的发展，从某种意义上说也就是全息化的过程”②。

所谓全息式的审美观察是指在广告创意过程中，创作主体对产品性能、品牌形象与文化环境的综合把握，发现、开掘既能展现商品个性又能符合语境要求的广告传播的内容与形式。

具体来说，从观察物象的角度上看，广告创意主体既要有宏观“俯视”，又要有微观“显微”：宏观，即从大的视野中实现艺术的发现；微观，即对形象进行精细入微的审美发现。

例如，世界知名饮料品牌“可口可乐”重视广告宣传、善于广告创意的作为在国际广告业界是有口皆碑的。综观“可口可乐”100余年的经营情况和广告战略，不难发现“全息式审美观察”理念的实践运用。从宏观角度讲，“可口可乐”始终坚持稳定的商标策略，在漫长的企业成长和广告宣传过程中，一直保持热情、健康、大众化、国际化等创意定位，把握住了碳酸饮料会成为日常饮料主流趋势的理性判断，又善于迎合不同时期、不同地域，人们的生活方式和消费习惯的变迁。从微观角度讲，“可口可乐”很善于从细微之处入手，接近广告受众的文化心理，

① 全息(hologram)，全息技术是英国科学家盖伯于1948年发明的，他因此在1972年获得诺贝尔奖。1982年，美国才开始大规模复制(印刷)全息图。短短十几年，便形成了全息产业。

② 高小康：《大众的梦》，北京：东方出版社，1993年，第96页。

以“随风潜入夜，润物细无声”的广告创意手段，迅速取得消费者的主观心理认同，在这方面“可口可乐”名称的由来及其中文译名的例子，曾一时传为佳话。据“可口可乐”中文官方网站的资料显示，“可口可乐”的英文名字是由彭伯顿当时的助手及合伙人会计员罗宾逊命名的。彭伯顿本身是一个古典书法家，他认为“两个大写C字会很好看”，因此用了“Coca－Cola”，“coca”是可可树叶子提炼的香料，“cola”是可可果中取出的成分。“可口可乐”的商标百多年来一直未有改变。“可口可乐”这个名字，一直以来被认为世上翻译得最好的名字，既“可口”亦“可乐”，不但保持英文的音，还比英文更有意思。这个中文名字是由一位上海学者编出来的。“可口可乐”在1920年代已在上海生产但是没有正式的中文名字，于是当时“可口可乐”专门负责海外业务的“可口可乐”出口公司在英国登报征求译名。这位旅英学者，便以“可口可乐”四个字击败其他对手，拿走350英镑。

再比如，“可口可乐”从1928年开始，参与世界奥运会，借助这项国际性的体育赛事，运用全息式的审美观察理念，广为扩大品牌的知名度和影响。下面表格的资料（见3－1）来自于“可口可乐”中国官方网站，罗列了自1928年至2000年间“可口可乐”参与奥运会并“全息式”展现其广告创意和品牌形象的过程。

表3－1　1928—2000年“可口可乐”参与奥运会的过程

时间地点	事件过程
1928 阿姆斯特丹	“可口可乐”第一次在奥运会登台亮相——1000箱“可口可乐”与美国奥运代表团一起参加了奥运
1932 洛杉矶	可口可乐公司赞助的奥林匹克运动记录指示器记载了18项新的奥运记录
1934	乔尼.韦斯姆勒（1924及1928年奥运游泳金牌得主）为可口可乐公司产品签名
1952 奥斯陆	可口可乐公司向奥运会提供了直升机服务，使观众可以俯瞰全景
1960 意大利罗马	可口可乐公司的瓶装厂使用45转唱片为运动员和观众们播放了“再见，罗马！”的歌曲
1964 日本东京	可口可乐公司为奥运提供了大量导游图、路标、旅游观光信息册等
1968	可口可乐公司第一次邀请奥运冠军（莉恩·伯克，1960年游泳冠军）拍摄电视广告
1979	可口可乐公司帮助美国奥林匹克委员会建立了“美国奥林匹克名人堂”，用来纪念美国最伟大的奥林匹克运动员及保存奥林匹克艺术品

续上表

时间地点	事件过程
1982	可口可乐“奥林匹克妇女体育计划”开始实施
1987	可口可乐公司成为瑞士洛桑奥林匹克博物馆的首位赞助商
1988	卡尔加里 * 可口可乐公司赞助创建了第一家官方奥林匹克纪念章交易中心。“‘可口可乐’世界合唱团”在开幕式和闭幕式上为观众表演，43 位年轻成员来自 23 个国家
1992 阿伯特维尔	“‘可口可乐’广播站”建立。“国际奥林匹克火炬接力计划”制定，可口可乐公司负责从 50 个国家挑选 150 名选手参加
1992 年 巴塞罗那	奥运会火炬接力。巴塞罗那 50 万人在“可口可乐”奥林匹克纪念章交易中心和纪念章流动站抢购了 200 多万枚纪念章。最流行的纪念章是吉祥物科比和美国篮球“梦之队”
1994 利勒哈默尔	可口可乐奥林匹克纪念章交易中心第一次推出“每日一章”。每天纪念章限制在 1000 枚，为此，购买者排起了长龙
1996 亚特兰大	百年奥运在“可口可乐”的家乡举行。“可口可乐”正式赞助协办整个奥运圣火传送活动。400 名来自 78 个国家的选手与当地代表组成了上万人的传送队伍，跑了 24000 公里传送圣火。“‘可口可乐’奥林匹克城”对广大观众开放。国际奥委会与可口可乐公司签署协议，延长可口可乐公司对奥运的赞助延至 2008 年。第一家可口可乐公司奥林匹克纪念章交易学校建立。2175 名学生获得了“纪念章管理专家”的称号和一枚版本有限的毕业纪念章
2000 悉尼	在澳大利亚的五个主要城市，“可口可乐”“红色节日”将与奥运会开幕式同时举行，为 9 万名“可口可乐”消费者带来一个红色狂欢节。举办“‘可口可乐’奥林匹克青年交流营”

图 3 - 1 为为庆祝 1932 年洛杉矶奥运会，“可口可乐”装瓶厂向公众发放了 300 万张运动员主题的微缩版剪贴画，并在橱窗中展示了相同主题的大尺寸版本。画面呈现了一系列夏季奥林匹克运动会项目，剪贴画背面则记录了现代奥林匹克运动会自创办以来的大事记。（图片来自于 http://www.coca-cola.com.cn）

图 3 - 1　可口可乐运动员主题剪贴画

全息式审美创意带来了广告宣

传的全面成功和全方位的影响力，根据美国咨询公司 Interbrand 发布（2012 年 10 月）的“全球品牌价值排行榜”数据显示，“可口可乐”连续 13 年蝉联品牌价值榜榜首，其品牌价值高达 778.4 亿美元。

2. 目标化的审美指向

广告创意活动与其他文艺创作活动最大的区别可能就在于广告创意活动的全部目的都是为了市场推广与商品营销，都是为了通过或者艺术、或通俗地手段吸引关注、引导消费，与传统文艺创作重在展现心灵、塑造灵魂等诉求不同的是，广告创意的诉求更直接、更具体、更现实、更有针对性。

也就是说，广告创意总要受制于市场环境、广告策略等因素，每次只能凸现一个广告主题，而无法像纯粹的文艺创作那样凭借艺术家的个人生活体验和审美趣味去决定和表现生活主题。可以说，“广告创意所构思塑造的是广告艺术形象，所追求的是以最经济最简练的形式和手法，去最鲜明地宣传企业、产品，最有效地沟通和影响消费者”。①

例如，美国米勒酿酒公司原先给自己的啤酒产品米勒“High life”的定位是一种“乡村俱乐部的产品”。但是在后来的广告传播实践中发现，美国社会中的“乡村俱乐部”往往是上流阶层人士聚会的地方，对于啤酒的消费量并不大，而市场调查显示，美国社会上 80% 的啤酒是被占社会成员 30% 的蓝领工人和大学生所消耗的。基于这样的情况，米勒公司决定重新调整广告创意，将广告策划的核心目标转向这部分消费群体，以全新的广告主题针对广告目标受众进行有效宣传。于是米勒公司推出“米勒时间”创意——即在完成了一天紧张的工作和学习后，喝“High life”牌啤酒来自我奖赏，而不是为了显示某种身份，更多的是为了分享“米勒时间”。这则广告一经发布，获得了巨大的成功。

3. 复合式的价值判断

广告创意过程中，创作主体在进行审美观察、审美构思的同时，审美判断的准确与否，是审美思维中的关键。审美判断准确，广告作品的成功把握就大；审美判断有误，往往导致传播效果不理想。广告创意的审美判断，包括对审美客体的趣味把握、对审美客体感觉偏好的价值判断、对大众文化风尚的脉络甄别、对表现元素的准确拿捏等复杂环节——但是这一切汇集起来，其核心仍然在于审美的价值判断。

具体说来，广告创意活动中，创作主体往往同时进行着复合式的价值判断，这种判断至少可以剥离出两个层面：表层的价值判断和深层的价值判断。

表层的价值判断往往是第一个层次的判断，即当创作主体进入广告实际创作时，必须对其审美客体进行分析，从而决定究竟是采用何种表意符号、展现形式，

① 张金海：《20 世纪广告传播理论研究》，武汉：武汉大学出版社，2002 年，第 164 页。

或者判别强化哪种功能属性、资讯信息。大量的广告创意都停留在这个层次，或者说主要追求这个层次的审美价值判断。

深层的价值判断往往是第二个层次的判断，即创作主体进入广告创意本体价值的审美判断。它包括品牌形象、营销理念、企业文化、理想诉求等。当很多的广告传播活动不满足于表层地“推销宣传”的方式、方法之后，它们会转而追求这个层面的深思与开掘。

以著名广告大师大卫·奥格威的品牌形象理论为例：大卫·奥格威最早提出了品牌与品牌形象这两个概念，他不仅注意到产品的自身形象，而且还注重视产品在消费者心目中的形象。他指出，品牌开始出现时是依附产品而存在的，但事实上在后来与产品有着层次上的区别。大卫·奥格威认为，品牌形象理论的内涵至少包括这样几个方面——每一则广告都应对塑造品牌形象有所帮助，作为品牌个性的长线投资；品牌与品牌的相似点越多，选择品牌的理智考虑就越少，通过广告建立形象、形成个性；品牌必须具有个性，使得客户对自己所需求的品牌有清晰的认同和识别；影响品牌形象的因素还包括定价、产品名称、公关、促销的；最终决定市场地位的是品牌的总体性格。在大卫·奥格威的理论中，我们看到了所谓品牌形象对于广告创意审美思维价值判断上的影响，既然广告创意要服务于品牌形象的各个复杂层面，那么广告创意的审美思维也必然经历着复合式价值判断的过程，这种过程的出现和运行，恰恰是广告创意审美思维成熟的表现。

4. 最优化的艺术呈现

当广告创作主体有了一个最初的思维雏形后，就要面临着如何进行艺术呈现方面的考虑。要想充分展现创意主体的关于广告作品的构思、立意、审美趣味倾向等，就一定要有一个高层建瓴的比较和选择，即创造主体在进行多角度、多方位地判断取舍、审时度势、裁减定夺之后所确定的艺术表达方式。应该说，这种表达方式的最终确定和最后落笔，不一定是该创意所有可能的表达方式中最好的一种，但它至少有可能是在现今条件和情势下的最优方案，是内容和形式达到和谐统一的有效途径，即所谓“最优化的艺术呈现”。

例如，“索易网”的广告宣传，就考虑到了由于广告传播媒体的不同而可能造成的不同艺术效果，而选择了以电视媒体为主的呈现方式。“索易网”在进行广告宣传时，使用了包括户外、交通（车身）、电视和网上横幅广告栏等多种媒介形式，表达相同的创意构思——“猫找老鼠”，广告语是“你要找的正在找你。”广告的主要情节是一只在家的猫突然被老鼠找上门来，这时猫因为“得来全不费工夫”而显得异常高兴。这个情节设计意在传达“索易网”的广告诉求，即上“索易网”，会有许多你期望的信息和机会主动找上门来。在电视广告中，使用了真猫真鼠作演员，画面充满了拟人化的处理方式：一只猫在家中闲坐，听到门铃声便走到门口通过门镜向外查看，这时镜头切换到门外，来访者竟然是一只白鼠！紧接着画外音："你要找的正在找你"。镜头再次切换成猫的头部特写，猫面对镜头露出笑容（电脑合成），最后是广告口号："索易，就这么容易。"这部广告片没有其他人物形象出现，只靠猫和鼠演绎完成，精彩的创意加上精湛的电视画面处理和剪辑，传神地表达了一个原本比较抽象的诉求。在广告的实际发布过程中不难发现，此系列广告中平面媒体上的视觉表现效果与电视媒体上动态三维表现相比要逊色的多，因此广告传播选择以电视媒体为主，就是实际考虑到了最优化的艺术呈现问题。

第三节　广告创意的美学原则

在经济全球化和消费者为主导的市场环境中，为求得广告传播的顺利开展和广告效果的最终达成，就必须解决一个至关重要的前提问题——即消费者的关注，因此也有人把广告传播活动形象地称之为创造"眼球经济"的活动。

的确，在今天的所谓"注意力经济"时代，在现代广告运作体制之中，广告创意逐渐处于中心位置，称得上是广告活动的生命与灵魂。广告创意被赋予了更多的创造"美"的使命。然而无论广告创意如何巧妙出织、运筹帷幄，由于根本上它一种审美创造活动，它必然要遵循、体现若干美学原则。这些基本的美学原则既是广告创意不可违背的"边界""雷池"；同时也是广告创意发掘灵感、催生构思的着力点。

广告创意的美学原则既体现了广告活动的内在规律，也是美学真理在广告创作活动中的具体表达。

一、实事求是——广告创意的真实性原则

作为商品经济伴生物的广告活动，诞生于人类社会的商品交换之中，随着人类社会经济的发展和传播技术的进步而日趋成熟。放眼广告的历史与现在，探究广告运动的发生和发展，体察广告创意的美学规律——最基本的一个认识就是：广告创意首先要遵循实事求是的"真实性原则"，这既是广告活动的历史所决定的，也是广告创作活动发展的必然所致。

广告创意的真实性是指广告在表现主题和沟通受众的过程中必须始终坚持尊重事实、尊重科学、尊重实践的态度。具体而言，广告创意的真实性原则包括以下几个方面：

1. 广告创意的基础和本源是客观存在的事实

从广告活动的历史来看，人类最早的广告形式是"叫卖"和"实物陈列"，所谓"王婆卖瓜、自卖自夸"和当众摆放货物便是这种方式的形象体现，此后的历史演

进我们看到了这样的轨迹[1]：

叫卖→各行业特定的吆喝→各行业特定的叫卖替代音响→歌曲音乐

实物陈列→实物模型→象征性实物标志→象征性图画标志

招牌→店铺字号→店铺字号的形象标志

从这个历史轨迹的描述中不难发现，近现代广告活动的信息传播基础是商品的事实性信息，这些信息是一切广告活动的前提和基础。

从对广告内涵的认识过程来看，近代西方早期广告普遍承担着单纯商品信息的告知功能。19 世纪末，广告被视为一种新闻，并把广告的内容和形式都按新闻来处理；20 世纪初，市场营销的理念兴起，强调广告是推销产品和服务。可以说，在现代广告事业崛起之初，以产品和服务的实际真实为前提的传统就得到确立。

因此，没有切实的产品或服务，没有可靠的物质实体和优良的实际作为，任何纸上谈兵、夸大其词的广告创意都是脆弱而虚伪的；没有事实的真实和实际的确实，任何浮想联翩、天马行空的广告创意也都是无源之水、无本之木，是终将枯萎的花朵、是行将被揭穿的谎言。

在广告史上，由于不尊重广告创意的真实性原则，一味以煽动性的广告宣传作为商品营销的唯一法宝，甚至不顾商品本身信息的真实性，而最终断送产品前途的案例比比皆是。

2. 广告创意应以科学调查为基础，自觉遵循和应用科学知识、科学规律

如今，在科技发达、科学昌明的时代氛围中，广告创意应该始终自觉地保持与科学同步的态度，以科学的调查为基础，以相关的自然、人文科学原理为依据进行艺术构思——这是众多广告大师和创作者为我们留下的宝贵经验。

“艺术派”的领军人物伯恩巴克在为大众汽车创制广告前对产品和消费者深入考察，通过实际体验来逐项认定汽车物美价廉和可靠实用；而且在广告发布之后还主动运用科学调查手段，搜集反馈，评价广告的传播效果。

《实效的广告——USP》的作者罗瑟·瑞夫斯严厉批判以随意性和直觉经验性的方式来进行广告创意，而高呼广告必须以科学的原则去“创造世界”，主张依靠事实、数据、法则、测试、核查、统计、图表这些可以量度的指标加强广告创意的科学成分。他孜孜不倦工作 15 年在美国 48 个州和数百个独立的群体中对成千上万的人进行调查和测试，得出了许多重要的发现。

著名广告人詹姆斯·韦伯·扬(James Webb Young)说过：“创意的产生是一个像福特汽车的生产一样确定的过程；创意的产生也像流水线作业一样地运行；在此生产过程中，思维采取了一种能够学习并控制的操作技术；思维的有效使用

① 张金海：《20 世纪广告传播理论研究》，武汉：武汉大学出版社，2002 年，第 9 页。

是一种与有效使用任何工具一样的实践。"①他的方法是博闻强记、积累分析，深入观察生活、体察人们的欲求癖好、风俗禁忌。在他的两部著名作品《怎样成为广告人》和《产生创意的方法》中，科学的精神被反复地提及，成为铸造广告创意成功的有效指导。

3. 广告创意应始终保持其实践品格

从马克思主义实践哲学的角度来看，人类对于客观世界的认识和能动性、创造性的发挥，是建立在人类主体实践的基础上完成的。广告创作活动的实践特性决定了广告创意的实践性品格。一方面，我们必须看到广告创意的客观物质性，看到这种艺术构想是商品信息、属性在创作者头脑中的折射和反映，作为创作者只有摄取客观的具体感性对象才能进行形象化的创造，完成自己的实践目的；另一方面，这种实践又不能是淹没主体的机械模拟，客观现实性的东西只有通过创意主体的能动实践活动才会造就出主体本质力量的对象化的艺术形象。

另外，在具体的广告实践领域中，广告创意的实践品格还应包括以信息接受为最终目的、以受众认可为评价尺度、以市场反映为衡量准绳的内容部分。

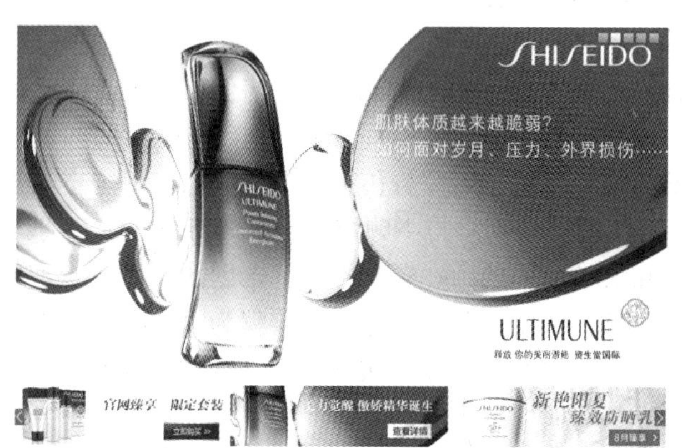

图 3-2 资生堂网络平面广告

（图片来自 http://www.shiseido.com.cn）

例如，著名化妆品品牌"资生堂"的广告创意及历史。"资生堂"品牌最初由日本人福原有信创立，多年来一直坚持"装饰人类的科学"的广告宣传口号，同时强调广告创意的"美学品质"。在资生堂早期的平面广告作品中，大量插画和素描手法的运用，把日本女性的柔美风姿和迷离情调表现得淋漓尽致，使得产品和品牌的形象独具韵味；20 世纪 60 年代中期以后，资生堂的平面广告开始以摄影的

① 转引自王诗文主编：《电视广告》，北京：中国广播电视出版社，2001 年，第 89 页。

制作方式取代运用已久的插画设计，但还是在风格上保留着插画和素描的特质，比如为了使口红等产品的细部功能更加凸显，早期的摄影作品除了较以往明快、鲜艳之外，还采取过度曝光方式处理非重要部分，使作品中女性的面部线条更具视觉冲动和力度美感；进入 90 年代，资生堂的产品开发已完全发展为“消费者导向”，正式推出“装饰人类的科学”的企业理念口号，从“人”“装饰”和“科学”这三个各自独立的关键词中确立创意基础，推出了对“人”对“美”的坚持的企业形象广告，一举导入企业 CIS。可以说，“资生堂”品牌几十年来的广告创意之路，就是始终保持活络创意思维、不断探索求新的实践之路。

二、恰到好处——广告创意的和谐性原则

在我国的传统文化中，自古就有所谓“不温不火”的典故，也有“欲把西湖比西子，浓妆淡抹总相宜”的诗句，还有“东家之子增之一分则长、减之一分则短”的历史故事——这些文化掌故所反映的是一种传统的美学规律观，即恰到好处的“和谐性”原则。我们知道，在数学研究领域有著名的“黄金分割点”，甚至有人提出演员在舞台上不偏不倚地站在“黄金分割点”上的时候，观众才会觉得位置最恰当。

从历史经验到审美传统，从数学定理到文艺创作，和谐性原则始终发挥着它潜移默化的作用和规律性。由此不难理解，所谓广告创意的和谐性原则是指广告创意活动要寻求商品事实信息与广告传播主题、广告艺术构想与受众实际需求之间的最佳结合点，从而实现创意与主题统一、形式与内容统一的良好结果。

在广告创意和谐性原则的内在要求下，广告创意不以哗众取宠为荣，不以危言耸听为奇，不以煽动刺激为上，不以愚弄欺骗为主，而是寻求老少皆宜、有口皆碑、喜闻乐见、恰到好处。具体来说，广告创意的和谐性原则涉及以下几个方面：

1. 广告创意的客观社会性

广告创作主体的艺术创造活动既是其主观能动性发挥的过程，同时也是一个蕴涵客观社会性的过程。黑格尔在《逻辑学》中曾指出“客观性”这个概念具有双重意义：“既有某个与独立概念相对立的东西的意义，同时又有某个自在和自为地存在着的东西的意义”。黑格尔的美学思想提示我们，美的创造既是相对主体意志的对象化实现，但它又离不开人的社会生活和社会实践。进一步说，广告的艺术构想又是特定历史、社会情境下的必然产物。因此广告创意主体必须顺应这种客观规律，切实按照这种客观规律的要求进行创作。

举例来说，中国古代有所谓“环肥燕瘦”之说，唐玄宗的贵妃杨玉环与汉成帝的皇后赵飞燕分别是两个时代的标准美人形象，但是其风格却迥然相异——相隔八个世纪的社会审美标准发生了巨大的变化。因此正如黑格尔的一句名言“人们

就像不能超越自己的皮肤一样超越他的时代”，广告创意立足于时代和社会现实，才能完成为大众所普遍认同和接受的艺术构思。

2. 广告创意的目的性

从马克思主义实践论的美学观点看，所谓美“是主体意志、目的的实现，人的创造力的确证”①。因此任何艺术构想活动都是创作主体自觉的、有目的的行为，而创作过程的结束意味着意志、目的的实现，这样就使得作品具备了美的品格。由此生发，广告创意的审美创造过程也同样具有这样的性质，当广告策划者基于受众诉求、产品特色为达到特定营销或宣传目的而进行广告创意时，广告创意行为本身具有明确的自觉性和目的性；而当广告创作完成，信息得以表达、形象得以确立、营销得以成功、效果得以反馈时，广告创意的目的性就得到了最大限度的体现。

例如，我国晋代著名诗人陶渊明有许多脍炙人口的描写归隐田园的诗歌作品，“采菊东篱下，悠然见南山”两句传为美谈，作者喜爱菊花的情怀也溢于言表。但是当奶粉制造商“南山奶粉”将其作为广告宣传的创意理念时，其目的性就显而易见。

3. 广告创意激发共鸣

“共鸣”是文艺理论中的一个专用术语，“就是艺术品中所蕴含的内在结构与接受主体的心理结构所形成的力的‘同形同构’或‘异质同构’而产生的主客观协调、物我同一的状态”②。应该说，广告创意和谐性原则的最佳体现便是广告创作主体的艺术构想与受众的心理期待之间的“不谋而合”“一拍即合”。

例如，2004年底我国知名品牌“白沙集团”借助我国田径选手刘翔在雅典奥运会上夺得110米栏冠军的事件，迅速反应、精心制作了企业形象广告，将运动健儿在赛场上冲刺夺冠的画面与该企业的电视形象广告片“鹤舞白沙、我心飞翔”的镜头穿插剪接，使奥运精神与企业理念交相辉映，激发了广告受众的强烈共鸣，人们在民族自豪感与企业昂扬的奋进精神的双重激励下，自然而然地接受了企业的品牌角色和广告信息。

三、因地制宜——广告创意的适应性原则

“因地制宜”是一个成语，指“根据不同地区的具体情况制定相应的妥善办法”③。借用在这里，用以说明广告创意应该根据不同的文化语境开展不同的艺术创造活动，使创作主体的艺术构思与周遭的市场环境、传播环境、文化环境相

---

① 王向峰、洪凤桐主编：《美学新编》，沈阳：辽宁大学出版社，1998年，第50页。

② 王向峰：《文艺学新编》，沈阳：辽宁大学出版社，1990年，第545页。

③ 《中国成语大辞典》，上海：上海辞书出版社，1987年，第1605页。

适合、适应。

1. 广告创意的文化适应

这里着重谈一下广告创意的文化适应问题。文化传播学认为："文化适应是影响文化传播的重要机制之一。……适应原理告诉我们，当一种文化传播到另一个文化圈中时，它必须适应这一文化圈的特殊情形，就好像一棵树要移植他地，它就必须先适应那里的土壤。没有这种适应，传播便不能正常进行，甚至可能半途夭折。"①文化传播学中的"适应原理"对我们今天看待广告创意活动具有很大的启示意义。说到底，广告传播也是一种文化传播，在广告创意的实践操作过程中，文化适应是一个十分重要的影响机制，尤其是在世界经济全球化、一体化的今天，在广告传播走向世界市场的情境下，文化适应问题就显得尤为突出。

2003 年中国著名信息产业品牌"联想"更换标识的事件就是突出的一例。2003 年 4 月 28 日，国产品牌"联想"召开新闻发布会，宣布"联想"品牌新标识正式启动。从这一天起，联想换掉了沿用了 19 年的、价值 200 亿元的标志"LEGEND"，而采用新的标志——LENOVO（见图 3-3："联想"的新标识）与公众沟通。据媒体报道，联想之所以下决心舍弃原有的已经深入人心的标志转而启用新标志，并非一时意气用事，而是基于联想未来发展国际市场的战略考虑。据说原来标志中的名称"LEGEND"在英语世界中被普遍注册，而且在英语语境下毫无个性特色，不易被受众认知和了解，而新标志中的名称"LENOVO"，则可以较好地表达品牌意志和产品特色。说到底，联想的改名无非是考虑到了联想打入欧美市场后的文化适应问题。

无独有偶，日本著名电器公司"索尼"在进军国际市场之时，也考虑到了文化适应的问题。索尼公司在成立之初名为"东京通信工业株式会社"，但西方人，特别是美国人在念这个名称时十分拗口，没有一个人能准确地拼出这个日语名字。于是在 1953 年，索尼的创始人盛田昭夫决定将公司的名称改为一个易记、好读，全世界都能通用的名字。他们查阅了各种字典，做了几十次试验，无意中发现拉丁文"Somus"（意为"声音"）与公司的行业有关。于是他们从该词开始找起，如"Sonny"（小家伙）、"Sunny"（阳光）等，都有乐观、明亮的意思，能够体现索尼公司刚刚起步、前途光明的意义。经过数日的冥思苦想后，盛田昭夫及其同事们终于茅塞顿开，将"Somus"和"Sonny"两个单词合二为一，于是，这个新创造的易读、易记、响亮的"SONY"就成为了公司的名称（见图 3-4："索尼"的标识），直到今天，一直为人们所称道。②

---

① 沙莲香：《传播学》，北京：中国人民大学出版社，1990 年，第 73 页。

② 引自韩千群：《换标是否值得 从联想换标看品牌"变脸"》，http://tech.sina.com.cn/other/2003-09-03/1212228777.shtml

lenovo联想

图 3 – 3 “联想”的新标识

SONY

图 3 – 4 “索尼”的标识

2. 广告创意的跨文化传播

所谓跨文化传播，是指涉及不同民族、不同国家或者不同地域的两种或者两种以上文化之间的传播活动。

在跨文化研究领域有一个著名的案例。16 世纪末，意大利人利马窦以耶稣教会传教士的身份来到中国，前后居住达28 年之久。在游历和传教的过程中，利马窦意识到“强调耶稣基督被钉在十字架上的形象很可能引起一向重视‘仁’的中国知识分子的困惑，于是多以圣母玛利亚怀抱婴儿的形象来代替，以便和儒家的仁、孝找到结合点”。这个历史故事给我们的启迪是，利马窦考虑到了不同民族文化之间的差异性，并且以相对务实的态度灵活地处理了跨文化交流的课题。

如今，伴随着经济全球化、信息全球化以及文化多元化的发展态势，研究跨文化传播的实际应用就显得十分重要。

广告活动不仅是一种经济活动，还是一种文化交流，承载着丰富的文化内容，像一只无形的手左右着人们的生活方式和消费习惯。广告文化具有明显的大众性、商业性、民族性和时代性的特点，一定的文化传统、信仰、价值观都会在很大程度上左右商业经营以及消费者的心理和行为。随着国际经济一体化步伐的加快和国际分工规模的扩大，国际间的商贸往来增加，商品流通加强。各个国家的企业，为了在国际竞争中取得优势，为了强占世界市场，竞相推销本国商品，实现海外扩张，广告传播也就走向世界。

早在 1917 年，英国小说家诺曼 · 道格拉斯就曾预言广告在全球将会有蓬勃的发展：“通过广告你可以发现一个国家的理想”。时值今日，从“可口可乐”倾力打造世界性饮料品牌到中国“海尔”集团强占国际市场；从 IBM 放眼全球的战略安排到以尖端技术和广告宣传打天下的“松下电器”，无不反映出广告创意跨文化传播的生动图景。

因此，广告创意跨文化传播的难以就不难把握，即广告创作主题在表现广告主题和与受众沟通的艺术构思中，应该注意考虑文化的差异性问题，力争以符合文化语境的广告信息消除由于文化差异而产生的交流壁垒，创造出能为多个文化圈内大多数受众所接受和任何的表现形式，从而取得良好的传播效果。

3. 广告创意的“本土化”

随着国际资本的全球性流动，随着中国市场的全面对外开放，近些年来国外商品和企业纷纷涌入中国市场。我们会发现，当那些跨国公司的商业品牌在中国市场上进行广告宣传时，频频打出“本土化”的旗帜，以适应中国市场的需要和中国消费者的特点。

“本土化”策略是广告传播基于跨文化传播的现实条件而采取的必然选择，是广告传播深入认识跨文化传播的内核本质与传播规律后做出的明智选择。广告创意“本土化”策略的理论基点在于强调不同的国家、民族均有自己独特的不可取代的文化系统。

美国宝洁公司在不同国家市场上推行不同广告创意策略的做法就是一个比较成功的典范。宝洁公司的洗发水产品“飘柔”，在美国的名称为“Pert-Plus”，在亚洲地区则为“Rejoice”，而中文名字为“飘柔”，其迎合本地消费者和广告受众的用心可见一斑。法国“人头马”白兰地的广告，十分注意针对不同国度的受众采取不同的策略。在欧美国家采用了“干邑艺术，似火浓情”的广告语，运用了比喻和拟人相结合的手法，融商业推销和艺术审美于一体，给消费者以明确的信。而且，“似火浓情”这样的隐喻也符合欧美文化开放、浪漫的风格。但是对于东方市场，特别是华人市场，“人头马”使用了它的“本土化”的广告宣传策略，打出了“人头马一开，好事自然来”的著名广告语，强调吉祥如意的文化品位，应和了中国人重“喜庆”的文化心理，与广告受众形成了良性互动，达到了文化“共鸣”。

四、栩栩如生——广告创意的形象性原则

在广告传播过程中，所有的创意理念和广告信息最终都要转化为可亲可感的艺术形象，特定的概念与构想这些无形的东西转化为具体的、实在的有形的东西是广告创意活动的思维焦点。而广告创意的形象性原则就体现了对这个焦点问题的规律性要求。

广告创意的形象性原则是指广告创作主体应该时时考虑到广告表现的运行，通过对广告主题的明晰把握和对与受众沟通技巧的娴熟运用，创造出可亲、可感、可触的栩栩如生的广告视听形象来，以生动地完成广告艺术构想的对象化为最终结果。具体来说，广告创意的形象性原则涉及以下几个方面：

1. 广告创意注重对感性材料的把握和运用

广告创意的艺术构想来源于创作者对现实客体的具体状态的摄录和捕捉。当创作者在现实情境中通过对产品性能、受众情状、环境特征、文化时尚等的体验和观察之后，就会选取那些最能激发消费诉求、最能吸引受众眼球的细节融入到自己的创造性构思中，最终使这些感性材料聚合成为生动的形象。

大卫·奥格威所创造的戴眼罩的男人形象出现在印刷媒体上时，给读者带来的心理感受；一幅被咬去一角的广告牌上巨大的 m 形缺口，逼真地传达出食欲与

“麦当劳”的关联。上海“光明乳业”为美国费城交响乐团访问上海演出而专门制作的一幅企业形象广告(见图3－5)。这则广告的创意初衷明白无疑，目的是在于表达企业关注支持社会文化活动，提升良好的企业形象。广告创意别致巧妙，表现独特风趣，有强烈的视觉冲击力，能有效地抓住人们的视线注视广告。画面极为突出的主体形象明确清晰地表达了广告的诉求，大提琴的形象与低沉的音质与生产牛奶的乳牛有十分贴切的关联性。广告创意成功之处在于大提琴的琴面被白色乳牛的斑纹“置换”，使其具有强烈的“乳牛”的定向联想。从而把“光明乳业”的概念得以幽默风趣的凸现，增强了广告的感染力，令人回味，留下难忘的深刻印象。

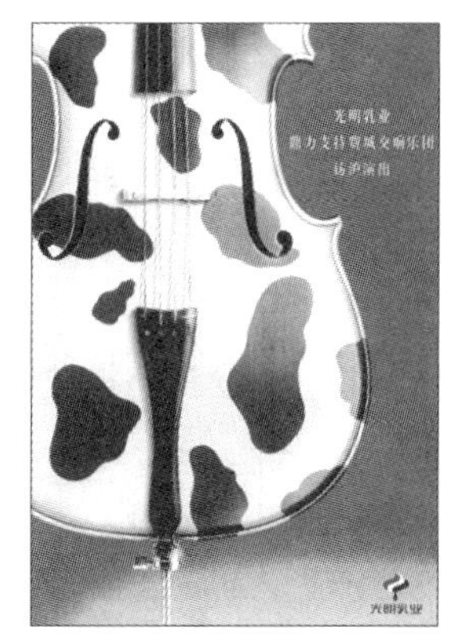

图3－5　上海“光明乳业”为美国费城交响乐团访问上海演出制作的企业形象广告

2. 广告创意注重丰富的想象和充沛的情感

黑格尔认为，艺术创作的“最杰出的本领就是想象”；别林斯基说“在文艺中，起最积极和主导作用的是想象”。可见，广告创作主体应该积极发挥想象的力量，调动起丰富的情感因素，“精骛八极，心游万仞”，动之以情、晓之以理，创造性组合相关元素，塑造出超乎寻常的艺术典型。

比如说，一个国家、民族的历史经历和文化传统使得这个国家、民族的任何文化创造总会打上深刻的历史烙印，总会频繁地闪现传统主题——因此利用想象和抒情在广告创意中表达出对这种历史主题的关照和对这种民族情节的关怀，就可以产生意义非凡的广告作品。右边的这幅公益广告平面作品《少了这一点，就不是完整的中国》(见图3－6)，主题直指“祖国统一”，直指中华民族的历史情结，构思巧妙、发人深思、寓意深刻。图中文字的内容是：“少了这一点，就不是一个完整的中国!”

图3－6　公益广告

再如，力波啤酒的“帽子戏法，何止在球场?”“足球是圆的，中国球迷的梦迟早会的!”(圆梦篇)、“有输，有赢，有泪，无憾!”(眼镜篇)(见图3－7)；汉斯啤酒系列的“憋了一肚子的气该放一放了”“干掉巴西，你就吹吧”“它的味道也会有点苦”“何必太在意，至少还有汉斯喝”；雪花啤酒的“世界杯”系列广告以及北京爱丽丝保健品有限公司的“爽茶、爽口、爽心!”系列分别通过一些全民关注话题：

世界杯足球赛、中国申奥成功和加入WTO来参与到消费者的生活中，贴近普通市民生活，激发受众情感，运用大胆但是又合理的想象，以新奇吸引人、以真情打动人，比较能够获得消费者的共鸣。

3. 广告创意注重树立品牌形象

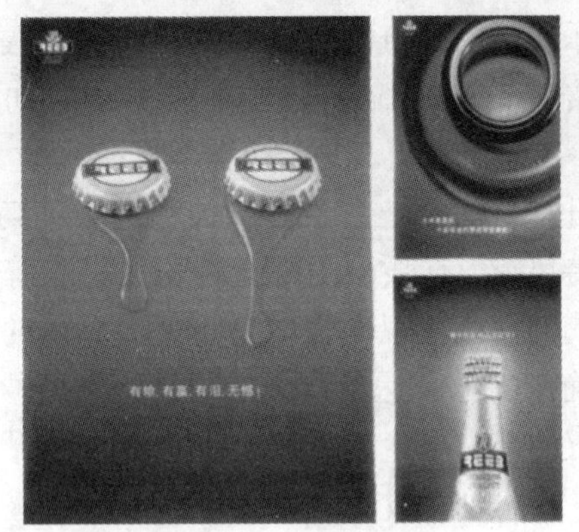

图3－7　力波啤酒广告

“品牌形象”这一概念最早是在广告大师大卫·奥格威于1961年撰写的《一个广告人的自白》一书中正式提出来的。之后随着广告实践的不断丰富和广告科研的不断深入，广告界对于“品牌形象”已经有了比较清醒而全面的认识。人们普遍认为，当今广告创意的重点就在于强化和提升产品的“品牌形象”。

从广告学角度看，通常一个成功的品牌可以附着以下几层含义：第一，“属性”，即品牌首先让人们想到某种属性品质，如“奔驰”意味着昂贵、高品质、华贵、马力强大等；第二，“利益”，即品牌的属性会很自然地转化为功能性或情感性的利益表达；第三，“价值”，即营销人员根据品牌的价值分辨出对这些价值感兴趣的受众群体；第四，“文化”，即产品和企业的综合面貌；第五，“个性”，受众由品牌产生的具体联想和对产品的心理印象；第六，“用户”，即品牌起到了暗示广告受众类型的作用。

例如，在美国广告史上，李奥·贝纳大胆为万宝路香烟塑造品牌形象的案例最为著名。第二次世界大战结束后，鉴于美国经济迅速发展的形势，菲力普·莫里斯公司决定投资万宝路香烟，将该产品配上过滤嘴作为女士香烟开拓市场，结果举步维艰。李奥·贝纳和他的团队提出了在不改变万宝路香烟原有配方的情况下，只改变万宝路品牌形象的方案，把万宝路香烟原先充满脂粉气的形象改造为具有美国西部牛仔风范和男子汉气概的形象，于1955年推向市场，结果大获成功。在事后的效果测定中显示，消费者之所以选择万宝路香烟，并不是因为他的味道有什么特别，而是在很大程度上认同它的品牌形象。万宝路牛仔不断地和消费者沟通它的过滤嘴、硬盒盖特色，甚至诱导女性吸烟者也来尝试男人味道，刻意解释那条长白色的烟灰正是极品烟草的象征。红、白颜色及黑字体的硬盒盖几何图形设计，树立了令人印象深刻的品牌形象。1992年，美国财经世界杂志将万宝路列为全球最有价值品牌的榜首，品牌身价高达320亿美元。尽管美国政府早在1971年即已明令禁止香烟产品上电子媒体广告，“万宝路男人”仍活得好好的，毫发未伤，而且广告转向平面及户外媒体，散布于全美各地。“万宝路男人”并未因政府的广告禁令及相关限制而中箭落马，主要是万宝路这80多年来，始终维持着一贯地品牌印象，早已深入人心，并形成了代表美国消费文化的一种抹不掉的图腾。近年来，菲立普·莫里斯烟草公司旗下的品牌，行销全球180个国家，在美国拥有38%的占有率，同时也是世界的烟草产品销售冠军，全球最有价值品牌排行榜名列第10位。

第四节 广告创意的审美形态类型

广告创意之所以被看作是现代广告运动的核心部分，一方面是因为它凝结了广告创作者的心智和才思；另一方面还因为任何一件有生命力的广告创意作品都必然具有某种触动人心、愉悦身心的艺术魅力。当我们把广告创意的过程看作是一个完整的审美过程的时，不难发现广告创意的审美形态具有多种类型。

按照不同的分类标准，会把广告创意的审美形态归纳为不同的类型——在一般意义上，我们可以把广告创意的审美形态划分为“优美”“崇高”“幽默”“滑稽”“绚烂”“雄浑”“荒诞”“冲淡”等种类。

一、广告创意的审美形态之一——优美

在传统的美学研究领域，“优美”是一个特定的美学范畴，我们在日常生活中所谈及的美，往往指的就是“优美”，美学家常常认为“优美的对象最能说明美的本质”①。

1. 广告创意表现“优美”的审美指向

广告创意所针对“优美”与传统美学中“优美”的概念既有联系又有区别。联系在于，广告创意中的优美归根结底仍然属于美学的大范畴，具有符合传统美学规律的内在规定性；区别在于，广告创意中的优美还有独属于广告活动本身的特殊性。具体地说，广告创意中的优美主要指的是：广告创作主体在为表现广告主题和与受众沟通而进行的艺术构想过程中，对唤起受众对广告信息产生愉悦、平静、俊俏、秀婉、温柔、亲切等和谐的心理感知，引发受众相应的心理体验所作的努力。

按照马克思主义实践论的观点，美是人类创造生活实践的历史成果，美在人的能动活动的对象化中，是对人的自由自觉的创造力的价值肯定。所以，广告创意中的优美也同样是广告创造主体进行广告传播实践的阶段性历史成果，是广告人思维能动作用的结果，是对广告构思者创造力的最大价值肯定。

从审美心理学的角度看，优美感在审美主体的心理感受上是以快感为基础

① 王向峰、洪凤桐主编：《美学新编》，沈阳：辽宁大学出版社，1998年，第87页

的。美学家蔡仪说过：美感"是美的对象既引起我们的美感的愉快，又引起我们感性的快感或其他精神的愉悦，于是全体来说，都是愉快的，一致的，调和的"。因此，广告创意优美感也具有此类"愉悦身心"的特征。

广告传播发展到今天，人们看待广告作品的态度已经发生了极大的变化：从原来的把广告传播看作是一种推销手段演变为把广告作品当作是一种艺术产品来加以欣赏。2004 年 1 月，一年一度在上海亮相的世界著名广告文化展映活动——"饕餮之夜"，在其最新一版完成巴黎首映后，降临上海大舞台。这一被视为"最不令人厌倦的超长电影"的娱乐品牌，今年又推出了四个多小时的特长篇幅。"饕餮之夜"自 1996 年被引进至今，为中国广告界开阔视野、了解国际创意流行趋势搭桥，并连续两年在人民大会堂和上海大舞台获得满堂彩，已成为中国市场上成熟的文化品牌。平时厌倦了荧屏广告的沪上观众，自己买票观看四小时广告"长片"，成为一个耐人寻味的文化现象。人们之所以愿意像看电影一样去花钱购票来看广告，显然是从中享受到了极大的身心愉悦。

宝洁公司曾在国内市场上着力宣传的洗发水产品"伊卡路草本洗发水"，不仅强调全新的"草本"理念，更下大气力在广告创意的优美性上做足文章，刻意营造出热情、舒适、清新、愉悦的审美景象。其平面广告作品"一闻钟情"系列，通过广告模特秀丽的脸庞和乌黑的长发，配合特写的人物面孔、产品外形，加之明快的色彩、纯净的质地、柔和的线条，塑造出了婉约浪漫、温柔可人的品牌形象，对广告受众具有极大的诱惑力。

图 3-8　伊卡路草本洗发水广告

2. 广告创意优美感的内容与形式

"一般来说，优美的对象身上，其形式直接表现内容，两者处于高度的统一状态。因此，优美的对象往往呈现出秀丽、幽雅、清新、柔和、小巧、精致、圆润、舒缓等基本特性，具体如适度的体积、典雅的色彩、柔和的线条等"①。

---

① 王向峰、洪凤桐主编：《美学新编》，沈阳：辽宁大学出版社，1998 年，第 87 页

回顾广告史，在19世纪末到20世纪初的现代广告初期阶段，以招贴画(poster)和路牌广告(road board)为主的广告创意作品中，由于广告设计者多是由画家兼任的，几乎没有专业的广告设计师，所以很多广告作品在构思上还沿袭了绘画作品的思路，更明显地透露出对于传统美术原则中“优美”的追求。英国著名插画家奥布里·比尔兹利(Anbery Beardsley)、法国著名画家亨利图户兹—劳特里克等人都曾画过大量招贴画及海报。当时的广告看上去就像一幅美术作品，人物动作优雅，画面笼罩着浓厚的艺术气息(见图3－9)。

图3－9　19世纪末到20世纪初的广告招贴画

左图：诗剧《埃尔索达》的演出海报，作者是英国著名插画家奥布里·比尔兹利，创作于1895年。右图：雀牌牛奶蛋糊粉的招贴广告，创作于1896年。

二、广告创意的审美形态之二——崇高

在传统的美学研究领域，关于崇高概念的解读存在着很大的复杂性。在中国古典美学领域，虽然没有明确出现过“崇高”的说法，但相似的概念早有提出，比如在历史典籍和诸子百家的著述中关于“大”的概念，就很接近于“崇高”的范畴。在西方美学历史上，古罗马时代的朗吉弩斯在《论崇高》中较早使用了这一概念，德国著名哲学家康德对这个概念作出了深刻的、哲学层次上的阐释，而后又被黑格尔等美学家所丰富和发扬。今天，在广告创意的审美领域，崇高是一种典型类型。

1. 广告创意表现“崇高”的审美指向

广告创意所表现的崇高审美指向，与传统美学中的相关范畴有密切联系，但又自有其独特属性，主要是指：广告创作主体在为表现广告主题和与受众沟通而进行的艺术构想过程中，向激发受众对广告信息产生惊奇、骇然、超拔、叹服、崇敬等强烈的心理感知、引发受众相应的心理体验所作的努力。

康德曾经说过："崇高是一切和它较量的东西都比它小的东西"，"我们所称呼为崇高的，就是全然伟大的东西"。黑格尔说："崇高一般是一种表达无限的企图，而在现象领域又找不到恰好能表达无限的对象"。广告创意的思维表现，从某种程度上来说就是一场智慧较量和心理征服，它往往是广告创意主体的心灵状态、智慧水平的间接显露，是创作主体基于对广告客体的综合把握、深入洞察后的有的放矢、夺人耳目。广告创意崇高感的产生，在其基础层面上是广告创意信息对受众产生的吸引和注意；但在其内核层面上，则是广告创意智慧对受众既有认知模式产生的震撼与改造。

"按马克思主义的实践观点，崇高和优美的本质，都在于对象上体现出来的真与善即客观必然性与人的自由意志之间的关系"①。由此出发，广告创意崇高感的本质特征表现为两种情形：一种情形是，创作主体的艺术构想与文化环境之间形成强烈的对立与冲突，最终主体的超凡精神获得了最大的实现；另一种情形是，在严重的对立、冲突后，主体的意志并没有立即实现，但却预示着创想的巨大威力和昂扬的审美理想。

2. 广告创意表现崇高感的内容与形式

崇高作为一种独特的广告创意审美形态类型，有其多样的表现形态。例如崇山峻岭、瀑布激流、大漠风沙、广阔海洋这些基于自然力的审美感受；还包括人生沉浮、侠肝义胆、伟大胸襟、博爱仁慈这些基于人性光辉的审美感受；当然也包括高超的技艺、神奇的现象、惊人的高度、俯瞰的视角等形形色色的表现方式。

举例来说：当中国航天事业取得重大进展、神舟五号载人航天发射取得成功之际，中国乳业知名企业"蒙牛"抓住时机，以"热烈庆祝神舟五号发射成功"为主题、以强化"蒙牛"牛奶的内在品质为内容，构思、设计了相关广告作品。就其平面作品来看(见图3-10)，整体表现出极浓的喜悦气氛和民族自豪感。画面的背景是神舟五号载人航天飞船以及发射塔架，以绿色

图3-10 "蒙牛"平面广告

衬托暗含"蒙牛"一贯的"来自大草原的绿色牛奶"之意；画面的主体人物形象是

① 王向峰、洪凤桐主编：《美学新编》，沈阳：辽宁大学出版社，1998年，第87页。

身着航天服的广告模特，一脸胜利的喜悦，年轻而充满活力；画面的文字主体是广告语“蒙牛牛奶，强壮中国人”，透露着显而易见的民族自豪感——总之，这一切无不显示着一个民族昂扬奋发的精神面貌和一个企业拼搏进取的自信心。

三、广告创意的审美形态之三——滑稽

在传统的美学研究领域，滑稽与喜剧是两个十分相近的审美范畴，有的学者干脆把二者看作一个范畴来阐释，“在通常情况下，我们把社会生活中和自然界中的喜剧称之为滑稽”①。

在我国，自古就有欣赏喜剧和创造滑稽的历史传统。比如在著名的《史记·滑稽列传》中，讲述了一个叫优孟的人以幽默和讽刺的方法劝谏楚庄王的故事。故事的大意是，楚庄王爱马甚笃，当心爱的坐骑死了之后便宣布用丧葬大臣的礼仪来安葬这匹马，并且禁止朝臣上谏。优孟是一个“乐人”，擅长辩论和讽谏，闻讯来到王宫“仰天大哭”，说“以楚国之大，用丧葬大臣的礼仪来埋葬马太没有意思了，不如用丧葬大王的礼仪来埋葬，岂不是更好？并且让各国使节前来观摩楚国大王是如何轻人臣而重牲口的”。于是楚庄王有所悔悟，优孟进而建议用丧葬牲畜的礼仪来埋葬马儿，即累土起灶，以大锅为棺，加上调料，把马煮熟，“葬之于人腹”，吃掉了事——这个情节就有典型的滑稽色彩。

在西方美学史上，确立滑稽或喜剧这一范畴的是古希腊哲学家亚里士多德，在这之后英国美学家霍布斯把滑稽或喜剧归结为“笑的情感”，黑格尔则把喜剧看作是“自信心的主体性胜利”，而俄罗斯思想家车尔尼雪夫斯基认为“丑乃是滑稽的根源和本质”，最终马克思从社会历史实践的角度考察了喜剧冲突问题，指出：“历史不断前进，经过许多阶段才把旧的生活形式送进坟墓。世界历史形式的最后一个阶段就是喜剧。”②所以，在美学家和思想家看来滑稽和突出表现在对美的事物予以肯定的基础上，对旧事物的否定、清算，体现着“人类愉快地同自己的过去诀别”的内在特质。

1. 广告创意表现“滑稽”的审美指向

在广告活动中，广告创意所表现的滑稽审美指向有其独特的所指，即广告创作主体在为表现广告主题和与受众沟通而进行的艺术构想过程中，运用模仿、夸张、讽刺、幽默、联想、对比、渲染、衬托等方式，为激发受众对广告信息产生嬉笑愉悦、怪诞乖谬等轻松的心理感知、引发受众相应的心理体验所作的努力。

在2000年亚太广告节中，日本卫星频道WOWOW的宣传广告《奔跑的女人》

---

① 王向峰、洪凤桐主编：《美学新编》，沈阳：辽宁大学出版社，1998年，第111页。

② 转引自王向峰、洪凤桐主编：《美学新编》，沈阳：辽宁大学出版社，1998年，第113页。

以滑稽的创意获得最佳影视广告奖。广告的大致情节是：一个青年女子为了及时赶回家看 WOWOW 频道的节目，一路狂奔，途中与一个跑步锻炼的外国老头撞在一起，结果两个人的鞋子换了个，反而跑得更快了，而外国老头却误穿了她的高跟鞋在滑稽地继续跑。小餐馆里，一个小朋友正要吹灭生日蜡烛，却被女子狂奔带过的风吹灭了，人们一脸的惊讶和尴尬……由于较好地把握了与消费者沟通的基点，并且充分发挥艺术的想象力，以夸张幽默的手法去巧妙表现观众对频道栏目的感受，这则广告给人留下了深刻的印象。

2. 广告创意表现滑稽感的特征

滑稽所引发的人们的"笑"，是广告创意表现滑稽感的最主要的特征。英国著名生物学家达尔文曾经细致研究过人类"笑"的生理机制，并且在解释"笑"的心理特征时说出了"笑"之所以产生的最普遍的原因"就是某种不合适的或者不可解释的事物，而这种事物激发那个应该具有的幸福的笑者感到惊奇和某种优越感来"①。

在广告创意过程中，学会模仿或者开玩笑、逗乐、讲笑话，是制造滑稽感的有效方法。幽默和滑稽展开了我们的思维，它的运用会产生意想不到的效果。美国飞乐(Fila)公司的电视广告"异乎寻常、绝对的狂欢、绝对的酷"篇，表现一只螳螂穿着飞乐运动鞋飞快爬上叶梗以逃避杀手般的配偶的场景，让人忍俊不禁，就是体现了滑稽的力量。

3. 广告创意表现滑稽感的途径和手段

广告创意滑稽感的表现手段多种多样，其中有两种最有效的表现手段值得注意，即讽刺和幽默。其中前者形式尖锐，富于挑战性；后者温和，却有着"四两拨千斤"的作用。

讽刺的表现手段往往是通过把现实中虚假、丑陋、笨拙、无聊等现象集中起来，通过揭露其内在的虚伪性和矛盾性，把反价值的东西撕破给人看——因而讽刺的力量是巨大的。

幽默的表现手段往往是智慧和理性的产物，它通过巧妙揭示内涵来肯定美而否定丑，或诙谐、或巧智，惹人发笑、引人思考。

例如，2001 年度莫比广告奖获奖作品"过老的脸"(见图 3-11)，就以滑稽的手段吸引人们关注不容忽视的皮肤健康问题。这则广告是皮肤病学会发布的公益广告，意在唤醒人们对皮肤健康、尤其是儿童皮肤健康问题的关注。现代医学研究表明阳光对人的伤害有 80% 以上是在人们 18 岁以前就发生了，因此皮肤病学会建议父母从小就保护您的孩子，请给他戴上太阳镜，穿上防晒服。画面的主体

---

① 转引自王向峰、洪凤桐主编：《美学新编》，沈阳：辽宁大学出版社，1998 年，第 114 页。

一个婴儿的形象，然而受众惊异地发现婴儿的脸竟然布满皱纹，十分滑稽。但是在笑过之后，细细思量，一种紧迫感油然而生，如果不想让自己孩子的皮肤衰老得如此之快，就应该立即行动起来，关注儿童的皮肤健康，为保护他们的皮肤采取措施。这则广告的成功就在于压缩危害过程、直现结果，以滑稽的手段形成强烈反差，造成了比枯燥的数字说教更为触目惊心的艺术效果。

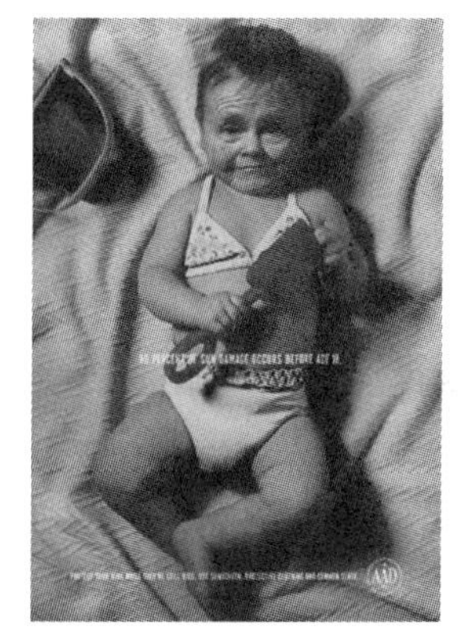

图 3－11　莫比广告奖获奖作品

四、广告创意审美形态的其他类型

除了优美、崇高、滑稽之外，广告创意的审美形态还有许多丰富多彩的类型划分，比如“绚烂”“雄浑”“荒诞”“冲淡”等等。可以说，广告创作主体有多少奇思妙想，广告创意审美形态就会衍生出多少类型划分，下面通过实例简单地解说一下。

1. 危机

通过表现后果的严重性来达到说服目的就是危机诉求（或称为恐惧诉求），这种类型在公益广告中运用得最为普遍。

曾经获得平面类公益项金奖的“茶杯篇”，探讨的是倡导节约水资源的问题，也是当前举国关注的问题。广告没有气势十足的豪言壮语，没有印象中的干涸场景，只是用最简单的形式：一只倒放的茶杯，杯底的凹面盛着浅浅的茶水。再看附文：“2050 年的杯子……”这些就足以将广告创意的主题表现得淋漓尽致，不需要更多解释，不需要更多的文字，这种触目惊心的危机感已经使广告受众的心灵受到了震撼，感到了恐惧。通过简洁的画面和精炼的语句，将“想想将来”“节约用水”的迫切感传递给每个人。

“中华儿童网”防止家庭暴力的系列公益广告（见图 3－12）。广告创意者敏锐地发觉到当今社会的“家庭暴力”问题，尤其看到夫妻的不和睦给儿童成长造成的伤害。于是在该系列公益广告的“剪刀篇”“铅笔篇”“蜡笔

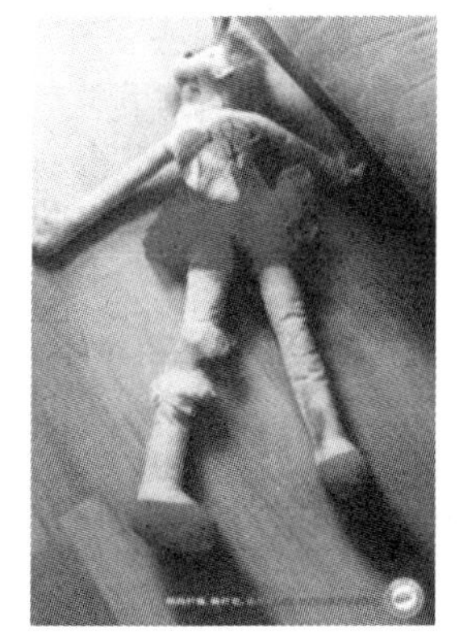

图 3－12　防止家庭暴力公益广告

篇”中，通过视觉语言符号向广告受众展现了三个触目惊心的场面：被剪刀剪得支离破碎的公仔；捆绑在凳脚，眼睛上戳着铅笔的“奥特曼”；被蜡笔图花脸的洋娃娃。虽然都是些玩具，但看到它们如此的下场，不禁让人心寒，是什么让天真的孩子对曾经心爱的玩具下此毒手——“大人打我，我打它”这种暴力行为的循环终将发生在您的孩子身上，广告创意的主题得到了凸显。

2. 荒诞

荒诞(absurd)一词由拉丁文“sardus”(耳聋)演变而来，在哲学上指个人与生存环境脱节。荒诞派戏剧一词最早见于英国戏剧评论家马丁·艾思林1962年出版的《荒诞派戏剧》一书。荒诞派戏剧的哲学基础是存在主义，它拒绝用传统的、理智的手法去反映荒诞的生活，而主张用荒诞的手法直接表现荒诞的存在。其艺术特点为：反对戏剧传统，摒弃结构、语言、情节上的逻辑性、连贯性；常用象征、暗喻的方法表达主题；用轻松的喜剧形式表达严肃的悲剧主题。

美学家加缪认为：“一个可以用理智解释的世界，即使有弊端，也应是一个熟悉的世界。但是，在一个没有幻觉、没有光明的宇宙间，人是一个陌生者，人成了一个不可拯救的被流放者：因为他不仅失去了对故乡的眷恋，也匮乏对希望之乡的憧憬。人跟生活之间的鸿沟，演员跟布景之间的鸿沟，正好造成了荒诞不经的感觉。”①人生存在的“荒诞性”成了荒诞剧探索的主要对象。法国著名荒诞剧作家欧仁·尤涅斯库认为：“荒诞就是匮乏目的……人由于跟宗教、形而上学和超验主义绝了缘，因而就迷失了方向，一切行动就显得没有意义，荒诞不经和毫无用处。”美国现代诗人E. E. 坎明斯认为：“世界就像是一个摆满了反光镜的大厅，现实与梦幻微妙地交融在一起。”在传统的文艺学领域和戏剧领域，“荒诞”成为一种文艺思潮和创作思路，被艺术们所广泛探讨。

在广告创意领域，荒诞的审美类型往往会造成意想不到的传播效果。

图3-13　企业广告形象

北京英事达时代广告有限公司的系列企业形象广告(见图3-13)，就有效地利用了荒诞的手法，造成突出的广告效果，吸引人们的眼球。在“大头篇”“六臂篇”“三头篇”中红色的背景上分别有三件与众不同的

① 阿尔贝·加缪:《西西弗的神话》，桂林，广西师范大学出版社，2002年，第5页。

黑色T恤，一件的领子特别大，一件有六个袖子，还有一件有三个领子，意味着穿这三件T恤的人必须是大头、六臂或者三头，可见该广告公司的专业能力及办事效率。

波兰电影招贴画作品：“抛开一切，只剩下一对裸露的眼球——他在注视电影”同样产生了类似的效果(见图3－14)。

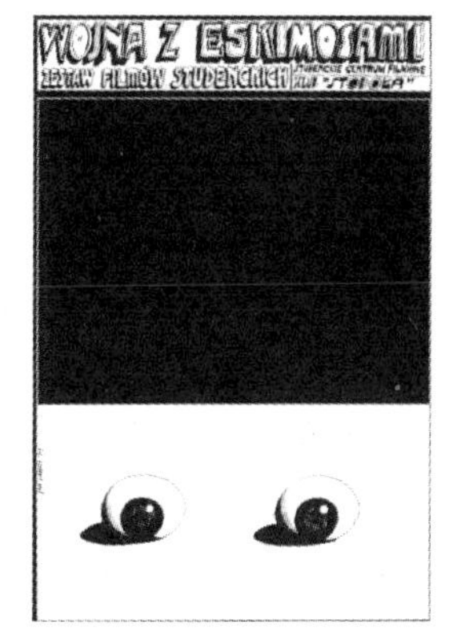

图3－14　波兰电影招贴画作品

3. 其他复杂类型

广告创意的审美形态问题是一个内涵广泛、内容丰富的理论范畴，伴随着广告传播活动的进步和演变，广告创意的审美类型向着复杂化、多样化、多元化的方向不断发展，使得研究者无法在一时、一地迅速、全面地把握其所有的形态分类。一方面，研究者在给审美类型下定义时，往往仁者见仁、智者见智；另一方面，广告创意活动的变动不居，又使得各类形态现象之间迅速地相互作用、相互渗透、相互转化、相克、相融。

在目前的阶段，我们只能针对广告创意活动已经衍生出来的审美类型加以列举和描述，比如它至少还包括“雄浑”“绚烂”“冲淡”“雅致”“漂亮”“舒畅”“阻遏”“完满”“残缺”“坦荡”“正直”“渺小”“庄重”“幽默”等类型，但即便如此也无法穷尽其所有类型 。

本章小结

广告创意作为现代广告活动不可或缺的一部分，在促进社会经济发展和推动广告文化繁荣等方面发挥着不可低估的作用。然而，一个时代和一个社会的广告创意活动又是这个特定时代、特定社会的产物，它总是在特定的文化语境中发生、发展的。

具体地说，狭义上所谓广告创意的审美文化语境主要是指广告创意活动所处的社会情景和环境的特征；就广义而言，还包括与此密切联系的整个社会的政治、历史的情势与条件。

随着历史演进和时代的发展，广告创意的审美文化语境历经着变动与整合，逐步呈现出审美视野全球化、文化取向多极化、审美态度多元化等趋势，其内涵越来越丰富，其形式越来越多彩。

从文化学的角度看，广告创意的文化环境实际上是一种客观的文化存在，它包括丰富的内涵和众多的层次。广告创意的文化环境大致可以划分为三个层次，即物质层面、制度层面、精神层面。

广告创意审美文化环境的物质层面主要包括人类所创造的物质财富或物质性成果，这个层面是构成广告创意审美文化环境的基础性层面。

广告创意审美文化环境的制度层面，主要指人类为了进行生产和生活而达成的某种关系和制度的总和。

广告创意审美文化环境的精神层面是指人类在思想、精神、心理、意识领域里所创造的精神财富的总和。从宏观的角度看，它包括思维方式、道德意识、知识、信仰、宗教、艺术等精神性成果的创造；从微观的角度看，它包括一个行业、领域人们的看法、见解等，其核心为价值观念。

广告创意的审美艺术思维则是广告创作主体对客观广告活动的抽象和概括的认识过程，是通过这种认识把握广告创意活动一般属性与本质属性的过程。在这个过程当中，广告创意主体运用包括语言、文字、图像、声音等丰富的符号元素，基于现实、超越想象、灵活运用、妙笔生花地去构思和缔造全新的艺术形象。

广告创意的审美思维活动具有以下一些基本特点：全息式的审美观察、目标化的审美指向、复合式的价值判断、最优化的艺术呈现。

广告创意的美学原则既体现了广告活动的内在规律，也是美学真理在广告创作活动中的具体表达。广告创意美学原则包括：真实性原则、和谐性原则、典型性原则、适应性原则、形象性原则。广告创意的审美类型包括优美、崇高、滑稽等。

第四章

广告审美形象的呈象类型

如果我们把广告创意比作一则广告的灵魂，那么广告中呈现出的各种形象因为要直接面对消费者的品评而被视为广告的“门面”也就自然无可厚非了。实践证明，往往在一则成功的广告背后，吸引人们的可能不仅仅是它绝佳的创意，更有许多令人过目不忘、刻骨铭心的广告形象，成为瞬间中的永远、记忆中的永恒，给人们留下难以磨灭的印象。广告形象既是广告宣传产品的呈现载体，同时也是凝结创作者心血的创意结晶，更是传达商品信息的直接外化符号，一切有关广告自身的设计和构思，最终都要通过或具体或抽象的形象展现在大众面前。因此，作为广告生产流程中的核心环节，广告审美形象的创构至关重要，结果是否成功，将会直接影响广告效果的优劣，决定广告审美价值能否实现。

第一节　广告审美形象特征

广告审美形象从广义上看，泛指各种呈现在广告创作中的声音、文字、画面等。本章中将要阐述的广告审美形象，着重指出现在广告作品中的视觉形象，即通过人的视力可以观察到的审美形象，比如精彩纷呈的画面、立体生动的图像等等。关于广告中的音响音乐、解说词等涉及声音形象、文字形象的内容将在本书的其他章节中论述。

广告作为一种特殊的审美对象，由于其自身鲜明的功利性特点，决定了其审美形象必然不同于艺术审美形象，两者既呈现出共性的一面，又有本质的区别。在与艺术形象的比照中，可以见出广告审美形象的如下特征：

一、功利目的——广告审美形象的内在规定

艺术审美形象是艺术家的精神产品，是艺术家根据生活体验，撷取生活素

材，运用想象而虚构出来的创造性产物。艺术审美形象的审美目的在于唤起欣赏者的情感体验，致使欣赏者在与审美形象情感共鸣中达到精神愉悦。艺术审美形象以产生艺术审美价值为主要追求目标。

广告作品则不同，它不是纯粹的精神产物，其目的也不完全是提供精神享受。广告是实用艺术，具有很强的目的性和功利性，是“遵命创作”“带着枷锁跳舞”。无论多么高超的广告创意、多么精良的广告制作，其创作目的必然并且无可选择、不容回避地集中指向“产品”二字。以“宣传产品”和“最大限度地实现经济效益”为根本出发点和基本立足点的广告艺术，必须在广告主题和广告战略目标的统领下进行审美形象的塑造，相对于纯粹的艺术形式来说，广告的艺术创作要受到很多的束缚。即使只是装饰性的图案、色彩和字体排列，也要服从于广告目标，而创作者自身的一些艺术风格只能退居次要的位置。从某种程度上来说，广告的审美形象就是从消费者的需求出发，恰当地直接或间接反映商品的特征，并经过艺术加工，尽量符合消费者审美要求的形象。

如果广告形象只是为了满足消费者对艺术审美的追求，而忽略了至关重要的广告审美形象的内在规定即对商品信息的宣传，那就丧失了它应有的价值。正如世界著名广告大师威廉·伯恩巴克说：“你写的每一件事情，在印出广告上的每一件东西，每一个字，每一个图表符号，每一个阴影，都应该有助长你所要传达的讯息的功效。你要知道，你对任何艺术作品成功度的衡量是以它达成你广告目的之程度来决定的。广告界中的任何人如果说他的目的不是销售广告中的商品，他就是一个骗子。”①某些广告制作者喜欢把广告当作纯艺术，竭力追求璀璨耀眼和趣味横生，却忽略了产品定位、扩大销售这些根本问题，因而缺乏较强的推销力。尽管其中有些广告得了奖，其实还是不能称为成功的广告。因为广告首先必须有很强的推销产品的能力，才可以说具备了成功广告的基本条件。所以，广告在审美形象的塑造方面应当尤其注意，争取能够达到艺术表现和功利目的的完美统一，在努力实现“款待、娱乐、震撼，甚至使观众落泪”这样艺术效果的同时，进一步强化“销售产品、劳务或构想”②的重要功能，充分体现广告在产品信息宣传上的有效功能。

二、贴近生活真实——广告审美形象的创构原则

艺术审美形象是艺术反映生活的基本形式，艺术形象的塑造也遵循真实性原则，但艺术的真实性不同于生活的真实性。艺术形象并非直接机械地克隆和再现生活现实本身，甚至反对对生活真实不加选择地照搬复写。艺术形象的真实是具

---

① ［美］丹·海金司：《广告写作艺术》，北京：中国友谊出版公司，1991年，第6页。
② ［美］丹·E·舒尔茨：《广告运动策略新论》，北京：中国友谊出版公司，1991年，第143页。

有典型意义的真实，它来源于生活，却高于生活。它是艺术家形象思维的产物，不是现实物象的还原。因此，与真实生活形象相比较，艺术形象是经过了加工提炼，有所虚构、有所升华的形象。

广告审美形象的塑造要由商业活动的特点和商品劳务的性质来决定，所追求的美是一种更贴近生活真实的美，因为只有真实地再现商品和劳务的特点才能使消费者感受到实在的形象美，从而对广告内容产生兴趣。依据商品原型，通过艺术手段，将各种广告的审美元素合理配置组合，把抽象的广告主题转变成具体的审美形象，并使创作出来的审美形象符合人们的生活经验，如此的广告审美形象才具有美感，才能沟通广告主和消费者之间的感情，增强广告的感染力和可信度，使消费者接受广告的内容进而购买商品。因此，广告审美形象不是创作者融入主观体验表情达意的虚构产物，也不是源于生活、高于生活的典型形象，它更乐于用贴近生活真实的方式创构形象，达到促销的效果。

电视的广告形象多呈现生活原生态情景，乐于用原生态生活情景组构广告形象，用百姓喜闻乐见的生活场景、人物行为方式及易于理解的形象构图方式，达到贴近受众、感染受众的效果。报刊、招贴类广告形象则多从商品实物、生活实景、既存的艺术形象、形式构图中撷取形象因素，再经过剪切、拼贴、重叠、组合、复制等高科技技术处理组构成广告形象，这样的广告形象本质是一种"仿像"，而非"创造"。有一些广告形象以抽象、超象形式出现，通过创造意境，烘托艺术氛围等艺术手段追求一种艺术表现效果。这类广告形象艺术韵味较浓，有艺术观赏价值，但因为它们是广告而非纯艺术，它们的艺术表现手段最终要为传达商品的功利目的服务，其手段的使用也必然以平民受众能看懂、能理解、能体会为主，因此形象的表现也不宜远离受众的生活现实接受水准。

三、合于审美规律——广告审美形象的表现规则

但从另一方面来看，在满足功利要求的前提下，广告又必须具备一定的审美价值，使消费者在了解产品基本信息的同时，更能得到精神愉悦和审美享受。这一点与一般艺术形式的创作要求是相同的。广告创作者必须善于把广告的信息内容变为具体形象，作用于人们的感官，这需要运用一定的艺术表现手段，创造出新鲜生动、既有外在形象美又有内在气质美的广告审美形象，使人产生美的联想，达到既传达信息，又满足人们审美要求的目的。广告的审美价值是广告功利价值实现的前提。随着现代社会的不断发展，广大受众的审美水平和审美要求逐步提高，审美品味日趋多元化，广告要想更好地宣传商品信息，扩大宣传范围，加大宣传力度，前提条件就是让广大消费者"看得舒服""喜欢看""想多看"，因此在广告审美形象的创构方面，必须符合审美规律，才能唤起人们的情感体验并带来美的享受，进一步引起消费者对产品信息的关注。

是否合于审美规律，直接决定着广告审美形象能在多大程度上被受众接受并欣赏。广告审美形象在创构中要讲求对称均衡、调和对比、寓变化于统一、质有刚柔以及强弱、曲直、长短相间等具体审美规则，力图达到广告形象与产品信息的完美统一、和谐一致，以期达到最佳的宣传效果。广告创作中注意对这些审美规律的掌握，将更有利于消费者对广告形象与广告内涵的深入理解和认同。

总体来看，广告审美形象与一般艺术形象是有本质区别的。广告审美形象的主要功能是传递信息，推销商品，而不是单纯供人欣赏或给人带来精神享受，它的第一属性是商品性，然后才是艺术性，它是功利目的、实用内涵与审美表现相统一的结果。另一方面，广告审美形象与一般艺术形象又有共通之处。广告形象总是离不开如何借助于艺术手段，使商品和“美”结合得更加紧密这个根本目标。简洁的画面、醒目的设计，不但以其能够直观的美的形式唤起人的美感，而且营造的情境也会激发受众产生种种消费联想，从而最终在消费者和广告之间寻找到一种契合点，激发起诉求对象心理的认同与共鸣。

第二节　广告审美形象的呈象类型

广告审美形象是广告审美活动的具体对象，也是展现广告美的重要元素。在当下的广告创作实践中，广告审美形象的选取和设计成为重要的环节之一。它不仅关系到一则广告的成败，也直接影响到人们对商品的认同和忠诚度的培养。在众多的广告作品中，广告审美形象由于外在形式以及表现手段的不同，呈现出多种呈象类型，概括起来，主要有具象性形象、抽象性形象和超象性形象三种表现形态。

一、广告审美形象的具象性

广告审美形象中的具象性形象是指展现在受众面前的再现现实世界物质形态的广告形象。“具象”一词主要指“真实、具体”而言。在众多的广告审美形象中，具象性形象是最常见的，也是数量最多的。具象性形象包含的范围极为广泛，可以是形态各异的人物，也可以是包罗万象的人以外的自然界，山川江河、花鸟虫鱼、风雨雷电……它几乎可以涵盖所有现实世界的实物形态，但它们必须有一个共同的特征：这些形象都能够在现实世界中找到它们的原型或摹本，是具体的、业已存在的，在广告作品中直接指向所要宣传的商品或理念。审美感受简单直接。比如在广告上直接出现的大量商品形象，饮料、啤酒、空调、冰箱、自行车……以及身份各异的人物形象，教师、学生、家庭主妇、老人、商人等等，广告利用这种具象性形象直接传达所要宣传的产品信息，一目了然，指向单一，直达受众的诉求需要。具象性形象是广告审美形象中最基本的组成部分，符号表征纯粹，最利于受众接收产品信息。

从广告审美形象结构形式完全与否的程度来划分，广告具象性形象又可以分为完全具象与不完全具象两种形态。

1. 完全具象

在广告作品中，完全具象是指那些不需要接受者特定的视觉组织作用，就已经是一个完整的画面或图像。它或者是一幅完整的平面广告，或者是一段完整的电视广告片。大都表现为某一事物的真实再现或某些形象群体的完整组合（图4－1）。

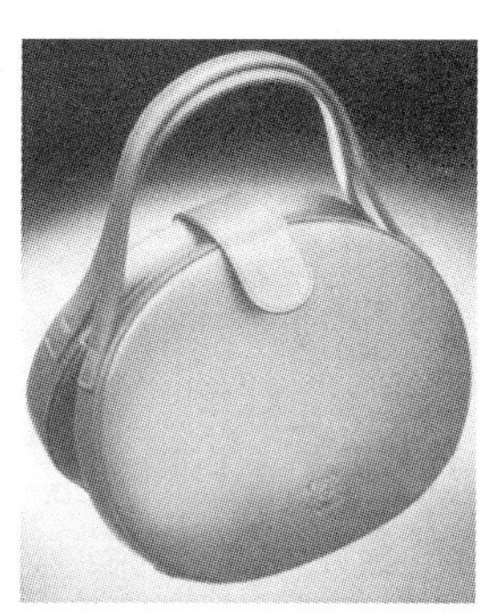

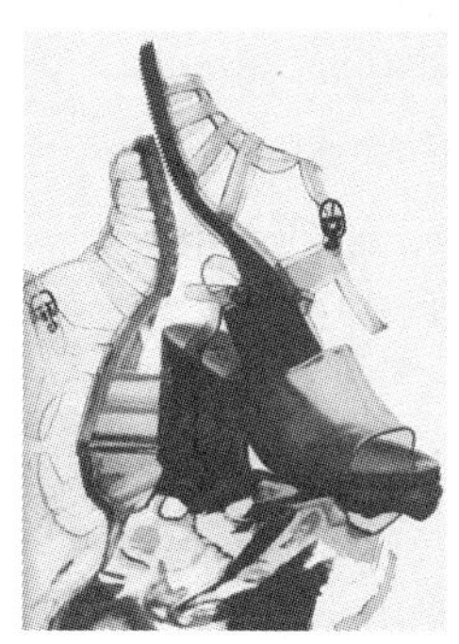

图4－1　具象性广告形象组图

由上述例子可以看出，由完全具象构造的广告作品，可以产生的审美效应是：直观形象，真实自然；诉求单一，感受直接；利于人们的观赏和认同。

2. 不完全具象

不完全具象类型的广告形象则恰恰相反，它是指广告创作者有意不予完成、有意致残而留待读者的视觉完形能力去自动地组织成一个完整的审美形象，虽然只是观念上和想象上的“完形”。这种广告形象有两种不同的表现形式：

其一，有意识地运用不完整的广告形象。这种方式往往是为了在整个画面中

图 4-2 中央电视台春晚公益广告——《筷子篇》

进一步突出产品或产品的某一细部特征、功能。比如在一些丝袜广告中，通常看不到广告模特的完整形象而仅仅见到她们穿着丝袜的修长美腿；护手霜广告中着重展现的都是形态各异的或细腻、或柔滑、或嫩白的手的局部形象。

在图 4-3 这张化妆品广告上，我们看到的并不是模特完整的形体和面容，相反广告制作者有意设计了手部姿势，使阴影恰好遮盖住女模特的眼睛，而露出精致细腻、神秘性感的面部轮廓。虽然没有呈现出完整的广告形象，但在读者的感性知觉中，却完全能够感知到一个高贵典雅的美女形象。据此可以看出，广告中的这种不完全具象可以更充分地激发消费者的想象能力，自动地去填补未完成之处，从而造成更深的形式意味和更大的吸引力，使消费者对该广告产品留下不可磨灭的印象和高度的审美愉悦。图 4-4 中的几幅获得国际广告大奖的平面广告作品就是这种类型广告的典型代表。

图 4-3 国外化妆品广告

其二，故意破坏广告形象的完整性，造成一种残缺形象。如日本松下电器公司灭火器广告，方框中出现了一个烧得仅剩半个版面的报纸形象（大体上沿对角线方向），焦煳的边缘呈黑色无规则锯齿状，残缺部分（空白部分）置一松下灭火器。这一残缺的报纸形象首先使读者怵目惊心，并马上激起一种寻根究底的动机：是不小心造成了火灾，还是未能及时扑灭大火而酿成了悲剧？……视线扫描到松下灭火器以后，人们才进一步明白：应当及早购买松下灭火器，防患于未然，才能避免悲剧的发生。图 4-5 中的这则广告有着异曲同工之妙。

由此可见，残缺式的不完全广告形象有时的确能激起消费者高度的紧张感或

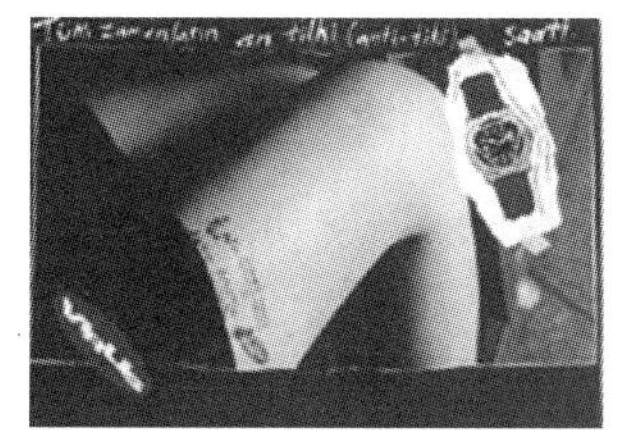

图 4－4　不完全具象平面广告组图

恐惧感，并由此逐步过渡到关注和想象，其审美效应相当强烈。

二、广告审美形象的抽象性

广告审美形象中的抽象性形象与具象性形象相对，即并不以现实世界中存在的实体形象出现，看不到具体的人或物，而主要以一些具有特殊审美指向的线条、色块、标识、图形、图像作为表现手段。这种类型的广告审美形象大多出现在平面广告以及企业形象广告当中。

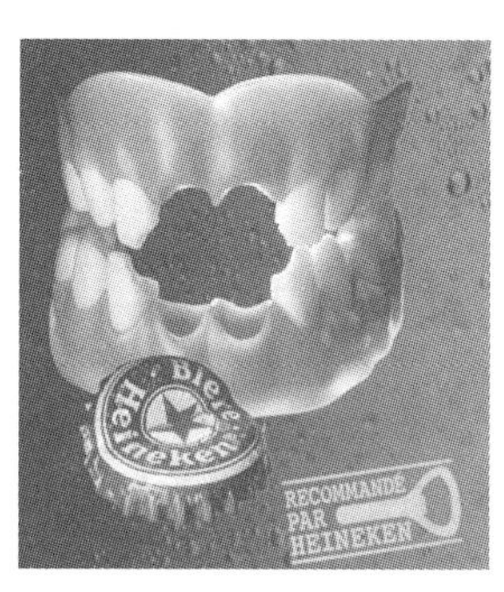

图 4－5　开瓶器广告

抽象性的广告形象不是对具体事物的再现与模仿，而是通过形、色、线的选择，加以排列组合，构成“有意味”的形式，以表达设计者的创作意图。这种抽象性形象不能简单地认为是纯形式的游戏，它仍然承担着传达商品信息的任务，只不过商品信息被隐藏在形式组合里，需要读者在形式的引领下，通过“领悟”而获得。这种经“领悟”而获取的商品信息更令受众难以忘记。抽象形象的创构方法主要有颜色块的组合、不规则线与形的组合、点线面的组合以及正常形象的变形处理。

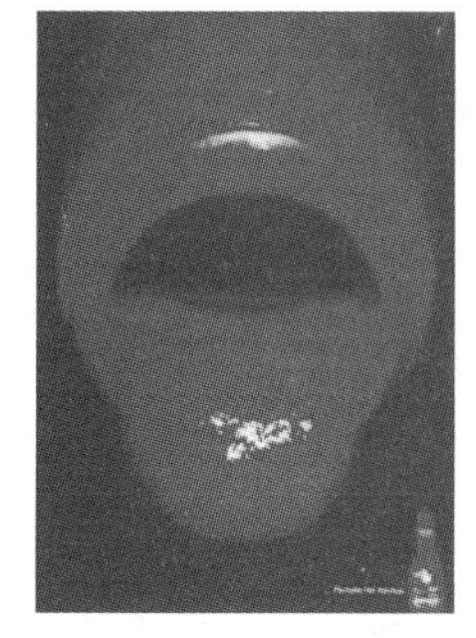

图 4－6　辣味番茄酱抽象性形象广告

图 4－6 中的广告获得了美国“克里奥”广告大奖平面广告金奖，它形象造型奇特，色彩反差强烈，匠心独具，让人回味无穷。广告画面中右下角图标提示我们这是一则关于辣味番茄酱的广告。在黑色底调的画面正中，黏稠鲜红的汁液正从一只同样鲜红的瓶口缓缓淌出，仿佛一条被辣得从口中伸出的舌头，形象逼真，惟妙惟肖，构思奇特精巧，有力地突出了广告宣传产品的特征，诉求目的鲜明准

确。从表现形式上看，这则平面广告集中运用了抽象式形象，借助了正常物质形态的非常规化表现，从而营造出一种奇特的审美感受，达到了绝佳的宣传效果。

右面这则化妆品平面广告(见图4－7)完全由一些抽象的线条和色块所组成。画面用精致的曲线勾勒出一顶女士的帽子，三根手指扶在帽子前端，下面是一张微启的红唇和一点风情万种的美人痣。整个画面虽然看不到一个具体的形象，仅仅是一些抽象的线条和色彩的组合，但这些抽象性形象完全可以让我们展开联想，根据暗含的信息在脑海中立刻就能浮现出一位女士俏丽的容貌和迷人的神态，比真实的美人照更让人心驰神往，从而使受众因好奇心和好感的驱使而产生购买欲望。

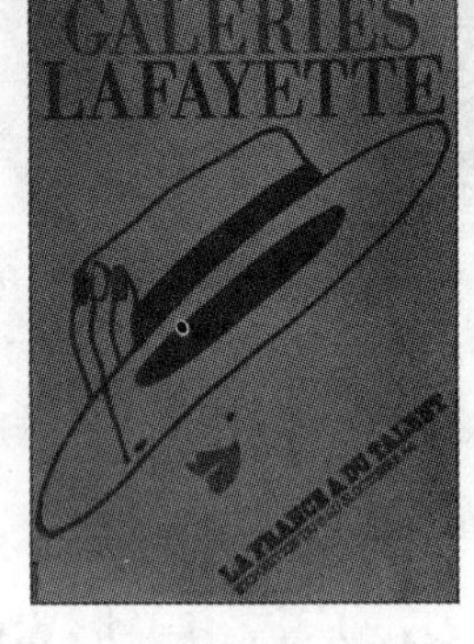

图4－7　化妆品平面广告

在具有抽象意味的广告审美形象中，根据构思的方式、手段的不同，又可以分为以下两种形式：

1. 寓意式形象

这类广告的特点是广告诉求点寓于形式之中，通过调动受众生活经验唤起受众联想，达到对广告信息的把握。其美学价值在于使受众在对美的形式的欣赏与赞叹中把握内容，取得曲径通幽的审美效果。寓意式形象在现代广告中得到大量运用，主要是因为人们在知解其过程中感受到一种强烈的智慧参与感，从而获得一种自我尊重和自我实现的心理体验。

将商品的特点与人们所熟悉的人或物进行比拟处理，用嫁接、组合、变形等抽象的形式将其内在联系表现出来，以引起广告受众的好奇、注意，达到耐人寻味、发人深思的效果，进而品出广告的最终涵义，是寓意式形象的表现特点。从下面的几则广告案例中，我们清晰地看出寓意式形象广告的这种审美特征。

图4－8这则由李岱艾广告公司(泰国)为新加坡航空公司有声读物服务制作的平面广告获得了2015年纽约广告节的Finalist Award决赛奖。设计者巧妙地将有声读物的内容——星球大战中的外星人与冷酷神秘的吸血鬼与收听过程中必不可少的物件——耳机形象结合在一起，精准传神地展现出广告诉求——要摆脱旅途中的昏昏欲睡，畅享神秘与刺激，就找有声读物服务吧！

在中国年轻广告人创意竞赛的获奖作品中，也不乏寓意式广告形象的运用。图4－9是第二十二届时报金犊奖平面公益广告获奖作品，设计者将鲜活的动物形象与用这些动物皮毛制作的皮包、皮鞋制品形象拼接在一起，构成醒目的视觉画面，寓意鲜明，这些动物长大后竟然就要接受这样的命运，动物保护问题着实发人深省。

此外，寓意式广告形象在凸显商品特性、充分展现产品性能等方面也常会发

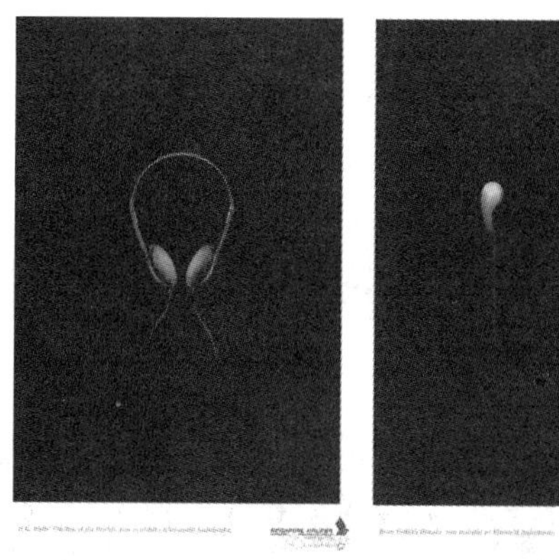

图 4 – 8　新加坡航空有声读物服务寓意式形象广告

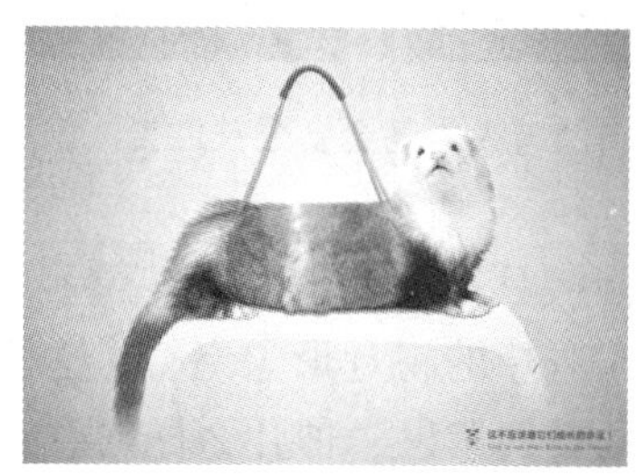

图 4 – 9　第二十二届金犊奖获奖平面广告《成长的命运》

挥出独特作用，获得不俗的表现效果。图 4 – 10 是一款轻型货车的广告，设计者别出心裁，创作出身背五个驼峰的骆驼形象，夸张出位的视觉效果令人耳目一新、印象深刻，受众自然而然地领悟出广告诉求——货车具有内部空间大、载重能力强、马力强劲、持久耐用等特点。这不能不说是一次出色的寓意式广告形象创意。

通过图 4 – 10 我们不难看出，广告创作中运用寓意式形象可以把某些难以表达的意图用形象衬托出来，引导受众去领悟广告形象中包含的内容，进而把握商品信息，这种手段虽然“婉转曲达”，却能极大地提升广告作品的表现深度和力度，给人留下深刻难忘的印象。

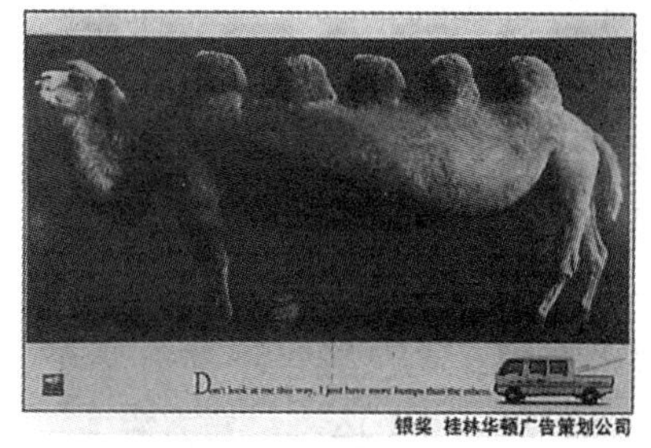

图 4 – 10　中国寓意式平面广告作品

2. 象征式形象

象征是借用一些具体可感的形象或符号，传达表现某种精神、理念、情感的表达方法。这种方法的特点是，象征的形象与被象征的内容之间往往并无表面关联，但却存在实质性的内在精神联系。象征式形象与寓意式形象有联系，也有区别，两者都是借此言彼，都是将意图蕴含于形式之中。但象征式形象是由具体事物表现抽象的内容，寓意式形象则是由具体形式之间的相似比喻而形成。

图 4－11　法国 Nicolas Hulot 自然与人类基金会公益广告

在图 4－11 这组平面公益广告中，画面极具视觉冲击力，天真无邪的婴儿与巨雕、黑熊、古树组成了反差强烈而又引人遐想的视觉形象组合，这种看似不合常理、违反常情的形象搭配、情境营造究竟要创造出一种什么样的意义？看到图片右下角的广告语“OUR DESTINIES ARE LINKED. PROTECT BIODIVERSITY.”（我们人类与自然的命运是联系在一起的，请保护生物的多样性）答案就昭然若揭了。

在当前的广告制作中象征式审美形象的使用已经得到越来越多的广告客户的青睐。图 4－12 是一幅药品广告，为了突出药物的疗效，广告设计者巧妙地运用了玻璃杯和铁锤的形象组合，而最有意思的是这只玻璃杯居然能将坚硬的铁锤震得粉碎，哪儿来如此强大的力量呢？自然是因为盛了药剂的缘故，有了药物的保护，身体就可以粉碎疾病的猛烈进攻。看了这则广告，想必一定会对药剂的疗效印象深刻。

图 4－12　药品广告

除了商品广告，象征式审美形象在企业形象标识的创意中使用得更为普遍，其中不乏一些精品。湖北劲酒厂的企业形象标识在设计上就充分体现了这一点。

图形上部像一个硕大的逗号和太阳的一部分，下部则为翻腾的巨浪。标识中类似逗号的部分“运用了中国传统书法来表现，强调了劲酒独特的风格与悠久的民族酒文化，同时这个抽象符号又很像 Jing 的“J”和一颗硕大的逗号，象征着劲酒人的追求和劲酒事业的兴旺和无止境。从有形角度意释，是绿色旷野中顶天立地、一只溢满阳刚之气的拳头，喻示奋斗；从无形角度意释，是一团卷起的旋风，把劲的力量席卷绿色的世界。”①整个标识正是在整体形象的有限性中寄寓着无限的深意，从而充分展现了象征式广告形象的特点。

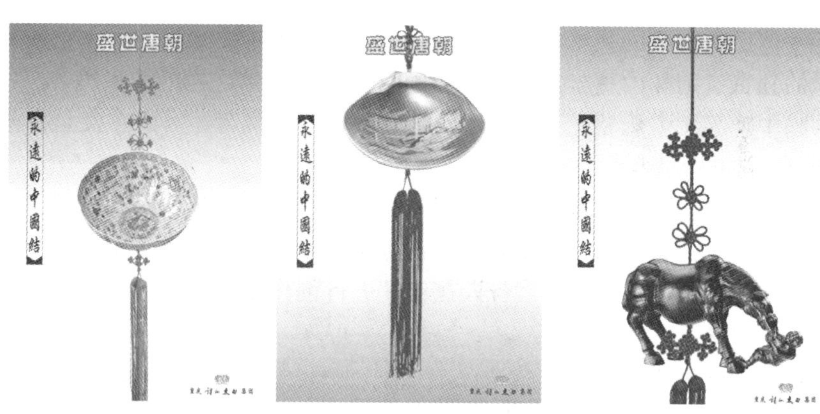

图 4－13　重庆诗仙太白集团形象广告

图 4－13 这组系列作品名为“盛世唐朝——永远的中国结”。广告创作者为了强调重庆诗仙太白集团的企业名称以及悠久的历史传统，以“唐朝”为主题，用承载中国文化精神的吉祥物“中国结”作为主体形象，并巧妙地与唐代的文物相结合，立体地加以变形创造，生动地展现了“盛世唐朝”的广告主题，赋予作品更多的历史厚重感和传统文化风韵，喻示了集团繁荣光明的发展图景。

三、广告审美形象的超象性

艺术的超象显现，并不是根本与形象无关而是超出直接形象，使审美含义原由此生，而却又不滞留于此，如云外听钟，雪里闻梅，镜花水月，遐想无穷。这种状态从审美心理根源来说，是艺术家从现实审美中已经形成了美感情态，这种情态是以意的构成存在着。主体要表现出来，但意体为虚，不能直观，艺术规律又要求不宜直言，因此，要表现必借之以物质性的载体，也就是艺术的形象形式。而就形象形体来说，又必取之于一定对象物，然后转化为载意之象。从主体显现

① 引自《湖北劲酒厂 CI 手册》

来说，是在意而不在象的。①

广告审美形象的超象性主要是指广告作品中呈现的形象具有象外之象的意蕴，广告的信息就在这意蕴中体现，它靠受众的想象、理解或情感共鸣来解悟。对广告超象性审美形象意蕴的感悟往往在于一种难于言传的心领神会。广告审美形象的超象性是广告审美形象塑造方面的高级阶段和综合展现。主要体现为以下三种形式：

1. 意境的创造

意境，是艺术美学概念，它是指艺术家审美体验、情感、理想与所创造的形象融为一体后所形成的艺术境界。意境是意与境、情与景的统一。它营造一种情景交融的独特氛围和内蕴丰富的艺术空间。欣赏者面对这样的艺术境界，可以在情感共鸣中唤起无限想象，进而领略象外之象的美妙境界，因而它又是有限与无限的统一，是鲜明性与含蓄性的统一。

广告意境是指广告形象呈现一种可以诱发情思的艺术境界或艺术品味，它是客观实体与主观情感彼此结合的产物，它使受众借由想象力的推动而产生美感。

广告作为一种商业艺术，广告人在对其进行创作时，应当将意境美作为所追求的最高境界。

表现意境的广告主要通过营造艺术氛围，唤起受众情感，来达到宣传商品信息的目的，它使受众在强烈的情感体验中产生与商品信息的亲和感，进而心悦诚服地接受商品信息。

广州蓝色创意公司在树立“白沙”品牌形象时，即主要通过制作意境广告达到彰显个性、塑造企业形象的效果。在“白沙”品牌的候车厅广告中以静谧、安详的湖面为背景，在远天、青山、平湖、绿野之间，闲适幽雅的白鹤振翅飞翔。画面右下端是人的双手构成的形象化的“飞翔”态势造型，创造了一个崭新的视觉场景。在深沉静默中与自然浑然融化、体合为一，构成一幅浪漫气息浓醇的画面，充满了中国文化中乘物游心，自有超越的美的底蕴，让消费者再一次体会到道家淡泊无欲、超然志远的平和宁静的境界。再恰到好处地配以“鹤舞白沙，我心飞翔”的广告语画龙点睛，既成为吸烟时内心感受的形象载体，又暗示出一个企业的不断攀升。使“飞翔”本身所具有的广阔联想成为白沙品牌不断得以延伸的潜在优势和鲜明个性，也使产品因风格鲜明而一举挤进高档香烟之列。

从审美效果来看，优秀的广告意境创造应达到如下目标：

(1)情景交融，浑然一体

古人常用“兴象玲珑”来概括“情景交融”这一特征，“玲珑”除了精美、空灵外，还有透明、圆融的含义，所谓情与景完全化为一体，相融莫分。从景看过去

① 王向峰：《向峰文集》第三卷，《中国美学论稿》，沈阳：辽宁大学出版社，2002年，第273页。

是情，从情看过去是景。这种情景相融的表现特征在广告设计中运用，易于唤起受众情感体验，使受众在接受商品信息的同时，享受到审美的愉悦。

中国平安保险公司的广告，将山高天远、雪色宁静的青海平安县、象征吉祥如意的中国平安符、相濡以沫携手白头的一对平安老人、喜得爱子满面幸福的年轻夫妇和山清水秀暮色农归的广西平安乡等惬意平和的画面串联起来，最后亮出“中国平安，平安中国”的主题语。全篇一气呵成，隐喻生活中平安就是幸福，平安公司的服务贴心暖怀，与您相伴，无处不在。整篇广告流畅自然，文案处理简单，紧扣“平安”二字，情景交融，浑然一体，让人对平安公司产生祥和稳定的可靠感，此中意境，绝非长篇累牍可敌。

（2）境象深微，意在言外

这是指广告作品形象暗示和象征的意蕴更为深远，令人回味不尽，想象无穷。它引发的是“超以象外”的审美功能。在这样的广告意境面前，受众可以调动丰富的生活阅历、文化修养，达到对广告“超以象外”的文化底蕴的理解与认同。

例如，中国银行的企业形象广告就以“超以象外”的表现手法传达了企业所秉承的中国文化的博大精深和源远流长，给人极强的震撼力和感染力。广告以“高山、竹林、麦田、江河”等形象寄之情意，深而隐微，朦胧多义，言有尽而意无穷。中国银行广告立意定位在文化沟通的精神层面，与其他外国银行的宣传相比，中国银行潜在顾客希望得到的是这一品牌与中华特性的联系。基于这一点，广告的创意人把广告沟通建立在文化的认同、心灵的沟通和情感的迁移上。广告片中对文化符号的选择，对特定中国文化的“象”是否能被受众解译，还原为它本来的涵义，是读者自定的结论。例如《麦田篇》表达的是对财富的态度：在广袤的麦田，人们看到的是丰饶，感觉到的是勤奋。从那个庄稼汉的精神看到了中华民族的精神，当拥有财富时，他坦然，他豁达，他富而不骄。这优良的民族性也成为中国银行有异于其他外国银行的定位，从而向新加坡的华裔与华人做相互认同的诉求。再如，《竹林篇》谈的是气节：竹动、风动、心动、有节，情意不动。中国环境在变，海外华侨的环境也在变，但是民族的传统，人的情操是不变的。如此行云流水般的生花妙笔和情操的渲染，中国银行肯定是深受重“义”的第一代华商和秉承父业的第二代华商所赞赏。此广告在形象塑造上的应用虽然让人感到有些朦胧玄奥，但它的哲学思想是建立在精神层面上的，是一种似象非象的美，其含蓄之旨，不在文字中，也不在具体形象中，而是超越五官感觉的审美境界，生动而不浮浅，飘缈难以穷尽，正是具有了“象外”“韵外”“味外”的含蓄美。

（3）意象高妙，自然天成

这是指广告意境的创造要无人为加工之痕，雕琢镂刻之迹，要真实自然。

广告承担着宣传商品的重任，做到将商品宣传的功利目的完全融于艺术表现之中，并能让受众在艺术接受中自然而然接受商品信息并不是一件容易的事。

“南方黑芝麻糊”的电视广告片是成功表现审美意境的经典广告之一。

图 4－14 “南方黑芝麻糊”电视广告

在“南方黑芝麻糊”的电视广告片中，以江南民俗为创意题材，不禁勾起人们怀旧的情节。黄昏、麻石小巷，挑担的母女走进幽深的陋巷，一盏油灯悬在担子上，晃晃悠悠，伴随着叫卖声和民谣似的音乐，小男孩吸着飘飘而来的香气跑出深巷。画外音：“小时候，听见芝麻糊的叫卖声，我就再也坐不住了……” 画面中一脸“馋” 像的小男孩在诱人的芝麻糊气息中所表现出来的天真单纯的 “馋涎欲滴”的表情令人难以忘怀。广告画面朴实、温馨，几许乡情，几许温情，几许关怀，几许回忆，涵盖于此。溢于画面的是母亲的微笑，儿童天真的眼睛，母亲与童心，关怀与成长。卖糊母亲为小男孩所添的第二碗糊，更是画龙点睛，使广告升华，此乃“卖非为卖”。由此，联想到企业的生产是“爱”的奉献，是对生活的奉献。这个对“美”的定义在南方黑芝麻糊的电视广告中得到了很好的实现。在各种广告漫天飞的今天，南方黑芝麻糊的电视广告仍然堪称经典，它毫无哗众取宠，叫卖拉客的气味，而是通过一个场景，一般的儿时经历的回顾，一个真实的形象，牵引人们眷恋往事的情思，“生无穷之情，而情了无寄”。电视广告中“生动的细节”建立在对真实生活细致入微的观察和表现基础上，能迅速唤醒消费者的经验，直接打动消费者的感情。它所带来的真实感、亲切感和深刻性，将大大提高一个品牌在人们经验和感觉中的位置。这也正是中国美学所强调的"平淡"，也就是说，情感指向不要过于显露，不要用过于明确的意图和过于分明的情感去拥抱对象，但又不是冷淡地对结物象，同物象保持较远的距离，而是"随物婉转"，"妙契自然"，而这又要有"心斋""坐忘"的澄明心境，把自我消解于自然之中①。

意境营造在审美情趣上表现出情景交融、意在言外、自然天成等特色，它的哲学理论更接近于中国美学所倡导的"天人合一"的境界。广告制作人和艺术家一样，应力求在创作中体现出对形象的设计和对某种特定审美趣味的追求。把意境营造理论应用到广告情感沟通的创作上，正是给了广告创意人一个施展才华的良方。

2. 空白的设置

空白的设置与运用，在广告画面的构成中有着不可忽略的重要作用，是进行艺术表现的重要手段，也是广告审美形象超象显现的一个主要方式。它能缓和画面的紧张及复杂性，加强对比以达到画面的均衡；它可以打破沉闷和闭塞，唤起联想，从而突出广告主题。更主要的是有意处理的空白，留下了艺术想象的天地，增加了画面的灵性与气韵。清初曾流行这样的绘画理论："空本难图，实景清而空景现。神无可绘，真境逼而神境生。位置相戾，有画处多属赘疣。虚实相生，无画处皆成妙境。"②说的就是空白的处理可以带来的"妙境"。

在广告设计中，要在需要强调突出的构成要素的周围留下空白，以利于视线流动，这样就可以扩大和提高视觉效果，破除沉闷感，在对"空白"艺术效果的领悟中，达到对商品信息更有效地接受。在当前的广告设计潮流中，简单、简约、简洁的创意理念日益受到追捧。图4－15的广告中，画面主体就是两幅并列的抽象黑色图案，造型极其简洁但却十分传神，两幅图勾勒出两张经典面庞，区别就在于一顶帽子，没有帽子的是大独裁者、野心家，有了帽子就变成了喜剧大师，可见"帽子是多么关键"。

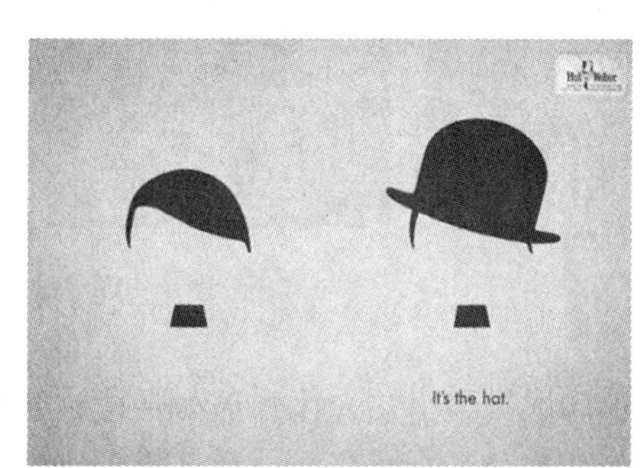

图4－15　利用"空白"的帽子广告

在五光十色的广告世界中，对制作者来说最考验观察力和执行力的就是做简

① 叶朗：《现代美学体系》，北京：北京大学出版社，1999年。

② 转引自宗白华：《中国艺术表现里的虚与实》，载《文艺报》，1961年第5期。

单广告。如何将最复杂抽象的理念用最简洁的元素呈现出来，不仅需要小聪明，更需要大智慧。这种理念在许多知名广告主推出的广告作品中也有充分体现（如图4－16、4－17）。

图4－16　麦当劳极简广告

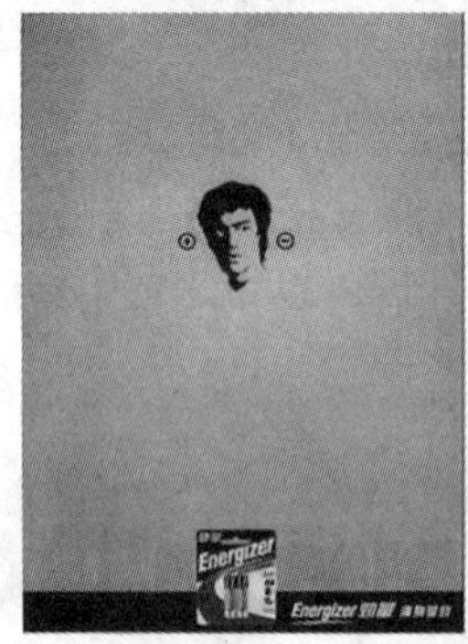

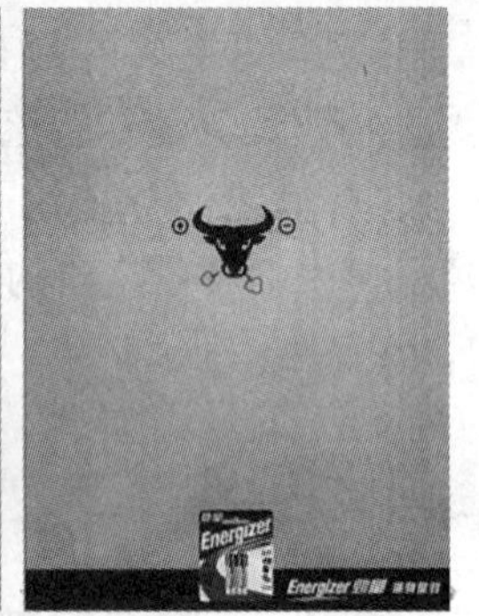

图4－17　劲量电池广告

功夫巨星李小龙为什么永远充满了斗志？西班牙的斗牛为什么狂野凶悍？有了“劲量”电池，答案自然不言自明。画面中大面积空白的运用，使主题更加鲜明突出。

3. 虚实的表现

“虚实相生”是我国传统美学思想的重要内容。所谓“虚”，是指物质对象的精神实质或思想感情；所谓“实”，是指主体内容。“虚实相生”就是要求艺术作品中的“实”要力求表现事物的主要特征，而作品中的“虚”要力求表达出言外之意，弦外之音。“虚实相生”可以把观赏者的审美思维由具象的物质对象引向抽象的联想和想象，从而获得审美的愉悦感。

虚实法则是广告塑造审美形象所要遵从的一个重要法则。虚实在广告中的运用主要体现在以下两方面：一是体现在内容的安排上，内容上的虚实常表现为“化实为虚”，即把广告指称对象的个性、精神等抽象本质，以直接可观的审美意象——感性形象表现出来。二是体现在广告画面构图上，画面构图中的虚实常表现为广告主体与背景或陪衬的位置关系以及搭配关系的处理等。广告画面构图应该藏虚露实、虚宾实主、以虚衬实、疏密相间，以便使妙境在空灵和疏通中显现出来。

虚实原则作为塑造广告审美形象的一种方式，是为深化广告主题服务的，无论是广告内容还是广告画面构成，都必须讲求有实有虚，虚实呼应。因此，在广告中要大胆地运用虚实对比，广告画面的主体形象、商品信息要“实”，陪体、背景和审美意向要“虚”，使画面实中有虚，虚中有实，造成新颖独特的构成效果，加强画面的感染力，突出广告所要传达的主题。

DDB 广告公司为德国大众汽车推出的“新款甲壳虫”创作的户外广告就生动地运用了虚实相间的创作手法。该幅广告画面的外围是简单易玩的数字填图，构成了画面构图中的“虚”；画面中心是一辆甲壳虫汽车的外部轮廓，里面则是一幅精雕细琢的油画，成为画面的“实”，从而把简单的娱乐和富有创造性的技艺协调起来，突出了广告的主题：乐趣其外，精艺其中；驾乘简单，性能优良。

第三节　广告审美形象的创构方式

广告改变我们的生活，不仅在于它能给我们带来商品的信息，为我们提供消费的参考，使我们的消费选择变得更加自由，更加便利和快捷，同时，它还应该成为优秀的艺术作品，陶情悦性，使人们的精神生活更加充实，更加多姿多彩。心理学家发现，人通过视觉所摄取的信息量相当于人的所有感觉器官所摄取信息总量的 80%。因此广告应该在审美形象的创构方面狠下工夫。广告的审美形象可以是华丽浪漫的，也可以是淳朴自然的；可以是幽默荒诞的，也可以是典雅庄重的；可以是时尚的，也可以是传统的；可以像和风拂煦一样的优美，也可以像惊涛拍岸一样的壮美。但任何风格的广告审美形象的创构都要求创造主体一定要对市场、产品进行深入细致的调查研究，细心地体验生活，才能建立正确的定位观念，否则，即使有生动的图像，也会像没有根基的花草一样，迅速沦于枯萎状态。

主体在创作某一广告时，头脑中通常存在着许许多多的生活印象或记忆表象，而成为广告作品中的审美形象的则是少数。这就有一个如何选择的问题了。选择绝不是随意的，它有基本的标准：一是所选之形象必须与一定的广告主旨融洽无间，二是必须具有新颖独创的特征，三是外在形式必须生动有趣。只有这样，才能创造出给人以审美愉悦的作品。

在广告创作的实践当中，广告审美形象常见的创构方法有下列几种方式：

一、并列式

这是将两个或两个以上的广告审美形象平行罗列的组合方式，是最具普遍性的一种创构方式。它又可以分为两种类型：

1. 正置

所谓正置，是指平行罗列的两种或两种以上广告审美形象片断具有一种相似性或相关性。如一则水龙头广告，水龙头流下的涓涓细水，滴在鲜嫩红艳的番茄上，把水龙头也衬托得愈发光亮夺目。水龙头里的水可以冲洗番茄，这就是二者的相互关联之处。所以，水龙头与番茄的组合就显出一种相关性。

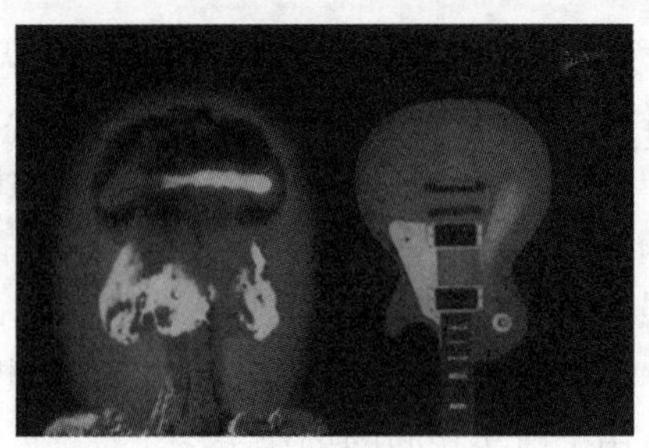

图4-18　吉布森吉他平面广告

电吉他与原子弹爆炸时所形成的蘑菇云形象并列组合，构成了一种暗示：电吉他弹奏出的声音所爆发出的威力丝毫不亚于原子弹爆炸时的巨大力量（图4-18）。

2. 反置

是指广告中两个审美形象处于一种相互对立的关系之中，不过有主有从，一个对另一个起反衬作用，使之更加鲜明夺目。浙江省国际广告公司创造了一幅保险广告，其中心画面是两棵大树，其中一棵的枝条折断了，可怜地躺在地上，另一棵则安然无恙。这是什么原因呢？就是它有了一圈乳白色的防护栏。这两个形象构成了鲜明的对比，形象地告诉人们：保险是人们战胜人生灾难的一道有力屏障，一定要参加保险，否则一遇不测风云，就没有安全保障。有一则牙膏广告利用反置组合，制作得十分巧妙。画面的左边是一根黄色的香蕉，两端弯曲向下，像一张生气的嘴；画面右边同一水平位置摆着另一只香蕉，不同的是表面涂满了牙膏，变得通体雪白，香蕉两端也变成了弯弯上翘，宛如一张微笑的嘴。两个形象形成了鲜明的反置式组合，“牙齿白了，笑容自然绽放”，广告通过形象对比鲜明地展示了牙膏独特的美白功能，使人产生强烈的购买欲望和审美愉悦（图4-19）。

有一些存在竞争关系的公司经常在各自的广告创意中运用反置原则从而达到贬低对手、抬高自我的效果。其中以百事可乐和可口可乐进行的广告大战最为著名（图4-20）。

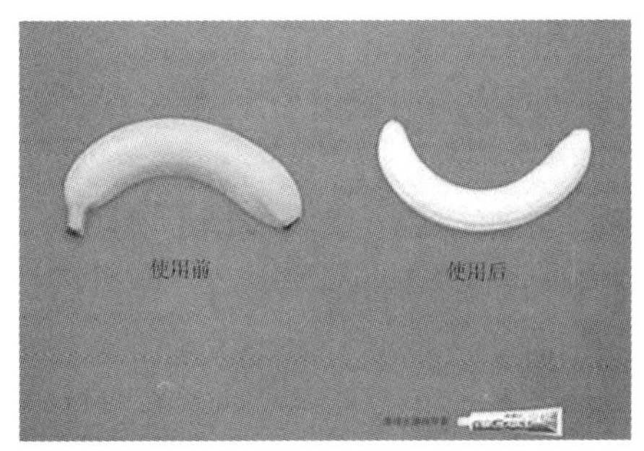

图 4－19 牙膏平面广告

图 4－20 百事可乐广告

二、跳跃式

即把不同性质、不同类别、处于不同时空中的实体形象或实体形象片断不合逻辑地组合起来，新组合的形象画面生成一种新的意义，表达着创作者的意图。这种形象会给受众一种视觉冲击力，产生一种动荡流走的特殊审美效果(图 4－21)。

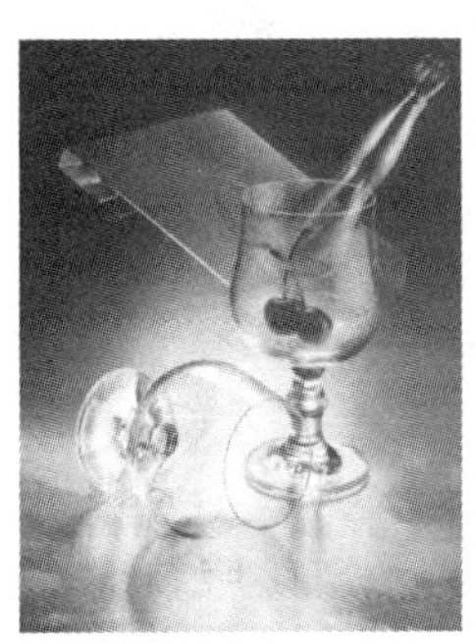

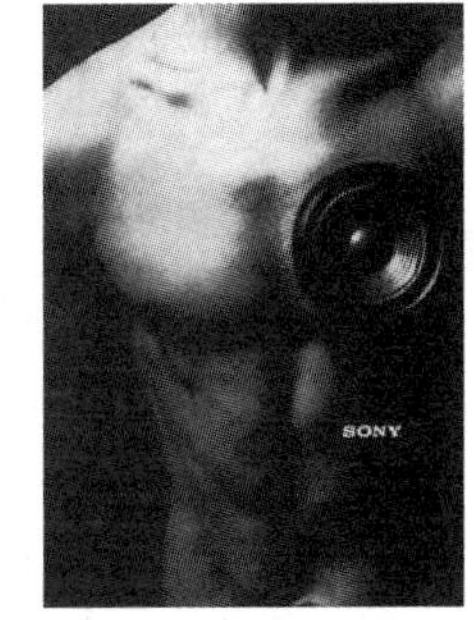

图 4－21 形象跳跃式广告组图

三、奇异式

广告中一种反常规的不同凡响的审美形象组合，称为奇异式创构方式。它有以下几种操作模式：

其一，有意改变事物的本来面貌，以造成消费者的奇异之感，从而达到令其注目的良好效果。图4－22是丹麦 Quiksilver 品牌所做的广告《DEEP BLUE》，广告中各种形貌狰狞、奇特古怪的深海鱼类仔细一看竟然有着跟牛仔服一模一样的外表，着实令人瞠目。这种反常规的形象叠加所构成的变形意象，大大地增强了视觉冲击力，给消费者带来一种奇异的审美愉悦。

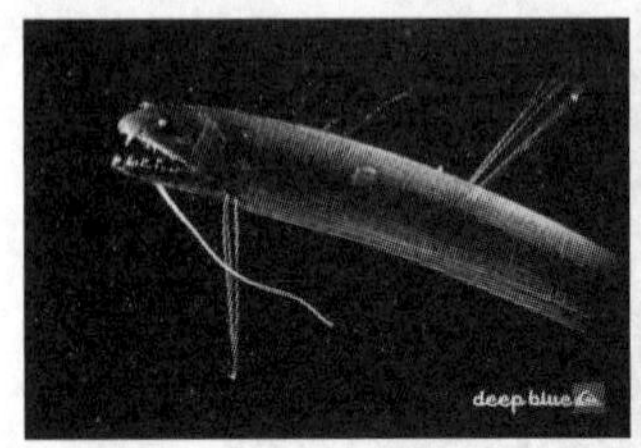

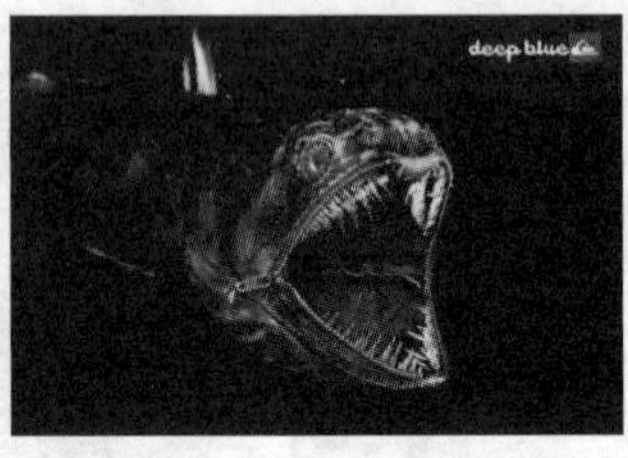

图4－22　牛仔服广告

其二，有意改变事物的本来关系，进行移位重构，以创造出一种反逻辑的审美形象。图4－23是泰国母乳牛奶广告《每个人都可以当妈妈》，画面中三个不同年龄和职业的大男人认真陶醉地怀抱婴儿在胸前喂奶，足以幽默地表达了该牛奶的特性。

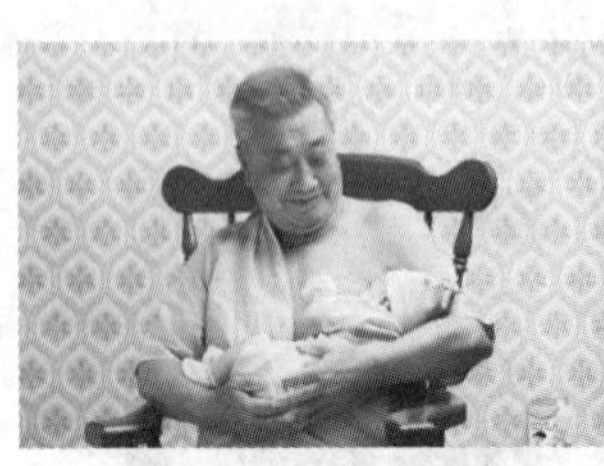
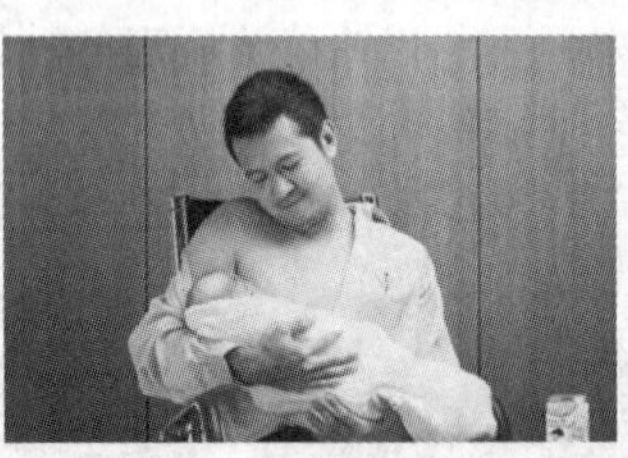
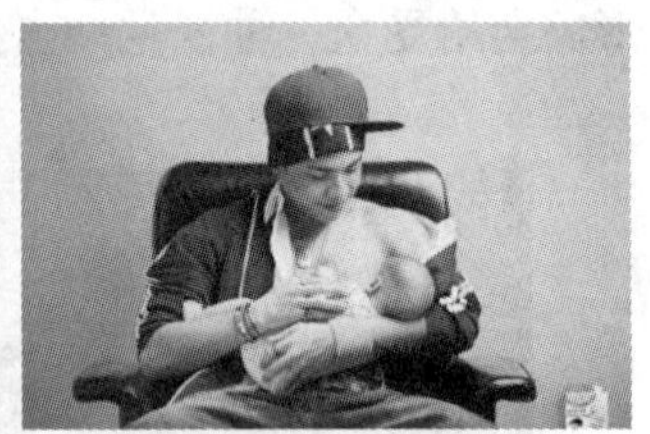

图4－23　泰国母乳牛奶广告

其三，反引力。地球引力的方向本来是由上而下的，可一则广告却将其变为自下而上：一个铜管乐器上置一金属盘，盘中的鲜荔枝有的已被吸得飞离了盘子，有的即将飞出。这是一种反引力的超现实形象。此外，还有不少广告作品采用反透视等手法，破坏对象正常的存在方式，使形象变形（见图4－24）。

其目的在于创造一种奇异的反逻辑、超现实的荒诞型审美形象，使人对广告产生怪诞的深刻印象，进而对该广告产品采取购买行动。由此可见，因为奇异组合所带来的“陌生化”，大大增加了广告接受者的难度，因而引起思维的活跃和反复的思考，在积极参与之中不仅解决了问题，而且得到了审美愉悦，而这正是奇异组合的根本功能之所在。奇异式组合方式对现代广告创意十分重要，因为它能出人意料、引起受众高度注意，从而有利于记忆，使印象更加深刻。此外，它还能突出广告的诉求点，提高广告效果。

广告审美形象的创构方式是多种多样的，在运用之时必须灵活掌握，既要在每一单纯方式（如跳跃式等）上有所创造，又要在复合方式（如同一作品中可以兼容并列式、奇异式等）上花大气力，力求在前人基础上有新的突破。

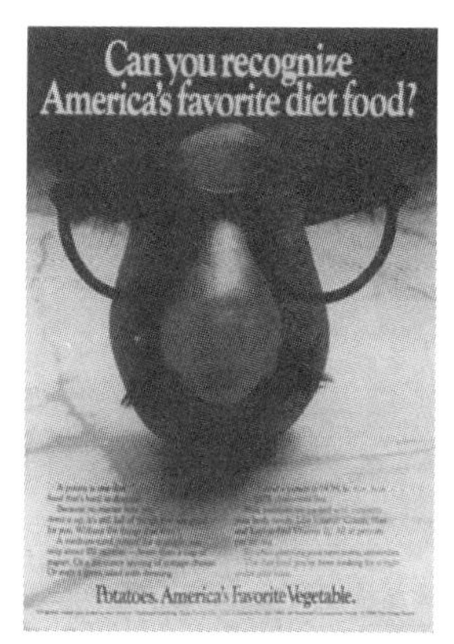

图 4-24　反引力式平面广告

本章小结

广告审美形象是广告中的重要构成元素，它是传达商品信息的直接外化符号，是广告创意的呈现载体。广告审美形象的创构直接关系到广告品质的优劣高下，因此具有十分重要的意义和作用。

本章中所分析的广告审美形象特指出现在广告作品中的视觉形象，即通过人的视力可以观察到的审美形象，比如精彩纷呈的画面和立体生动的图像。从审美效果上看，广告审美形象和艺术审美形象存在着本质区别，呈现出独特的审美特征：功利目的——广告审美形象的内在规定，贴近生活真实——广告审美形象的创构原则，合于审美规律——广告审美形象的表现规则。

广告审美形象由于外在形式以及表现手段的不同，可以划分为具象性形象、抽象性形象和超象性形象三种呈象类型。具象性形象是指展现在受众面前的再现现实世界物质形态的广告形象，又可具体划分为完全具象与不完全具象两种表现形态；抽象性的广告形象不是对具体事物的再现与模仿，而是通过形、色、线的选择，加以排列组合，构成“有意味”的形式，以表达设计者的创作意图，根据构思的方式、手段的不同，它又可以分为寓意式形象与象征式形象两种具体形式；广告审美形象的超象性主要是指广告作品中呈现的形象具有象外之象的意蕴，它包括意境的创造、空白的设置以及虚实的表现。优秀的广告意境应追求的审美境界是：情景交融，浑然一体；境象深微，意在言外；意象高妙，自然天成。

从广告创作实践的角度考察，广告审美形象常见的创构方式有并列式、跳跃式、奇异式三种组合方法，但在实际运用中广告审美形象组合方式大多新颖多变，灵活多样，力求推陈出新、别具一格。

第五章

广告的形式美构成

法国广告收藏家布尔西科曾说过："一个好广告是商业性和艺术性的和谐统一，广告应充分开发人类丰富的艺术宝库，并加以商业性的利用。"①这充分说明广告具有实用与审美相统一的艺术个性，广告作品的美是必须紧紧围绕广告的目标和内容来进行的美，是从属于营销目的的美；而广告的实用功能也只有在充分揭示其美学价值时才能得以体现。实质上，实用价值和审美价值的高度和谐统一是广告作品审美的基本尺度，也是广告美学研究的一个基准。而为了达成现代广告实用功能与审美功能的高度和谐统一，至关重要的一环就是了解与掌握广告形式美的构成，并有效地在广告的艺术创作领域实现形式美的内在要求。

基于此，本章专门从广告的形式美构成因素入手，通过分析包括视觉与听觉在内的各形式美构成因素的特性及美学效应，明确广告作品在美学追求过程中与这些形式构成因素之间的紧密联系。此外，本章还就多种形式美构成因素的组合构成法则进行较为充分的论述，力图使广告形式美的构成因素在组合构成过程中，能更为有效地体现广告实用价值与审美价值的和谐统一，使广告作品表现出更为丰富传神的美感。

总而言之，现代广告作为一种实用性艺术形式，其艺术创作不仅要遵循市场和营销规则，还必须掌握形式美的构成，遵循形式美的美学法则。只有这样，才会使广告产生强烈的美感效果，并在准确到位地表达广告主题和销售卖点的同时加强对受众的感染力和说服力。

① 邓加林：《广告美学》，北京：人民出版社，1995 年，第 377 页。

第一节　形式美与广告的形式美

有论者认为："广告就是包装了情感的最赤裸的欲望，广告商家十分理性地把'欲'纳入精确的技术工具中，再为文造情地把它裹上一层情感的糖衣。"①这层"情感的糖衣"，可以说就是广告的形式美构成的有效表现。通过广告形式美的有效构成，广告塑造出极富个性化和艺术感染力的广告形象，给人们以强烈的、鲜明的、耐人寻味的视听感受，激起人们对美的崇尚和爱慕，使人们对广告所指称的对象产生兴趣和欲求，激发起人们的心理认同与情感共鸣，并促使其最终实现购买行为。在这一过程当中，广告在艺术创作里所展现出的形式美具备了实用功能特征和丰富的审美内涵，体现出精神领域的美学价值。

一、形式美及其特征

1. 形式美的内涵

所谓形式美，具有广义与狭义之分。广义地说，形式美就是美的事物的外在形式所具有的相对独立的审美特征，因而形式美表现为具体的美的形式。狭义地说，形式美是指构成事物外形的物质材料的自然属性（色、彩、声）以及它们的组合规律（如整齐、比量、对称、均衡、反复、节奏、多样的统一等）所呈现出来的审美特性。在人类创造美的长期活动中，逐渐发展了对各种形式要素如对线条、色彩、形体、声音等的审美感受，并逐渐掌握了这些形式因素各自的特点进而形成了形式美的法则。这种形式美法则来源于客观事物，并且为创造更美的事物提供着先验，体现出人类审美经验的历史发展。

2. 形式美的基本构成因素

眼睛和耳朵是人的两种主要的审美感官，它们分别接受来自客观世界的光和声的物质刺激，并能感受到审美愉悦。眼睛感知光，使我们的视觉感受到不同的色彩和形状；耳朵接受的是声，它让我们聆听到来自自然界以及生活中的声响。所以，对于以眼睛和耳朵为主要审美感官的人来说，外部世界的三种自然属性——色彩、形体和声音，是具有审美意义的属性，即是可传达和获得某种情感意味的属性，因而成为形式美的基本构成因素。

（1）色彩。当人类将太阳光析解为包括红、橙、黄、绿、青、蓝、紫的彩色光带后，就此揭开了色彩的秘密，即由于物体对色光具有吸收或反射的功能，所以才呈现出种种颜色，人类对色彩的辨识是认识世界的重要条件。色彩的审美特性是十分明显的，它具有表情性，能够向我们传达出一定的情感意味，传达出能够

① 李思屈：《传媒的"技术权利"与商业广告的"造梦"机制》，《新闻与传播研究》，1999 年第 3 期。

引发人的情感反应的信息。事物的形体，同样可以传递物体情况和感情意味的信息。二者比较起来，在向人提供物体情况的信息方面，形体比色彩更为有效；而在表情方面，形体则远远不及色彩强烈。色彩的反射，像强光一样吸引着人们的视线，最容易打动人们的心灵。色彩的这种强烈的表情性，是它审美特征的本质所在，正如马克思曾经认为的那样，“色彩的感觉是一般美感中最大众化的形式”①。

色彩的表情性，包括冷与暖、进与退、兴奋与沉静、活泼与忧郁、华丽与朴素等情感意味，通常是与色彩能使人产生联想密切相关的。不同的人面对一定的色彩，可能产生各自独特的联想，但其情感体验却会有着明显的共性。色彩的联想是人类在实践中积累而成的，由于世世代代的传统习惯，某种色彩与某种特定的内容会形成较为固定的联系，这种联系又可以使色彩获得一定的象征意义。例如黄色在古代中国被认为是帝王之色，象征权势和高贵，而在欧美却被认为是最下等的色彩；蓝色在西方是幸福色，也是忧郁的色彩，“蓝调音乐”就是忧伤的音乐。

(2)形状。在人类劳动实践过程当中，人类对事物外在形态及其规律逐渐有了抽象的认识和把握，因而产生了点、线、面、体等基本事物抽象形式的表现方法。

点是形状中最基本也是最基础的事物抽象形式，线、面、体都是在点上扩展衍化而来的。线是点移动的轨迹。在现实生活中，随处可见线形，不同物体的面相交而成线，人们从事物的轮廓、不同面的折角中抽象出线条，成为形式美的重要构成因素。线条中划分的直线、曲线和折线有着各自的审美特性，并由各种线的有规律组合而产生明显的情感意味。比如直线具有刚直、坚硬、明确等审美特性，经过有规律的组合，垂直线就表现出稳定感和均衡感，显得严肃、庄重；水平线就显得安宁、肃静；斜线则表现出不稳定性和明显的方向感。同样，曲线的柔美、优雅和轻盈以及折线的动感、节奏与突现等的审美特性也具备明显的情感意味。点的扩大和线宽度的扩大成为面，明确的平面形状一般都有审美特性，比如圆形代表柔和饱满，方形代表刚劲有规则，金字塔式三角形安定稳固，倒置的三角形恰恰相反。体是由两个以上的面组合而成的三维立体形状，因此与面的关系密切。如高而窄的形体有险峻感，宽而平的形体有安稳感。圆锥体、正方体、球体和长方体的审美属性也大体和平面图形一致。

(3)声音。声音和色彩一样是物质的自然属性。我们可以凭借声音的不同来辨别物体的性质、远近、方向等信息，嘈杂的噪音令人难以忍受，和谐的乐音则使人觉得悦耳动听，似在享受。如果对自然界的乐音和噪音加以挑选，并按照一

---

① 马克思：《政治经济学批判》，《马克思恩格斯全集》第13卷，北京：人民出版社，1963年，第145页。

定的逻辑（包括旋律、音调、节拍、速度等）进行组合就会产生优美动人的音乐了。

声音的表情功能主要是通过移情发挥作用，移情会使本无感情因素的外物声音带上情感意味。比如风雨声往往使人感到凄冷、伤感。而优美动听的乐音则以动人的形式呈现在我们直观的心灵面前，使我们在感受美的愉悦的同时，去体味作曲家们的思想情感与境界。

3. 形式美的相对独立性

在理解形式美的内涵时，我们曾经提及到形式美具有相对独立的审美意义。这种相对独立性的审美，可以帮助人类从形式的角度总结出对美的理解，从具体审美对象中抽象出带有普遍审美意义的规律，而这也正是人类长期获得的关于形式美的认识积淀的结果。具有普遍审美意义的形式美的一些法则，既可以用来为这种内容服务，又可以用来为另一种内容服务。

形式美的相对独立性主要体现在以下几个方面：

（1）形式美构成因素的变化性。形式美构成因素的特点、意义及其中所体现出的审美特性并不是凝固静止、一成不变的，它随着相关因素的条件变化而相应地发生变化。而这种变化性，恰恰能体现形式美相对独立性的特点。例如色彩是形式美的重要因素，也是美感的最普及形式。一般人认为红色是一种热烈的色彩；白色是一种纯洁的色彩；绿色是一种宁静的色彩……人们对不同色彩所产生的不同感受常常来自人们的日常生活经验。因为在生活中，红色常使人联想到燃烧的火焰、节日的红旗；绿色常使人想到幽静深邃的森林、绿草如茵的公园；白色则使人想起朵朵的白云、洁白的棉花。但是，这些特性在某些特殊的环境中会发生很大的变化。例如红色除了象征热情，还包含着危险、警告的含义；白色除了象征纯洁，还象征恐怖、凄凉，所以确定某种色彩的特性不能脱离一定的具体条件。

同样道理也适用于形状。在线条方面，直线表现强劲刚直，但在某些环境中，可能表现出单调、平淡、丧失生命力的含义；曲线表现柔和优美，却在某些时候会表现出男性阳刚、坚定的一面。还有一些组合规律的线体，波状线表现轻快流畅，辐射线表现奔放，交错线表现激荡，平行线表现安稳，等等。当为适用某些具体内容与要求时，线条可能会产生更为独特的自由变化。

形式美构成因素的适应性变化，体现出人们对审美的不同追求与认同。尽管在人们的审美认同当中，形式美的构成因素具有相对稳定性，但稳固中所发生的不同变化，则恰恰体现形式美构成因素的灵活变通，为了更好地达成形式因素与主观内容的和谐一致，稳中有变、灵活自如地应用各种形式美构成因素的特性，体现出了形式美的相对独立性。

（2）形式美构图的可欣赏性。人们通常把形式美看成一种好像与内容无关的审美想象。似乎人们只要接触到形式便能引发美感，仿佛美就在形式本身。这实质上是从形式美构图的可欣赏性角度来看待形式美的相对独立性。从形式美各构成因素来看，每一种形式都有其独特魅力与审美内涵，在形式美的构图过程中，有时会展现出强烈的美感和可欣赏性。尽管任何形式的存在，都要以内容作为基础，但由于形式美各构成因素展现出的强烈魅力有时反而淡化了内容的存在而显示出形式美的相对独立性来。而且，从受众的主观角度出发，人们也极为善于从可欣赏的角度截取最突出的美感传达。因此，当有的审美对象的形式胜于内容时，人们会很主动地把这类美当作形式美来欣赏；当有的作品侧重于形式而与内容联系不那么明显时，这些作品的形式就成为给人们带来美好享受的独立的欣赏对象。例如，线条和色彩就是形式美构成中的两个主要因素，当以线条和色彩构成富有装饰意味的装饰画与装饰图案时，这种形式美表面上看似乎与内容无关，但却蕴含着强烈的感染力和艺术欣赏价值。

(3)形式美自身的历史传承性。就具体审美创造对象而言，一般说来，内容决定形式，形式表现内容，但就美的形式的演变和发展来说，形式美又不完全由内容决定，它有其自身的发展规律和相对的独立性。在历史的长河中，出色的艺术家在艺术形式运用上独具匠心，各有各自的特点和长处。这是他们在吸取传统艺术形式的基础上，创造了表现一定历史生活的新形式的结果。形式的发展和演变是没有终极的。南齐的谢赫提出了“画有六法”，在我国较早地全面系统地总结了中国画的形式在空间组合上所要遵循的一些基本规则；后来历代著名画家都从不同角度创造性地掌握和运用这些形式美的规则，并丰富和发展它们，创造出一些新的形式美规则。由此可见，形式美在自身发展完善的过程中，体现出历史传承性的特点，形式美构成因素的丰富多样，形式美构成法则的相对稳定有序，都是在秉承既往人类的智慧与独创、实践与检验的过程中形成建立的，而形式美在历史传承的过程中，一经建立就展现出相对稳固的特征和灵活的适应性。当形式美发生新的变化，产生新的形态时，就会在已有基础上，运用其灵活适应性，不断丰富和发展人类对形式美的更高追求。从这一过程中，我们能够看出，形式美在历史传承的过程中不断变化选择、巩固完善自身，恰恰体现出其相对独立性特点。

当然，在探讨形式美的相对独立性的同时，我们也要防止盲目夸大形式的作用，去追求所谓“纯形式”的误区。艺术形式必须具有内容，艺术家对形式规律的探索，目的是要在掌握艺术规律的基础上创造出完美的艺术形象，而所创造出来的艺术形象能否强烈地震撼人心，还要取决于所反映对象的内在因素。也就是说，纯形式是根本不存在的，我们追求的形式美是为了最大限度地呈现内容的意蕴。

二、广告的形式美及其作用

1. 广告形式美的含义

内容和形式永远是艺术作品不可或缺的两个有机组成部分。从哲学意义上说，形式和内容的关系是相互依存的：没有内容，艺术作品便没有灵魂；没有形式，艺术作品也就失去了它赖以生存的躯体。任何一个广告作品，都是一个具体的审美创造对象，因而作为实用艺术的广告作品的产生与发展，同样也是一个探索内容和寻求完美形式并举的过程。一件成功的广告艺术作品，除了要有明确的广告主题和卓越的广告创意外，还要依赖外界可感觉到的、一切表现形式方面构成的优势，如新颖巧妙的表现手法和具有感染力的形式美的画面来加以呈现。因此，所谓广告的形式美，是指用以表现广告主旨的广告作品的形式诸要素(形状、色彩、线条、语言、动作等)按照一定的美学法则组合而体现出的审美特征。

2. 广告作品中追求形式美的主要作用

现代广告的艺术创作应当讲求作品的形式美，即讲求表现特定广告主题与广告创意的视听觉形态组合而呈现出的审美特征。广告作品中追求形式美的作用主要体现在两个方面：

(1)广告形式美有助于反映和表现广告主题。基于广告的实用性功能和最终功利性目标，反映和表现广告主题成为广告形式美的根本出发点。因为形式毕竟是为内容服务的，内容才是广告作品的灵魂。广告作品的形式美是一种依存的美，它一方面要遵循广告设计的美学规律，充分利用形式美法则展示其存在的特性；另一方面，也是更为重要的是，它必须完美、充实、深刻、准确地传达广告信息和表现广告主题。广告的形式不能偏离广告的主题而存在，真正具有美感和震撼力的广告作品应该是形式美和广告内容的有机统一。形式美把内容表现得越充分，广告作品的效用就越大。

现代广告十分重视形式美的运用。因为现今的消费者除了追求物质享受之外，更加注重自身精神需要的满足，随着新媒体技术发展的日新月异，现代广告业所处的媒介环境也日趋复杂和多元化，在传统媒体广告与新媒体广告相互博弈又相互融合的过程中衍生出更多富有创新性和表现力的广告传播方式和表现形式。企业与商家在努力稳固已有市场份额并争取更多的市场占有的比拼中，使得市场竞争更加激烈，广告作为企业和商家竞争中最行之有效的营销手段之一，在新旧媒体的交融中依然有着不可或缺的作用。注重广告形式美也始终是广告作品在创意、设计和表现中要遵循的关键环节。广告形式美在广告作品中的目的在于更有效地传达广告信息，吸引消费者的注意，使消费者产生情感上的审美愉悦，进而激发消费者对商品的兴趣和欲望。许多成功的广告作品之所以深入人心，不仅是因为具有卓越的广告创意，其广告构图形式美也达到了令人叹为观止的程度，极富审美情趣和艺术魅力。

(2)广告形式美有助于增强广告作品的美感。在对广告作品的感受和认知过程中，形式美首先给人以印象，产生引人注目的先发作用。也就是说，人们最先接触到的是广告的形式美。广告创作的形式美，以不同的艺术手段和表达方式来展示商品或服务等所指称的对象，无论是具象的直接可感的形式，还是抽象的形式表现方式，都可以给广告作品的内容添彩增色，色彩、线条和形状等广告形式美的其他因素也能赋予广告作品以美感，给消费者以美的享受，这已是为许多具有形式美的优秀广告作品所充分证明了的。例如，广西电视台曾经推出的《山·水·海》电视形象广告，电视画面与文案撰写都极富美感。《海》篇中画面是北海银滩，晨曦初现，粼粼波光中，白莲般的京族少女衣裾飘飞。浪涛拍天，少女旋转着飞起，奔向大海的远方，配以“追潮见辽阔，逐浪识惊涛，观海知天下”的文案；《水》篇中，桂林山，漓江水，漫天的玫瑰花瓣徐徐飘落，待嫁的新娘忐忑不安地揉搓着手中的红绢，配以“天地无私，所以长久”的文案；在《山》篇中，画面里的梯田碧水倒映出雄鹰展翅，农家小院的孩子仰望苍穹的场景与“情眷沃土，志存九天”的文案也相互映衬。从整篇广告中，我们可以看到玄妙的中国哲学底蕴和唯美至情的画面配合得天衣无缝，和谐的色彩和传统的人文生活联系得十分自然，系列感强，形式感强，使人深深沉醉其中，感受形式美所带来的美感享受。

总而言之，广告作品离不开形式美，只有按照形式美的规律和广告主题创作出来的精致感人的广告作品，才能充分发挥广告创意的感染力和说服力，才能令消费者产生好感，从而促成广告功利与审美双重功能的实现。

第二节　广告形式美的构成因素

研究和把握广告形式美的构成因素，是广告从业人员对广告作品进行形式创作的基础条件。就好像在建筑楼宇之前，必须先准备好建筑材料，打好地基一样。形式美的构成因素是进行广告作品创作，追求广告形式美的基础和材料。只有掌握广告形式美各构成因素的特点、审美特性及其中蕴含着的情感意味，才能在进一步感知广告形式美构成的一般规律法则和特殊要求的基础上，追求更为行之有效的形式美，为广告主题和内容服务。

前文中我们曾经提及，眼睛和耳朵是人的两种主要的审美感官，它们分别接受来自客观世界的光和声的物质刺激，并能感受到审美愉悦。也就是说，实质上人类是通过自身的感官系统来接收形式美的各构成因素组合和表现所传达出来的美感，并进而获得审美意义属性的。由此，我们要分析阐述的广告形式美的构成因素也进一步精确具化为广告形式美构成的感性因素，即诉诸人眼的视觉形象的形式美构成因素和诉诸人耳的听觉形象的形式美构成因素，这也是在形式美中起决定作用的基本构成因素。

一、广告视觉形象形式美构成因素

凡是利用人眼去接触、去阅读便可使人接受信息刺激的形象，都可称之为视觉形象。广告中的视觉形象和听觉形象都是通过广告媒体来传递的，视觉形象主要出现在视觉广告媒介上，其中以电子媒介和印刷媒介为主。常见的视觉媒介包括影视、网络、报纸、杂志、DM 直邮、海报、宣传单、黄页、日历、POP 以及户外广告、实物陈列、橱窗展示等。在这些视觉广告媒介中所表现出的形式美构成的感性因素，主要包含如下几个方面：

1. 广告视觉形象形式美构成的基本因素

正如在美学一般意义上阐释的形式美构成因素一样，广告形式美也具备一般形式美所具有的构成因素，即诉诸于视觉形象的色彩与形状。这是广告视觉形象形式美构成的基本要素，任何广告的视觉形象，大体都离不开由色彩和形状结构组合而成的具象或抽象的形式表述。

(1)广告形式美中的色彩

①色彩的审美特征。在诉诸人的视觉的广告作品中，色彩有着极其特殊并且突出的审美意义，它比其他任何要素都更能影响广告的情态。色彩对人视觉的吸引力、感染力比其他视觉对象要大得多。在广告作品构成中，常选用与主题和创意对位的、鲜明的、强烈而又和谐的色彩，因为这样的色彩运用可以给受众以视觉刺激，吸引他们的目光去注意广告商品，在广告作品的形式美中，色彩极其重要。

②广告中色彩运用的美学效应。首先是色彩的情感性。这是色彩的第一美学效应。一定的色彩常常和人们日常生活经验中的某些心理情感特征产生通感联觉效应，即某种色彩的视觉刺激使人产生某些心理情感的其他感官感受。如不同色彩会产生冷和暖的不同感受，色彩属于视觉感受，而冷暖属于身体感受。色彩的情感性主要包括：冷暖感、轻重感、软硬感、强弱感、贵贱感、动静感、空间感等。比如，在做饮料类的广告诉求中，通常习惯于选用蓝色系为主，因为这是水的颜色，可以表现出清凉、爽朗而又纯净之感，同时也展现出饮料的基本功能，像水一样清凉解渴，如图 5－1、图 5－2 所示。可口可乐公司旗下的“雪碧”和百事可乐公司广告在制作上都不约而同地选择了主体蓝色调的色彩背景，给人的感觉也确实冰凉舒爽，自然而然产生联觉通感效应。(图片来源：昵图网——饮品广告)

其次是色彩的象征性。一般说来，色彩具备两种象征意义：一种是色彩引起的联想进一步深化和精神化，其结果便形成了色彩的象征性。而联想是使色彩象征意义得以实现的心理过程，它与人们的生活经验、人生阅历、文化修养、职业层次、家庭背景、归属的相关群体的习惯、民族传统、时代精神等都有极大关系。

另一种象征意义是一种色彩与指称事物之间经过某些内在发展或社会约定俗成而呈现出的相应性，如红色象征红旗、火焰、鲜血和太阳；绿色象征森林、草地；黄色象征阳光、秋天等。广告在进行构图设计时，一定要根据色彩的象征性去选择与广告指称对象属性相符的色彩，这样才能激发起受众内心的情感共鸣。

图 5－1　雪碧“透心凉，心飞扬”平面广告

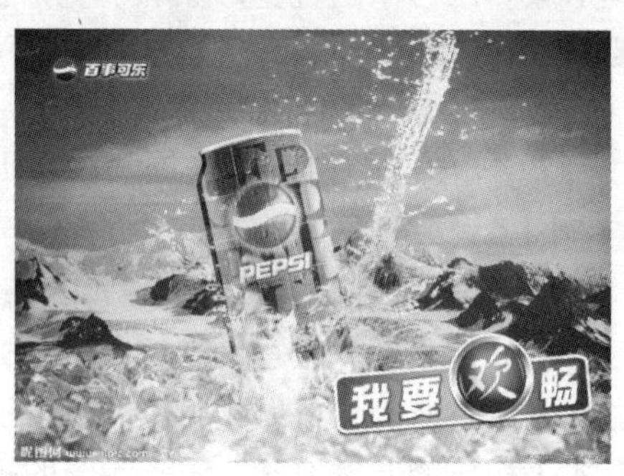

图 5－2　百事可乐“我要欢畅”平面广告

第三是指色彩的表现力。在广告形象的设计和创作中，色彩对广告指称对象的属性和特点具有卓越的表现力。通过运用色彩的均衡、色彩的对比、色彩的照应、色彩的象征意义、色彩的变化或渐变等来表现商品，可以产生节奏感和韵律感，进而增强广告作品的美感。具体可以从以下几个方面来说明：

A. 表现商品的特点。透明的色彩可以表达酒的凛冽感或饮料的清凉感觉；明度很高的色彩可以表现金属光泽或首饰的品质，给人以贵重、高雅的感觉。色彩可以根据商品的不同特点对其加以区分和表现。迪奥经典香水平面广告主体以渐变黄金色为主色调，模特造型与香水本身颜色融为一体，展现高贵典雅的独特魅力。这种色系的选择极好地凸显了商品的品质与优势（图 5－3 图片来源：香水时尚杂志网站——《视觉盛宴，迪奥香水广告》）。

图 5－3　迪奥香水广告

B. 表现优良的品质和性能。产品的优良品质和性能常常可以采用不同风格的中间色来表现，使之具有很强的时代感，如银灰色、太空色、宇宙色可用来表现高科技产品或时尚性很强的产品诸如手机、电脑或汽车等。

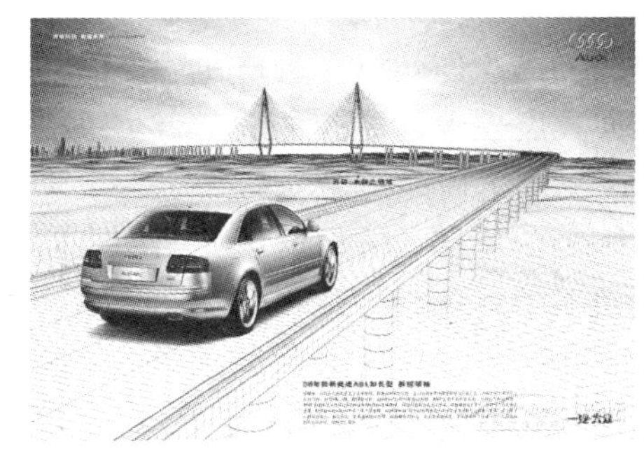

图 5－4 奥迪汽车广告

奥迪汽车在 2008 年推出新款轿车时，围绕“突破科技，启迪未来”的理念创作了一系列平面广告，本图中所展现的是奥迪“开辟，未知之领域”的画面创意，以绘制建筑图纸的方式展现未来的蓝图，以银灰色基调展示奥迪汽车的优良品质和追逐创新和领先科技的梦想。（图片来源：太平洋汽车网——2009 年度汽车广告总评榜获奖平面作品）

C. 表现环境气氛。如用强烈浓重的色调来表现古典气氛和传统风格；用明快鲜亮的色调表现现代流行氛围；用非强烈的、柔和的色调来表现家庭气氛；用有对比度的、粗犷大气的色调来表现原野气氛。

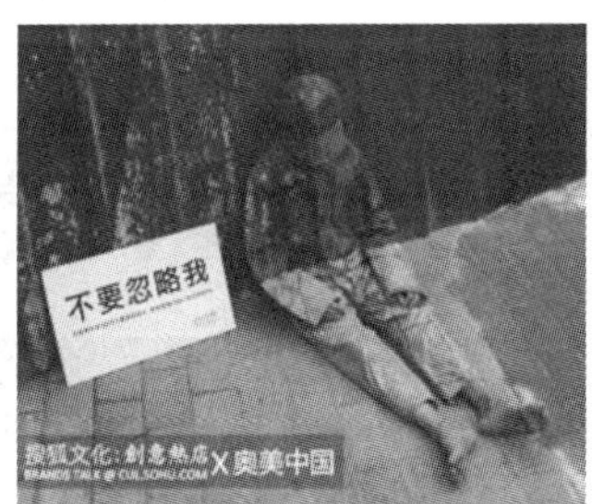

图 5－5 公益广告

如 2008 年在“ONE SHOW”金铅笔广告节上荣获“银铅笔”奖和优秀奖的由奥美中国制作的公益系列广告“隐形的孩子”，就充分运用了环境色彩进行创意，让儿童的身体与周围环境融为一体，从而达到一种隐性的视觉效果，试图唤起人们对贫困儿童的关注，很有震撼力。（图片来源：搜狐网站——搜狐文化第 23 期“奥美中国”获奖广告《隐形的孩子》）

D. 表现商品使用者的个性特征。不同的色彩对于不同的消费者来说，具有不同的个性象征意义。色彩具有自身的性格，或娇柔优美、或高贵典雅、或潇洒随意、或庄重和谐、或开朗粗犷等，可满足不同消费者追求个性化的心理需要。

比如图5－6中的吉列男士剃须刀的平面广告就以一种幽默自如的方式展现吉列品牌的独辟蹊径，在一片丛林绿地上出现一条洁净蜿蜒的小路，仿佛这就是吉列剃须刀开辟的，巧妙扣合广告语，富有创意。绿色主色调也显示一种朝气、潇洒和自如的个性。（图片来源：第十三届中国广告节获奖作品集）

图5－6　吉列剃须刀广告

E. 表现品牌形象。在企业的形象识别系统中，尤其是对于品牌来说，色彩是一个必不可少的表现元素。几乎所有的企业都有属于自身的企业色，这常在品牌中体现出来。在经过长时间的视觉传达之后，企业色几乎成为商品的第二个品牌、企业的第二个标志。消费者看到这个颜色，马上就会想起是哪个企业或哪种商品。比如可口可乐的红与百事可乐的蓝，在彼此竞争的过程中总能形成极高的辨识度；麦当劳招牌式的金色拱门标识和小丑形象也很好地打造了企业的标识色，让人感觉温暖又富有食欲。（图5－7，图片来源：昵图网——企业 logo）

图5－7　可口可乐、百事可乐、麦当劳和肯德基企业 logo

第四是色彩组合的丰富表现力。要满足人的复杂的审美追求，就必须对色彩组合加以运用。色彩组合是一种很好的艺术语言，其中最主要的是系列色的运用。系列色可分为两种类型：一种是标记色，一种是无标记功能的用色。系列色的色彩变化可以取得丰富的视觉效果，从而满足消费者不断提高的审美需求。如图5－8这组雀巢咖啡的系列平面广告，每一幅色彩的基调都不同，却都展现出雀巢咖啡的无穷魅力和吸引力，创意简洁却有极强的视觉冲击效果和视觉导向，很好地体现了色彩组合的丰富表现力。

图5－8　雀巢咖啡广告

③广告中色彩运用应注意的问题。在了解和把握了色彩在广告形式美构成中的重要地位和作用的同时，我们应该明确广告中色彩运用并不是无限夸大的，而有其应注意的事项：

A. 色彩运用要注重商品性。这是与一般绘画用色差异最大的一点。尽管各类商品具有一定的共同属性，但更需要展现的是各自的个性。对此，广告中的色彩运用要针对商品自身的特点，充分发挥色彩的形式要素（色相、明度、纯度）和色彩的感觉要素（物理、生理、心理）的象征作用，力求典型到位地传达产品的属性特征。

B. 色彩运用要结合广告性。色彩效果必须明朗，晦涩和含蓄只有消极作用。在进行广告色彩设计时，必须注意大的色彩构成关系的鲜明度，使之具有强烈的视觉冲击力。例如可口可乐饮料包装以鲜明的红、白两色构成明快的色彩对比，产生了强烈的广告效果，其广告作品中的基础色调也是以红白色为主，传达出来的是“生活充满激情”和“活力四射”的产品个性。

C. 色彩运用要体现时尚流行性。这里包含两种意义：一种是指色彩会受某种地方风尚习俗或一定时期内流行性审美因素的影响。如20世纪80年代初，法国流行黑色，以黑为贵；蓝色在埃及被视为“恶魔”的象征；黄色在伊斯兰教地区是代表“死亡”的色彩；在捷克，红三角是有毒的标记等。所以在色彩处理时，一定要考虑民风民俗的影响。另一种则与产品本身有关，不少产品有浓郁的地方特色或时效性，在设计的时候也要加以注意。

D. 在色彩运用上一定要体现出独特性。广告色彩形象的个性表现不仅是视觉形式的活力所在，也是加强识别性和记忆性的销售竞争所需。对于色彩个性的追求要力求从产品的某种品质个性出发，还要在同类产品的广告色彩形象设计中标新立异。

(2)广告形式美中的形状

①形状的审美特征

广告形式美中的形状，是运用基本的点、线、面、体等事物抽象形式对广告产品外部形态及其规律的表现与把握。通过各种形状的组合、搭配和建构，形成对产品最直接、最准确、最鲜明也最有表现力的形式美展现，表达突出的审美意蕴。

在广告形式美中的形状里，线条被视为与点、面、体相比最能准确反映物象、充分表达内容、完美刻画形神的要素，是形式美中形状的主要表现。人们长期对各种运动形式认识的积淀而逐渐形成的审美观念，使线条被赋予丰富的表现力和性格特征。例如中国古代皇宫建筑以宽阔的多层屋顶和阶栏的直线条创造出雄浑、肃穆气势以及等级森严的观念就是运用了直线的刚直、有力的性格；曲线柔美而圆通，这使得曲线比直线更富有装饰性，更柔软、活泼、幽雅；波形线作为一种美的线条比曲线更加美，更加吸引人；蛇形线由于能引导眼睛去追逐其无限多样的变化而成为富有魔力的线条。由于线条在形状中特殊的表现力和强烈的审美意蕴，使其成为广告形式美构成中极富变化和魅力的因素之一。

②广告中线条运用的美学效应

A. 线条的节奏感体现广告形式美。线条之间匀称而合乎一定规律的间隔或交替形成节奏。很多自然美就具有这种形态。节奏是线条在画面结构中最富有性格与情感的表现，又是构成线条形式美的重要手段。线条富有节奏的变换，在广告作品中成为一种美感的表达和视觉形象的冲击。

B. 线条的空间感体现广告形式美。线条能够形成空间感，主要根据是线条的透视规律，根据近大远小或透视畸变等现象对线条进行处理和变化，使线条的空间感得到加强和夸张，达到冲击受众视觉感受的目的。

C. 线条的运动感表现广告形式美。这是因为，线条的不稳定形态，诸如倾斜、弯曲、坡形、辐射等，都能对线条的平衡造成破坏，都可取得视觉上的流动或动势，形成线条的运动感。这是一种追求以动传神的形式美，在广告作品中主要是通过线条的运动特点来追求商品形象的运动感，激发商品形象的神采，使不动之物运动，求无情之形传神，增强对审美主体的感染力。用线条来表现商品的运动方向和力度是一种主要方式。

D. 线条巧妙运用产生的趣味性体现广告形式美。通常这种趣味性的形成，一是靠线条本身构成，很多线条都能形成趣味盎然又富有深意的画面，应当充分利用这一特点。例如在一则“妙笔生花”的平面广告中，整幅广告画面是由很多支铅笔构成的向外绽放的花朵的形状，这些铅笔都是直线条，巧妙组合排列在一起就形成如此生动活泼的视觉形象，不仅应合了“妙笔生花”的字面含义，而且还独具匠心地揭示了其内在意蕴，显示出商品的特性，富有趣味。二是利用线条的节奏和旋律所形成的形式美创造趣味性，这种方法较为常见。比如，利用波浪线或者曲线会形成一种跌宕起伏的旋律美感，把握线条的这一特点在构成广告的形式美时展现趣味性就会相对容易。三是利用线条的趋向将视线引到画面最有趣的部分，也就是趣味中心。一般抓住消费者的好奇心和探究心引导受众产生兴趣，效果往往比较明显。

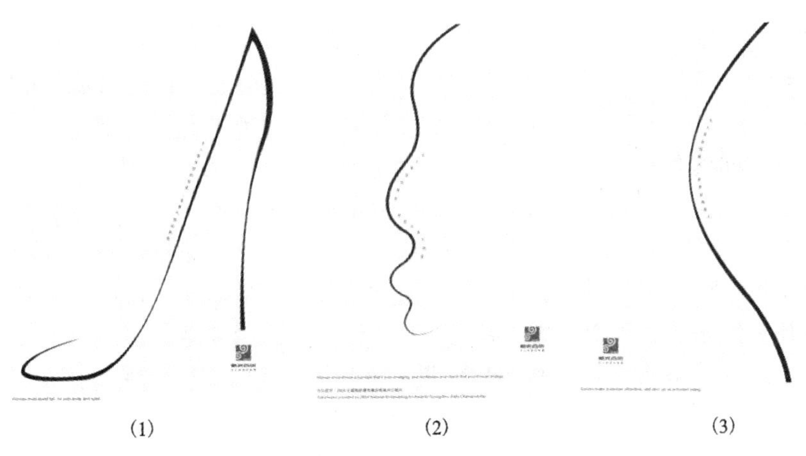

(1)　　(2)　　(3)

图 5－9　新光百货广告

如图 5－9 所示，这是 2005 年由广州旭日因赛广告公司为新光百货制作的百货零售平面系列作品，用简约准确的线条勾勒出女人是新光百货的主要消费群体，系列标题配合线条图案画龙点睛地诠释出女人在新光百货所能得到的服务和理念。这里对线条的创意设计极富深意和趣味地展现了广告形式美的审美效应。

图5－9(1)广告标题：女人要身材的高度，更要气质的高度。

图5－9(2)广告标题：女人要发型善变，自信风度不能变。

图5－9(3)广告标题：女人要曲线撩人，更要挺胸做人。

③广告中线条运用应注意的问题：

A. 在线条与形状的选择和组合应用时，要体现产品自身属性和诉求重点。产品的外形与线条形式美的处理要和谐统一，符合受众审美习惯和喜好。否则将会引起受众强烈的排斥或不适心理，进而拒绝接受这种产品的诉求，得不偿失。

B. 线条的综合运用以及同其他形式美因素配合使用时，要遵循美学原则，符合形式美因素构成规律，结合广告实体有效应用，增强线条的综合表现力，体现出线条的独特优势与魅力。

2. 广告视觉形象形式美构成因素的延展

对于广告作品而言，仅仅拥有色彩与形状这两种基本的视觉形象的形式美感性因素是不够的，在广告的形式美发展日趋重要的今天，视觉形象形式美的构成因素也日趋丰富多样，在原有基础上获得了延展。

(1)光与影

色彩组合和形状构成与光影艺术的运用是相辅相成的，随着广告媒体技术的创新及进一步的实践应用，光与影的美学属性被更为有效的运用到广告内容的形式表现上。

①光与影的审美特征

光从本质上看是视觉影像的前提，眼睛对光的敏感是不言而喻的。在电影、舞台艺术、摄影和绘画艺术等领域中，光的美学效用曾被发挥得淋漓尽致。比如光可以表现空间构造和空间气氛，空间个性也要靠光来渲染和控制。此外，物体的质地和造型也会由于光影的强弱和角度不同而有所变化。光影响着空间的构成，如明亮的光可以使空间尺度大于原有尺寸，反之则使空间感小于实际尺寸。所以，光线和色彩一样是创造空间气氛、美学效应的重要环节，在广告形式美的表现中利用光线来表达审美情感，展现产品个性的用途越来越普遍。

影调表现的是事物有条理的生命情调。影调是以光的旋律表现的。光作用于物质对象，其凹凸部位通过对光的反射或折射，在地面上或其他介质上形成白、灰、黑多层次的色阶就是影调。影调的主要功能是显现物质对象的外貌特征、形象感、立体感、质感以及各种情感色彩。它包含着对比与和谐之美，不仅塑造出物质对象的形貌和本质美，而且把生命的细节融化在整体的主色调之中，是一种富于“魔力”的审美因素。影调的主调分为高调、低调和中间调。影调在表面结构和立体结构的表现当中，能分别凸现出物质对象的质感和空间感，在二维空间里塑造三维空间的主体结构。影调所构筑的画面形式美一般是通过影调的对比、衬托、均衡实现的，其作用是突出主体，烘托画面气氛，形成节奏，达到一种视觉吸引和传达审美属性的效果。

②光影在广告作品中的美学效应

一般说来，光影以两种方式创造形状，一是形成与环境对立的色调区；二是在物体周围产生光晕或边缘光作用，勾勒出物体轮廓的线条。经过光线处理的商品，从表象上看，商品已经不是原来纯粹的商品本身了，而是成为具有一定光影审美意义的审美对象。利用不同的布光方式可以发挥光影对可视空间和物体形式要素的创造性，即对空间的切割和重组功能，以形成丰富多彩的不同个性的光影环境，或取得局部空间效果，增加空间和商品的魅力。具体说来，光影在广告作品中的美学效应表现在：

A. 营造广告视觉作品的空间感。光影配置合理可以使广告视觉形象作品通过光影得到丰富的美感和内涵，产生有韵律的变化。光影能够增强视觉空间的层次感和纵深感，例如光线强度强的物体显得比实际距离近，而光线强度弱的物体则显得远些；当小面积的深色或浅色调被反差强烈的对比色调包围时，则会产生向前移动的效果。色调的对比量、在画面内与其他色调的相互关系以及某些特定色调区域所占据画面的大小，都可以影响画面的层次感和纵深感，显示出空间特点。

B. 光影艺术可以营造环境氛围。不同的光影组合、相互搭配还可以制造、强化不同的环境氛围，或浪漫、或高雅、或宁静、或广阔等，以满足受众的不同心理需求。

C. 广告指称对象形象的塑造离不开光影效用。光影配置可以突出广告中所指称对象的形象、质感、肌理、特点、性能、品质、个性以及企业形象和品牌形象等。许多立体广告设计十分注意灯光处理，如用黑白的浓淡、色彩的明暗、线条的疏密、灯光的强弱等变化或对比来取得光感表现的效果，以强化所要表现的部分。

在运用光影表现广告形式美时也应注意两个问题：第一，在处理光照环境时，不仅要考虑有足够丰富的照明，使其光线柔和、均匀、富于变化，还要考虑光的透射方向和角度，设计照明重点，形成视觉中心，突出主体。第二，不同的光照区域之间，不宜有亮度的冲突，还要注意创造光照柔和的渐变过渡。

(2)艺术字

①艺术字的审美特征

艺术字是一种文字，但又不同于一般意义上的文字。比之一般文字传情达意的表意功能而言，艺术字更注重的是文字的“形”。在广告形式美的构成因素中，艺术字可以看作是形状的延展，它强调的是利用文字的外形特征对其进行艺术化的处理和追求，以形成鲜明的视觉形象冲击和独特的审美意蕴，进而达成富有艺术表现力的形式美创作。

如今的艺术字，已经是构成视觉表现感染力的一种必不可少的形式要素，许多优秀的广告作品因为完全采用艺术字的设计与处理而具有浓厚的魅力。艺术字的种类繁多，丰富多彩，特别是在电脑办公自动化技术以及数码技术日趋完善之后，艺术字的设计与制作在广告作品中被越来越广泛的应用起来，而艺术字也就成为广告视觉形象形式美中又一重要的感性构成因素。

②广告中艺术字运用的美学效应

A. 艺术字丰富多变的表现力有助于体现广告作品的形式美。艺术字具有丰富的表现力和组合功能，从字体种类、形状变幻、字号大小、颜色填充、特效配置等方方面面都能够展现艺术字的独特魅力。比如汉字即使不加变化也是很有“个性”的：宋体的端庄、黑体的严肃凝重、楷体的洒脱、隶书的古色古香、手写体的独特等。形形色色的字体变化，是广告构图设计的有效手段之一。此外，在构图技巧、对比调和等规律的指导下，能够使最终的艺术字作品富有深刻的审美内涵和生命力。

B. 艺术字形状的表情性与象征性。从艺术字外部形态角度而言，与形状构成因素相似，艺术字也有着丰富的表情性和象征性。例如，艺术字的整体形状比较规矩，由笔直刚硬的线条加以构成，就会给人稳重、平衡、庄严等情感色彩，产生一定象征性；如果艺术字的整体形状圆曲或逶迤多变，就会给人灵活、变通、幽默等情感色彩，通常会象征那些富有变化、不拘泥于模式的产品。此外，艺术字与不同色彩的搭配也蕴含着不同的情感色彩，能够激发受众产生更为贴切的联想与想象。

C. 艺术字美学的独特属性使其成为企业品牌形象标识的首选。尽管艺术字追求文字的艺术形式美，但其终归具有表意功能，也能起到在广告作品中语言文字所能起到的功效。在企业形式识别系统中，艺术字的设计和使用，除了使受众了解艺术字的表意功能以外，最为主要的是要让受众加深印象、产生记忆，最好形成条件反射，即一看到企业商品品牌标识就会马上想到该产品或企业。艺术字是企业商家设计制定品牌标识的重要形式之一，艺术字的形式之美和独特的审美性格，使受众能很容易获得视觉冲击和享受，进而形成记忆并变成习惯。比如麦当劳的品牌字母和特殊的金黄色拱门状的大写“M”、可口可乐包装上特殊的“Coca Cola”艺术字的书写形状就早已随着商品深入人心了。

在进行艺术字的设计或选择时，应该注意这样几个方面：首先要力求体现产品的品质属性和个性；其次一定要与其他审美要素相协调；再次必须具有良好的识别性、可读性，对于手写体来说，必须要经过一定的美术处理，处理得像书法艺术作品一样才能作为形式美的构成因素使用。

(3)图像

①图像的审美特征

所谓图像是指广告作品中通过创意和艺术构思所设计和表达出来的视觉形

象，是综合运用广告视觉形象形式美中的色彩、形状、光影和艺术字等构成要素所形成的广告作品的视觉中心和敏感区域，它在广告中占有重要的地位，是增强广告效果的有效手段。

图像是在特定思想意识下对视觉元素蓄意刻画和表达的形式，既是美学意义的升华，又富有一定的寓意，它可以将广告主题以生动形象的图解形式表现出来，从而克服语言文字表达的不足和缺陷。一般认为，广告作品中图像所发挥的功效占50%以上，正如广告界流行的一句："一图值万言"。广告图像在广告作品中的影响力是不容小觑的。广告作品中常见的视觉图像体裁设计大致有写实画、装饰画、连环画、漫画、卡通、图表、摄影等。广告视觉图像是利用直观的形象艺术，也就是以"视觉语言"来表现广告，实现广告形式美的审美要求。

②广告中视觉图像运用的美学效用要注意的事项

A. 视觉图像在广告作品中可以先入为主，引人注意。视觉图像是广告中最重要的视觉成分，一般说来，受众的目光扫过广告的时间最多几十秒，最少只有几秒，那么，如何在这么短的时间内吸引受众的注意呢？答案是广告必须具有视觉冲击力，能够从众多的广告喧嚣和噪音中脱颖而出，一幅与广告内容密切联系同时又非常具有美感的画面就可以达到先入为主，引人注意这一目的。

色彩、形状是人类接触的事物中最本原的感性元素，因此人们对图的注意、辨别、理解的速度要快于对抽象文字的处理；另外，由于图像具有形、色的外观视觉形态，有很强的感染力和视觉冲击力，加上其本身又包含有一定的意义，对人们的感知与逻辑思维均能产生刺激，更易留下持久的记忆。

B. 广告图像的形式美能够增强广告作品的直观生动性。视觉图像具有生动的直观性，既能弥补文字的不足，又能起到语言难以起到的沟通和传达作用。在人类用以表情达意的工具中，文字的表达能力不如语言，然而有时在语言也无力表达的情况下，伴之以具体的视觉图像，可使之产生直观的效果，从而清楚地解释事实的本来面目。广告要求精练、真实，对于用笔墨难以形容的事物，就只能借助于图像的直观性来取得满意的效果。因此，运用图像来形象地展示商品、服务、企业的外观和特点，可以增强广告的真实感和说服力，启发人们遐想，引起积极的心理情绪，诱发受众购买的欲望。

C. 广告作品中的视觉图像具有很强的沟通性。图像之妙，就妙在"一切尽在不言中"。对于不识字、识字不多或语言不通的人来说，图像的运用在一定程度上可以帮助广告达到预期的效果。图像还具有明显的国际性，有利于突破不同语言文字之间的阻隔，顺利实现与不同语言文化背景下的民族或人民的沟通，所以图像也是推动广告实现国际化的一个重要因素。

D. 视觉图像增强了广告作品的审美价值和艺术效果。视觉图像所具有的完整和谐、简洁明快、色彩鲜明、画面均衡、动感强烈、新颖独特等优势在广告作品中的广泛应用，不仅对于美化广告版面、增加广告美感、显现艺术构思的魅力有着重要的作用，而且使广告作品的形式美构成具有丰富的审美价值和艺术效果，使消费者不仅被吸引，对其进行欣赏和产生共鸣，并会心甘情愿地实施购买行为。

③视觉图像在运用中的注意事项

A. 设计使用视觉图像应注重实用性、功利性和艺术性相结合。广告视觉形象作为一种特殊的艺术语言，要给人以美感，就必须善于运用色彩、光线、摄影、造型等艺术技巧，但同时也要明确，广告图像和广告一样，都脱离不开向受众推销商品或服务的目的；尽管广告图像有不同的表现形式，但都不能离开共同的审美主体——大众消费者。所以，广告图像应该是艺术性、实用性、功利性的统一。如果仅仅追求艺术性，却不能准确地传递关于商品和服务的信息，那么，这幅广告图像必然是失败的。所以，广告图像的创作者在创作前，必须对商品或服务的内在特性和附加价值、外在形式以及个性都有透彻的了解，并且考虑到不同地区的市场环境、不同的文化背景和风俗习惯的差异，还要求对目标消费者的心理变化进行研究，了解其消费能力和消费习惯，然后才能在了解这些信息的基础上，根据所选择的传播媒介，采取适合于指称对象的图像加以表现，这样创作出来的广告作品必然在“情理之中”，也必然具有说服力和真实美。

B. 广告视觉图像的使用应注重通俗性。广告图像是提供给大众消费者以欣赏的审美信息，并能够形象地图解广告宣传主体信息的视觉形式美构成因素。为了达到这个效果，广告图像的表现要单纯集中，易于理解，要符合大众的文化水平和欣赏习惯，不能把含义分散、主体复杂、过于抽象的画面用来做广告图像，那样消费者会放弃阅读，所以广告图画的表现风格必须大众化、通俗化，才能吸引更多的消费者解读它。

C. 广告视觉图像设计应注重创造性。消费者并没有必须阅读广告的义务，在大多数情况下，他们只是被动接受广告信息，但也不乏主动阅读的人群。在国外，不少广告都是通过“阅读最省力的图像”来吸引受众的注意力的。因此，力图在广告图像设计中表现出趣味性、艺术性、原创性和吸引力是广告宣传成功的前提。例如在众多以静为基调的广告图像中，一幅具有动感和生命力的图像就会有很强的吸引力；在众多以彩色为主的广告中，一则运用黑白画面的广告就会有很强的视觉冲击力。

二、广告听觉形象形式美构成因素

广告的听觉形象是通过对人的听觉器官的刺激而完成广告信息传递过程的形象，这种听觉形象能给人以无限的想象空间，容易撩拨人的心弦，煽动热闹的情绪，使人能够充分调动联觉通感效应，让广告在不知不觉的情形中完成其传达和说服的功能。通常，这种听觉形象主要出现在广告听觉媒介中，其种类很少，一般有无线电广播、有线广播、宣传车、电话等。随着媒体技术的发展和多种媒介语言的应用，电影广告、电视广告、网络广告和智能手机终端等媒体也综合了听觉形象艺术形式，显示出更为丰富充实的审美意蕴来。

形式美诉诸人的听觉器官的基本构成因素只有一种，那就是声音。但在广告形式美中，分析其听觉形象的构成因素只是声音难免有些笼统，为了能够很好地认识和把握广告形式美的听觉形象，将声音这种形式美的构成因素再进一步划分，也就成为我们所要研究的广告听觉形象形式美构成因素的依据。

1. 广告形式美中的音乐

(1)音乐的审美特性

音乐是声音按照一定规则和逻辑(包括旋律、音调、节拍、速度等)组合而成的一种悦耳动听的特殊形式，是一种抽象的具有很强的精神性、情绪性、感染性、沟通性和共鸣性的听觉艺术形式，蕴含着丰富的情感与美感。

音乐是人类共有的艺术形式，它的最大特点就是共通性。音乐不像语言那样存在明显的地域性、差异性和隔阂性，它可以超越种族、年龄、阶层、民族的界限，正所谓“音乐无国界”。人们要背诵一段文字或语言是很困难的，而记忆一段旋律却比较容易。音乐拥有众多优点，具有很强的审美效应，它对于人们的情感、情操、性格、态度、行为、心理都有着极大的影响。因而，把音乐作为一种听觉形象构成因素来展现广告作品中的形式美是至关重要的。

(2)广告中音乐运用的美学效应

作为音乐的一个不可缺少的分支，广告音乐是广告听觉形象形式美的一个重要构成因素和审美要素，广告作品中的音乐有其独特性。由于听觉广告受时段的局限使得音乐也受到时间的限制而不可能成为一个乐章，甚至不是一支完整的曲子，而常常是一个或几个乐句。具体而言，广告中的音乐主要分为两种类型：一种是背景音乐，主要是利用乐曲来烘托气氛，配合人声使用，它是根据情节、色彩、气氛、人物而创作的；另一种是广告歌曲，就是把广告中所有传递的重要信息，用歌曲的形式表现出来，可以使一系列互不连贯的镜头或场景产生形象流畅连贯的效果。在广告作品中利用音乐，可以使人获得美妙的听觉感受，产生心理愉悦的情绪，形成积极的心境，从而全面感知广告有声语言、音响所要传达的商品或服务信息。

音乐在广告听觉形象形式美中所具有的审美效应具体表现在：

①音乐可以使受众形成对企业或商品的认知联系。即选择一段很有特色的乐曲或歌曲

作为某一商品或服务广告的标志性音乐背景，长期播放，使受众逐渐形成记忆和条件反射，只要闻其声，便知是什么企业或什么商品的广告，这是用音乐树立形象的好方法。例如肯德基的广告歌曲配合“有了肯德基，生活好滋味”和“生

活如此多娇”的广告语，对许多消费者来说已是耳熟能详，甚至有许多人更把它当成表达自己喜悦心情时所哼唱歌曲；同样还有“酸酸甜甜就是我”的蒙牛优酸乳、“我就喜欢”的麦当劳、“我知道无悔的青春就是这个味”的康师傅红烧牛肉面等都成功地把广告音乐植入到消费者的心里，让消费者轻松有效地把广告歌曲和产品建立起联系。

②音乐能通过营造广告作品的氛围增添商品的吸引力和诱惑力。广告音乐可以原创，也可以把对时下流行或长期传唱的歌曲中的一段直接拿来或稍作修改(更改歌词或改变歌唱者)作为广告音乐。如绿箭口香糖的广告歌曲就由我们熟悉的美国乡村民谣改编而成；而喜之郎果冻布丁的广告歌曲既有原创制作也不乏流行歌曲的“身影”。这些广告歌曲有助于营造一种情景氛围，增添广告本身的韵味。此外，不同的商品或服务种类，在借助于广告来传递信息时，配上不同风格情调且与产品自身个性相和谐的音乐背景或歌曲，不仅有利于突出广告主题，而且增强了广告的吸引力和感染力。如女性化妆品广告配上浪漫抒情的音乐，能增添商品柔美的魅力和诱惑力；男士用品配上阳刚雄壮的音乐，听起来使人振奋，可以增添商品的阳刚之气和感召力。

③音乐能使受众把情感转移到广告指称对象上。背景音乐的优美可以让受众产生美好的情感和丰富的联想。如果产品所选择的背景音乐恰当，那么受众很容易就会把他们对背景音乐或歌曲的情感转移到商品上来，增强对商品的认同感和亲近感。比如广为人知的立邦漆电视广告(草原小屋篇)就是音乐和影像完美结合的优秀作品，该片广告音乐选择了我国内蒙民歌，旋律优美独特，结合画面中的草原、小屋、翩翩起舞的劳动人民和各种赏心悦目的色彩瞬间打动人心，音乐的欢快旋律让观众很容易就想到画面中的美好场景，进而想到立邦漆宣传的口号：“处处放光彩!”

④音乐可以帮助受众认知品牌。有些广告中的音乐是专门为产品“量体裁衣，量身定制”的。那些专门为产品创作的音乐，不但可以突出商品的特点和个性，而且使人们记住它们的同时加深了对产品的理解。这类音乐大多数简短易学，朗朗上口，能使受众在不知不觉中记住，从而在消费者心目中树立起清晰的品牌或企业形象。如“Toshiba，Toshiba，新时代的东芝”、伊利优酸乳“我要我的滋味”都能让人不由自主地想起配合广告语的音乐旋律。

⑤音乐渲染个性的审美效应。即选择的音乐其风格恰巧能够表达或渲染出某种商品自身的个性，也就是说，二者琴瑟合鸣，相映成辉，配合得天衣无缝。这种乐曲经过多次播放，在人们心目中就会形成该商品与众不同的性格和形象，有助于人们记住和进一步了解商品。如儿童用品往往用具有童稚美和欢乐美的乐曲，体育用品的广告则配以动感和节奏感很强的音乐。

2. 广告形式美中的有声语言

（1）有声语言的审美特征

广告作品中的听觉形象是通过人类脑海中的“声音”来塑造的。如果说，在广告听觉形象形式美构成因素中，音乐主要是为表情而存在，那么，语言和声音结合而形成的有声语言则是为了表意而存在。

有声语言集语意和语音于一身，语言只有表意，才具有传播的力量；语言借助声音（语音）的魅力，才能将其意义表达得恰如其分，恰到好处。语言的意蕴和语音的表现相结合，两者相得益彰。语音的创造性运用和表现，给语言的表意推波助澜，给语言的传播增加力量。有声语言在听觉广告媒介中占有很重要的位置，比如，一则广播广告可以没有音乐和音响，但却不能没有有声语言。有声语言可以分为演白和旁白两种，演白是广告中演员所说的话，旁白是解说员的画外音。

有声语言在广告听觉形象形式美构成中的审美特征主要表现在，广告作品中是以有声语言来叙事的，通过调动听众的想象力，给人一种“身临其境、如见其人”的感觉，之所以会产生这种效果，主要是联觉作用所致。比如在声音刺激物的作用下，人们在脑海中会产生视觉形象，这是一种最常见的联觉，即视听联觉。如果充分发挥各种声音的表达技巧，就会使受众从听觉的感受中获得视觉感受、嗅觉感受、触觉感受、味觉感受等，使单一的声音衍生出立体化的视觉形象，从而使有声语言产生极富感染力和表现力的审美效应。

（2）广告中有声语言运用的美学效应

有声语言在追求广告听觉形象形式美的过程中有其特殊的美学效应：

①要使用简洁明快的有声语言。由于听觉广告时段受到局限，长短不一。要期望听众在毫无准备的情况下和转瞬即逝的时间里记住广告内容是很难的，所以在内容上一定要简明扼要。因为内容简洁既可以为音乐和音响美学效应的发挥留出空间和时间，又可以给播音员、演员以停顿和喘息的机会，并防止受众因失去耐心产生厌烦情绪。另外，还要注意有声语言的简洁明快应该体现出其声音的悦耳，节奏的明快；声调有抑扬顿挫，读速有疾有缓。例如，中文一般以平均3字/秒的速度进行朗读，每分钟平均180字，最多不超过216个字；英文平均120字/分钟，最多不超过150个字，最少不低于100个字。内容过少，朗读时显得拖沓沉闷；内容过多，则朗读速度太快，也会影响收听效果。

②有声语言要能塑造立体化环境，突出整体氛围，构筑亲切情景。语言是人们交流思想、交流感情、互相沟通的工具。从交流双方的言语中，我们可以判断出他们之间的关系是亲是疏，情绪是悲喜还是平淡。听觉形象的广告也属于一种语言艺术，有声语言在这里运用的目的就是要通过与消费者的沟通，拉近彼此之间的距离，增加消费者对它的亲切感、信任感，从而采取购买行为。所以一定要注意运用恰切的听觉艺术表达方式，利用口语化、委婉劝诱或现身说法等方法去

调动、促进人们的想象力，塑造一个立体化的环境，突出整体氛围，以缩短商品与消费者之间的心理距离。

③有声语言富有节韵美的特点能体现出广告形式美的要求。在广告听觉形象构成中的有声语言应该合辙押韵，富有节奏和韵律，排比、并列、抑扬、起伏、骈散结合、有张有弛等，都可使语言流畅优美、简洁易懂、铿锵有力或富有诗情画意。这样的语言不仅能丰富广告指称对象的形象，而且更容易形成意境和烘托广告气氛，引起消费者的注意，激发受众的情感反应，从而在不知不觉中完成其传达信息与说服购买的使命。此外，要注意有意重复某些词句和运用双声词(声母相同或相近的词)、叠韵词(韵母相同或相近的词)与重言词(叠字)等也可以突出商品特点、品牌名称，加深受众的印象和记忆。

④有声语言在追求广告形式美的过程中要凸显个性。在信息爆炸和过度传播的今天，没有个性的广告是很难给消费者留下什么印象的。因此，听觉广告一定要努力塑造出与众不同的声音，力求使消费者一听到这种声音，就知道是什么产品，什么品牌的广告，而不至于同其他商品、品牌形象相混淆。另外还要注意广播广告所使用的声音要与消费者的特征和诉求对象相协调。如针对女性消费者的广告，声音应以温和柔美为基调，而针对男性消费者的广告，声音则应体现阳刚之美，以此去撩拨消费者的心弦，调动他们的情绪。

3. 广告形式美中的音响

(1)音响的审美特征

音响又称效果声或模拟声，它是用各种器具制造或模拟出来的自然界和人们现实生活中的声音，也就是除了音乐和有声语言以外的声音，如鸟虫声、风雨声、雷电声、车辆声、机器轰鸣声等。音响是广告听觉形象形式美构成的又一感性因素。如果音乐“表情”，语言“表意”，那么音响则体现出“表真”的审美内涵。

当然，与生活中自然的音响不同，广告中的音响是有动机、有选择的。音响在广告中的美学效应体现于它是通过模仿或拟声的方式给人的听觉带来一种真实可感的或犹如身临其境的感受，使消费者能够在由音响精心营造的环境氛围和美妙意境中，听其声如睹其物，进而使消费者心目中的商品意象更加明晰和逼真，达到更加准确、直观的认识广告商品并从中获得审美享受的目的。总之，音响可以创造一个声音环境，也可以叙述或表现一件事情；能描绘客观世界，制造高于客观存在的环境、氛围；也可以抒情状物和表达思想。

(2)广告中音响运用的美学效应

①音响的叙事性。音响能令人产生视听联觉，这是因为现实中的一切事物和自然现象都有属于其自身的、独一无二的声音。这意味着，特定的声音总是和特定的形象一一对应，这就为音响的叙事性提供了前提。著名悬念电影大师希区柯克曾说过，音响效果应该当对话来处理，对话可当音响效果来处理，人的喊叫和

笑声同样可以传达重要的信息。在此，希区柯克说的正是音响的叙事性。比如可口可乐公司雪碧饮料的一则“晶晶亮，透心凉”的广播广告，开头用的音响蝉鸣起伏不断和结尾孩子的笑声、青年的欢乐声、摩托艇驶过、海浪拍击声，叙述了一个烈日炎炎令人难耐的夏日里，喝一口雪碧饮料就有如在海边嬉戏玩耍般欢快、清凉、爽朗，衬托出该饮料的特性，体现出音响的叙事性美感。

②音响的表现力。和视觉图像一样，音响也具有很强的表现力，主要是通过联想来实现的。它可以把原来没有联系的事物关联起来，如香港海洋公园宣传百鸟居的正式对外开放的广播广告，其音响效果是“百鸟齐飞之声，中间混杂不同鸟类的鸣叫声”，它使受众立刻产生联想，感受到置身于大自然的境界。再比如红鸟牌鞋油用悦耳的鸟叫声象征产品，引起品牌联想；柯达广告是用按动相机快门的声音来提醒受众记住产品品牌。广告音响的表现力弥补了广播广告缺乏图像表现的短处。在运用时，要注意找到能激发听众形成视觉形象并触及其潜在心理感觉的表现方式和独特的声音。

③音响的个性化。现代企业大多比较重视自身形象的建设和提升，因而很注重企业形象识别系统和企业文化的建构，以期通过这些举措赋予企业独特的个性形象，达到使本企业在消费者心目中的形象有别于其他企业的目的。其中富有个性化特征的音响是形象识别系统中的一个重要构成要素，同样有助于消费者识别企业。例如春兰静博士空调用瀑布声衬托产品“噪音小”的性能和优点。运用的就是条件反射的原理，创作出属于产品的个性化的音响，对受众进行反复刺激，形成受众对信号(即音响)的条件反射，引起相应的情感反应。

经过对广告视听觉形象的形式美各构成因素，在美学效应与审美价值的认识与分析之后，我们还应该明确，在现代广告作品中，由单纯或纯粹形式美构成因素形成的视觉形象或听觉形象已不多见，大部分的艺术形象都是图像、色彩、形状、有声语言、音响、音乐等构成因素结合在一起而形成的和谐统一的综合形象。例如平面广告中图像和文字的结合；广播广告中语言和音响、音乐的结合；电视、网络广告中图像、色彩、声音、音乐、音响、光影等多种审美因素的结合。因此，在广告作品的设计与制作过程中，要综合运用多种形式美的构成因素，结合各自的性格特点与审美内涵，在遵循广告主题与广告创意的基础上，利用各构成要素之间的搭配关系、主从关系、系列组合关系等，取得和谐一致的整合效果，以构筑最佳的广告视听形象，为广告作品诉求的最终目的服务。

第三节　广告形式美的构成法则

广告形式美的构成法则，是广告艺术形式表现方法和规律的总称，是美在广告形式设计中的表现形态。人们在经过长期的审美和艺术创作的实践过程中，经过科学的验证总结出了多种广告形式美的构成法则，符合广告的实用性与审美性。有了这些形式美构成法则作为依据与指导，广告形式美的诸多构成因素包括视觉的色彩、形状；听觉的音乐、音响、语音等也就能够和谐统一的组合与相融，构筑完美的广告作品形式，体现更准确更丰富的审美价值与内涵。

广告形式美的构成法则，是建立在真、善、美的基础之上的。真是美的基础，指客观世界的规律性的如实反映，是广告审美功能的基本前提，即要求广告中关于指称对象的信息传递必须真实可靠。善是指广告要表达出产品的实用价值和有利于人们的功利价值，以满足人们的正当欲望、需要和利益。美是建立在真与善的基础上的审美表达，通过对广告形式与内容中美的表现，来鼓励人们热爱生活，追求生活真谛，向往美好人生。只有真、善、美这三方面高度统一，广告的实用功能和审美功能才能得到充分展现。

一般来说，广告形式美的构成法则主要有：多样统一法则、主从法则、整齐一律法则、均衡法则、对比法则、节奏韵律法则、比例匀称法则等，这些形式美法则之间既有联系又有区别，尽管都是在人类长期艺术表现活动的实践当中逐渐总结和稳定下来的，但却并不是固定不变的，而是伴随着社会经济的发展与科技的进步而不断创新和向前发展。

一、多样统一法则

多样统一法则是形式美的总法则，是形式美法则的高级形式，它贯穿于其他派生的形式美诸法则中。其他形式美法则都要统一在这个总法则之下，多样统一法则是一切优秀广告作品都必须遵循的一个共同准则。

1. 多样统一的内涵

所谓“多样”，是整体中包含的各个部分在形式上的区别与差异性。事物的多样性符合现实生活的矛盾构成状态，也与人们的心理机制相吻合。所谓“统一”，是指各个部分在形式上的某些共同特征以及它们之间的某种关联、呼应、衬托关系。

客观世界的众多事物，并不是彼此孤立的，而是相互联系和相互依赖的，他们都置身于特定的系统之中，寻求着某种和谐与平衡，统一才能和谐，和谐是多样统一的具体表现，也是形式美的最高要求。因此，多样统一是于统一中发现多样，又将多样归于统一，在丰富多彩的表现之中始终保持着某种一致性。布鲁诺(Bruno)曾经指出，整个宇宙的美就在于它的多样统一，物质世界如果是由完全相像的部分构成，就不可能有美存在了，因为美表现于各种不同部分的结合中，美就在于整体的多样性。所以，多样统一，是人类寻求美所遵循的共同准则，也是形式美构成的基石。

多样统一的形式美构成法则，是指形式组合的多个要素之间有一个共同的结构形式和节奏，使人感到整个艺术作品内部既有变化和差异，同时又是一个统一的整体。是多样的形式美法则在美的创造中综合统一的运用。利用多样统一法则把构成广告作品的各种形式和内容的构成因素、素材、条件加以整理而构成一个和谐统一的整体，寻找看似毫无关联或相矛盾的各种要素之间的一个共同点，再配合全体的格调，就形成了广告作品中的多样统一。

2. 多样统一法则的两种基本类型

多样统一法则包括两种基本类型即调和与对比。这两种基本类型也派生出文后要提及到的整齐一律法则与对比法则。

（1）调和。在多样统一中，我们把多种非对立因素相互联系的统一所形成的不太显著的变化，称为调和。以色彩而论，蓝与蓝绿、黄与黄橙、红与粉红都是具有同一色相的同类色，彼此之间可以产生和谐的色彩，变化很不显著；音乐中利用谐音原理使两个以上的音按照一定的规律同时发音，形成和声；古典式建筑内，装饰和搭配上古色古香的古董，就形成了建筑物内外格调的调和，这些都是由调和所带来的形式美的体现。

（2）对比。对比是在多样统一中，各种对立因素之间的统一。有时这种互相对立、彼此排斥的因素结合在一起形成的和谐，往往会比非对立因素形成的调和更具审美的魅力。不同的形、色、声等因素在质、量、空间、时间等方面都可以形成强烈的对比。比如，太极图中包含着明显的对立因素，却在形体方面形成了完美的平衡统一；“大漠孤烟直，长河落日圆”“蝉噪林愈静，鸟鸣山更幽”都是把两个明显对立的因素（直与圆、噪与静、鸣与幽）放到一起，使作者的意图表现得更形象、更到位、更具审美意义，收到精妙效果。

摄影中关于色彩的三原色（红、绿、蓝）与三补色（青、品红、黄色彩）的运用也是这个道理。阿恩海姆在《艺术与视知觉》①一书中指出：“补色呈现出的圆满状态是两种对立的力量达到平衡之后所造成的那种圆满状态，它们能够在整体中具体而又鲜明地显示出种种特殊力量的作用过程，它们所呈现的那种静止看上去无疑是各种对立的趋向的统一体。”我们常说的“万绿丛中一点红”，讲的就是这个道理。

（3）多样统一法则的“和谐”追求。在多样统一这一形式美的总法则中，最终目标是要达到“和谐美”的统一追求。形式美的其他诸法则也都是围绕这一追求进行的。和谐表现为各审美要素之间以及审美要素内部各部分之间的协调统一。和谐给人的美学感受是同一的、持久的、稳定的、舒适的。和谐感常常从各要素之间的搭配、秩序、呼应及相对变化中体现出来。一个优秀的广告作品是能够赋予受众从生理到心理上充分的和谐美享受的。

总之，在变化中显示统一，在统一中具有变化，看似无规矩而实则不离规矩，似随意挥毫而确有统一情志贯穿其中，这就是多样统一的美学辩证法，它体现了

① （美）阿恩海姆，《艺术与视知觉》，滕守尧、朱疆源译，成都：四川人民出版社，1998 年 3 月。

自然界对立统一的规律。作为艺术作品的一种，广告也是由多个既有区别又有联系的部分组成，因此，只有按照多样统一的形式美法则，把它们组合成既有变化又有秩序的整体，才能具有生动的气韵、深远的意味，才能唤起人们的美感。

二、主从法则

1. 主从法则的内涵

任何艺术作品的创作都必须遵从多样统一的形式美法则，因为作品的美感是从多样统一整体的效果中感受到的，这早已是一条公认的艺术创作定律。为了加强作品整体的完整统一性和审美价值，形式美和各组成要素，如色彩、声音、形状等，应该有主与从的区别、重点和一般的区分。一个完整状态的构成，必然在整体上表现为主导与从属，并能理清整体与局部的关系；对于任何一件艺术作品而言，构成其整体的多个局部之间必须有机地联系起来，互为补充，和谐统一。由此也就派生出形式美构成的主从法则。

主从法则是整体与局部之间关系处理运用的法则，它普遍存在于多种艺术形式中。戏曲与舞蹈中的主要角色和次要角色，电影和话剧中的主要人物和次要人物，画面的主体部分和非主体部分，色彩的主色调与非主色调，线条的实线和虚线都有这样的主从关系。艺术表现有主有次，才能更有效的突出主体，表现主题。红花总需绿叶的陪衬方能更显其艳丽欲滴。主从法则要求能够正确处理事物之间或同一事物内部整体与局部的关系，既不可舍本逐末，以次充主，亦不能忽视局部，只见森林不见树木。

2. 主从法则运用的审美原则

在广告艺术创作中，形式美构成的主从法则主要表现为主题与副主题、主体形象与陪衬形象、主色调与陪衬色调、主旋律音乐与音响伴奏等方面。这些都应该按照一定的主从关系进行处理。如果各部分主次不分，同等对待或次要变成主要，都会破坏整体的和谐统一性，使作品流于松散、单调、杂乱、突兀。

因此，在广告作品的艺术设计中，要想获得形式美，遵循主从法则是必不可少的。主从法则在广告作品的运用，就是要达到重点突出，主体明确。所谓重点（也可称主题或卖点等），是指在设计中有意识地突出和强调整体构成要素中的某一个或几个，使其成为整体中产生吸引力的“视觉中心”，而其余部分则明显处于从属和陪衬地位，从而做到主从分明，重点突出。在我们见到的许多广告设计作品中，最常见的通病是缺乏重点，设计上没有主从观念，画面上没有中心，一些次要部分对于主体部分缺乏适当的从属关系，所以，尽管画面安排得很有秩序性，却会使人感到平淡无奇，缺乏有机的统一性。

一幅广告作品，要达到重点突出，主体明确，表现出更富内涵和生动性的形式美，就要遵循主从法则运用时的审美原则：

(1)要使主体鲜明胜过局部。要充分考虑运用能够有突出表现力和视觉冲击力的手法去吸引受众的有意注意，利用广告形式美各构成因素中存在的主次对比等关系进行设计和审美。比如利用色彩中的对比手法，像色相上的冷与暖，色度的纯与不纯；音乐中高亢的旋律与舒缓的节奏；形状中面积上的大与小，数量上的多与少等，都是使主体鲜明于局部的好方法。

(2)把广告表现重点放在最佳视阈位置并掌握人类视线移动规律。最佳视阈指的是在限定的距离或范围内，画面上最引人注目的那些地方。心理学研究表明，画面上侧的视觉诉求力强于画面下侧，画面左侧的视觉诉求力强于画面右侧，因此画面左上部和中上部即为“最佳视阈”。广告作品中有关商品或服务的突出信息、文案标题、商标、品牌等，一般都编排在这些位置上。

此外，人们在收看视觉广告时，其视觉常带有一种下意识的流动习惯，一般为从左到右，从上到下。从左上沿着弧形线向右下方流动的过程中，人们的注意力逐渐递减。而且在此流动线上的各点，都会比流动线外的任何点醒目，这条流动线就是“视觉流程”。视觉流程并不是固定不变的，它可以通过设计者的巧妙安排，有意识地改变视线移动方向。例如可以通过运用不同方向的线条，也可以通过控制画面各构成要素之间的间隙大小等。为了使视觉流程简洁、有力，往往要借助视线的明确导向，如人的朝向、手势、肢体、动作、眼神、文字排列取向、线条或色块的延展方向、渐变等手法，使视觉传达要素主次分明地统一起来，做到重点突出。

(3)可以运用声音中各种形式美构成要素的特性吸引受众分清主次。比如在一些视听广告作品中，当出现广告要诉求的产品重点时，就会出现高亢激昂的音乐或者震人心魄的爆破音、敲击音等极为短促却能在瞬间激起人注意的音响，或者利用人声语言的叙事声调、音色特点和表情过程中的变化使受众分清主体内容，了解广告所要传递的重点信息。

三、整齐一律法则

1. 整齐一律法则的内涵

整齐一律法则是强调各形式要素之间彼此相近似特色的美学表现法则。它体现出的是一种最简单的形式美，在单纯中见不到明显的差异和对立的因素，在彼此相近似的形式要素中实现同一与和谐。如蔚蓝的天空，碧绿的湖水，清澈的溪流等等，形成色彩中的某一单色系，使人产生明净、纯洁的感受。整齐一律在形式上呈现出一种整齐的美，给人以秩序美和稳定感，近似于前文提到的多样统一法则中的“调和”。

无论古今中外，和谐、整一等同一性永远是事物的最重要的审美法则，尤其是具有优雅风格的审美对象。在广告作品中，形式美各构成因素之间实现整一性，易于增强美感和塑造形象。广告的整齐一律法则重在突出形式美构成因素间的相互容融、相互协调关系，易于表现生活中的温馨和柔情，给人以和谐统一之感，是增强广告魅力的重要手段。

2. 整齐一律法则的形式分类

（1）对称及其审美价值

所谓对称，是指一条中轴线两侧的形象相同或相近的形式。对称是构成形式美整齐一律的基本法则之一，是艺术造型和图案设计中求得重心稳定的一种结构形式，也是一种古老而又普及的构图形式。

对称是生物体自身结构的一种符合规律的存在形式，对称法则的认识和把握也源于此。古希腊美学家认为身体美在于各部分之间的比例对称。人类早期的石器造型表明，人类很早就从实用需要的角度掌握了对称的形式。普列汉诺夫分析原始民族产生对称感的根源时，认为原始的狩猎民族在他们的装饰艺术中，从动物界汲取的创作元素占据了统治地位，也使得原始艺术家在很早就开始注意对称的规律。这些都足以说明，从原始社会起，对称就已经深深地植根于人们传统的审美意识之中，对称的形式来源于实践中并在实践中不断发展。

对称是古典主义艺术和传统美学的最基本的特征，是一种有节奏的美。对称的规律性强，有统一、安静感，对称的形式可以在人们心里引起一种安定、庄重、大方、肃穆、完整、和谐的审美感受。当然，值得注意的是，对称的形式固然是美的，但它容易使人感到缺少变化，过于保守，有拘谨、呆板的感觉。所以，现代艺术和现代美学对这种传统形式采取既继承又革新的态度。

对称的形式一般分为完全对称、近似对称和反轴对称三种：

①完全对称。它是最简单的绝对的对称形式，中轴线两端的形象完全相同，没有丝毫差异，给人一种井然有序的平衡感觉。

②近似对称。它是指宏观上的对称与微观上的变化相结合的对称形式，从整体上看，中轴线两侧形象基本相同，但细节上有细微差别，达到稳中有变，灵活不失平衡之美，富有生气。

③反轴对称。它是在非对称构图形式的诱导下产生的变形的对称形式，即在中轴线两侧的形象呈现上下倒置或左右相反的对称，既符合对称规则又不失变化。

（2）反复及其审美价值

所谓反复，是指相同或相近似的形式要素的重复出现而形成数量众多的一致统一，它是一种古典语言艺术常见的形式，在广告形式美的构成规则中也是较为常用的一种。它符合受众接受信息时的心理定式与审美习惯，具有严密的秩序性，可以在人们心理上引起严整和谐的节奏感和美感。反复，容易被视觉识别，使人一目了然，具有较强的视觉冲击力，有助于加强人们的记忆；反复也容易被听觉利用，能够克服声音稍纵即逝的特点，使人耳熟能详，强化信息传播，提高人们的印象。

反复的形式分为两种：

①单纯反复。这是反复的最简单的形式，指的是各种物质材料或元素按相同的方式反复单纯排列，而产生整齐一律的美，换句话说就是同一形状或元素的一致性重复。这种单纯反复具有集中统一的强调作用并能展现出质朴、稳定、和谐的风格与美感。

②变化反复。各种形式要素在排列的时间与空间内，按照一定的间隔或组合规律产生的重复叫做变化反复。这种有规律的变化反复，具有明显的节奏感和简单的韵律美，是现代实用艺术和广告艺术采用比较多的反复形式。

(3)对位及其审美价值

所谓对位，是指形式各要素之间在构成位置上的某种正对应关系。它是通过位置上的某种联系来寻求总体构图的统一，可以在人们心理上引起一种呼应和对位，使人产生完整统一的审美感受，它所体现出来的是一种关系美。

对位的形式可以分为两类：

①心线对位。是指形式要素以在构成位置上的中心线作为对应联系的对位方式，通常中心线经过总体构图的中心圆点，因此心线对位具有较强的平衡感和稳定感，寻求这种对位联系也较为显见和容易。

②边线对位。是指在总体构图中，以形式要素在构成位置上的边线作为对应联系的对位方式。边线对位可以寻求到一种变化的关系之美，较为灵活，容易产生兴趣点。

值得注意的是，在对位规律中，一些不规则的自由形象，需要观察者的个人感觉来确定形象的中心线或边线。在一般情况下，自由形象的边线并不在它的轮廓上，而是在某个感觉位置上，这需要依据具体情况而定。

(4)渐变及其审美价值

所谓渐变，是指形式要素连续地、有规律地循序变动。它是一种通过同类要素的微差关系来求得形式统一的手段。可以说，无论怎样极化的对立要素，只要它们之间采用渐变的手段加以过渡，两极对立就会很容易地找到统一关系，由对立转为调和。如颜色的冷暖间、体积的大小间、形状的方圆间等都可以通过渐变的规律实现整齐一律和谐之美。

渐变的美学价值主要体现在，它可以使视听觉产生柔和含蓄的感觉，不刺激、不极端，具有较舒缓的抒情意味。它呈现出一种有秩序的、阶段性的协调美，给人富于节奏和韵律的自然性美感和审美韵味。

渐变的形式有很多，主要包括有：

①形状渐变。指通过渐变由一种形状或一种事物过渡到另外一种形状或事物，可以增加欣赏情趣。

②大小渐变。指事物的形体或声音由小到大或由大到小的逐渐过渡变化，可

增加空间移动的深远之感和强烈动感。

③方向渐变。即形式因素的方向逐渐向相反的方向的转化，可产生空间感和立体效果，富于变化和审美情趣。

④空间渐变。即空间的相互转化，给人以旋转感，造成动势和韵律感。

⑤虚实渐变。指虚逐渐转化成实，实逐渐转化成虚的渐变形式，有显有隐，有密有疏，具有很强的动感和韵律感。

四、均衡法则

1. 均衡法则内涵及其审美价值

(1)均衡与对称

在整齐一律法则当中的对称，固然会使形式美构成富于美感，但同时，它也容易使人感到乏味和缺少变化。为了弥补这一不足，在对称中求变化，就产生了均衡这一形式美构成的法则。如果事物在左右、上下、前后等两方面的布局上出现等量不等形的情况，即双方虽然外形大小不同，但分量却是对应的，这就是均衡。因此，所谓均衡是指异形等量的组合，是以中轴线或中心点保持力量的平衡，并最终达到整体的和谐统一。生活中这种现象很多，人体的运动，鸟类的飞翔，走兽的奔跑以及行云流水等，均属于均衡的状态。

均衡与对称既有相同之处，又有区别。相同的是，二者都由以轴线为中线的两组事物组成；不同的是，对称要求中轴线两侧形式要素是绝对平衡关系，而均衡只要求中轴线上下、左右、前后的事物大体相等即可。因此，对称可以说是均衡，但却是一种机械的均衡；均衡也是对称，却是一种具有较大变化的对称，在静中倾向于动。

(2)均衡法则的审美内涵

所谓均衡法则是指在特定的空间范围内，使形式诸要素间的视觉力感保持平衡的关系法则。这是因为在自然界，相对静止的物体都是遵循力学的原则以安定的状态存在着，这个事实在审美方面使人产生了视觉力感平衡心理。在广告形式美构成中运用均衡法则，主要是在形式美构成因素诸如形状、色彩、位置与面积的搭配中，利用各种方式和手段达成和谐均衡，给人一种视觉上起伏变化而心理上平衡和安定的美感。

均衡法则是现代实用艺术和广告艺术应用得比较多的形式美法则，因为它符合现代人简洁、明快、奔放、个性化的审美观念的需要。将均衡法则应用于艺术设计，可以带来构成的无限变化，从而开拓了艺术表现的领域。因此具有良好均衡性的广告设计作品，必须在均衡中心上予以某种强调，使人的视线在它上面停留下来，引起一种满足和安定的愉快情绪，产生明显的吸引作用。这一点已成为许多优秀广告设计作品取得成功的诀窍。

2. 均衡法则的形式分类

(1)按主体感受来分，有静态均衡和动态均衡

①静态均衡。指两侧对照形态给人以较为安定的视觉心理的关系，它是相对静止条件下的平衡关系，是沿着中轴线左右构成对称的形态，即所谓的无变化的机械的均衡状态，也就是所说的对称。静态均衡在视觉心理上偏向于严谨和理性，具有庄重感和安全感。

②动态均衡。是指对照形态给人以不安定的无能无力视觉心理的关系，它是以不同质和不等量的形态求得的非对称的平衡形式。动态均衡在视觉心理上倾向于灵活和感性，具有轻快感和动势感。

(2)按形态变化幅度大小来分，有激变均衡和微变均衡

①激变均衡。是指中轴线两侧形象变化幅度较为剧烈，基本脱离对称的感觉，使人的视觉上会产生不舒适的无力视觉心理，但这种强烈的视觉冲击与形式的不平衡又会很快消解在视觉力感的平衡心理上，产生和谐美。

②微变均衡。与激变均衡相对，指中轴线两侧形象变化幅度较小，甚至不易发觉到变化。比较容易形成视觉力感心理平衡，相对显现出稳定、平和之美。

(3)按中轴线两侧对照形态的距离和重量来分，有天平式均衡、杆秤式均衡、跷跷板上的均衡和杠杆式均衡等。

①天平式均衡。指平衡点是固定的，两边平衡物体距离平衡点等远。这种均衡也类似于对称，有安定稳重的美感。

②杆秤式均衡。指平衡点是固定的，但两边平衡物体的距离随较小物体的移动而不同。这种均衡具有变化性，但变化多发生在平衡点的一侧，变化较为简单，具有变通性又不失平稳，容易集中受众的视觉注意力。

③跷跷板上的均衡。指两边均衡的物体重量相等，平衡点必须位于正中。这种均衡在中轴线两端都富有变化，有旗鼓相当、力量相持之感，又显示出力量的相互作用与反作用、相互映衬的和谐统一。

④杠杆式均衡。指两边物体的重量不同，平衡点必须距离较重的物体较近。这是一种平衡点时刻变化的均衡，在重量与距离的关系中寻求平衡的支点，达到各形式状态在视觉力感上的均衡和谐。

五、对比法则

1. 对比法则内涵及其审美价值

(1)对比的涵义

宇宙间的事物都存在着差异，有显著差异的事物互相结合，就形成了对比关系。对比是认识物与物之间相互区别的根据，没有比较就没有鉴别，差别比较大的事物配置在一起，彼此的特性就会通过对比而得到强调。比如将大的与小的或

强的与弱的等相反的东西放在一起比较，所得的感受就要比它们单独放置时更为明显，即大的显得更大，小的显得更小，强的显得更强，弱的显得更弱。

因此，所谓对比，是由对立的两者或两者以上的互不相同的要素结合而成，也就是说，对比，是差异性的强调，是利用多种对立因素的互比互衬来达到量感、虚实感和方向感等的凸显。对比涉及构成要素的差异和分离，是表达物象的基本手段，是一种自由的构成形式。为了突出表现事物的矛盾和特点，对比在造型艺术上运用得十分普遍。比如齐白石画中黄的葫芦与红的甲虫，较工整的知了与较写意的柳枝就是运用了对比的规则。

(2)对比法则审美价值

对比法则是形式美构成法则中最为积极活跃的因素。所谓对比法则，是指强调表现各形式要素间彼此不同性质的对照，是为了表现形式之间相异性的一种法则。因此，对比法则的审美价值并不在于强化对某一对象的感受，而在于强化两种事物所具有的对立关系的理解和感受，这种表现法则对人们具有较大强度的感官刺激，容易使人产生感官兴奋，可构成鲜明而强烈的感官美感。人们都说，“红花虽好，还要绿叶扶持”，这充分说明了对比法则的重要。一朵单独的红花并不能引起人的强烈美感，只有在绿叶的陪衬之下，才显出它的艳丽和娇媚，增添无限的魅力。因为人们在认识客观世界的时候，对在对比中具有明显反差的对象的注意力和探究兴趣要比单独存在的对象强烈得多。

因此，在广告作品的形式美构成中，有意识地并充分地应用对比法则，可以求得更加强烈的视听觉效果。对比能使物象产生富有活力的生动效果，使人兴奋，提高视听觉力度。比如在广告设计中，利用形状的大小、方圆，线条的曲直、粗细、疏密，空间的大小，色彩的明暗、冷暖等差异性的对比，都可以活跃画面，吸引视线。利用这些差异性的大小渐变来调节它们的对比差，亦可在平面或空间里带来抑扬顿挫的节奏感和动感气氛。

2. 对比法则的形式分类

(1)按照物理属性来分，对比主要有形状的对比，如方圆、大小、高低、长短、宽窄、肥瘦等；方向的对比，如上下、左右、前后、向背等；色彩的对比，如深浅、冷暖、阴暗、动静等；分量的对比，如多少、轻重等；线条的对比，如粗细、曲直、刚柔、疏密等；质量的对比，如软硬、光滑与粗糙等。

(2)按照主客观指标来分，对比可以归纳为形式的对比和感觉的对比两个方面。形式上的对比，是一种客观对比，主要以形式的大小、明暗、曲直、粗细、强弱、多少等对照来加强视觉效果，对比的画面效果鲜明、刺激、响亮、力度感强；感觉上的对比。是指心理和生理上的感受，多从动静、软硬、轻重、刚柔、快慢等方面给人以种种质感和快感的深刻印象，是一种主观上的对比。

(3)按照时空指标来分，对比可以分为持续对比和同时对比。持续对比是由时间的持续性对人的感官刺激的对比，使各种形式形态作为更强烈的印象被感觉到。例如，从明亮的室外进入昏暗的室内的瞬间，或者是从辣到甜改换味道的刹那所得到的感受，体现出对比的过渡过程；同时对比。是指在空间里进行横向对比，将具有强烈差异性的对比要素同时呈现出来，使受众在同一时空感受到强烈的冲击和对比刺激。犹如身材高大的人和矮小的人，或是年轻的人和衰老的人在一起时的相互对比关系，就能够使人产生较强烈的印象。

例如源于意大利的服装品牌“贝纳通”曾在 1989 年推出非常著名的“Contrast of white and black”（黑白对比）的广告运动，就是充分运用了色彩对比的创意和审美原则，使其广告主题通过运用黑白两色的指代特性进行对比的方式被赋予了深远的社会现实意义。在贝纳通的黑白广告中强烈地指向全球范围内存在的种族歧视和种族主义，呼唤着对各种族的尊重和宽容。例如两只黑白不同却同样戴着手铐的手；一只白色的狼和一只黑色的羊羔，在贝纳通的广告画面中都形成鲜明的色彩对比，也蕴含了深刻的社会现实意义。在一幅作品中，一位白人男子热情地亲吻着一位黑人女士，画面的色彩对比十分强烈，没有文案，没有产品，只有品牌标志，如此简单的画面却具有强烈的视觉冲击力和感染力，这一系列的作品最后竟奇迹般地被全球受众所接受，也奠定了贝纳通独有的广告风格。1996 年，贝纳通继续这种色彩对比的广告风格，推出了 *Hearts* 篇平面广告，广告画面极其简单，是三个颜色相同、形状相近的心脏，上面分别标出 black、white、yellow；还有 *Tongues* 篇，画面是三个不同肤色的小女孩，伸出她们各自的舌头，而且舌头的颜色是一样的。这两幅广告同时传达出一个主题：皮肤的颜色只是外在的差异，内在的相同才是人类共同的本质。贝纳通广告的审美价值在于，通过强烈的色彩对比，把不可调和的矛盾转化为和谐统一，无论在形式上还是在主题上，都于简单中孕育着深刻的哲理（图 5 - 10）。

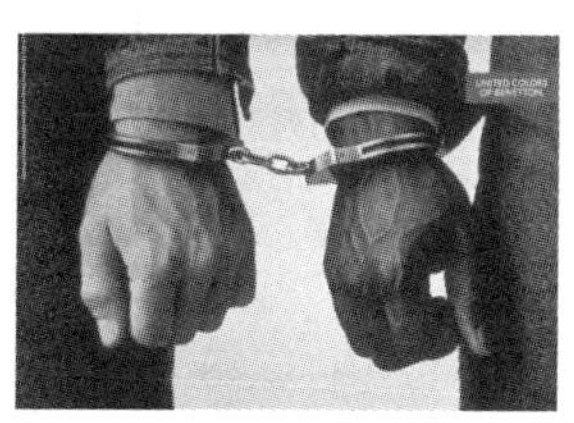

图 5 - 10　的贝纳通平面广告

六、节奏韵律法则

1. 节奏韵律法则的内涵及其审美价值

节奏和韵律简称节韵。二者关系十分密切，故归纳为一种形式美构成法则加以论述。

(1)节奏的涵义

所谓节奏，就是有规律的重复，以使各形式要素之间存在相应单纯而明确的联系。连续层次之间安排适当的停顿，则可以使节奏更加分明。构成节奏有两个重要的关系：一是时间关系，指运动过程；一是力的关系，指强弱的变化。

在生活和自然中都存在着节奏。郭沫若曾说："宇宙间的事物没有一样是没有节奏的：譬如寒往则暑来，暑往则寒来，寒暑相推，四时代序，这便是时令上的节奏；又譬如高而为山陵，低而为溪谷，陵谷相间，岭脉蜿蜒，这便是地壳上的节奏。宇宙内的东西没有一样是死的，就因为都有一种节奏(可以说就是生命)在里面流贯着。"①亚里士多德认为，爱好节奏和谐之类的美的形式是人类生来就有的自然倾向。这都说明节奏是事物正常发展规律的体现，也是符合人类生活需要的。昼夜交替、春夏秋冬周而复始、人体的呼吸、脉搏的跳动、劳逸结合，都是生活中的节奏。

艺术中的节奏感更鲜明。如音乐节拍的强弱、快慢、长短的交替出现；舞蹈动作的刚柔结合；绘画中的多种形式线条的整合统一；戏剧中高潮和低潮的交替安排等，都可以形成节奏。节奏使形式具有一种机械性和强力性的美。不论在生活中还是在艺术创作中，如果打乱了节奏，就违反了事物的正常规律，因而也就失去了美感与审美享受。

(2)韵律的涵义

韵律是在节奏基础上的丰富和发展，它赋予节奏以有规律的变化起伏，使呆板的形式出现抑扬律动、强弱起伏的变化。因此，所谓韵律，就是指节奏有规律的抑扬变化，它是在节奏变化中产生的情调，使形式富于律动的变化之美，具有音乐的美感。

事物的各种形式构成要素作周期性变化就产生节奏，节奏带有机械的美，最单纯的节奏是反复。韵律则不是简单的重复，它是有一定变化的节奏相互交替，是情调在节奏中的融合，是形式构成要素连续反复变化所造成的抑扬调子，能在事物整体中产生不寻常的美感，给人以情趣和审美愉悦。因此可以说，韵律是节奏形式的深化或复杂化，节奏是韵律形式的单纯化；节奏富于理性和秩序感，而韵律则富于感性和抒情意味。

---

① 郭沫若：《文艺论集》，上海：文化艺术出版社，1988 年，第 229 页。

(3)节奏韵律法则的审美内涵

节奏韵律法则的运用所产生的不同的形式美，与现代人类的意识和审美需求非常相符。在广告作品的设计当中，它的丰富变化与强烈动势及美感，极大地增强了设计作品中蕴含的感情因素，提高了广告形式美的感染力，给人以审美享受和个性化审美需求的满足。节韵美直接而自然地产生于结构和功能的需要，具有一种超越人们主观意识的无可非议的吸引力，带有十分明显的视觉导向性和感官诱导作用。

2. 节奏韵律的形式分类

(1)按形式构成特点来分，韵律的形式有：

①渐变的节韵。是指经过有规律的逐渐演变形成的节奏韵律，它可用形式构成要素的大小、形状、方向、色彩、空间等有规律地演变而得到。

②起伏的节韵。是指形式构成要素中的节奏韵律在渐变过程中依照一定的规律时而增加，时而减少，形成波浪式的高低起伏，具有生动活泼的运动感。

③旋转的节韵。是指形式构成要素按照一定的轴心或轨迹做有秩序的渐变或渐变旋转变化，产生强劲的动态感和活泼的情趣。

④等差的节韵。是指形式构成要素诸如形状、面积、体积等按照一定的差额有规律地增加或减少，具有很强的空间递进感、均衡感和稳定感。

⑤等比的节韵。是指形式构成要素诸如形状、面积、体积等按照一定的比例成几何倍数地扩大或缩小而又有规律地变化，具有很强的数比感。

⑥自由的节韵。指形式构成要素无规律的、松散的、自由式的构成，有很强的流动感和飘逸感，极富人情味和趣味性。

⑦连续的节韵。指一种或几种形式构成要素连续、重复地排列而形成的节奏韵律。其中多种要素经常以基本相同的间隔有规律地进行重复。

(2)按形态风格来分，节奏韵律的形式有：静态的节奏韵律、激动的节奏韵律、微妙的节奏韵律、雄壮的节奏韵律、单纯的节奏韵律、复杂的节奏韵律等等。这些节奏韵律在我们的日常生活中十分常见，此处就不一一赘述了。

七、比例匀称法则

1. 比例匀称法则内涵及其审美价值

(1)比例均匀的涵义

比例匀称，是指单位事物整体与局部以及局部与局部之间达到和谐统一的数比关系，亦即比例关系或相互分割关系的和谐构成。古代宋玉所谓的“增之一分则太长，减之一分则太短”，指的就是数比关系，一种比例匀称之美。各种事物形式要素间的比例关系，是人在实践活动中对自然事物进行总结抽象出来的。比如，我国木工技艺祖传的“周三径一，方五斜七”的口诀，就是制作圆形和方形物体的大致比例。此外，比例匀称在绘画等艺术造型的创作中，也应用得十分广泛，例如荆浩[①]在《画山水赋》一文中谈到“丈山尺树，寸马分人”，这就是我国历代画家的经验之谈。文艺复兴时期的画家认为美感完全建立在各部分之间的神圣比例关系上。因此，在艺术创作中，必须掌握正确的比例关系的运用，这样才能符合受众的审美需求与习惯，表现出真实准确的事物形象及特点，增强美感。

(2)比例匀称法则的审美价值

比例匀称法则作为形式美的一个重要法则，自古以来就受到人们的广泛重视。

比例匀称美早在公元前6世纪就被古希腊哲学家毕达哥拉斯发现，他认为美就是由一定数量关系构成的和谐，也就是说，和谐的比例可以引起人们的视觉美感，使总的组合有明显理想的表现力，满足人们内在的感性的和理性的审美要求。在广告艺术创作中，比例匀称法则主要体现为广告各审美因素之间的比重、主从关系和空白的设置与运用等方面。如果说，主从法则是强调整体与局部关系的和谐统一的话，那么，比例匀称法则就是主从法则具体实现的运用，强调运用数比和逻辑达成形式构成要素的整体与局部的协调统一。因此，主从法则与比例匀称法则也是互为补充、相辅相成的。

在运用比例匀称法则时，应该注意到，广告与其他艺术形式的根本区别就在于它的实用功利性，比例匀称法则的运用也要为这一目标服务。因此，在进行构图设计时，必须强调将广告诉求对象一定放在视觉中心的位置上，在有主体有陪衬，有重点有一般的形式要素中，追求比例匀称，和谐统一，这样既满足了受众实际功利的需求，也给他们带来丰富的审美愉悦和美感享受。

2. 黄金分割律

万事万物的形式是丰富多样的，美好的构成都有适度的比例与尺度，即构成的各部分之间、部分与整体之间的关系要符合一定的比例。那么，什么样的比例是最适合的比例？如何才能获得美的比例呢？在这里提出一种重要的关于形体比例的设计原理加以说明，以期在广告形式美构成的过程中，更好的理解、把握和运用比例匀称法则。这就是黄金分割律。

黄金分割律，亦称黄金律，它是由毕达哥拉斯学派[②]提出来的。毕达哥拉斯曾经试着把一条直线分为长短两段，反复改变分割的长短比例，相互比较，最后

---

① 荆浩(生卒年不详)，字浩然，山西沁水人。中国五代后梁画家。是中国画史的重要代表人物之一，在山水画发展过程中具有重要影响，他开创了北方山水画派，与他的弟子关仝在画史上合称“荆关山水”。

② 毕达哥拉斯学派亦称“南意大利学派”，是一个集政治、学术、宗教三位于一体的组织。古希腊哲学家毕达哥拉斯所创立。产生于公元前6世纪末，公元前5世纪被迫解散，其成员大多是数学家、天文学家、音乐家。它是西方美学史上最早探讨“美的本质”的学派。

得出很满意的分割比例：短线段与长线段的长度比，等于长线段与全部线段的长度比；而且长短线段相乘得出的面积也是同样的比例。古希腊哲学家柏拉图把这个比例称为“黄金分割律”。

黄金分割律是从数的度量中发现的，是数学所反映的客观规律，也是美的形式规律。由于黄金分割律自身的科学性和安定感，加之几千年来人们一致认为符合黄金分割的比例是最美的比例，所以在日常生活中，人们常以此来衡量事物或艺术造型。

符合黄金律的比例一般来说是美的，但不能因此而将其绝对化。实际上，人们在美的创造活动中都是按照事物的内在尺度来确定其比例关系。黄金分割律虽然包含了一定合理的因素，但是也不能把这一比例生搬硬套到一切事物的造型中去。例如人体的匀称比例关系就不是绝对不变的，尽管正常发育的人体各部分之间大体保持一定的比例关系，如身高与头部的比例大约为7∶1，但随着人的体形姿态或年龄的变化，头部与身高的比例也在变化。除了黄金分割之外，人们常用的比例还有1∶2、2∶3、3∶4、5∶9等，作为比例匀称美的表现，这些数比概念具有很好的表现力和明确的性格特征。

总之，美是相对于人生而言的一种价值，随着社会的发展，时代的前进，人们的审美观念和审美习惯也在改变，因此，永恒的比例美是不存在的。如果离开人们生活的多样需求，用某一比例来取代一切，那就必然会陷入形而上学、违背美的规律的境地。

在对以上一些主要的广告形式美构成法则进行了简要地分析之后，需要说明的是，形式美的法则虽然已经形成一些规律性的审美特性，但是却不是固定不变的，而是随着时代的发展，社会的进步和人类需求、习俗的变化而不断更新与发展。研究形式美法则的重要意义就在于把这些形式美法则能够综合、灵活地运用到广告设计当中，按照广告主题与广告创意的要求，使广告形式能够更好的表现广告内容，取得形式美与内容美的高度统一的效果。此外，在坚持运用广告形式美构成法则的同时，我们还必须杜绝在广告设计中的反美学倾向和误区，尤其要注意杜绝虚假广告。广告创作者应不断完善自我品格，培养高尚的审美情趣，真正做到用美的规律与美的法则来指导广告创作的实践。

本章小结

本章从研究广告形式构成理论的角度出发，结合美学原理的相关知识，详细介绍和阐释了广告形式美的内涵及特征，分析了在广告作品当中追求形式美的必要性和重要作用。在明确了广告需要形式美的基础上，从广告塑造的视觉形象与听觉形象的分类中认识和把握了广告形式美各构成感性因素的本质特点、审美内涵、审美价值以及其中蕴含的丰富情感。为了使这些形式美的构成因素，能够在广告作品中达到和谐统一，以更加有效地表现广告主题和广告创意，本章又集中较多的笔墨阐释和论述了广告形式美的构成法则及规律，并配以相应案例及文字说明来帮助理解这些形式美法则是如何巧妙准确地运用到广告创作中去的。

希望通过本章的阅读，可以使读者了解广告形式美构成的重要性及其运用的法则，但同时我们也应该明确，任何形式都必须服从内容的需要，这是创作的基本原则。一旦我们忽视了这一点，往往就会迷失于单纯追求形式美的游戏之中，使广告失去作用。因此有人说："成功的作品有时不见得是最美的作品，但它肯定对于人们的视觉和心理有所贡献。"我们追求广告形式美固然重要，但也不要忘记这种形式美是以广告创意为前提，服务于广告主题并最终以达成广告功利性目的的实用功能为基础的审美追求。一句话：形式始终脱离不了内容。

第六章

广告文案写作的美学追求

从广告文案写作的角度来研究广告美学就是要研究广告中语言文字的运用与美学的关系，以实现广告文案在写作过程中对美学的追求，并最终更有效地达到营销的目的。广告作为一种有偿的信息传播，其目的是诱导和劝说消费者购买商品。在这一过程当中，广告文案中的语言文字成为广告信息重要的表现和交流手段。广告集功利目的与审美价值于一身，所以广告文案也是实用功利美和精神文明美的能动反映。世界著名广告人李奥·贝纳说，“文字是广告这一行业的利器，文字在意念表达中注入热情和灵魂”①。也就是说，广告文案写作，是建立在消费者心理学及市场营销学的基础上，通过文案创作人员的具有独创性、感召力的文案创意与表现，达到吸引目标受众，激发其购买欲望，引导其采取购买行动，并满足其心理需求的过程。由此可见，广告文案是广告作品的重要审美因素。优秀的广告文案是具备审美特征的，这是广告实用功能发展和内容形式表现的必然结果。只有通过对广告文案审美特性、审美要求以及语言文字审美形态的把握与运用，才能更好地加强对广告文案写作的美学追求，发挥广告文案写作的美学功能，以更有效地为实现广告的最终功利性目的服务。

第一节　广告文案的审美特征及审美体现

一、广告文案的审美特征

在认识广告文案的审美特征之前，应当首先了解和把握一下广告文案的基本

① ［美］李奥·贝纳：《百感交集：广告大师李奥贝纳的100名言》，李奥贝纳股份有限公司编译，台北：滚石文化股份有限公司，2000年8月。

功能，只有这样，才能更好地认识与分析广告文案在其实用功能基础上的审美功能，深刻剖析出蕴含丰富审美价值与审美内涵的广告文案中所具有的审美特征。

广告文案的基本功能包括：传递商品或服务等相关广告信息，这是广告文案最基本的功能；承载并表现广告主题，这是广告文案的重要职能之一；表现、深化和发展广告创意；塑造商品、服务、企业、品牌等在目标受众心目中的形象；在不同广告媒介中能有不同的适应性变化等。由于广告的最终目的是促成消费者的购买行为，因此广告文案应该有很强的感染力，让消费者产生亲和感和亲近感，从而增进消费者的购买行为。而在这个过程中，广告文案遵循其基本功能，创造美好的意境，给消费者以美好的印象和联想，使得广告取得最佳效果，这也是广告文案的基本功能赋予其的审美追求。

广告既是一门艺术，也是一门科学。艺术需要创造性的才智和自由性的思维，而科学需要客观的规律性和基本的原则性。只有艺术和科学的良好结合才会产生优秀的广告作品。优秀的广告作品也离不开优秀的广告文案的支撑，在科学与艺术结合下产生的优秀广告文案具备如下的审美特征：

1. 内在意蕴美

这是对广告文案内涵与本质的一种认识和把握。表面上看，广告文案是利用语言文字传达信息，实现广告的实用性目的。但同时我们也要意识到，广告文案内包含着深刻意蕴，凝结着含蓄之美。

(1)广告文案中语言文字与内容的完美结合体现出内在意蕴美。广告文案中语言文字的表达归根结底是一种形式的表现，而形式始终是要围绕着内容进行的。内容即是广告主体诉求的各种信息，广告文案中语言文字运用得再好，也是要为广告信息的有效传播服务的。因此，一篇优秀的广告文案，是语言文字运用与广告诉求信息完美结合的产物，也是广告文案内在意蕴美的基本体现。广告文案创作人员运用语言文字的各种表现手法、表述语气、诉求方式、修辞手段、表现风格等，塑造出各种各样富于美感的广告艺术形象，传递着广告的各种主要的诉求信息，创造出令受众切实可感、印象深刻的意境，激发起受众对产品、企业、服务、品牌形象等的联想和共鸣状态，进而使受众产生对整个广告文案的欣赏和蕴含其间的内在意蕴美的领悟。

(2)广告文案创作者匠心独运的个性之美体现出内在意蕴美。广告文案创作人员在固有的文化心理模式当中，会产生其特有的思维结构和对审美价值的取向。在一篇优秀的广告文案作品中，我们会感受到构思的精巧，创意的独特，表现的精准到位，而这种独创之美的体现，正是文案创作者匠心独运、非凡智慧的个性体现。广告文案独创之美的内在意蕴是与广告创意息息相关的。广告创意是关于广告信息如何表现的抽象概念，而广告文案正是这一抽象概念的物化具体表现。在这个物化的过程中，广告文案创作者的创意与个性，独特的思维结构与审美特性都凝结在语言文字的表达之中，体现出广告文案丰富的内在意蕴美。比如2004年中央一套首映推出的由德国大众、一汽大众和上海大众三家联手制作的大众汽车品牌形象广告宣传片在广告文案上堪称经典，文案用13个以“心”字为底的汉字“忠、志、恳、态、惠、想、聪、慧、悠、感、恣、惹、爱”为线，在电视广告画面中贯穿了58个场景和大众旗下的13辆汽车，不仅突出大众汽车的品牌内涵和个性，而且打造出中国版“中国路，大众心”的品牌主张和服务理念，最后在结尾以双关语的形式提出口号“有多少心，用多少心”深深表达了大众汽车既是一个国际性的领导品牌，又是与中国消费者心贴心的汽车品牌，让观众心悦诚服地欣赏和接受，展现出宣传片在文案创作上的匠心独运。独特的创意表现实质是广告的生命，也是广告文案的审美追求，因此，广告文案蕴藏创作者独创之美的内在意蕴，也就成为其必然的审美特征。

(3)广告文案中的文化融合之美是内在意蕴美的一种体现。和各民族特有的生产方式所决定的独特的文化方式、生活方式以及由此而形成的各民族固有的文化心理模式、独特的思维结构和审美的价值取向密切相连，广告表现在艺术创造和审美上也具有浓郁的各民族文化特征。这是一种潜移默化的审美价值取向，会使广告带有浓郁的民族文化色彩，也使广告文案创作被赋予了深刻的文化内涵。不同国家、不同地域、不同文化的各民族群体在接收信息的过程中都有其心理的接近性与排斥性，广告文案的创作者、传播者、接收者也都属于不同的文化群体，在追求文案创作的过程中必然会受到各民族固有的文化、社会模式以及心理模式的影响而有其内在文化色彩，但在广告的跨文化传播中，这种各民族文化色彩的差异与融合正在逐步地被广告应用到更为宽泛的领域，同时也表现在广告文案的创作当中。主要是利用各民族不同的文化特色，寻求各民族群体的心理接近点，回避排斥点，将本民族的文化色彩与诉求群体的民族特色相融合，体现出独具风格的内在意蕴美。比如日本丰田汽车的那句家喻户晓的广告语：“车到山前必有路，有路就有丰田车”，就是在打入中国市场时，结合中国消费者对俗语的理解和习惯运用，以及求好求吉祥的心态而创作的。至今仍在沿用，可见其融合之态。

2. 简约朴素美

在对广告文案结构各部分审美价值的分析中，我们不难发现，广告语、广告标题、广告正文和广告随文在文案创作中，实际都倡导一种精简明晰、清新朴素之美。那么对于由这些结构组合而成的整体广告文案而言，也自然而然呈现出一种简约朴素的审美特征。

(1)主旨单一体现的简约朴素之美。随着现代广告理论与实践发展的日趋科学和完善，关于广告文案创作也总结了相当丰富的经验。其中主旨单一就是衡量一篇好的广告文案的主要指标。广告之父大卫・奥格威一直告诫广告人，“广告一定要谨守单一诉求”。在广告文案的创作中，单一的主题传达会使消费者观点明确，容易让目标群体记忆深刻，也更容易打动消费者的心，产生购买行为。由此可见，主旨单一的广告文案诉求往往更易于达成有效的传播效果。为了达到主旨单一，在广告文案中，通常会把广告产品的信息重点定位在最值得让受众知道的某一方面，而广告标题、正文都会贯穿一致，为这一主旨的表现服务。比如罗西尼表的广告词只有六个字："时间因我存在"，主题单一却又意蕴深刻，既表明罗西尼表的功能是记录时间，又彰显了表的个性与独特，容易令人印象深刻，直接打动消费者心理。很多失败的广告文案往往都是追求大而全的广告诉求，想什么都表现，都面面俱到，主体多元化，目标过多过奢，结果不仅没能深刻影响或打动受众，还会使受众产生厌烦、抵触的心理。由此可见，在主旨单一的广告文案中，受众不仅清楚明晰地获得产品的诉求信息，而且从中体味到一种简约质朴的美感享受，没有多元信息的混淆和纷乱，没有不知所云的困惑与疑难，能够很轻松地获得最主要最直接的广告诉求，可见，主旨单一是衡量一篇广告文案作品是否优秀的原则之一，也使广告文案带有了简约朴素之美的审美特征。

(2)结构简明体现的简约朴素之美。广告文案结构简明主要是指广告文案构成的各部分即广告语、标题、正文与随文至今存在的结构关系和内在规律性易于把握，且操作简明，体现出一种简约朴素之美。广告文案的完整结构是四部分俱全，有时会根据运用的广告媒介或诉求重点与条件的不同而发生非完整结构的变化。通常而言，广告语位置灵活，可以长期反复使用到多个具体广告文案当中，有必然性又有随机性；广告标题是每一个具体广告文案都应该具备的，一篇广告文案作品，可能没有正文、没有随文，但却要具备广告标题，有时广告标题可能就是广告语，二者可以合一；正文与随文是根据具体广告文案的需求来决定是否适用。掌握了这样基本的结构关系和创作时的内在规律，写作广告文案时的结构安排和欣赏就变得十分简单容易。比如台湾著名的广告人许舜英①为"Stella luna"品牌女鞋创作的一则广告文案，标题是"一双 Stella luna 能创下多少记录?"，正文用了三个简单的句子做了回答，"单日最高搭讪次数；一日内最高身高；自我感觉以来良好的最高巅峰"，在这则广告文案中，标题以提问的方式制造悬念，又直接把产品品牌嵌入其中，简洁醒目，独辟蹊径又紧贴主题。正文则巧妙使用了三个回答来表达穿上"Stella luna"女鞋所产生的吸引力和魅力正是大多数女性所追求的。文案简明又富有创意和个性，给受众带来与众不同的感受，结构鲜明清晰，一目了然，体现出简约质朴的美感。

---

① 许舜英，台湾意识形态广告公司的总经理、执行创意总监。她凭借其独特的创意及市场推广策略，为意识形态广告公司在多个主要创作大赛及广告界颁奖礼中，屡获金奖及"全年最佳大奖"等荣誉。其"后现代主义"风格广告，为华语广告开辟出新的天地。他在业界累积了20年的经验，被视为在华文广告历史中，举足轻重的创作革命者。

(3)表述清新自然体现的简约朴素之美。表述清新自然是指在广告文案的写作中，运用叙述、抒情、描写、议论和说明等表达方法，贴近群众、贴近生活、贴近艺术真实，使广告受众在接触到广告文案时，感到“顺眼”“顺耳”“顺口”。清新自然是不矫揉造作，不伪饰浮夸，想群众之所需，应群众之所求，真正从现实生活的角度找到与受众的共通之处和接近点，使受众产生共鸣，从而在心理上具有亲近感，最终使广告文案所诉求的产品成为生活的必需。如今的广告文案越发地凸显出这一审美特征，因为买方市场的形成，受众本位思想占据了主导，所以广告文案的创作也不能不从受众的角度出发考虑问题，而表述的清新自然也就成为优秀广告文案展现出来的特征之一。例如台湾地区PUMA(运动鞋)的一则广播广告文案：

(男声)

我是个庸庸碌碌的上班族，不过在平淡的生活中，我倒有一样法宝——PUMA。

星期一，我喜欢走仁爱林荫道来公司，借以平和我的“星期一忧郁症”。

星期二，故意挑公司后的小巷道，多绕些路，只为了听听附近住家起床号的声音。

星期三，我会从小学旁经过，看看年轻的生命活力，顺便感怀一下我自己消逝的天真童年。

星期四，我索性来一段慢跑。

(口白渐弱)

广告语(广告标题)：快乐的走路族——PUMA——彪马运动鞋。

在这则广告文案中，表现了一个平凡的男性上班族用日记的方式叙述自己一周里穿着PUMA运动鞋上班的所思、所见、所闻，将平淡的生活变得饶有兴趣，表述清新自然：从家到公司的两点之间，他有意选择不同的路线，以平和“星期一忧郁症”，听听住家起床号的声音，感怀一下逝去的天真童年……从而暗示PUMA运动鞋会伴随你度过一个又一个美好的时光。文案叙述流畅自然，清新简约，在平凡中蕴藏着亲和力，给人以丰富的美感享受。可见，将产品的特色与文案表述的清新自然紧密结合，不仅使受众印象深刻，感同身受，而且会体现出文案简约朴素的审美特征。

(4)语言精简平实体现的简约朴素之美。广告文案表现的核心就是语言的运用，语言文字深化了广告艺术，有其无可取代的优势。广告文案中的语言与其他文学作品中的语言不同，本质区别在于其具有功利性的目的，是为了促进销售而创作的语言。在广告媒介发布“寸土寸金”或“一刻值千金”的篇幅、时段中，广告语言必须在有限的时空中做到清晰准确、言简意赅地表现广告主题；在广告受众面临日趋繁多的信息轰炸，目不暇接的状况下，要使受众一目了然，熟识于心，能在众多信息传递中脱颖而出，广告文案的语言也必然要精练简洁。基于这样的条件与需求，广告文案创作的语言也就具备了精简平实的特征，不冗赘繁琐，不胡乱评说，而表现出字斟句酌，字字珠玑，准确凝练传达信息的简约朴素之美感。比如一直耳熟能详的铁达时表广告语："不在乎天长地久，只在乎曾经拥有"，诉说人的情感，短短一句话中包含了爱情的真挚、坚定、永恒以及爱情赋予人们的幸福、快乐、忧伤，以精简真切的语言将铁达时表定位在人世间最宝贵真情的见证物的层面上，使消费者难以忘却。再比如美国曾经在征兵时，运用过一条广告语："美国需要你"，精练朴实到极点，却字字重逾千斤，铿锵有力。它直指人心，唤起公民对国家的责任感，同时又有一种备受重视的自尊感。由此可见，广告文案中语言所具有的精简平实的特点，体现出一种简约朴素之美。

3. 和谐统一美

在广告文案创作中，也体现出多样统一美学法则的充分运用所带来的和谐统一之美，具体表现如下：

(1)感性因素与理性内容的和谐之美。感性因素与理性内容的和谐统一，是一篇优秀广告文案创作所应具备的审美特征体现。感性因素是指在广告文案创作当中，能够调用任何表达手段和表现形式来激发起受众的情感共鸣，使受众能更切实地感受到广告艺术形象的形式表现。理性内容是以真实客观为准则，崇尚理性，不事雕琢的信息表达，能够在感性因素的情感调度中，使受众接受到广告本质信息的理性诉求。实现理性信息诉求与多样的感性形式和谐统一，会使广告文案同时具备感性美与理性美的多样统一的和谐之美。在广告文案创作中，能够达到感性形式充分的表现理性内容，而理性内容通过形式的完美表现能够有效地完成信息诉求，也就体现出广告文案最本质上的和谐统一之美。

例如下面这则广告文案：

标题：带着母亲的梦翱翔

正文：曾几何时，母亲不再有青春的梦

而你，是母亲梦里的翅膀

海阔天空，任意翱翔

偶然栖息，才恍然想起

母亲期盼的眼神

当母亲节又将到来之时

你何不收起翱翔双翼

回头看看展翅的地方

那儿，亲情浓浓，恒久不变

那儿，曾是你力量的源泉

表述爱心要及时

在这属于母亲的日子里

虽仅馨香一瓣

却带给母亲无限的满足和欢乐

当你再度展翅而去

愿你带着母亲的梦翱翔

——耐斯系列抗衰老美容化妆品替你表达敬爱之心

这是一则台湾化妆品的广告文案，以抒情诗的形式，富于情感地吁请为人子女的在母亲节到来之际，应该给青春已逝的母亲买上一套耐斯系列抗衰老美容化妆品，作为礼物送给母亲，使母亲能够延缓衰老，带来“无限的满足和欢乐”，以报答母亲的深恩。在这则广告文案中所诉求的情感是人世间最无私的亲情，创作者以委婉含蓄的笔法间接的激发起受众的情感共鸣，体现出一种感性形式之美，同时也不难看出，尽管表述含蓄感性，主题与销售点却依然相当清楚明晰，产品名称、性能、特点在最后点出，又体现出理性内容美的特点，使全篇融会贯通，和谐统一。

(2)广告文案形式表现多样统一的和谐之美。广告文案的形式表现是多种多样的，在创作广告文案的时候，不应过多地流于对广告文案多样形态的追求上，而更应看到文案的多种形式表现是如何达到和谐以更完美地实现产品诉求令受众接受的。广告文案中的语言文字从语义学的角度来看，一般都是以颂扬和赞美为主(只有极少数寓褒于贬的文案例外)，并由此构成文案全篇的基调。这是由于广告文案是用语言符号精心建构的一种商业营销工具，肩负着宣传广告产品独特功能、特点及优势，并能给消费者带来很大实际利益或某种精神性满足的任务，因而也带有浓重的商业性色彩。广告文案的语言文字总是运用各种形式，或直接外露或间接含蓄地陈述购买理由，倡导购买，许诺利益，显现运用语言的精巧，使文案具有极大的感染力与说服力，并获得最终良好的促销效果。

广告文案形式表现的和谐之美首先体现在声音美的多样统一上。声音美，也称音韵美，是利用语言的声韵特点和规律创造出的和谐动听、令人赏心悦目的音乐美感，既能增强吸引力，又能强调意义，突出情感。如下面一则台湾洗发乳的广告文案：

标题：梳着秀发等你来

正文：你说，乌溜溜的头发，你最爱

我也期盼

每一次相聚

都使你觉得秀发美丽依然

情深如昔……

——高贵蛋黄洗发乳最能实现你的心愿

这篇文案中的“来”“爱”押韵，而且又进行了换韵，换成“然”“愿”，读起来既自然和谐，又有一种音乐美感，体现出文案声音美的特点。

组合美是广告文案形式表现的和谐之美中的另一体现。这种组合美主要是体现在广告文案的形式及各种形式的审美形态在组合规律上显示出的多样统一美感，句式的长短组合、语言文字的多少组合、语言修辞艺术运用、各种叙述方式的结合等等，若组合科学，使用得当，就会显示出节奏美、均衡美以及对立统一美等和谐美感。比如运用句式的对仗组合语言，在广告文案中就有广泛应用，尤以标题和广告语最为突出：

见证历史　把握未来

——欧米茄手表广告

头屑去无踪　秀发更出众

——宝洁公司海飞丝洗发水广告

滴滴香浓　意犹未尽

——麦斯维尔咖啡广告

弹指一挥间　世界皆互联

——《互联网周刊》广告

这些广告语都很经典，简洁易记，带有对仗型文案的独特功能，显示出语言运用的精巧和令人愉悦的节奏感。再比如，广告文案中句式若较长，调式舒缓，会产生轻歌曼舞式的节奏美感，易于渲染恬静或伤感的情绪；若句式较短，调式较急促，就会显得节奏紧迫而急促，语言明快，显示逼人气势。另外还有张弛有致的广告语言节奏，是将句式长短综合运用，显得更加复杂，富于变化。广告文案形式表现的审美形态丰富多样，富于美感，在广告文案中运用这些形式表现，应充分考虑广告创意与构思的实现和广告主题的要求，并能灵活运用，恰如其分地展示广告文案形式表现的和谐之美。总之，广告文案的形式表现具有复杂性和多样性，但在广告文案这样精心杜撰的主体中，形式表现的应用也不是无序的，而是由某一特殊的诉求点将它们进行有序组合，从而构成一个内部要素既有差异又协调统一的有机体，而这就体现出广告文案形式表现多样统一的审美特征，也是广告文案和谐统一美的又一表现。

(3)顺应媒介要求的和谐之美。因为发布过程和发布形式、接收过程和接收形式的不同，在不同媒介上发布的广告文案表现出不同的结构组合。平面广告文案的结构是广告文案基本结构的最典型表现。与广播、电视等电子媒介相比，因平面广告发布形式采用同一平面、同一时间的发布方式，每则广告的各项要素、各个结构组成部分都同时呈现在受众面前，广告文案的结构展现清晰、明确、共时，因此，一般在创作平面广告时，在结构上都编排得较为严整、完备，受众也能在同时最完全地了解各项文案结构。此外广告文案的语言也可以表现得相对理性和书面一些。

广播广告文案由于广播媒介顺时传播的特点可能会使文案结构表现相对模糊。尽管在广告文案的写作过程中，文案创作人员提供了较为完整的文案结构，但在进入广播媒介发布时，因为是顺时传播，各个部分按时序发布，有一个相对的过程和时间的流程，因此，会有一种文案各部分结构间的模糊感。而事实上，为了诉求到位，还是需要各部分结构各司其职。即使在广播广告文案的写作中，结构也不是一个可有可无的东西。当然，因为是口头传播，可以选择更适合口头传播的结构，如无标题、用对话设置场景感，用独白表现情感的变化，结构的运用多为广告正文、广告口号，而在用叙述式语言表现时，结构上通常仍然是完整的。

电视广告文案视听觉互补，相得益彰。电视这一媒介可以同时诉诸于人的视听觉，电视广告文案拥有两个载体：有声语言和文字语言。这两种载体形成的文案相辅相成、相得益彰。一般情况下，都是将标题、正文用口头语言方式来表现，而将广告口号、附文用字幕形式或字幕的文字形式与口述语言形式结合的方式来表现。虽然给受众的文案结构感不强，却也能够使受众印象深刻，便于接收和记忆。

网络媒体作为新媒体技术的代表，继承和融合了传统媒体包括平面媒体和电子媒体在内的各种媒体传播方式和表现形式的特点，因此网络广告文案创作在满足吸引受众注意力和增强交互性要求的基础上也要针对网络上各种各样的广告表现形式如横幅、文本链接、视听多媒体等来创作不同类型的广告文案，增强网络广告作为多维广告的特性，也体现网络广告文案的灵活度和适宜性。

由此可见，广告文案针对不同媒介特性与要求会有相应不同的结构变化和语言文字表现，而这种顺应性体现出多样统一的和谐之美。

二、广告文案各结构因素的审美体现

随着广告事业发展的日趋进步与完善，现代广告文案形成了包括广告语、广告标题、广告正文以及广告随文四个部分的独立、完整的结构，广告文案的主题或内容不同，结构形式也会有所不同，有的四部分俱全，而有的只有其中的两三部分；不同媒体的广告文案结构也往往不同，平面广告文案的结构一般比较完整，但也有的以图片为主，只保留广告标题或广告语，电视广告文案则较多地运用广告语。

1. 广告语的审美体现

广告语又称广告标语或广告口号，是指广告主从长远的销售利益角度出发，为加强受众对企业、商品或服务等的一贯印象，而在一定时期内反复运用的特定广告语句，旨在向消费者传达一种长期不变的观念、主张或品牌消费利益。

广告语的作用在于把企业、商品或服务的精神、理念、特性等以最精练的文字表达出来，经过长期流传，给人留下深刻的印象。此外，广告语还可以保持广告活动的连续性和一致性，不仅会使人一听到或一看到它就会联想其商品、服务或品牌等广告内容，还会对受众产生潜移默化的影响，使受众逐步接受蕴含在广告语中丰富的人生观、价值观、审美情趣、生活态度等内容。在时代流行风尚、社会的文化观念等方面，广告语也有着不可忽视的影响。

广告语在广告文案写作中具有其独特的审美价值体现：

(1)信息单一，内涵丰富，体现“以少胜多”之美。广告语一般都用一两个完整的句子表现一个信息或一个观念，信息单一集中，容易理解，表述甚少却内涵丰富，在表现广告信息主旨的同时也是一种文化现象的表征，一种生活方式的倡导和价值体系的建立。言不在多，而贵在精，显示出一种“以少胜多”的凝练之美。

(2)句式简短，朴素流畅，体现“形简通俗”之美。广告语要在受众的心目中形成一定程度的印记，就要使之句式简短，并具备流畅、明了、通俗易懂的口语化风格才能容易记忆、阅读以及口口相传；要形成多频度、多层次的波及传播，产生口碑效应。而这样简短的句式、朴素的遣词造句方式、流畅的音韵效果，就形成了广告语一种形式简约通俗之美。

(3)独创有趣，反复运用，体现“意匠稳重”之美。广告语要取得好的传播效果，富有独创有趣的构思必不可少。创意巧妙独特，构思精巧有趣，才能在众多广告语中脱颖而出，吸引受众。体现出意匠美的特点。广告语的构思创意一旦确定下来，就以不变应万变，长期反复使用才能深入人心，留给人们一个一贯的、个性的、深刻的印象，使人产生依靠信赖之感，给人稳定持重之美。

2. 广告标题的审美体现

广告标题是整个广告文案乃至整个广告作品的总题目，是对广告主题的凝结与提炼。它是指在广告文案中能直接或间接表明广告主题、诉求内容、最能引起受众注意、对全文起统领作用的简短语句。它的位置通常位于广告文案的最前面。

广告标题的作用是为整个广告提纲挈领，将广告中最重要的、最吸引人的信息进行富于创意性的表现，以吸引受众对广告的注意力；它昭示广告中信息的类型和最佳利益点，使他们继续关注正文。人们在进行无目的的阅读和收看时，对标题的关注率相当高，特别是在报纸、杂志等选择性、主动性强的媒介上。因此，广告文案人员在进行文案表现时，总是将标题的制作作为一个非常重要的工作来抓。

广告标题在广告文案写作中体现的审美价值：

(1)灵活变通，适应主旨，体现“新颖灵动”之美。和广告语不同，广告标题是随着每一个具体的广告方案的不同而发生变化。它不必长期反复使用，只要在一个广告文案中让广告最重要、最吸引人的信息在创意的表现中得到展现，以最醒目的方式对应受众的内在需求，引起他们的关注即可。这就决定了广告标题具有极强的针对性，能够适应广告具体文案的主旨，灵活变通，并努力达到新鲜、独特，以吸引受众，体现出新颖灵动之美。

(2)形态多变，独特醒目，体现"诱导深入"的功利之美。一般观念认为，广告标题应该尽量简洁精练，通俗易懂，才能容易被消费者接受和记忆，取得良好广告效果。当然这种观念可以作为广告文案创作人员的一个创作标准，但却不是绝对的。因为广告标题的主要目的是要吸引广告受众的注意力而不是记忆，是要诱使消费者直接产生购买行为或者引导消费者能够进一步收听或收看正文，所以创作广告标题应该努力做到的是使标题形式或内容独特而醒目。标题可以是单一形态也可以是复合形态；可以是直抒胸臆也可以是委婉含蓄，可以是精简通俗也可以是唯美高雅、句式复杂，而这些变化最终的目的就是要使受众注意这个广告，注意广告诉求的商品，实现最终功利的目的。因而显示出标题独有的审美价值。

3. 广告正文的审美体现

广告正文是指广告文案中居于主体地位的语言文字，是广告标题的具体化陈述，旨在向受众传达主要的广告信息，它是广告文案的中心和主体部分。

广告正文的主要作用是展开解释或说明广告主题，将在广告标题中引出的广告信息进行较详细的介绍，对目标消费者展开细部诉求。广告正文的写作可以使受众了解到各种希望了解的信息，受众在正文的阅读中建立对商品或服务的认知、兴趣、信任、购买欲望并最终实施购买行为。

广告正文在广告文案写作中的审美价值体现：

(1)详尽具体，内容丰富，体现"充沛丰盈"之美。在广告文案的撰写中，正文的写作内容涵盖相当丰富，比之广告语和广告标题，正文具有了更大的表述空间和自由度，在正文中，可以对标题和广告语提出或承诺的商品或商品利益点给予解释和证实；可以对广告中企业、商品、服务、观念等的特点、功能、个性等方面进行细部说明和介绍；可以告知受众获得商品的途径、方法和折扣、奖励等特殊信息。经过正文细致、详尽的描述、说明或论证，可以使消费者对广告产品有更深刻、更完整的把握，体现出具体丰富、充沛丰盈之美。

(2)衔接流畅，结构完整，体现"协调统一"的形式之美。广告正文在整个广告文案中起到承上启下的衔接作用。日本著名广告学者植条则夫曾提出："就文稿来说，把标题、副标题、正文统一在有序的一贯性的基础上是相当重要的。不这样的话，读者从广告文稿中接受的信息不能被集中到一个广告目标上。”①这说明受众在了解广告文案主要诉求信息时，关键在于正文对标题的承接，沿着标题方向继续向前推进，引向深入，体现出衔接的流畅自然。另外，就广告正文本身而言，也具备一定的结构，一般由“起、承、合”，即开头、中心段和结尾三部分构成，使在正文中表述的信息不仅完整充实，还符合逻辑，详略搭配，主从统一，显示出富有节奏韵律的协调统一的形式之美。

4. 广告随文的审美体现

广告随文是指广告主在广告文案中附加的必要的说明性的语言和文字部分，一般出现在广告文案的结尾部分，也称广告附文或广告尾文。基本内容包括：商品品牌，企业名称，企业标志或品牌标志，企业地址、电话、邮编、联系人，购买商品或获得服务的途径和方式，权威机构证明标志，必要的表格及特别说明等。

广告随文在广告文案写作中的审美价值体现主要是：补充信息，辅助说明，体现“完整确实”之美。广告随文虽然对表现广告主题不起作用，不负载广告主题表现这一中心使命，但也是必不可少的组成部分。它是对广告文案中的标题、正文、广告语的必要的辅助性的补充与说明，所传达的信息不是广告产品或服务本身的性质、功效以及情感类型，而主要回答的是“如何购买”等一系列问题，这正是广告随文附加性特征的实质所在。广告随文使得广告信息条理更清晰，内容更完整，传达更有效，体现出“完整确实”之美。

第二节　广告文案写作的美学追求

尽管在广告活动的整体运作当中，广告文案写作是其中的一项功利性操作，但值得重申的是，不能放弃对广告文案在写作过程中的美学追求，因为这种追求已经成为创作优秀广告作品，更有效地实现广告作品实用功能，并成功完成广告运作最终目标的一个关键环节。在了解了广告文案所应具备的审美特征之后，如何更好地在文案创作中体现广告的美学价值与审美内涵就是这一节要解决的问题。在研究广告文案写作的美学追求之前，首先要明确广告文案写作要遵循的原则。

一、广告文案写作应遵循的原则

限定广告文案写作的原则，并不是要束缚文案创作人员的思维，相反是为了避免广告文案写作中由于随心所欲而导致的无意义的作品的产生，也是为了更好

---

① ［日］植条则夫：《广告文稿策略：策划、创意与表现》，俞纯麟，俞振伟译，上海：复旦大学出版社，1999 年 4 月。

的实现广告文案的有效性，完成其审美价值的体现和在美学上的追求。

1. 真实性原则

真实性原则是广告文案写作的首要原则。在广告运动中，广告文案与广告作品中的其他要素一起，作为广告活动的“代言人”，站出来和受众对话。人们通过它的介绍和推荐来认识企业、产品和服务，产生情绪对应，对是否接受某种服务形成选择意向。这个代言人所说的话真实与否，将在很大程度上决定着受众是否能得到真实、准确的信息，能否产生符合真实状态的对应情绪，能否产生正确的消费意向。因此，只有符合真实性原则的广告文案才是符合“以人为本”的广告理念的。广告文案创作人员诚实地表现真实的广告信息，是对受众的最好的服务形式。

2. 效益性原则

效益性原则是广告文案在创作与运用中要达成的一种有效传播，包括经济效益和社会效益两种。广告活动是一项功利性很强的经济活动，因此在创作时必须考虑到广告的经济效益的获得，以此为准则。社会效益是要求广告要有正确的社会价值取向、正常的民族文化心理和健康的审美情趣，以此来创造社会效益，促成社会心理、民族心理、审美心理及价值观念的健康化。广告文案遵循效益原则而最终实现的有效广告可以引导或带动消费者产生物质与文化的双重消费，也是对社会经济发展的强有力推动。

3. 原创性原则

原创性又称原创力、独创性，它是指与众不同的首创，始发性的独有的创造，其中包括赋予前人留下的原始资料以崭新的生命形式和意义，达到价值再创造；还包括在司空见惯的寻常事物中或一般性广告创意中寻找出创新性的意念。它是广告人在广告运作过程中赋予广告运动和广告作品以独特的吸引力和生命力的与众不同的力量，是形式和内容两方面的独创，也是形式和内容的共同独创。

4. 通俗性原则

通俗性原则是要求广告文案创作必须注意贴近生活，面向大众，易于被人们理解。这样可以使广告主和消费者之间很容易达成一种心理的交流和默契，使消费者感到自身与广告主之间是“零距离”。但通俗性与独创性并不互相排斥，也并不意味着庸俗。广告文案创作时，要遵循通俗性原则，做到新鲜感、美感与亲切感并存，既不低俗也不媚俗。

5. 简洁性原则

广告文案承担着传播信息的责任，但是在传播的时间长度、版面大小等方面又会受到许多限制。而且对于广告受众来说，他们大多是在无意注意的情况下接收广告信息。在这种情况之下，如果盲目地罗列关于产品或服务的信息或许多冗长枯燥的句子，不但会造成重点不突出，还会引起受众的厌烦情绪和心理。因此，可以说只有简洁的语言才是富有生命力的语言。广告文案必须简洁有力，尽量删略与广告宣传目标无关的文字，一切应以"好听""好记""好懂"为准，以求在有限的时间和空间内取得最佳的传播效果，切忌无关紧要信息的堆砌和长篇大论。

二、广告文案写作的美学追求

广告文案撰写人员在写作文案过程中，努力寻找和追求广告文案的审美内涵和美学价值，是在遵循广告文案写作原则基础上的美学追求。受众要的并不是简单的文字堆砌、词藻堆积，毫无感情和意义的强迫接受；广告文案创作也并不是把商品的诉求点传播出去就算完成任务，而是要考虑到受众能否接收广告文案所要传播的信息，接收的程度如何，会不会因为广告文案的诉求激发受众的情感共鸣，使受众产生印象，获得美感，最终促使其进行购买。在这个过程中，我们会发现，广告文案的作用是举足轻重的，而广告文案是否能够吸引人就是它创作的一个主要目标，也是广告文案在创作中进行美学追求的原因。

1. 实中出美

广告文案写作美学追求的第一步就是"实中出美"，主要表现在信息真实追求客观美、内容充实追求形象美、情感朴实追求纯洁美。

(1)真实显现客观美。真是美的基础，美蕴含着真。真实、准确、现实的客观美，是广告文案写作追求的首要因素，是符合广告文案创作真实性原则的客观美。国际广告协会提出了衡量"优秀广告"的五条标准，其中很重要的一条就是"列出商品或服务的真实优点"。广告大师奥格威[①]在其97条广告信条中，第一条就指出：绝对不要制作不愿让自己的太太、儿子看的广告。可见广告赖以存在的基础，就是必须要提供事实，广告文案在创作中追求真实的客观之美，其重要性也自是不言而喻。一个企业、一个产品要取得受众的信任并非"一日之功"，但要失去信任却是相当快的，广告若是稍有虚假，就很有可能是"千里之堤，溃于蚁穴"。由此，作为广告文案创作人员，必须秉承实事求是的诚实品格和强烈的社会责任感来进行创作，必须在充分尊重事实的客观基础上来进行创意，必须使全部的艺术表现服务于所表述的客观事实，只有这样才能赢得消费者的信赖，也才会体现出广告文案最基本的美学价值，客观真实之美。

(2)充实表现丰盈美。现实生活中，美的形象是丰富多彩的。

---

① 大卫·麦肯兹·奥格威(David MacKenzie Ogilvy, 1911年－1999年)曾被称为"广告怪杰"，现在是举世闻名的"广告教父"(又称广告教皇，"The Father of Advertising")，其创办的奥美广告公司已成为世界上最大的广告公司之一。1960年代的美国广告三大宗师中，奥格威的风格最朴实。其著作《奥格威谈广告》(Ogilvy on Advertising)，在全球被作为广告人的基本教材之一，颇受欢迎。

古人说的“岁有其物”，“物有其容”，说的就是任何事物都有它本身特点，美在人和社会的具体形象中，不是抽象的概念。在广告文案创作中，撰文人员主要利用语言文字把企业、商品或服务等的信息传达给消费者，使其对广告诉求对象产生印象或生成形象。只有广告文案语言文字表述准确生动，内容资料叙述充实，消费者才能够感受到形象美感，也才能显示出广告文案信息容量丰富切实的丰盈之美。

广告作品要充分调动受众的情感共鸣，使之能够对产品有更为形象直接的了解和把握，总是要在文案创作过程中注意使用富于形象美的鲜明、生动、饱满的广告表现。充实饱满的广告文案能使广告受众充分调动感官知觉，达到“如见其人，如闻其声，如睹其物，如触其温，如嗅其味，最终如临其境”的境界，对产品事物本身有全面真切的认识。鲜明生动、内容资料丰实的广告文案会具有内在饱满的形象性，体现出无可比拟的形象美感。当然，还要明确的一个问题是，这里所指的“充实”并不是要求广告文案诉求信息的面面俱到，而是对广告定位诉求点的充分表现，突出产品特点、优势，建立鲜明形象的追求。如下面这则凡·迪塞尔（VanDesail）牛仔裤的广告文案：

“超出 10 种的裤型，8 种不同的质地，24 种磨制方法，从条纹到打磨，都是全新制作。它也许不会成为您的第一条牛仔裤，但一定是您的最后选择。您将拥有最完美的体型。

100% 纯棉制作。不但穿着舒适，而且结实耐磨。我们的仔裤用料精良，全部选自最好的斜纹粗布，并由迪塞尔的员工精心缝制，制作最好的牛仔裤是我们的任务与目标。

放弃那些诱人的巧克力奶油冰淇淋，扔下那些夹肉馅饼，减掉多余的脂肪。那么，你就能穿上我们最新的苗条仔装。苗条仔装紧贴身体，袖子超常设计。请你记住：没有痛苦就没有收获。

只有质量最好的 12′/2 盎司重的纯棉线才可以被用来制作迪塞尔牛仔裤。这种棉布要经过超强染色、漂洗，最终才制成了独特的旧款斜纹布料。它看上去饱经风霜，年代久远，您能由此感受到您祖母那个时代的种种风情。”

这则文案没有华丽的词藻和雕琢的痕迹，只是以白描的方式为消费者介绍了这款绝不会令你后悔的牛仔裤产品，从裤型、质地、磨制方法等介绍的过程中，牛仔裤的优点和风情跃然纸上，使读者对牛仔裤有了较为鲜明的形象认同。材料充分，诉求点鲜明，体现出广告文案的充实丰盈之美。

（3）朴实显现纯洁美。广告文案作品面对的是广大受众，要使受众能够自然且欣然地接受广告信息诉求，传达一种朴素真挚的情感是文案创作中的一个途径。要让受众在广告文案当中，能切实看到或者感受到自己是备受关注和关怀的，而不是被迫去接受某种情感或强制性的要求；要使广告受众很容易很直接地从广告文案中获得主旨的传达，广告文案在创作中，就应当追求信息表述内容的纯洁，表现宗旨的纯洁，以体现一种真挚、热烈、自然的纯洁之美。美的文案有极大的诱惑力和感染力，能使人们得到精神的愉悦和陶冶。真挚是基础，纯洁是本质。只有纯洁的感情才是美的，才能引起人们的美感；也只有表述的纯洁，不庞杂，才能使受众充分感受到主旨的纯粹。矫饰、卑微、淡漠的广告文案，不仅不能动人，还容易引起受众的厌恶和虚伪感。由此，广告文案撰稿人员在进行构思和创作时，一定要怀着真挚朴实的情感，从受众的角度出发去进行产品诉求。

如经典的黑人牙膏的杂志系列广告《云》《山》《水》篇，就是运用了文学语言，与背景画面一起，渲染了一种独有的气氛。用自然之景巧妙地构成牙膏牙刷之形，隐喻黑人牙膏的纯天然。画面风格清新统一，蓝天、青草、绿水、白云等用自然之景接近消费者，纯洁朴实且富有诗意的语言，寥寥数笔就营造出黑人牙膏能给消费者带来的独有的体验和感受，使黑人牙膏给人清凉、天然，清新的感觉跃然纸上，使产品形象愈发独特，富有消费魅力(图6－1)。

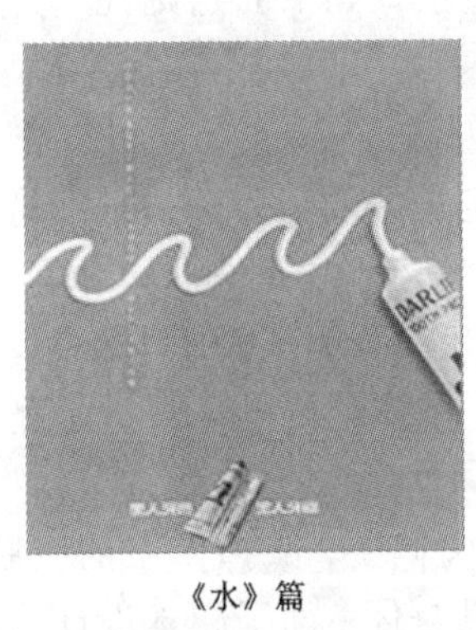

《水》篇

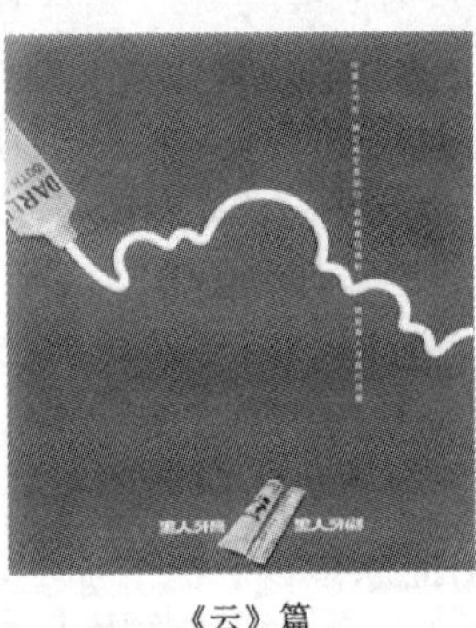

《云》篇

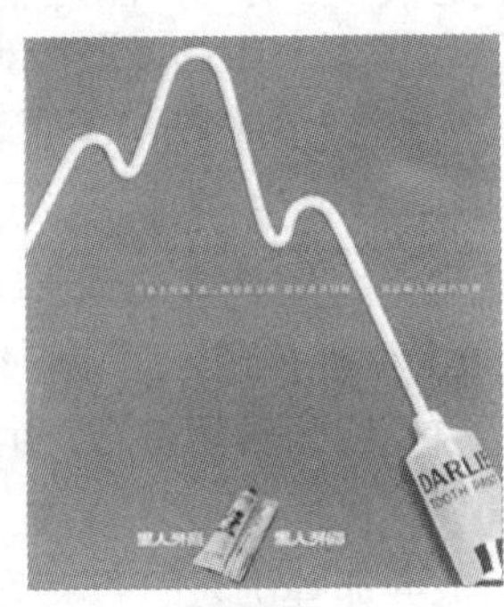

《山》篇

图6－1

广告文案：

《云》篇：仲夏去兜风　晴空万里云留白　这般洁白清新　就是黑人牙膏的感觉

《山》篇：仲夏去兜风　满山遍野都是绿　这般清凉舒畅　就是黑人牙膏的感觉

《水》篇：仲夏去兜风　海阔天空都是蓝　这般清洁舒畅　就是黑人牙膏的感觉

随文：黑人牙膏，黑人牙刷

如果创作者不是从消费者的角度出发又深谙广告产品的特性和定位基调，是不能创作出如此富有美感和吸引力的广告来的。受众在这组系列平面广告中被激发出来的情感体验和共鸣，必然会对广告文案和广告产品留下极为深刻的印象，为购买行动打下了一个坚实的基础。可见，只有渗透真挚、纯洁感情的广告文案，才能从感情上打动人，也只有能从感情上打动人的形象，才是美的形象，才能显示出质朴纯洁之美。

2. 简中出效

简中出效，是使广告文案从遵循简洁性原则的角度出发，追求主旨简明、语言简练、结构简单，以达到广告文案作品的实用性与审美性和谐一致的效果，增强广告文案的简约美与精练美。

(1)主旨简明，一语中的。每一则具体的广告文案的主旨一般只能有一个，过多的文案中心会分散受众的注意力，使受众把握不住广告文案作品的诉求重点，给人印象不深，难以有效的促成购买。这是广告运作长期经验与理论的总结，广告诉求应该集中火力，主旨单一。因此，在广告文案写作中，也要主旨简明，使受众能一眼找到或迅速领会主旨意图。因为在信息如此繁多堆积的今天，受众不可能有耐心探究一篇不知所云的文案究竟在诉求什么商品，也不可能在众多诉求点中，区分哪种才是诉求重点。若主旨不明，受众极有可能丧失兴趣，弃之不理。因此，我们强调广告文案要追求美学效果，主旨简明，一语中的是必要的。比如："网易，网聚人的力量。"它一语道出"网易"网站的成长成熟，离不开"人"的聚集、支持和共同力量的凝聚，说明众人拾柴火焰高，网站有人、有点击率才有网络广告支撑网易的发展。主旨简明，通俗易懂，给人印象深刻。

(2)结构简单，易于表达。广告文案的形式一方面受到广告信息和内容的制约，另一方面又可以反作用于内容，显示出其某种相对独立的审美价值，因而广告形式的能动性决不能忽视。广告文案结构无疑是形式中最重要的因素之一，具有独特的审美价值，有其一定的内在规律性。在广告文案写作时，广告语、广告标题、广告正文和随文四部分各司其责，各显其能，并能随不同广告媒体需求而有相应灵活自由的搭配方式，以满足不同表现要求，显示出易于表达，简中出效的美学价值。

(3)语言简练，清晰准确。这一要求很容易理解，主要强调广告文案语言应当具有简洁精练的特点。不累赘、不冗长、不拖沓，明快简洁、清新隽永地表现广告主题，展示广告文案的精练美和简约美。广告文案写作中，对于语言文字的要求比较复杂，但总体语言风格应该是简练、准确的。

广告文案对语言的美学要求主要从三方面着手，即追求广告语言的概括性、原创性以及艺术性。

首先，因为在对受众施加影响的各类广告审美因素中，广告文案的语言文字因素是亚于图像因素的，而且受众感知广告又常常挂一漏万。所以，语言文字必须一针见血，一语中的，可有可无的文字应该一律避免，做到长而不拖沓，短而不晦涩。在介绍广告商品时，要求语言精确，不能运用夸张、抽象、空洞的文字语言去描述，以免造成歧义。可见，广告语言的概括性是在精简准确的风格上体现的。

其次，广告语言的原创性是要发挥创作者的艺术想象力，努力使构思独特奇妙，使广告语言文字能脱颖而出，具有超凡脱俗的个性特点，这样的广告语言很容易引起受众的兴趣，使他们对广告格外注意，在不经意间留下美好的印象。但如果原创性的广告语言缺乏简练性与精确性，也无法达到广告文案的美学追求，而只会是造词生句的文字游戏而已。

再次就是广告语言的艺术性追求，也要以简练和准确为基础，在此基础上，再运用文学创作的手法，使广告的文字表达尽量做到别致、贴切、流畅，容易记忆和品味。这样经过广告文案诉求的商品的形象才可能会深深烙入消费者心中。

3. 平中出奇

平中出奇，主要是指广告文案在创作中，应努力追求于平淡中见新奇，于平凡中见不凡，于平实中见新鲜的审美内涵和美学价值。“平”是广告文案的普遍特点和基本风格，它并不是指平平之作、平淡无奇，而是凸现出广告文案在貌似平淡、平凡之中体现出的对受众的无限贴近与关怀，努力以最平实最真切的情感去亲近广大受众，使受众能够在充分的情感体验和共鸣中，发现平凡中的不平凡，平淡中的新奇美以及平实中新鲜独创之美。

(1)平淡中的新奇美。广告文案构筑的基调是现实中的平淡生活，朴实、简单，随处可见，随时可感，却由于构思的精巧绝妙、叙述的独特新颖，而显示出难能的新奇之美。最为典型的案例就是伯恩巴克①为奥尔巴克百货公司(Ohrbachs)创作的报纸广告文案。

标题：我发现了“琼”的秘密

正文：以她的谈吐方式，你会认为她是被列入名人大辞典的一位。我可寻出她的身世来了。她的丈夫拥有一家银行吗？我的“甜心”，他连银行的户头也没有。那也就是为什么他们住的房子家徒四壁，典当一空的原因。那么，那辆汽车呢？爱人，那是“马力”而不是赚钱的力量。他们是用五角美金抽签得来的！你能想象得到吗？

而那些服装！当然，她对服装非常考究。但是说真的……貂皮的长围巾，巴黎的套装以及全部的那些服装……是靠他的收入吗？好！我的爱人，我也查出来了，我刚刚在路上碰见她，我见琼从“奥尔巴克百货公司”走出来！

---

① 威廉·伯恩巴克 William Bernbach，1911 年生于纽约。与 David Ogilvy 和 Leo Bernard 被誉为 20 世纪 60 年代美国广告“创意革命”的三大旗手之一，是广告文学派的代表，倡导广告创意的先锋，DDB 广告公司的创始人。.

这篇广告文案，运用平实的语言叙述了平常人的生活状态，却以层层设置悬念的方式体现出新奇的魅力。起先，我们看到了“琼”那不凡的谈吐装束，以正常的推理认为她是身世显赫，家境不凡，可是不仅她的丈夫没有银行户头，连汽车也是幸运抽签得来。那么，琼的秘密究竟在哪里？最后“千呼万唤始出来”，得益于“奥尔巴克百货公司”超实惠的物美价廉。全文用新奇巧妙的构思给人迥然不同的新感觉，使受众在充满好奇心和探究心态的驱使下，阅读了整篇广告内容，加深了对广告产品的印象。

（2）平凡中的独创美。这是广告文案在创作中要积极追求的又一美学要素。有时候，广告文案作品诉求给人的产品是现实中随处可见的普通平凡之物，平凡到与其他同类产品无异，要想使广告诉求产品脱颖而出，独具魅力和创意美，就要在广告文案中追求一种平凡中的不平凡。给人以新鲜、新颖、新奇之感。如DIPLOMA奶粉的广告文案：

标题：试图使他们相会？

正文：亲爱的扣眼：

你好，我是纽扣，

你记得我们已经有多久没在一起了

尽管每天都能见到你的倩影，

但肥嘟嘟的肚皮横亘在你我之间

让我们有如牛郎与织女般地不幸。

不过在此告诉你一个好消息，

主人决定极力促成我们的相聚，

相信主人在食用DIPLOMA脱脂奶粉后，

我们不久就可以天长地久，永不分离。

奶粉是日常生活用品，如何能够使受众印象深刻，诉求点放在奶粉脱脂的功效上，文案并没有直接说明DIPLOMA奶粉脱脂效果如何明显，而是采用寓言式的拟人化手法，将衣服上的纽扣和扣眼比作一对因为主人肥胖而无法长久相聚的情侣，终于在DIPLOMA脱脂奶粉出现后看到了希望。全篇文案富有生动趣味和幽默感，体现出创作者奇妙的联想思维，具有独创的美感。

在此我们应该注意，广告文案写作要以与目标消费者之间的沟通、交流作为首创或独创的目的，要能体现与目标受众在形式和内容诉求之间的默契，而这种默契是在目标受众平凡的日常生活方式中寻找的。好的广告是高度的个人传播。杜绝毫无创意的平庸选择和平庸表现，更杜绝貌似大创意实则没有任何独创意义的噱头和新花样，真正体现出广告文案对新奇美与独创美的追求。

总之，广告文案写作的美学追求，是指通过写作者个人的创作个性与作品题材的客观真实相互统一而创作出来的艺术作品从整体上呈现出来的审美特点与美学价值。广告文案的创作，不像纯粹艺术品的创作那样无拘无束，它要受到很多条件的制约。文字创作人员在反映商品或服务功能的同时，或多或少总会加进属于他自己的一些感受、认识、情感、艺术素质等，从而使广告文案不仅具有功利性的属性，而且具备一定的美学或艺术属性，由此可见，在广告文案创作中进行美学追求并不是刻意为之，而是广告文案写作的必然。

第三节　广告语言的审美形态

广告文案是由语言构成的，语言运用如何是决定广告文案好坏的重要标准。没有恰切的语言运用，是不会产生成功的广告文案的。而提到广告文案写作的美学追求，就不能不注重广告语言在创作中呈现出的审美形态及其应用。因此，本章专门独立出一节，用来较为详细地探讨广告语言的审美形态，力求在文案写作当中能更好地实现其审美内涵与美学价值。

产品和消费者的多层次属性带来广告创作的多样化追求，对于广告语言也就必然产生多方面的要求。不同形式的广告语言，有其各不相同的审美形态，也有着不同的审美感受和审美效果。探讨广告语言的审美形态，要从语言体式和辞格两方面入手。

一、不同体式广告语言的审美形态

1. 白描式语言

“白描”，原为中国画技法，指仅用水墨来勾勒物象而不着或少着颜色的画法。后来在文学中得到运用，指的是用简练的笔墨不加烘托地描绘形象，达到传神的目的。广告当中运用白描，是由于广告要展示商品的特性，经常需要把诉求对象商品和其他同类商品相比较，凸显出该商品独特的属性或差异，并且广告可利用的时空资源又极为有限，有时仅有那么一小块版面或几秒钟时间，不允许长篇大论面面俱到的表现，因此言简意赅、生动形象的白描式语言就显得格外适用，颇具优势。

白描式语言在广告中常会出现，或抓住产品的一个细节，或根据产品的一个优势，寥寥数语，以少胜多，以短胜长，展现白描式语言的艺术魅力。例如：

“在莽莽苍苍的完达山下，烟波浩渺的青海湖畔，有一座青山环抱的县城——密山，甜蜜的山！每当金秋时节，满山遍野熟透了的山葡萄、紫梅、金梅，万紫千红美不胜收。以野生山葡萄等各种山果为原料酿成的葡萄酒，更是盛名传南北，香飘万人家……”

这是黑龙江省密山葡萄酒厂发布的一篇广告。文案仅用数语就描绘出一个动人的艺术境界，读罢使人心头不禁涌起一丝丝美好愉悦的情感。这里首先是从方位起笔“在莽莽苍苍的完达山下，烟波浩渺的青海湖畔，有一座青山环抱的县城——密山”，简洁的笔触勾勒出一个依山傍水、风光秀丽的小城，仿佛一幅画卷由远及近，徐徐展开。接下来点出时间“金秋时节”，近镜头快速滑过“满山遍野熟透了的山葡萄、紫梅、金梅，万紫千红美不胜收”，展示了密山县城优美风景及优质资源，一句“满山遍野”全景式展现了密山的美好景致。此外，这则文案在句式运用上也颇有特色，起首就是一句“在……下，在……湖畔”，先声夺人，接下来长短句迭出，使这一段本不长的句子，整散相连，长短相间，句式灵活不呆板，节奏起伏，音韵和谐，读起来朗朗上口，因此这段文字笔墨不多，却显得十分生动，情趣盎然，极富美感。

可见，在广告文案写作中，运用白描式语言进行广告创作，便于创造出简洁传神，气韵生动的艺术效果，虽然语言少装饰，却展现出朴实情感，切近主题，富于美感。

2. 旧体常语式语言

在广告里，我们还常常能够看到一些运用古语句式词语来表达现代含义的创作手法。运用古语，词义概括，含义蕴藉，能大量节省时空，又力量集中，耐人寻味，形成较强的冲击力和一定的文化底蕴。通常把这种语言称为旧体常语式语言，即在旧体诗中注入现代人的日常言语，或干脆借用旧体词语来表达新的含义，从而使旧体和新意二者都呈现新的表现力。这种把当代人的日常语言语义填入旧体诗的形式，意味着在广告文案写作中运用旧体格律去规范当代日常生活的体验，这就要求创作者既要坚持旧格律体的基本表达，又须使这种格律体向新的日常生活开放，从而在旧体中化用当代日常语言就成为广告文案中出现的旧体常语式语言，如申花电器的广告文案：

标题：金缕曲·贺新春

正文：又到除夕夜，欢声喧，团圆饭桌，春满人间。最是味美肴佳处，儿女情愫难遣。望神州，同此丰宴，欲把“申花”比暖锅，煮一腔热诚奉献。枉有涯，意无限。

来年风物胜今岁，犹记取闻鸡起舞，发愤自勉。前路春风正浩荡，知否雄心未减？幸有赖诸君相连。市场经济火融融，巧制作还把珍馐添，齐抖擞，再领先。

——申花电器

可以看出，作者按照《金缕曲》这一词牌的特殊规定，如句子数目、句的字数、平仄和押韵规律等，结合申花电器的广告信息，创作出了一篇成功的旧体常语式的广告文案。在这里运用了很多现当代词汇，如“暖锅”“申花”“市场经济”“团圆饭桌”等，不仅使消费者读来别有一番雅兴，从中获得一种脉动和谐的美感享受，而且更重要的是让人们领悟到它的主题诉求，就是要使受众可以体会到申花人决心发扬祖逖闻鸡起舞自强不息的拼搏精神，在新的一年要为广大消费者做出更大奉献。总之，申花电器巧妙利用消费者喜爱的旧体词来创作广告文案，又巧妙利用"天时"即中国人最重视的传统节日新春佳节来向消费者致以美好、诚挚的祝愿，为其树立了良好的企业形象。

还有些广告，直接将旧体诗句拿过来，不加改造，却抒发新意。这些旧体诗句大家很熟悉，却在上下文语境中被赋予了一种全新的内涵。如山西杏花村汾酒的广告语，直接就借用唐代杜牧的诗《清明》中的两句"借问酒家何处有，牧童遥指杏花村"来嵌入广告产品和品牌诉求，令消费者迅速产生印象；还有湖北"白云边"酒的"且就洞庭赊月色，将船买酒白云边"则直接引用了唐代李白的诗句。使人看了有出乎意料之外，又在情理之中的效果，从而感觉其新颖别致而又引人深思的效果，值得回味，促进传播。

3. 调侃式语言

调侃，指的是用一种言语去嘲弄或讥笑对象的语言行为。在生活中调侃更多出现在日常熟人间的非正式场合，这种场合轻松随便，没有更多的道德负担，即便是不讲道理的、无情的和尖刻的调侃往往也容易被人理解。

作为面向万千大众的广告，其可供表现的时空资源极其有限和宝贵，可谓一字千金，因此广告语言往往有板有眼，字字锤炼，也因而容易造成枯燥死板的效果，不被人看好。在广告文案中运用调侃式语言可以改变广告死板乏味之风，略带讥讽或嘲弄的语言往往会有诙谐幽默的效果，引人发笑，使广告的面貌焕然一新。调侃式语言创作的广告文案能使广告迅速融入到普通消费者中间，促使消费者在真正的喜闻乐见之中接受产品。如雪铁龙汽车的广告正文：

春秋战国时代，孔子率门人周游列国。

一路颠簸，一路修车，花费甚多，当时，若得雪铁龙汽车一部，子必曰：帅哉！雪铁龙！增值新价，束手可得，不复奔波劳苦，不亦乐乎！免费维修，了却烦恼，让春风化雨，不亦乐乎！

这则广告文案为宣扬雪铁龙汽车，把众人皆熟知的儒家圣人孔老夫子也搬上了广告，文案模仿孔夫子的语言，引导人们产生联想和想象。"帅哉！""不亦乐乎！"等广告词描绘孔夫子驾雪铁龙汽车周游列国时得意舒适，春风满面，憨态可掬的情景，使人觉得幽默滑稽，不禁发笑。

其实，调侃语言在广告中运用，以轻松愉快，引人发笑的方式，遮蔽了广告直接劝说、敦促购买的功利印象，克服了消费者对广告的怀疑与抗拒心理，使他们在喜剧般的美感享受中不知不觉地接受广告，从而变被动为主动，自觉自愿去购买产品。

4. 口语式语言

所谓口语式语言，是指那种呈现出日常口头语言特点，或者使人产生口头语言感觉的文学语言。如果说传统的文学语言是一种高雅化或文人化的书面语言或内心语言，那么口语式语言则是一种日常化的口语，它和普通人比较接近，容易贴切地反映日常生活的平常、散淡、随意和亲切等特点，回避了“曲高和寡”的高雅和“讳莫如深”的深刻，更容易为广告所利用。因为广告一方面要迎合普通消费者的心理，不需要太过高雅和深刻，另一方面，广告在有限的时空资源利用中，要迅速达到诉求目标，一语中的，易于理解，也不能太过高雅和深刻。广告要追求简单明了的作风，而口语式语言也就成为广告文案写作中运用较普遍的语言。如这样一则公益广播广告文案：

甲：我说胖子，明儿个可就开业了，你呀，最好再检查一遍，特别是电！

乙：哎呀！李总，都检查过了，没……没问题。而且咱大部分电线都是绕……着电表走的，嘿嘿！

甲：怎么绕着电表走的？这不就是不走电表不交费了吗？你这是窃电是犯法你知道不？改！赶紧给我改！你这是把我往监狱里头整啊，你这是！

女白：看起来这是一位知法懂法的老板。

男白：合法用电，光明一片。

违法用电，万丈深渊。

这是一则对话体广告文案，通篇运用口语，通俗浅白平易自然，如：“明儿个”“我说”“赶紧”“往监狱里头整”“你知道不”等等，还运用了语气词“哎呀”“嘿嘿”，整篇广告听起来明白易懂，流畅自然，倍觉亲切风趣。特别是被称为“胖子”的说话有些结巴，往往在不该停顿的地方停顿，更显得滑稽可笑。这种以受众最熟悉最亲切的语言表达，不仅容易理解，而且还能引起注意，产生好感，讨人喜欢，从而便于咏诵，便于传播，体现出口语化的顺畅自然与清新美感。

总之，广告语言的体式不同，所造成的审美效果和感受也会不一样，不同体式的广告语言必然带来不同的审美形态，这里只是对其中几种做了一点探讨。广告的变化发展很快，对不同体式广告语言的审美形态只有细心地观察，及时地疏理，才能搞清楚它们的规律，才可以更好的应用于实践。

二、不同辞格广告语言的审美形态

谈广告语言的审美形态，也不能离开修辞，因为修辞是使语言表达更为形象生动，更富表现力的艺术手段。为更好地表现诉求对象，传达广告主题，广告语言不但要运用各种传统辞格，而且往往也会采用一些新辞格。

1. 比喻

比喻，是利用事物的相似点，用另一事物来描绘所要表现的事物的修辞方法。比喻可以使语言变得更为生动形象。在广告中运用比喻，通常有三种用法：①用受众熟悉的事物比喻不熟悉的事物，以便把事物描绘得具体可感。②用具体的形象比喻抽象的道理，使道理通俗易懂。③用某一鲜明的形象来比喻事物的某一特征，加以强调，引人注意。广告语言中使用比喻也可分为明喻、暗喻和借喻三类：

明喻是明显地用另种事物来比方要表达的对象的一种比喻，喻词常用“像”“如”“似”“仿佛”“犹如”等一类的词。例如某牌童鞋的广告语“像母亲的手一样柔软”。广告把童鞋比喻成母亲的手，以此说明该产品对孩子的体贴呵护、温柔备至。

暗喻也称隐喻，是比明喻更进一层的比喻。把本体直接说成喻体，二者之间很紧密。比喻词常用“是”“成”“成了”“成为”“叫”“叫做”“等于”一类。如“香港是一颗唯一可将西方现代色彩与中国传统历史融合的东方明珠”（香港旅游广告），香港是本体，东方明珠是喻体，把香港比喻为中西合璧的东方明珠，使人感觉形象生动，恰如其分。再如“甜而又酸的酸奶有初恋的味道”（日本某酸奶广告），这个暗喻更为巧妙，酸奶和初恋是截然不同的两种事物，却有一个“甜而又酸”的共性特点。以初恋喻酸奶，给人的印象是美好纯真的，是值得再三品味的。

借喻是比暗喻更进一层的比喻，只出现喻体，用喻体代替本体，无须比喻词。如“眼睛是心灵的窗户，为了保护您的心灵，请为您的窗户安上玻璃吧”（某眼镜店广告），这里既有暗喻又有借喻，在暗喻中，本体是眼睛，喻体是心灵的窗户，用比喻词“是”联系起来，看似一个判断句，实际上是把眼睛比喻成心灵的窗户，具体形象地指出了眼睛的特征。借喻是在前面使用了暗喻之后，顺便又把“眼镜”当作“窗户上的玻璃”，给眼睛安上，本体“眼镜”并未出现，而是用喻体直接代替了本体。这样的比喻手法既形象生动，又耐人寻味，“窗户怎能没有玻璃呢”？由此可诱发受众产生为自己的眼睛佩戴眼镜的心理欲望。

广告当中运用比喻，可以使陌生变得熟悉，使平淡变得生动，使抽象变得形象具体，通过比喻，可以使广告内容变得更加吸引人，语言更加富有艺术魅力和长久的生命力，因此，比喻是广告语言运用较为普遍的修辞形式。

2. 比拟

比拟是语言表达中借助想象力，把物当作人写，把人当作物写，或把甲物当作乙物来写，把乙物当作甲物来写的修辞技巧。比拟可分为两类。

(1)拟人。把物当作人来写，赋予“物”以人的言行或思想感情。拟人手法在广告语言中比较常用。如佳能电脑公司的“永远不会向你请假的助手”，力士二合一洗发水的“让你的头发一起来跳舞”等广告语，将电脑、头发描写成具有人的特点，使语言更加形象、生动。有些广告常将商品直接人格化，像人一样说话和表演，或用第一人称直接赋予商品人的生命和情感，或用第二人称把商品当作谈话对象，或直接把商品当作“第三者”。例如：

“我是一个煮饭婆，家家户户都用我。”（第一人称）

——香港某电饭锅

“您只需按一下快门，其余的工作就交给我们吧。”(第二人称)

——柯达相机

“当你一打开罐头，这些小豌豆就会告诉你，它们不是寻常的豌豆，它们稍带甜味，它们可以与有名的法国 Petitispois 相媲美。”(第三人称)

——某豌豆罐头

(2)拟物。把人当作物来写，或把甲物当作乙物来写，使人具有物的情态和动作，或使甲物具有乙物的性能和特点。拟物手法的运用能够让被拟物具有新的寓意、色彩，其在广告语言中的具体运用不但使拟物的本身特性与被拟物和谐一致，而且能够给受众以丰富的启示。例如：

我们只售舒适。

——罗斯曼制鞋公司广告语

白猫喜入寻常百姓家。

——白猫牌洗洁精

前者直接用“舒适”来比拟鞋子，凸显罗斯曼鞋的主要优势和功能，让消费者很自然树立起“舒适”就穿罗斯曼鞋的消费观念。后者把白猫洗洁精比拟成一只白猫进入百姓家，既巧妙地把品牌嵌入其中，又满足消费者喜爱小动物情感，显得活泼自然又有亲和力。

比拟是种形象化很强的辞格，表现力强，不少广告人使用比拟创造了很好的美学效果。运用比拟可使广告内容更形象生动，可以充分表现消费者对商品的喜爱之情，可以将抽象的概念变得形象具体。

3. 夸张

夸张指作者运用丰富的想象，对客观的人、事、物尽力做夸大或缩小描述的修辞技巧。夸张看似言过其实，但却以事实为依据。广告语言运用夸张的目的是为了突出表现对象的功能特点及属性等，通过想象，对商品的某个方面，故意作言过其实的描述，给人以深刻的印象，增强感染力，如：

给我二十分钟，我能给你整个世界。

——某广播公司

不要对刚刚从我们这里出来的姑娘使眼色，她很可能就是你的祖母。

——美国某美容院

眼睛一眨，东海岸变成西海岸。

——某航空公司

夸张要以客观实际为基础，对事物特征加以合情合理的渲染。鲁迅曾说，“燕山雪花大如席”这是夸张，但若说“广州雪花大如席”那就变成笑话了。夸张的美学效果可以从两个方面体现：一是鲜明生动的表现商品的性状和特征。夸张可以使表现对象从环境中突出出来，分外醒目，是帮助消费者认识和接受的极佳途径。二是引起丰富的联想和想象，表现强烈的感情，达到特别的效果。

4. 对偶

对偶也称对仗，是用结构相同，字数相等，语音平仄相对，意义上密切相连的短语或句子对称排列的修辞技巧。这种语句看起来整齐美观，读起来朗朗上口，听起来和谐悦耳，记起来简单方便，利于想象便于传播，因此成为我国人民喜闻乐见的传统修辞手法之一，对偶是汉语独特的艺术形式，在我国诗、词、曲、赋特别是律诗中是常用的一种表达手段。在商业中，对偶这种修辞往往也做成对联，运用到店铺上，成为独特的楹联广告，用以树立商店形象，宣传经营宗旨或服务等。如：

竹叶杯中，万里溪山闲送绿。

杏花村里，一帘风月独飘香。

此联从形式上看，音节整齐对称，节奏感强，从内容上看，凝练集中，概括力强，具有鲜明的民族特点和表现力。

在广告语言中使用对偶辞格的美学效果是，一方面有利于揭示事物的辩证规律，使广告语言精练深刻。对偶句表达的是一个事物相对或相关的两个方面，或是两个性质不同的事物，把这两种东西摆在一起，进行比较，相互关联，相互映衬，相得益彰。另一方面可大大增强广告语言的生动性和感染力。上下两句，字数相等，结构相同，意义相连，平仄相对，铿锵悦耳，节奏明快，整齐美观，语言大放异彩。例如“不求锦上添花，只求雪中送炭”（某典当行）、“皮张之厚无以复加；利润之薄无以复减”（上海鹤鸣皮鞋）、“何以解忧？惟有杜康”（杜康酒）、“车到山前必有路，有路必有丰田车”等等都是使用对偶格式创作的较为经典的广告语。

5. 反复

反复是指为了突出某个意思，强调某种感情，连续或间隔的使用同一词语或句子的修辞技巧。一般情况下，广告语言对于受众来说是被动的接受，这样频繁反复出现的广告信息，有助于受众加深印象，增强记忆。如：

有治蛔虫的药吗？——两片！

有治蛲虫的药吗？——两片！

有治钩虫的药吗？——两片！

——史克肠虫清

这则广告反复强调了“两片”简洁明快，有夸张效果，幽默意味，品味再三，忍俊不禁，便于记忆，易于传播。还有脑白金的电视广告中反复吟唱的“今年过节不收礼啊，不收礼！收礼只收脑白金，脑白金！”也是运用了反复的修辞技巧加深受众的印象。

广告语言使用反复的修辞表现的美学效果主要有：利用反复，可突出重点内容，强化表达效果；增加层次性，节奏感和旋律美，使语言产生如音乐般的美感。

6. 双关

双关是利用语音或语义的联系，有意使语句同时关涉两种事物或具有双重意义，达到言在此而意在彼的效果的修辞方法，在广告中恰当地运用双关，可使语言表达得含蓄、幽默，而且能加深语意，给人深刻印象，收到“一箭双雕”之效，双关在两层词义之间互相呼应，有助于取得良好的广告效果。例如：

你的每一步都与我们息息相关。

——某制鞋厂

“每一步”的双关，既可以理解为鞋子陪伴你走过的每一步路途，又可以指成长中的每一步，体现了公司对消费者的关爱和承诺。

华达电梯，助君高升。

——华达电梯

“助君高升”，表层意思是说，华达电梯可把你带到楼房高处，深层意思是说“华达电梯”可帮助你提升社会地位。

使用双关，可以产生的美学效果：一是含蓄委婉，耐人寻味。双关词语的运用，双重意思的表达，经过读者揣摩才能品味出来，乍一接触的往往是其表层含义，而仔细一揣摩，深层含义便会豁然开朗，洞悉其中真谛，自然美不胜收。二是别开生面，富有情趣。广告语言要在极狭小的时空开辟别开生面的局面是不容易的。而双关语“言在此而意在彼”的特点容易使人驰骋联想，由此及彼，产生出人意料之外，又在情理之中的效果。

7. 排比

排比是把结构相同或相似，语气一致，意思密切关联的短语或句子排列起来，使语言气势增强，情感加深的修辞技巧。广告语言中的排比往往使广告的主要信息反复出现，形成整齐划一的句式，对宣传对象进行说明、赞美，突出重点，深化内容，加重语气，增强气势。

如《名作欣赏》杂志广告：“采文苑艺海中的璀璨明珠，欣赏古今中外的名篇佳作，领略艺术世界中的奇妙风光，吸取文学宝库中的精神营养。”四个分句构成排比，把《名作欣赏》中丰富多彩、绚丽多姿的文艺内容表达得淋漓尽致，读了这则广告，会让每个文学爱好者都觉得颇为心动。

广告语言中运用排比可产生的美学效果：一是句式整齐，节奏感强。在广告语言中使用排比说理，可以条理分明，使用排比抒情，显得感情洋溢。如新飞冰箱的广告文，“春季给您带来沉醉，夏季给您带来欣慰，秋季给您带来甜美，冬季给您带来回味”，利用产品一年四季给消费者带来的不同感受进行排比抒情，展现出很好的贴心服务理念，也富有一种节奏美感；二是增添语言文采、气势，加强表达效果。结构相同、内涵丰富的排比语句，可以为广告语言增添无限文采，使气势融会贯通。如千岛湖纯净水的广告“山之青，水至清；源之静，水至净；雾之轻，水至淳”。以这组排比句式阐明千岛湖纯净水所在环境的优美洁净，让消费者读起来不仅能体味语言中蕴藉的美感，而且更觉对商品放心信赖。

8. 反语

所谓反语指的就是正话反说或反话正说，借以达到特殊效果。在广告语言里，常采用正话反说的手法，以避免广告语言的呆板、枯燥，让语言有变化，达到引人注意的目的。更重要的是借用反语，以求得真诚、肯定的感情效果。

如英格兰航空公司广告：

标题：航空公司所痛恨的航空公司

正文：菲阿娜·麦茵桃是世界上最令人痛恨的空中小姐。

广告画面：一位空中小姐，面容宛若天使，背后的小旅客与她紧抱在一起。

航空公司间竞争激烈，这个令人痛恨的空中小姐，是否真的令人痛恨呢？广告所表现的画面与广告语形成矛盾，巧妙地暗示了这家航空公司由于服务方面超人一等，得到旅客信任，以至于遭到同行的“痛恨”。

在广告中使用反语可以产生的美学效果是：语言含蓄、幽默、风趣、多变、耐人寻味，增加消费者的兴趣和印象；更重要的是广告主体借助反语求得对顾客真诚、肯定的表达效果，因为反语更容易引起消费者注意，增加悬念和好奇心，利用某种逆反心理令消费者主动寻求原因和答案，最终悬念解开后更加深了消费者的理解和印象。

9. 象征

借用某种具体的事物或形象，暗示某种特定的含义，以表达真挚的感情和深刻的寓意，这种修辞方式称为象征。在广告语言中也常使用这种辞格。象征是由本体、象征体、象征意义三部分构成。本体是商品事物本身，象征体是象征的具体事物或形象，象征意义是隐含在象征体内的深层意义，它不出现，但能透过象征体去寻求象征意义。如“钻石恒久远，一颗永流传”中，钻石是象征的本体，爱情是象征体，钻石的坚硬持久是永恒的坚贞不灭的爱情的象征意义。再如广州神州燃气具的平面广告：

标题：拓荒

画面：一只古犁，在荒原上耕耘。

正文：一张古老的犁，可能会被人们遗忘；但拓荒者的精神，却始终激励着后来人。我们并不仅仅留恋已有的成就；永远以拓荒者的豪情，时刻对社会承诺：敢为天下先，造福全社会。

神州每一款都有创新和奉献！

款款神州，万家追求！

以垦荒的形象为象征体象征着企业开拓进取、“敢为天下先”的精神和勇气。

该广告以图文配合的形式传达出神州集团会以垦荒者那种锐意进取，艰苦奋斗的创业精神去成就自己的事业，期待着为社会做更大的贡献。

广告运用象征辞格，有两方面显著的美学效果：一是寓意深刻且启发性强。象征表达的是暗含在象征体深层的那种象征意义，这种象征意义是深刻的、丰富的，不是光看象征体表象就可以得到的，而要通过联想和思考才能获得。一旦领会到其象征的深层寓意，能体验到创想的智慧和艺术的深蕴。二是象征可以使人获得意境无穷的艺术享受。意境是作品所描绘的场景与思想感情融合所带来的一种艺术境界。优秀的象征画面能使情、景、意、境交融在一起，产生强烈的感染力量。

10. 通感

在描绘事物时，通过人们各种感觉的息息相通，用表达甲种感觉的词语来传递乙种感觉，使视、听、嗅、味、触等不同感觉相互沟通，这种表现手法叫通感。如：宋祁《玉楼春》中的“红杏枝头春意闹”本是视觉，却写成听觉，就产生很好的感官效果。广告语言运用通感，可以充分调动人的感官，去多方面感受客观事物，从而节省了时空资源，加深了印象。

如日本紫罗兰香水广告：“香艳甜蜜，无限浪漫。”作为一种香水，描写它的气味、嗅觉，如“香艳”，是在情理之中的，可这里却用了“甜蜜”，应属味觉，由此产生了通感，其实正是香水气味芬芳，宜人自得，用了这种香水之后更容易让人亲近，于是生活才“甜蜜”“浪漫”。可见，运用通感的美学效果在于：引起人们情感的联想，多角度地感觉、体验审美对象。在广告语言中运用通感，还可以增加广告的感染力和艺术魅力。

在广告文案中，为使广告语言表现得恰切和充分，除了要运用上述这些传统辞格之外，还根据现实需要，产生并运用了一些新的辞格，从而在广告语言应用和文案创作上得到进一步的丰富和发展，对增强广告的表现力和促进销售也起到了很大的作用。

以下是一些新辞格审美效果的运用：

11. 仿词

仿词，又叫仿语或仿拟，是在现成词语的比照下，更换词语中的某个词或语素，临时仿照新词语的修辞技巧。在广告语言中，有时直接引用原语不能有效地表达内容，于是创作者就将人们熟知的成语典故、诗文名句、格言、俗语等加以改动，以符合该广告特定的表达需要。由于这种改变，打破了人们的思维定势，使人产生认知失谐，故格外引人注意，显得新颖独特，因而在广告中逐渐普及开来并衍生出这种新辞格。

如谐音仿词：

“咳”不容缓，请用桂龙。

——桂龙咳喘宁

意义仿词：路遥知马力，日久见“跃进”。

——跃进汽车

仿词手法的美学效果是：能使广告语言表现出一种推陈出新的气象，显现出幽默风趣，新鲜明快，生动活泼的特点，在宣传商品及服务时产生独特效果，成为广告修辞的一大景观。但仿词的使用要从广告语言的需要出发，否则容易造成现代汉语使用的混乱。

12. 留白

留白本是我国水墨画的一种传统技法，即好的绘画有时讲的是空，而不是满，寥寥数笔，便赋予高山大川、花鸟鱼虫以神韵，留出大面积空白，不仅可以延伸人们的视觉感受，还可以留给人们更多的想象空间。近来常见到把这种技法移植到广告文案中的情况，就是我们说的留白法，也叫省略技巧。如某保险公司广告：“你将不会再有债务问题。”这句话省略了原因分句“如果你购买保险”，从而形成空白。只出现结果分句，消费者看了之后一定会去追索原因，而原因正是广告要宣传的对象和要达到的目的，留下空白，等待消费者去填充，发挥了消费者的主动想象，达到了意想不到的广告效果。

留白手法的美学效果是：能更激发消费者的好奇心和想象力，使其对广告表现的对象保持长久的兴趣，从而取得了其他广告作品所无法达到的美学效果。

13. 双饰

在上下文里利用词的多义或修饰义，使同一个词先后表达两种意义，就像同一个人先后饰演两种不同角色一样，这种手法叫双饰。此种修饰，优点在于出人意料之外，又在情理之中。如“北京晚报，反对晚报”。同是“晚报”，前面是名词，后面是动词，表达含义完全不一样，前后相连，不会产生歧义，造成了神奇效果，即北京晚报，一定会注意新闻的时效性，在第一时间传递信息。诉求准确，传播巧妙。

广告语言使用双饰的修辞手法产生的美学效果是：一方面，一词多用，简洁凝练，巧妙关联；另一方面，幽默诙谐，回味无穷，蕴意深刻。

总之，广告当中利用各种修辞的现象很多，而且为了表达上的方便和有效，广告语言还在创造着一些新修辞。这些修辞现象，可以使广告更富有审美张力和艺术魅力。

本章小结

广告文案是美的创造性的反映形态，作为审美因素，它一方面反映或渗透着一定时代的审美观念、审美趣味、审美理想，一方面又凝聚着广告文案创作者的艺术构思和原创性的精神劳动。从这种意义上说，广告文案是文案写作者审美心理和思想物态化或具象化的表现形式，也是具有一定审美能力、审美感受的大众欣赏和评价的对象。由于广告集功利目的与审美价值于一身，所以广告文案也是实用功利美和精神文明美的能动反映。它是一种社会意识形态，在运用一定的艺术手法传递商品信息的同时，也向社会传播着某些审美观念：道德观、价值观、世界观、幸福观、亲情观等，潜移默化地影响着人们的生活方式和审美心理。

基于此，本章专门阐述了广告文案写作的美学追求，试图从理论角度加深对广告文案创作的理解。广告文案创作人员在进行写作的过程中，不能忽略对广告文案所应具备的审美特征的把握，要能利用广告文案各结构的审美表现、广告语言丰富多彩的审美形态以及文案创作时具体的美学追求，来创意构思广告文案，增强广告文案的美学内涵，进而更好地为整个广告作品服务。站在广告受众的角度而言，充分理解和把握广告文案的美学追求，有助于广告受众提高对优秀广告作品的欣赏鉴别能力。

本章首先从探讨广告文案的审美特征角度出发，以广告文案的语言特征、内容特征、表现形式特征等多个方面作为论证依据，分析了广告文案所具有的内在意蕴美、简约朴素美以及和谐统一美等审美特征。接着，本章具体从探讨广告文案的结构特征入手，通过对广告文案各部分构成，包括广告语、广告标题、广告正文以及广告随文的内涵、作用及其审美价值的认识，力求在掌握广告文案创作的基本立足点和架构关系的同时明确广告文案结构对广告文案写作的审美影响。本章在着重探讨广告文案如何能实现其审美内涵与美学价值时，主要从实中出美、简中出效、平中出奇三个角度出发论证了广告文案在创作过程当中的具体美学追求。最后，本章从广告文案中最重要的构成因素——语言入手，从不同体式和不同辞格分类两个方面分析了广告语言的审美形态，由此可以初步领略到广告语言运用的丰富多彩和变化万千的样貌，为广告文案写作的美学追求奠定了基础。

总之，优秀的广告文案是具备审美特征的，这是广告实用功能发展和内容形式表现的必然结果。只有通过对广告文案审美特性、审美要求以及语言文字审美形态的把握与运用，才能更好地加强对广告文案写作的美学追求，发挥广告文案写作的美学功能，更有效地为实现广告的最终功利性目的服务。

第七章

企业形象策划的审美运作

形象是现代文化与社会发展中日益受到重视的一个课题。企业形象正在成为企业生存的一种特殊的无形资源。对于现代企业来说，良好的社会形象将代表着这一企业的信念、风格、价值观和成就。有了好的形象，就意味着有了市场、有了丰富的资源、有了更为广阔的发展空间。因为美的形象总是易于被人们所接受的，所以在很大程度上，追求良好的企业形象也就是追求企业的审美形象。作为企业整体形象战略，企业形象策划应渗透、贯穿在企业所有的广告中，对广告美的形成和发展发挥至关重要的作用。从美学上探讨企业形象的时代要求和策划设计，弄清它的审美属性，对于创造出更多更好的广告美，无疑有着十分重要的价值。

第一节　企业形象策划的审美特征

一、企业形象与企业形象策划

1. 企业形象的定义与特点

企业形象是企业文化的综合反映和外部表现，是社会大众和企业员工对企业的整体印象与评价。良好的企业形象，对内可以产生强烈的凝聚力、向心力和感召力，对外可以使大众对企业产生信任感。企业形象作为人们对企业的一种综合性认识，有其自身的显著特点，主要表现在：

(1)整体性。企业形象是由企业内部的诸多因素构成的统一体和集中表现，是一个完整的有机整体。

(2)社会性。企业形象是社会公众对企业综合认识的结果，绝不是人们对某个企业的个别因素的认识结果，而是综合多方面的因素形成的，是不以人的意志为转移的社会现象。它还受一定社会环境的影响和制约，不可能脱离赖以生存和发展的社会和自然条件而独立存在。

(3)稳定性。一个企业的形象一旦在公众的心目中形成，便表现为相对的稳定性，一般很难改变，即使企业发生变化，这种变化也很难马上改变企业已存在的形象模式。因为公众倾向于原有企业已存在的形象，这是公众心理定势作用的结果。因此，相对稳定的良好的企业形象有利于企业利用其稳定特点开展经营管理活动，可以借助已存在的有利条件为企业创造更多的经济效益和社会效益。

(4)创新性。虽然企业形象具有相对稳定性的特点，但这种稳定性是相对的，随着企业内部因素和外部环境的改变，企业形象也会随之发生变化。随着消费者的价值观和消费需求的更新，对企业形象也会提出新的要求，所以企业形象具有把创新、继承、延续有机地结合起来的特征。

(5)传播性。企业形象可以通过各种传播渠道从某一类公众传送给另一类公众。这一特征为企业形象策划达成自身的目的提供了理论依据。

(6)偏差性。企业形象在传播中常会出现和客观实际不符的情形：企业形象超前或滞后于企业现实。出现偏差，是由于公众获得某一企业信息不充分所致，由于信息不充分，人们就主要从某些方面去臆测，以致易出现偏差现象。

现代市场经济条件下，由于产品质量和技术的普遍提高以及商品种类的日益繁多，只靠质量和服务很难具有市场优势。在众多企业商品充斥市场时，只有那些企业形象和产品形象好的企业才有长久的生命力，才会受到消费者和社会公众的青睐。所以说，现代企业间的竞争已由产品力、销售力的竞争转入形象力的竞争，形象力是企业参与竞争的一个基本条件。

2. CI 的内涵

如果说传统企业推销的是产品的话，那么现代企业不仅推销产品，而且推销企业形象，CI 就是创造、生产和推销企业形象的过程。CI 即 corporate identity 的缩写，中文直译为“企业识别”。CIS 即 corporate identity system 的缩写，中文直译为“企业识别系统”。因在实际使用中并无本质区别，人们将 CI 和 CIS 并称为“企业形象策划”(见图 7－1)。

图 7－1 世界上第一家实行 CI 的 IBM 公司标识

CI 通过对企业经营理念、价值观念、文化精神的塑造，籍此改造和形成企业内部的制度和结构，并通过企业的视觉设计，将企业形象有目的、有计划地传播给企业内外的广告公众，从而达到社会公众对企业的理解、支持与认同的目的。其主体部分主要分为三个子系统：

(1)MI(理念识别)。理念识别 MI 的英文全称 mind identity，就是一个企业由于具有独特的经营哲学、宗旨、目标、精神、道德、作风等等而区别于其他企业。MI 是 CI 的灵魂和整体系统的原动力，它对 BI 和 VI 有决定作用并通过 BI、VI 表现出来。

图 7－2　我国第一家实行 CI 的广州太阳神公司标识

(2) BI(行为识别)。行为识别 BI 英文全称为 behavior identity，指企业理念统帅下企业组织及全体员工的言行和各项活动所表现出的一个企业与其他企业的区别。BI 是企业形象策划的动态识别形式，有别于企业名称、标志等静态识别形式。从 BI 实施的对象来看，它包括内部活动识别和外部活动识别。

(3) VI(视觉识别)。视觉识别 VI 是英文 vision identity 的缩写，指一个企业由于独特的名称、标志、标准字、标准色等视觉要素而区别于其他企业。VI 的表达必须借助某种物质载体，如厂房、店铺、广告牌、产品外观及其包装等等。VI 是整个企业形象识别系统中最形象直观、最具有冲击力的部分。人们对 CI 的认识是从 VI 开始的，早期的 CI 策划也主要是 VI 策划。VI 虽然比 MI、BI 容易实施、效果显示度高，但脱离了理念识别和行为识别的视觉识别本身是缺乏生命力的。

三个子系统既相互联系、密不可分，又有所区别且各具特色，并结合于一体，它们各为 CI 战略实施的不同操作方面，并共同支撑着企业形象和产品形象。

3. CI 的功能

企业识别系统有助于企业公共关系良好顺利地开展和运行，它要求将企业自身的精神理念、行为模式、视觉形象统一起来，使消费者能够将自己企业的形象与其他企业的形象清晰地予以区别，并留下牢固、持久而美好的印象。当然，CI 的最终目的还是为了企业能够取得巨大的经济效益，并获得超常规的发展。具体而言，可以有如下几点功能：

(1) 规范功能。CI 有着对职工的工作态度、行为和生活方式的规范功能。它使组织成员自觉地采取为人做事的正确方法和准则，从而产生出企业的整体效应。

(2) 导向功能。CI 通过文化的悄悄暗示，渗透人们的心理，聚集人们的观念，取得人们的共识，左右人们的行为，而当职工的共识一旦形成，贯彻企业决策就会成为一种自觉的行动。同时，CI 还为职工提供了评价是非、美丑以及正义和邪恶、崇高和卑鄙的标准，把企业内部的各种力量统一于共同方向上，使整个系统最大限度地发挥其全部效能。

(3) 激励功能。传统管理的激励方式主要是靠物质奖励；具有优秀文化的企业，利用培植的企业精神，尊重人、关心人、重视人的文化气氛，使每个人的潜能都能得到最大限度的释放，并使这种激励作用得以持久地发挥，这是企业活力的源泉。

（4）聚合功能。CI 通过企业成员的习惯、知觉、信念、动机、期望等微妙的文化心理来沟通人们的思想，使人们产生对企业目标、准则、观念的认同感、使命感、归属感和自豪感。对企业产生一种强烈的向心力和凝聚力，从而使企业发挥出巨大的整体优势。

（5）沟通传导功能。企业建立识别系统，有助于信息传递的可信性、真实性和统一性，使企业的公共关系活动得到顺利发展。CIS 的推行使企业信息的传播简单化、差异化，易于公众的识别和认同，从而达到最佳的沟通效果。

二、CI 与广告美

1. CI 与广告美的联系

CI 战略实际上是一种广义的广告，它是将企业的经营理念、文化风格等独特的信息“广而告之”，并有效传播到消费者那里，得到他们的广泛认同，以提高企业的知名度和美誉度。既然二者的最终目标都是要促进产品销售和自身的兴旺发达，因此广告美的传达与 CI 策划在现实操作中体现出比较密切的联系，主要表现在：

（1）广告美所展现的企业形象要同 CI 所展现的企业形象相吻合。企业为加强广告的传播力和辐射力，就要塑造企业自身的美好形象，提高企业的美誉度，如果广告所展现的企业形象同 CIS 所展现的企业形象不一致，不但不能实现二者整合的良好效果，而且会削弱二者各自的传播效果，造成企业资源的浪费。

（2）广告美所展现的产品形象要同 CI 中所设计的产品形象相吻合，并有利于企业形象的树立。广告美的内容是一种真参照，在产品广告宣传中，为达到促进销售的目的，广告会着重介绍商品的新价值，强调广告商品与同类产品的不同之处和它能够给消费者带来的更大利益。如果企业在广告中展现的产品形象能和 CI 中所设计的产品形象相吻合，就能强化目标消费者对本企业产品的品牌、商标的印象，促成目标消费者认牌购买。

（3）广告美的创造中有关标识、文字、色彩等要同 CI 手册中的相应设计相吻合。在企业的广告设计上，一般都会充分调动一切艺术形式的作用，力求达到新颖、形象、富有美感和个性化。但如果能与 CIS 手册中的名称、字体、结构、色泽、用料相吻合，二者就会形成合力，给公众以强烈的感受、留下深刻的印象。

（4）广告美的媒介传播有利于 CI 的推行和企业形象的实现。企业广告美的传递主要是根据顾客对企业产品属性的重视程度，把广告产品确定一个市场位置，让它在特定的时间、地点、对某一阶层的目标消费者售出，以利于与其他厂家产品竞争。而CI的目的则是要在广告宣传中，为自己的产品和企业树立独特的市场形象，以区别于竞争对手，获得超常利润。二者在根本经济目标上的一致，决定了其传播媒介的选择应尽可能促成目的的达成。

(5)广告美的总体策划要同CI的总体策划相交融。广告先于CI产生，因而有关广告的基本原理和成功做法构成了CI的基础。但同时广告又是CI中的有机组成部分，企业在导入CI后，其广告又必然服从于CI中的统一要求，因此，广告美与CI策划都要运用相同的审美规律和一定的艺术手法进行创造。

2. CI与广告美的差异

企业形象策划是以企业定位或经营理念为核心，包括企业内部管理、对外关系活动、广告传播以及其他以视觉和音响为手段的宣传活动在内的各个方面，力求使企业以统一的形态显现于公众面前，形成良好的企业形象，因此，广告美与CI策划又有着显著的差异：

(1)从立足点上看，广告美的立足点是产品，CI策划的立足点则是企业整体形象。广告作为CI的一个子系统，是整体的一个重要有机构成部分，这就要求企业广告要服从于CI整体战略，将CI精神、CI形象标志融入广告之中。这表明，广告美要受到CI战略的指导和制约；同时，广告美又可以反作用于CI，发挥着或推进或阻碍的重大影响。

(2)从表现形式上看，CI可使企业的经营管理走向科学化和条理化，以符号的形式参照执行，而广告美则是一般物质产品的一种反映形式，需要社会大众大量地接受广告传播的信息，来增强社会大众对企业形象的记忆和对企业产品的认购率。

(3)从心理机制上看，广告美具有新奇性和重复性的特点，又由于广告美的非凝冻性，决定了广告美是不能用一种形式固定下来的，不能供人反复观照；CI意在引起人们的某种联想，一旦实施和传播，其作用的周期要长，且效果相对稳定。

(4)从操作机制上看，由于广告宣传的随机性，广告美偏重近期效应；而CI则是一种战略规划，其形成与操作需要相关人员的精心策划与周密安排。

综上所述，由于CI战略与企业广告之间所存在着一种整体与局部、作用与反作用的辩证关系，作为企业整体形象战略，企业形象策划应渗透、贯穿在企业所有的广告中，对广告美的形成和发展发挥至关重要的作用。

三、企业形象的审美特征

1. 企业形象的审美内容

现代企业生产的产品不仅要满足消费者的物质需要，也要满足其精神需要，特别是审美心理需要。企业向消费者提供产品的同时，还必须向消费者提供尽量多的审美附加值。企业形象就是企业的整体美感。在审美消费过程中，企业形象就像一块巨大的磁铁，把消费者从四面八方吸引过来。企业形象的策划是一种创造性活动，无论是创意的手段，还是创意的主题表现，都带有极强的个性。又由于社会大众的思维方式、价值观、利益观、审美高度的不同，使得他们对企业形象的认识途径、认识方法都有所不同，但是，从一般角度讲，对企业形象进行策划时，应从以下方面突出企业在社会公众心目中的形象：

(1)应突出环境美。优美舒适的环境，会使人奋发向上，勇于进取，使企业员工产生一种对企业的热爱及为企业效尽全力的信念。对外部公众来讲，优美的环境会给企业社区公众留下良好印象，尤其是商业企业，高雅的装潢、舒适的购物环境，不仅影响到消费者对商店的光顾率，而且还影响到消费者的购物信心。

(2)应突出人的美。企业经营的好坏与经营管理者个体形象关系极大。企业管理者的形象特别是最高层领导的能力、素质、魄力、气度和经营业绩给员工及企业同行、社会公众留下的印象可以使兴盛的企业走向衰落，也可使濒临倒闭的企业起死回生。良好的管理者形象可以增加企业的凝聚力，提高员工的积极性。企业人员形象还应包括员工形象。员工是企业的劳动主体，员工形象直接决定商品形象，决定企业形象。具有较高技术素质、文化水平、职业道德和较好仪表装束的员工形象可以大大提升企业形象。

(3)应突出产品美。产品形象的优劣直接决定企业形象乃至整个企业的命运。产品形象可以表现在许多方面，但主要表现在产品的质量、性能、商标、造型、包装、名称等在消费者和社会公众心目中的形象。从营销实践来看，西方发达国家的企业无不重视产品的形象美。从产品命名、款式的选择、色彩的搭配等方面，事先都通过大量市场调研，在广泛征求社会公众的意见后，对产品进行定位。

(4)应突出服务美。自20世纪80年代后期以来，发达国家企业兴起了服务营销，优质服务是树立良好企业形象的保证。当今市场竞争激烈，在吸引顾客、超过同行竞争中，服务竞争已越来越被摆在突出的地位上。

(5)应突出企业视觉识别美。现代企业大多采取独立和统一的视觉形象设计，通过广告及其他媒体加以扩散，有意识地造成个性化的视觉效果，以便更好地唤起公众的注意，使企业知名度不断提高。所谓统一性就是要确定统一的标志、标准字、标准色，并将它贯穿于建筑物的设计、服装、包装等方面。同时，企业形象的塑造还必须要有区别于其他行业的独立的个性美，只有使大众能在感觉上去感受本企业以及本企业与其他企业的不同，通过企业之间有明显差异的区别，才能形成对企业特性的强烈印象。

总之，随着现代传播领域的不断拓宽，企业形象正在成为企业生存的一种特殊的无形资源。而这一资源的获取和扩充越来越成为一种策划和设计的艺术，一种具有越来越丰富的审美意义的传播艺术。为了突出和宣传某一企业的整体形象，设计者必须要对其进行具有整体构想的系列设计。那些精心设计、精心塑造、精心包装的企业形象，具有极大的诱惑力和征服力，创造了一个个动人的商品情结，也创造了一个个市场神话。

2. 企业形象的审美要求

广告美的根本性质是从美学的特殊视角研究广告审美现象，具有美的形象的企业是企业文化和广告美学提升后的企业，是适应社会进程和企业发展要求、加强和完善企业文化建设的结晶，具有深厚的理论内涵和较高的审美要求，这些体现着企业形象的审美特征可归纳如下：

(1)从美与功利的关系来看，形象美的企业必须是高效益的企业。高效益的企业能让人感到美，是从美的本源与基础上来看的。美是在人类活动中产生的，人类的活动是从满足自己的生存需要开始的，美也是在实用的基础上产生的。任何企业，其核心的问题都是效益问题。有效益的企业才能生存，才能发展。高效益的企业必然是充满活力的企业。这样的企业，会给人以美的感受，所以形象美好的企业其核心标志就是企业的高效益。

(2)从美与新的关系来看，形象美的企业必须是不断创新的企业。不断创新的企业能让人感到美，是因为美与新有着内在的联系。美与新的联系有着心理学的依据。外界刺激是一种能使感官起活动的力，刺激不变，感觉便逐渐减少以至消失，这种现象在心理学上叫做“适应”。一旦适应，外界刺激便不再是刺激，便不再有反应。对于不得不接受的已经适应了的刺激，甚至会厌倦，更谈不上美了。类似的道理也适用于企业。只有不断创新的企业，才能保证其效益的持续性，即企业的可持续发展。只有尊重创新、激励创新、不断创新的企业，才会永远有活力，才可能是形象美好的企业。

(3)从美的主体性特征来看，形象美的企业必须是“以人为本”的企业。尊重人的企业能让人感到美，是因为人的自主性、能动性在审美活动中能得到最充分的体现，审美活动也因此表现出精神的充分自由。人的主体性发挥得越充分，人就越能实现自己的价值，也越能感到精神上的舒畅与自由，越能获得美。相反，当人的主体性受到束缚与局限时，是不能获得美的。企业的效益与发展有赖于企业全体员工的努力，努力提高员工的主体性、实现人本主义管理的企业，能实现企业与员工的双赢，才可能是美好企业。

(4)从美与道德的关系上来看，形象美的企业必须是具有诚信理念的企业。我国文化中有“美与善同意”的传统，说明美必须有善为基础。只有在道德上被肯定的行为才能上升为美，而在道德上被否定的行为则肯定不美甚至是丑恶的。所谓诚信，指真实、诚实、有信用，都是在道德意义上被肯定的方面，与虚假和背信弃义相对立。诚信是市场经济的一种内在要求。不遵守这条原则的企业，也许会一时得利，但绝对不能长久得利。从这个角度看，诚信是企业最大的无形资产，它会凝聚在企业的形象中，凝聚在产品的品牌中，也会表现在企业的活动中。当一个企业的诚信表现出来时，人们就会感到这个企业的美。

(5)从美与形象的关系来看，形象美的企业必须首先具有良好的物化形象。美是与感性直观的形式、形象不可分割的。任何事物，要成为人的审美客体，必须是直观的、具体的能为人的感官直接感知的感性存在。抽象的思想、概念甚至客观真理都不能是直接的审美客体。所以，对于企业来说，要追求企业形象的美，首先应该具有能被外人感觉到的美好的物化形象。如现在流行的请名人做企业的形象代言人就是源于企业希望能够借助名人的社会口碑，以提升公众对该企业的美好印象，提高消费者的信任度。此外，现代管理制度、生产现场状况、各种生产生活文化设施等反映企业生产技术先进程度和管理文化程度的有形工程都是企业物化形象的表现。形式由内容来决定，但任何具体内容都存在于一定的形式之中，加强企业形象的美感，也应从这些企业物化形象入手，设计和塑造企业形象。

构建美的企业形象，必须在继承的基础上丰富企业文化和广告美学的内容，在有形工程建设上突显企业形象的实质，在价值观塑造上不断深化企业文化和广告美学的合理内核。只有这样，中国的美好企业才能具有与世界一流企业竞争的能力。

第二节　企业形象策划的审美表现

一、企业理念识别(MI)的审美策划

1. MI 的内涵与外延

对企业理念进行审美策划，首先要理解其内涵与外延。MI 的内容规定是对企业理念进行审美表现运作的根据。就其内涵来说，企业理念即企业的理想、哲学与信念，是一个战略发展的主导思想，是指导和影响企业战略追求的灵魂，是企业理念识别系统的核心。任何一个组织都要求有一个统一的理念协调组织的行动，否则就会变成一盘散沙。作为现代企业存在价值、经济思想和企业精神的综合体现，企业 MI 设计的外延也极为广泛，主要包含以下几个方面：

(1)企业经营哲学。企业经营哲学是关于企业经营活动的思想、原则的概括，并不是对企业的每一项工作的具体规定。哲学对其他学科和人类的一切实践活动都具有很大的指导作用。企业经营哲学作为企业经营管理基本规律的高度总结和概括，作为企业家对企业经营管理的哲学思考，必然对企业每一个的具体工作起到很大的指导作用，产生非常重要的影响。企业经营哲学主要是通过具有“哲理

味道"或"理论色彩"的语言进行表达，例如：顺应天时，借助地利，营造人和(衡水电机厂)；开拓则生，守旧则死(深圳光明华侨电子公司)；仁心待人，严格待事(瑞士劳力士手表公司)等。

(2)企业精神。企业精神是现代意识与企业个性相结合的一种群体意识，是企业现实状况、现有观念意识中积极因素的提炼，是全体员工共同拥有的具有普遍掌握的理念，它为企业经营活动提供精神支柱和前进动力，是企业文化的精髓。企业精神通常通过口号、短语、厂歌等形式表达出来，如海尔的企业精神：敬业报国，追求卓越；红塔集团的企业精神：天有玉烟，天外有天；中国移动的企业精神：沟通从心开始；蓝天集团的企业精神：创优传承历史，创新成就未来；等。

(3)企业宗旨。企业宗旨是企业存在于社会的主要目的、意图和志向，是企业的最高理想。企业宗旨对内是引导和规范企业和企业员工的强大思想武器，对外是企业向社会发出的宣言和承诺，反映了企业存在的价值，是引导消费者和社会公众的一面鲜艳的旗帜。如光明电力集团的企业宗旨：动力永恒，创造繁荣。表明光明的发展生生不息，通过提供源源不断的动力，为祖国、为社会、为人民带来繁荣、发展和幸福。

(4)企业价值观。企业价值观是企业和企业员工共同的价值取向，主要解决企业与员工、员工与企业的价值趋同与价值追求问题。价值观展示企业的基本性格和经营宗旨，左右企业员工的共同远景和行为规范，影响着企业的根本信念和发展方向。一些世界上著名的公司则用十分简洁的语句来表达其核心价值观，如海尔的价值观：真诚到永远；摩托罗拉公司的核心价值观：保持高尚情操，对人永远尊重；诺基亚公司的核心价值观则是科技以人为本。

2. MI 的审美类型

从表面上看，广告美与企业理念并没有很大的联系，但是，从更深层次上看，广告作为一种无形资产的增值系统，本身是凭借着 MI 作指导的，是受企业理念支配的。美国企业文化学者帕福曾经做过调查，在各自所在行业排名最靠前的公司与普通公司的广告策略有着显著的不同，对于最受推崇的公司，除了注重广告的真实、科学、美好等原则外，还注重广告对企业形象、企业理念的烘托。例如英特尔公司在公众中的形象就是一贯致力于保持它在创业初期建立起来的平等、协作的职业道德观和"创新精神""高超管理""精英荟萃""产品和服务极佳""具备长期投资价值""财务状况稳健""善于运用公司资产"的卓越形象。在英特尔公司的广告策划、创意和发布中，始终贯穿着上述八大素质的理念，这也卓有成效地提升了英特尔在全世界公众中的形象。

企业的差别首先来自企业不同的理念，企业不同的理念定位决定了企业不同的形象定位。因此，企业理念内容的差别化是企业差别的根源。从目前企业的现实状况来看，可以将企业理念分为以下几种审美类型：

(1)抽象目标型。这一审美类型的企业理念，往往将企业理念浓缩成反映企业追求的精神境界或经营目标、战略目标，以直接的、具体的反映在企业口号、标语之中的精神美团结广大员工，提升企业形象。如百年老字号同仁堂“同修仁德，济世养生”、澳柯玛“没有最好，只有更好”、联想集团“人类失去联想，世界将会怎样”等。

(2)团结创新型。提炼团结奋斗等传统思想精华或拼搏创新等群体意识，希望能够借用创新的集体力量来体现共同的追求，这种审美类型的企业理念往往具有较高的精神境界和领先对手的眼光。如日本卡西欧公司的“开发就是经营”，日本本田技研公司的“创新经营，全球观点”，我国荣事达集团的“互相尊重、互相平等；以义生利、以德兴企”等均是此种类型的代表。

(3)质量技术型。强化企业立足于某类拳头产品、名牌产品，或商品质量、开发新技术的观念，这种类型的企业理念予人以注重功效、实用的感觉，与之对应，稳重、踏实就是这类企业的审美形象。如金种子集团提出的“质量是血”的口号，中国一汽集团的“以第一流的质量造名牌汽车”等。

(4)市场经营型。此种类型注重企业的外部环境，强调拓宽市场销路，争创第一流的经济效益，给受众以意气风发的新鲜感和与时俱进的时代感。如中国大洋集团曾提出“民生需要即为市场”，1998 年平安公司就明确了“以效益为中心”的企业经营理念。

(5)文明服务型。此种类型突出为顾客、为社会服务的意识，尊重了作为审美活动和一切生产、经营、消费活动主体的人的地位，具有强烈的“人本”色彩。如乐百氏提出的“企业为人服务”和韩国三星“千万不能让顾客等待”等。

3. MI 的审美设计特性

企业理念具有导向、激励、凝聚、创造名牌及辐射等功能。它能够从根本信念、根本价值取向上为企业及员工行为提供导向、激励，以引发企业及员工的进取行为，从而产生强大的上下一气的凝聚力，并将自己的形象通过各种渠道渗透、扩散、传播到整个社会乃至整个世界。不管企业性质、体制及经营方式如何不同，在能否为社会接纳上却是相同的。在导入企业理念设计之前和进行过程中，有必要掌握其设计的程序和应该遵循的基本美学原则：

(1)企业理念口号化。企业理念设计的基本要素一旦确定，就要求用语言的形式对其进行恰当的表征。口号是供口头呼喊的有纲领性和鼓动作用的简短句子，口号内容精练，中心突出，有比较强的感染力和号召力，可以提高企业理念的识别力和表征力。同时口号句子短小精悍，便于阅读、记忆和传播，符合“简洁即美”的审美规律。

(2)企业理念人格化。企业理念一定要在企业全体员工中形成共识，才能成为企业持久的精神动力。企业英雄人物最能体现企业的精神理念，通过讲述他们的故事、宣传他们的事迹、赞扬他们的思想和精神，能够使企业理念形象化并被赋予一种人格化的力量，也必然洋溢着与众不同的人文之美。

(3)企业理念艺术化。将企业理念要素用音乐、美术等艺术手法表达出来，借助艺术的美来传播和推动。常见形式有厂歌、公司之歌、漫画、吉祥物等。(4)企业理念个性化。具有独特个性之美的企业理念，有利于在社会及顾客心目中产生良好影响，能够使人们对其产生一种认同感。从认同企业形象到认同企业，再到接受企业的产品和服务，从而与企业及其产品结下不解之缘。这种建立在顾客与企业信任基础上的"依恋"关系，本身就使得顾客在这种产品的需求上具有排他性，而这正是企业获得成功所必需的。

(5)企业理念时代化。每一时代都有着不同的审美旨趣，企业理念受到产业特点、内在条件和外部环境的制约，既要有鲜明的个性，同时还要有其时代的特征和社会特征，以在适应时代和社会的前提下满足社会需求多样化的要求。

(6)企业理念实用化。企业理念具有很强的应用性。它是在生产经营实践中形成，反过来为生产经营实践服务的，能够为企业的发展提供精神支柱和前进动力。从使用、满足的角度看，只有有用的美，才可能是长久的美。

现列举两家知名大企业的理念系统设计，看一看 MI 的审美设计特性是如何表现的。

四通公司——

企业精神：高境界、高效率、高效益。

经营口号：中国的 IBM。

企业目标：做把科技转换成生产力的探索者，创造中国式的高效率企业。

管理体制：分散经营协调控制，集中决策。

人才观念：知人、容人、用人、培养人；吸引第一流人才，凝聚第一流人才，让第一流人才有超水平的发挥。

美国国际商用机器公司(IBM)——

信念：尊重个人、顾客至上、追求完美。

商业道德规范：IBM 的推销人员在任何情形下都不可批评竞争对手的产品；如对手已接获顾客订单，切勿游说顾客改变主意；推销人员绝对不可为了获得订单而提出贿赂。

座右铭：诚实。

口号：IBM 就是服务。

企业理念是企业形象的基本精神和最高境界，企业形象的竞争归根到底就是企业理念的竞争。长期表现优异，在竞争中立于不败之地的公司，其成功的秘诀就在于其鲜明的、为社会和顾客所认可的企业理念。"理信主义"的管理曾给美国经济带来了极大的繁荣，"人性化"的管理则使日本跻身于世界强国之林。可见企业理念是企业乃至国家竞争中取胜的必不可少的要素。就我国来讲，企业理念开始逐步确立，并日益表现出成熟的特征。如，长虹的"产业报国、振兴民族工业"，"康佳"集团的"康乐人生、佳品纷呈"，美的集团的"开放、和谐、创意、追求完美"等，这都为我国企业理念的确立开了先河。

二、企业行为识别(BI)的审美策划

1. 企业对内行为识别与企业审美教育

企业行为识别(BI)，是CI的动态识别系统，包括对外回馈、参与活动，对内组织、管理和教育，是企业实现经营理念和创造企业文化的准则，如果把MI比做CI的"头脑"，则BI可称为CI的"做法"。BI是在企业实践经营理念与创造企业文化的过程中，将停滞和隐藏的资源予以活性化及重新展现，并根据这一优势资源再开发成新的资源，并形成最重要的形象概念(image concept)，以"一点突破型"(power of one point，简称POOP)的形象策略实现企业目标。

审美活动的目的在于创造审美价值。企业的行为识别呈现审美的价值，对于培育员工的心灵美、行为美，陶冶员工高尚的情操具有重要意义，是形成工作动力的首要条件。当员工以高尚的心胸认识企业的理想和目标时，员工便产生了具有崇高审美特质的行为，使员工体会企业目标所承担的责任，自发激励自己克服困难去实现企业目标。而具有崇高审美特征的理想，总是突出强烈的超越意识，正是在这种超越中，员工实现自己的本质，完美自己的人格，体验到崇高的美感。

企业内部行为识别就是对全体员工的组织管理、教育培训以及创造良好的工作环境，使员工对企业理念认同，形成共识，增强企业凝聚力，从根本上改善企业的经营机制，保证对客户提供优质的服务。主要包括以下几方面内容：

(1)工作环境：一是物理环境，包括视觉环境、温湿环境、嗅觉环境、营销装饰环境等；二是人文环境，主要内容有领导作用、精神风貌、合作氛围、竞争环境等。创造一个良好的企业环境不仅能保证员工身心健康，而且是树立良好企业形象的重要方面，企业要尽心营造一个干净、整洁、独特、积极向上、团结互助的环境，这是企业展示给社会大众消费的第一印象。

(2)员工的组织管理和教育培训：员工是将企业形象传递给外界的重要媒介，如果员工的素质不高，将损害企业形象。所以CI战略的推行，必须对企业员工加强组织管理和教育培训，提高每位员工的素质，使每位员工认识到自己的一言一行都与企业整体形象息息相关，只有通过长期的培训和严格的管理，才能使企业在提供优质服务和优质产品上形成一种风气、形成一种习惯并且得到广大消费者的认可。

(3)员工行为规范化。行为规范化既表示员工行为从不规范向规范的转变过

程，又表示员工行为最终要达到规范的结果。它包括的内容有：职业道德、仪容仪表、见面礼节、电话礼貌、迎送礼仪、宴请礼仪、舞会礼仪、说话态度、说话礼节和体态语言等等。

(4)编唱企业之歌(厂歌、行歌)。在CI战略中，借助厂歌既可以宣传企业的理念，又可以振奋员工的精神，缓解员工工作紧张的压力，对这种形式喜闻乐见，易于接受，因此，有愈来愈多的企业为迎合员工这一心理，将企业理念谱写成自己的企业之歌，取得了良好的效果。

企业文化的审美教育在内容、方式、途径和效果等方面，具有自身的特点，它是一种自由式的教育，是一种潜移默化的教育。经过长期美育熏陶的员工，会逐渐形成完美的心理结构，对人的全部精神生活发生重大影响。因此，在企业对内行为识别的建设中要以和风细雨、细细渗透的方式和美的魅力育人，创造和谐美的人文环境，实现民主管理，实现员工知、情、意、美的全面调和。引导员工关心企业、关心公众、关心同事、关心生活，达到心灵与外界的统一，萌发敬业、奉献、建功的高尚动机，带来求真、求善、求美潜能的无限扩张，形成内在美。在这一过程中，可参考的方式主要有：

(1)制定CIS战略实施方案，包括企业导入CIS战略背景、发展目标定位、MI及BI手册，使全体员工对实施CIS战略有一个明确的认识，提高实施的自觉。

(2)颁布CI手册，使员工熟悉载入其中的企业理念、企业识别等内容。

(3)举办培训班。通过培训对领导和骨干首先进行导入CIS战略的培训教育，之后可以在全体员工中举办培训班，促进自我启发。

(4)通过视、听传播形式向员工介绍企业有关CI导入背景、经过及具体的理念内容。

(5)开展企业CI应用要素的实际运用，如用企业标志、企业精神标语、企业标准色和标准字等，装饰布置企业内外环境。

(6)注重企业内部沟通。如通过企业内部的宣传海报以新的精神风貌展开活动，宣传企业宗旨，展示企业形象，获得大众认同等。

2. 企业对外行为识别与企业审美形象

企业外部识别活动是通过市场调查、广告宣传、服务水平，开展各种活动等向企业外部公众不断地输入强烈的企业形象信息，从而提高企业的知名度、信誉度，从整体上塑造企业的形象。主要内容包括：

(1)市场调查。企业要推销出适销对路的产品，就必须进行市场调查，以求得与消费需要的一致性，在此基础上进行新产品设计和开发。特别是要通过市场调查搞好市场定位，即根据市场的竞争情况和本企业的条件，确定本企业的产品和服务在目标市场上的竞争地位，从而为产品创造一定的特色，赋予一定的形象，以适应顾客的一定需要和爱好。

（2）服务水平。服务，可以说是企业形象一道光环，优质服务最能博得客户的好感。就服务内容而言，包括服务态度、服务质量、服务效率；就服务过程而言，包括三个阶段，即售前、售中和售后服务。服务活动对塑造企业形象的效果如何取决于服务活动的目的性、独特性和技巧性。服务来不得半点虚伪，它必须是言必行、行必果，带给消费者实实在在的利益。

（3）广告活动。广告可分为产品广告和企业形象广告。对CI系统，应更加重视形象广告的创造，以获得社会各界对企业及产品的广泛认同。企业形象广告的主要目的是树立商品信誉，扩大企业知名度，增强企业内聚力。产品形象广告不同于产品销售广告，它不再是产品本身简单化再现，而是创造一种符合顾客的追求和向往的形象，通过商标、标志本身的表现及其代表产品的形象介绍，让产品给消费者留下深刻的印象，以唤起社会对企业的注意、好感、依赖与合作。

（4）公关活动。在市场调查的基础上进行必要的公关活动，这是企业行为识别的重要内容。通过公关活动可以提升企业的信誉度、荣誉度，能消除公众的误解，取得社会的理解和支持。公关活动的内容很多，有专题活动、公益活动、文化性活动、展示活动、新闻发布会等。

中国古代美学谈及形象塑造时有以传神为主而形神兼备之说。这种从形神关系出发而提出的审美原则，强调以神为形之君而不否定形的作用。企业行为识别即是一种通过企业形象的塑造达到传达企业精神目的的手段。企业的行为识别几乎涵盖了整个企业的经营管理活动，不同的企业在形象内涵的表现上又有所不同，如银行业重视外观形象和社会形象，销售企业重视外观形象和市场形象等。现将在企业行为中能直接作用到公众，形成公众印象的审美形象与评价因素归纳如下：

（1）技术形象：技术优良，研究开发力旺盛，对新产品的开发热心。

（2）市场形象：刺激消费，提高市场占有率，提高服务商品的高附加值，善于宣传广告，消费网络完善，具有很强的国际竞争力。

（3）公司风气形象：清洁，现代感，和蔼可亲，吸引力强。

（4）未来性形象：未来性，积极形象，合乎时代潮流。

（5）外观形象：信赖感、稳定性高，企业规模大。

（6）经营者形象：经营者具有优秀的素质，具有完善的道德人格形象。

（7）综合形象：一流的企业，想购买此公司股票，希望自己或家人在其公司工作。

行为识别的基本意义在于将企业的内部组织机构与员工的行为都理解为一种传播符号，通过这些活动的因素传达企业理念，塑造企业形象。并且行为识别至今而言，不能说是发展到了相当丰富、完善的水平，这意味着企业开发建立BI将有着很大的余地和美好的前景。

三、企业视觉识别(VI)的审美策划

1. VI 的符号表达与审美联想

视觉识别将企业的理念和价值观通过静态的、具体化的视觉传播形式，有组织、有计划地传达给社会，树立企业统一性的识别形象。透过视觉识别，能够充分表现企业的经营理念和企业精神、个性特征，使社会公众能够一目了然地了解企业传达的信息，从而达到识别企业，并建立企业形象的目的。制定出适当的企业理念，并将其形象定位后，接着就要将其表达，而视觉识别系统是企业形象最直接也是最直观的表现。

视觉识别系统设计主要通过线条、字体、颜色、图案等构成要素来表现。每一种构成要素、每一种符号在视觉系统中都有着一定的指示意义，会引起受众对于其所蕴含的企业精神的审美联想。企业视觉识别系统表现的目的就在于借此唤起受众联想的审美心理功能，达到认知、传播企业内在精神的目的。

在进行视觉识别设计时，如何选择合适的符号进行设计，并将这些符号组合起来，产生和谐、一致的效果，需要设计者充分理解企业理念，并且充分了解这些符号的指示意义，对消费者心理的潜在影响以及多个符号组合起来的效果。表 7-1 至表 7-3 中，我们可以简单看一下线条、字体、色彩的表征意义和形成的审美联想。

表 7-1　线条

线条类型	审美联想
直线	直爽、前进、庄严、坚强、稳重、果断、力量、有男性感
斜线	向上、积极、飞跃、倾倒、危急、冲动、崩溃、失控
曲线、弧线	柔软、弯曲、轻巧、灵活、丰满、美好、优雅、抒情、犹豫、纤弱、女性、变化、运动
折线	上升、下降、前进、曲折
锯齿状折线	紧张、压抑、痛苦、不安
水平线	宁静、开阔、理智、平坦、丰盈
圆形	圆满、简单、平衡、控制、圆滑、和美
椭圆形	完满、持续的运动感
垂直线	挺拔、庄严、崇高、肃穆、无限、悲哀、宁静、尊严、激情、永恒、权力、固执、偏激
螺旋线	欢乐、升腾、超然、脱俗
等边三角形	稳定、牢固、平衡、掣肘

表 7-2 字体

字体类型	审美联想
宋体	典雅、大方、严肃
仿宋体	挺拔、秀丽、端庄
小篆	整齐、古朴、悠远
隶书	典雅、端庄、厚实、严谨
草书	飘逸灵秀、婀娜多姿、风起云涌、豪迈奔放
行书	洒脱、优雅、率性
黑体	庄严、醒目、郑重
幼圆	秀丽、圆润
楷书	端庄、秀美、正规、单纯

表 7-3 色彩

色彩类别	审美联想
红色	热烈、激情、速度、慷慨、激动、竞争、进攻、刺激、不安宁
白色	清洁、纯洁、朴素、直率、清白
黑色	悲哀、严肃、压抑、丰富、神秘
黄色	乐观、快乐、理想主义、充满想象力
米色	中性、实用、保守、独立、无聊、平淡
蓝色	和平、宁静、协调、信任、信心
绿色	友好、忠心、聪明、嫉妒、卑鄙
褐色	保守、稳定、朴素、舒适
灰色	实用、悲伤、安全、可靠、保守
紫色	优雅、高贵、神秘、灵性、忧郁、深沉
橙色	热心、动态、豪华、艳丽、运动、活力

企业视觉识别系统具有科学化、差别化、系统化的特点。因此，进行任何设计活动和开发作业，必须根据上述各种特征，发挥视觉符号的传达功能。其中最重要的就是要对各种视觉符号的使用实现标准化。企业标准字体和色彩的确定是建立在企业经营理念、组织结构、市场目标、经营策略等总体的因素的基础之上的。随着商业信息传递与文化交流日趋频繁，一切的传意行为极讲求效率，视觉

传意的文字和商标符号一样，都朝着一个共同发展的趋向，即要求简洁、共识。经过精心设计的标准字体和色彩是根据企业或品牌的个性而设计的，对笔画的造型、线条的连接与配置、色彩的象征意义等都作了细致严谨的规定，比普通设计更美观，更具特色，也更有生命力。

2. 企业标志设计的审美类型与设计原则

视觉识别一般由三个要素组成：图案、颜色、标准字，这三者可单独使用或者综合使用以构成一个能代表企业或代表某种产品的标志。企业标志是专门用来标志企业存在、反映企业理念精神的视觉符号。根据心理学理论，人们日常接受外界刺激所获得的信息量中，以视觉感官所占的比例最高，达到83%左右。而且视觉传播最为直观具体，感染力最强。因而，采取某种一贯的、统一的视觉符号，并通过各种传播媒体加以推广，可使社会公众能够一目了然地掌握所接触的信息，造成一种持久的、深刻的视觉效果。从而对宣传企业的基本精神及独特性起到很好的效果。

CI形象标志所包含的构成要素虽然大体相近，但其表现形式却是千姿百态，异彩纷呈的。概括起来，可以分为以下三种。

(1)图像型。图像型标志是以富于想象或相联系的事物来象征企业的经营理念、经营内容，借用比喻或暗示的方法创造出富于联想、包含寓意的艺术形象。中国农业银行行徽图为圆形(见图7－3)，由中国古钱和麦穗构成。古钱寓意货币、银行，麦穗寓意农业；整个图案成外圆内方，象征中国农业银行作为国有商业银行经营的规范化。麦穗芒刺指向上方，外圆开口，给人以突破感，象征中国农业银行事业不断开拓前进。

图7－3　中国农业银行标志

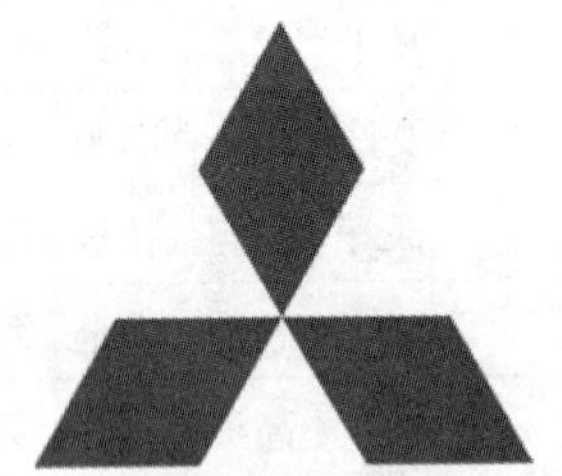

图7－4　日本三菱公司的标志

图像型标志还可以有点、线、面、体等造型要素设计而成，这种方法突破具体图像的束缚，在造型效果上有较大的发挥余地，产生强烈的视觉刺激。如日本三菱公司的标志由三个菱形组成(见图7－4)，蕴含了三菱“和”的企业理念，并表达出企业内部所孕育的朝气。

(2)文字型。文字型标志是以含有象征意义的文字造型作基点，对其变形或抽象地改造，使之图案化，也可直接用拉丁字母或英文字母做企业的标志。汉字的标志设计则多是充分发挥书法给人的意象美及组织结构美，利用美术字、篆、隶、楷等字体，根据字面结构进行加工变形作艺术处理，但要注意字形的可辨性，并力求清晰、美观。

(3)图像和文字结合型。图像和文字结合型标志是最为常见的，由于它结合了图像型和文字型两种标志设计类型的长处，从而使其表达效果尤为突出。中国银行行标从总体上看是古钱形状代表银行，"中"字代表中国；外圆表明中国银行是面向全球的国际性大银行，中文名字由郭沫若先生题写，由文字、图案二元因素共同构成了识别形象（见图7－5）。LG电子的标志是一张微笑的脸（见图7－6)，在一个实体的圆形里面，反白的L字母构成人的鼻子，圆点便是微笑的脸上的眼睛，非常巧妙的点、线、面的构成，已经超越了单纯的视觉美学设计，这张微笑的脸和公司的英文名字无疑让"LG与您更接近"。

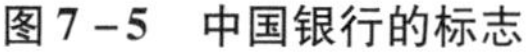

图7－5　中国银行的标志

图7－6　LG电子的标志

企业标志设计不仅仅是一个图案设计，而是要创造出一个具有商业价值的符号，并兼有艺术欣赏价值。标志图案是形象化的艺术概括。设计师须以自己的审美方式，用生动具体的感性形象去描述它、表现它，促使标志主题思想深化，从而达到准确传递企业信息的目的。为达到这一目的，企业标志设计应掌握一定的设计原则：

(1)同一性原则：标志代表着企业的经营理念、企业的文化特色、企业的规模、经营的内容和特点，因而是企业精神的具体象征。因此，可以说社会大众对于标志的认同等于对企业的认同。只有企业的经营内容或企业的实态与外部象征——企业标志相一致时，才有可能获得社会大众的一致认同。

(2)识别性原则：在CI设计中，标志是最具有企业视觉认知、识别的信息传达功能的设计要素，识别性是企业标志的基本功能。借助独具个性的标志，来区别本企业及其产品的识别力，是现代企业市场竞争的"利器"。因此通过整体规划和设计的视觉符号，必须具有独特的个性和强烈的冲击力。

(3)艺术性原则：企业标志设计表现的题材和形式丰富多彩，如中外文字体、图案、抽象符号、几何图形等，标志图形的艺术表现力如何，不仅决定了标志传达企业情况的效力，而且会影响到消费者对商品品质的信心与企业形象的认同。

(4)民族性原则：不同的国家，不同的地域都有不同的文化，因此视觉识别设计必须传达民族的个性。“只有民族的，才是世界的”在企业标志设计中同样适用。企业标志设计要注意汲取民族传统的共同部分，还要运用世界通用的形态语言，努力创造具有中国特色的世界通用标志形态语言。避免盲目的西方化，也要避免一味追求传统的、狭隘的语言，而造成沟通上的困难。同时，在设计标志时，还必须注意各国的禁忌。

(5)时代性原则：现代企业面对发展迅速的社会，日新月异的生活和意识形态，不断的市场竞争形势，其标志形态必须具有鲜明的时代特征。特别是许多老企业，有必要对现有标志形象进行检讨和改进，在保留旧有形象的基础上，采取清新简洁、明晰易记的设计形式，这样能使企业的标志具有鲜明的时代特征。通常，标志形象的更新以十年为一期，它代表着企业求新求变、勇于创造、追求卓越的精神，以避免出现日益僵化、陈腐过时的企业形象。

(6)普适性原则。标志的运用非常广泛，在企业的建筑物上、产品的包装上、办公用品上、员工徽记上、广告媒体上、交通车辆上都可应用。因此在设计时，应考虑标志在多种场合使用，同时还应考虑在上述宣传媒体上的制作方便。总之，无论在哪里使用都应保持始终如一的企业形象。

3. VI设计的审美特性

CI的根本目的是将企业物的价值提高为信息的价值。企业是用美来开展商业竞争。如果不是用美来塑造企业形象，就不成为CI的过程。也就是说，企业导入CI，是先以创造价值为前提，再以美来创造价值。企业视觉识别须在方寸之间表现出深刻的精神内涵和艺术感染力，给人以静谧、柔和、饱满、和谐的感觉，而要做到这一点，标志设计者要遵循一定的审美特性和规则：

(1)富于个性，新颖独特。视觉识别是用来表达企业或产品的独特性格的，又是以此为独特标记的，要让消费者认清企业的独特品质、风格和经营理念，因此，在设计上必须与众不同，别出心裁，展示出企业独特的个性。这是企业视觉识别的精神所在。企业的标志符号、图形和文字，都应该具备自身的特色，要充分体现出别具一格的效果。要特别注意避免与其他企业的标志雷同，更不能模仿他人的设计。创造性是标志设计的根本性原则，特别是一些抽象的企业品牌标志，要设计可视性高的视觉形象。要善于使用夸张、重复、节奏、寓意和抽象的手法，使设计出来的标志达到易于识别，便于记忆的效果。

(2)简练明朗，通俗易记。视觉识别是一种视觉语言，要求产生瞬间效应，因此视觉识别设计要简练、明朗、醒目。切忌图案复杂，过分含蓄。这就要求设计者在设计中要体现构思的巧妙和手法的洗练，而且要注意清晰、明目，适合各种使用场合，做到近看精致巧妙，远看清晰醒目，从各个角度、各个方向看上去都有较好的识别性。同时，标志设计者还必须考虑到企业标志在不同媒体上的传达效果。

(3)注重造型与外观的美。企业视觉识别设计是一种视觉艺术，人们在观看一个标志图形的同时，也是一种审美过程。在审美过程中，人们把视觉所感受的图形，用社会所公认的相对客观的标准进行评价、分析和比较，引起美感冲动。视觉识别给人们带来的这种美感冲动，往往是通过标志的造型与外观表现出来的。视觉识别既是企业和产品的象征，又是一种艺术品，必须造型优美精致，适合大众的审美心理，给人以美的吸引和享受。

第三节　企业品牌策划的审美表现

一、品牌形象识别的审美追求

1. 品牌的内涵与功能

品牌是企业形象的外在表现，是企业对消费者的形象承诺，是企业形象无形资产的载体。企业形象好，品牌价值就高，企业形象差，品牌价值就低。品牌代表着企业、关系着公众对企业素质的评价、代表着企业产品的知名度与美誉度。所以从一定意义上说，企业形象战略就是品牌战略。广泛意义上的品牌包括四个层面的内涵：

(1)品牌是一种商标。这是从其法律意义上说的，强调的是品牌的法律内涵，是它的商标注册情况、使用权、所有权、转让权等权属情况。

(2)品牌是一种牌子。这是从其经济的或市场的意义上说的。这个时候，人们所注意的是这个牌子所代表的商品的价值，即这个商品的品质、性能、满足效用的程度，以及品牌本身所代表的商品的市场定位、文化内涵、消费者对品牌的认知程度等等。换言之，这时品牌所表现的是商品的市场含义。

(3)品牌是一种口碑，一种品位，一种格调。这是从其精神、文化或心理的意义上说的，强调的是品牌的档次、名声、美誉和给人的好感等等。

(4)品牌是消费者与产品有关的全部体验。品牌不是产品，产品只是其中的一个方面。品牌的定位也不是广告宣传产品本身，关键是发掘出具体产品的精神、文化、人文哲学理念。

品牌，是一种商品区别于另一种商品的标志，是商品独特个性的代表。随着某种商品逐渐受消费者的喜爱，其品牌也越来越受人们的欢迎。随着社会的进步和经济的发展，人们的生活水平不断提高，消费结构发生了很大变化。品牌的作用越来越重要。具体而言，品牌的功能可总结为：

(1)识别。品牌自身含义清楚、目标明确，专指性强。只要一提起某品牌，在消费者心目中就能唤起记忆和联想，以及感觉、情绪，同时意识到指的是什么。

(2)信息浓缩。品牌的名称、标识物、标识语等构成要素含义丰富、深刻，并能够以消费者所掌握的关于品牌的整体形式出现。

(3)安全性。一个熟悉的品牌，特别是著名品牌，是在长期市场竞争中，享有崇高声誉，给消费者带来了信心和保证，能满足消费者所期待获得的物质、功能和心理利益的满足。

(4)附加价值。附加价值是指被消费者欣赏产品的基本功能之外的东西。当衣食住行等维持生理需求的物质消费已基本满足以后，人们在精神方面的消费需求就表现得越来越突出，比以往更加注重心理上的、情感上的满足，品牌的功能就是给消费者提供除商品本身以外的各种各样的超值享受。

2. 品牌形象识别的内容与审美趋势

品牌形象是个综合性的概念，是品牌营销商渴望建立的受形象感知主体主观感受及感知方式、感知背景所影响，而在心理上形成的一个集合体。按其表现形式，品牌形象可分为内在形象和外在形象，内在形象主要包括产品形象及文化形象，外在形象则包括品牌标识系统形象与品牌在市场、消费者中表现的信誉。

(1)产品形象是品牌形象的基础，是和品牌的功能性特征相联系的形象。潜在消费者对品牌的认知首先是通过对其产品功能的认知来体现的。一个品牌不是虚无的，而是因其能满足消费者的物质的或心理的需求，这种满足和其产品息息相关。奔驰牌轿车豪华高贵的品牌形象首先来自于其安全、舒适、质量一流的产品品质。当潜在消费者对产品评价很高，产生较强的信赖时，他们会把这种信赖转移到抽象的品牌上，对其品牌产生较高的评价，从而形成良好的品牌形象。

(2)品牌文化形象是指社会公众、用户对品牌所体现的品牌文化或企业整体文化的认知和评价。品牌文化和企业的环境形象、员工形象、企业家形象等一起构成完整的企业文化。品牌背后是文化，每个成功品牌的背后都有其深厚的文化土壤。“麦当劳”三个字所包含的不仅仅是香脆的薯条、美味的汉堡包和清新爽口的冰淇淋，也不仅仅在于舒适的环境、周到细致的服务，更在于它所代表的美国快餐文化，它所体现的现代生活方式。

(3)品牌标志系统是指消费者及社会公众对品牌标志系统的认知与评价。品牌标志系统包括品牌名、商标图案、包装装潢等产品和品牌的外观。社会公众对品牌的最初评价来自于其视觉形象，是精致的还是粗糙的、温暖明朗的还是高贵神秘的……通过品牌标志系统把品牌形象传递给消费者是最直接和快速的途径。

(4)品牌信誉是指消费者及社会公众对一个品牌信任度的认知和评价。品牌信誉的建立需要企业各方面的共同努力，产品、服务、技术一样都不能少。品牌信誉是维护顾客品牌忠诚度的法宝，是品牌维持其魅力的重要武器。

品牌形象识别是针对产品销售或品牌有效传播所做的整体识别设计，包括品牌命名、品牌标志设计及品牌包装设计等手段。品牌形象识别是品牌战略家渴望创造或保护品牌的构想，这些构想表现了品牌的形象与企业的形象，正确的品牌形象设计将使企业与消费者建立良好的依附关系，取得受众的认可，造就百年不衰的优秀品牌。

随着人们对生活理解的变化，需求层次的上升，品牌获得人们认同的要素不断改变，每个品牌以不同的方式演绎着各自的形象化生存。如今，"以人为本"逐渐成为人类各种行为和追求的准则，"客户导向"的思维方式获得了广泛的认可，品牌形象识别的"美化"趋势也随之而来。这种趋势体现到了一些品牌形象的塑造与传播中：

(1)新鲜感、健康感。现代产品从某种意义上说是科技和美学相结合的成果，任何一件技术产品，其存在的唯一根据就是效用性和审美性的统一。现代社会生活节奏加快，使人们对新鲜感和健康感的追求更为迫切。新鲜感、健康感无疑可以缓解生活节奏对人心理造成的不适，使人们从紧张的工作和人际关系中解脱出来，重新调整自己的情绪，获得精神与物质方面的双重解放，从而体验到美的愉悦。

(2)个性感。富有个性的人们希望过一种即使是别人有钱也模仿不了的生活。现代人们面临的状况，促使人们更多地到消费中去寻求自我、寻求个性。因此，能够体现自我概念以及能满足自我感受的商品和服务都大受欢迎。选择这类商品和服务可以感受到自我存在的乐趣。

(3)潇洒感、富裕感。人们的购物心理大都出于购物的审美无意识。这种感受并不仅限于有闲阶级才能享受，现在的普通人也可以体验，为了追求这类感受，社会的中上层、白领阶层常常愿意在这些方面花费。

(4)轻快感。物质生产的"轻薄短小"是近年来世界性趋势，它代表着时代潮流。快餐店、运动饮料、摩托车、汽车、旅游都成了消费的时尚，特别是对广大青年男女，具有轻快感的商品和服务具有极大的市场。

现代营销越来越讲求整合传播，通过对品牌内涵的了解，在进行产品包装、品牌形象设计等针对性的项目时，合理应用品牌识别概念，把握品牌形象的流行趋势，将更有效、更快捷地把品牌形象传达给公众。

二、品牌命名的审美策划

1. 品牌命名的作用

每个人都希望拥有一个属于自己的好名字，对于企业和产品，尤其是有志于创品牌的企业更需要一个精彩而强有力的名字。高明的企业总是把竞争谋略淋漓尽致地灌铸在品牌名称中，使之成为撬动市场的杠杆。这种透过名称塑造品牌、运筹市场的命名法，我们称之为竞争性的品牌命名策略。一个能够表明商品的特征和使用方法和性能的命名，往往能够左右该商品是否畅销的大局，具有多种作用：

(1)提升商品档次和品位。人们从品牌名称中就能解读出商品的特点个性，解读品牌文化和企业的文化。好的商品名称，洋溢个性，耐人寻味，引发形象而优美的联想，给顾客留下美好的深刻的印象。例如，美国P&G宝洁公司的妇女卫生巾“护舒宝”，中文名字非常切合产品特点，而其英文“whisper”意思是：“低声地说”“私下说”“悄悄话”，中文和英文的发音也很优美，音调基本一致，这是一个非常优秀的成功的商品命名。能如此讲究和重视品牌名称的企业，其产品本身值得尊重信赖。

(2)便于塑造企业和品牌形象。优美、个性的名字，易于识别、易于编织品牌故事。来自德国的“ANTANO”(蚂蚁阿诺)童装，命名非常漂亮，蚂蚁是全世界儿童都熟识的小动物，蚂蚁具有集体团队主义，具有啃骨头的不懈精神，这些都方便品牌的形象识别和塑造，也容易编织动人的故事，容易进行非常有效的事件行销。我国的“七匹狼”命名起点是一部电影“SEPTWOVES”，“七匹狼”巧借其名，并且深入地进行文化挖掘，很聪明地将狼的勇敢、自强、桀骜不驯等与男士休闲服装联系起来，聘请当时风靡全国的流行歌曲《北方的狼》的作者、演唱者齐秦做形象演绎，让人感到相得益彰。

(3)节省大量广告费用。一个开始就难念、难听且不能引发顾客美好联想的产品，在开拓市场时，不得不投入多的宣传费用。即便如此，其品牌形象和品牌文化也很难塑造，更别说培养顾客的忠诚度了，其最终的市场表现就不值一提了。

(4)垄断品牌商业资源。名称所依附的文字和声音媒介，表达力是有限的，因而创作空间小，结果命名就成为对文字资源的抢占，可以达到垄断品牌商业资源的效果。当“可口可乐”“商务通”“飘柔”被使用后，就很难找到贴切的词汇表达同样的“意味”，推动消费者购买相应产品的理由被这些名称垄断了。相比之下，广告、包装和产品造型等因素的创作空间就相当大，从而也为竞争者留下了较大的破解空间。

2. 品牌命名的策略与审美原则

既然命名在竞争中能够发挥如此重要的作用，那么如何才能做到竞争性地命名呢？如下的五种方法经常被采用：

(1)模仿和延伸。这种“搭便车”的策略，为借用和分享品牌树立者开发的商业资源，节省产品入市的费用，从文字的义理、读音、字形等方面进行模仿，大多对国外、国内知名品牌名称稍做修改，便进行注册。如“浪凡杜彭”模仿“都彭”，“皮尔王子”模仿“皮尔卡丹”；“英皇天奴”模仿“华伦天奴”；“亿都川”模仿“伊都锦”；“老人城”模仿“老人头”等。

(2)概括与否定。“可口可乐”“耐克”这样的命名概括了产品的通用价值和一般属性，“狗不理”则以完全否定产品属性的方式，达到突出产品独到之处的目的。因为追求“反弹”和逆向，所以不难理解，像“哥弟”地道的男人名，却成为女装品牌名称；“木头人”表达的却是“阿甘”式的大智。

(3)对比和衬托。品牌的消费价值是在对比中反衬出来的，运用对比的手法，能够十分鲜明地展示产品独具一格的价值。如“脑白金”把其产品比喻为“白金”般的贵重，从而与其他保健品形成强烈的对照。

(4)意会与象征。此类方法将美好的愿望和希冀蕴含在命名中，使消费者能够自己领会有咀嚼。如“庄吉”——庄重一生，吉祥一生；“报喜鸟”——喜兴，好运；“法派”——欧陆气派；“南极人”和“北极绒”——保暖内衣，所以名称越抗寒越好；“婷美”——“挺美”谐音，做女人当然“挺”好；“劲霸”“拼”牌、“雄”牌——主张男人的力量；“圣雪绒”“童王”“兽王”(皮衣)——指望成为行业之“王”。

(5)以名得名。有以著名设计师命名，如“范思哲”“夏奈尔”“三宅一生”“皮尔卡丹”；有以历史名人取名，如“成吉思汗”“诃额伦”(成吉思汗的母亲)、“恺撒”“马可波罗”等。这样的命名方法，可以使品牌的知名度迅速上升，并使消费者对某个人物的情感在消费过程中发生迁移，从而提高对品牌的认购率和忠诚度。

一个成功的品牌的第一步，就是要给品牌取个好名字。一个音节响亮、读来上口、容易记忆、意象美好的品牌名称是品牌的重要组成部分和企业的无形资产，能使企业与消费者都受益。理想的品牌命名应该遵循以下审美原则：

(1)符合品牌核心定位。每个品牌都有自己的定位和价值取向。品牌名称必然要符合产品属性，表达品牌的定位和价值。海飞丝是宝洁公司针对洗发云屑领域的洗发水品牌，其品牌命名就显示出了卓越的技巧。首先，海飞丝具备动词属性，由于海飞丝是针对去屑领域的洗发水品牌，其飞的动作设计也使得头皮屑不翼而飞的气势获得了张扬；其次是丝的头发特征属性与海洋的蔚蓝颜色特征都真切地反映了品牌定位特点。宝洁公司推出的所有产品都继承了宝洁公司品牌命名的一贯特征，采用白描手法传递产品属性，使国内很多日化企业在品牌塑造的起点上就已经被宝洁的策划甩在了后面。

(2)与竞争对手区隔化。随着全球经济一体化的加速，现在企业正经历全面的“同质化”。随着生活质量的提高和人本意识的强化，消费者要求产品能体现自我个性。如企业如果拿不出新招，细分市场，满足目标顾客差异，而仍然沿用平面时代的“一体化”无细分战略，将会给消费者认购造成困难，势必影响产品的销量。

(3)符合目标顾客审美个性。世界市场营销中一个非常明显的趋势是消费越来越从共性消费向个性消费转变。可以说，面对市场细分，消费模式步入多品种、小批量时代。就是同一群落的人群消费同类的产品也有不同的动机和感受。有鉴于此，有的品牌以目标客户所在的阶层取名："白领""蓝领""BOSS""城市俪人""格格""才子""淑女屋""绅士"；有的以目标顾客群的生存状态取名："与狼共舞""异乡人"(Stunner)、"东方夫人""红孩儿""披头士""街头男孩""花花公子"，此类取名的特点都是通过名称直接表达品牌对顾客的细分和价值取向，消费者只要"对号入座"即可符合目标顾客的审美观念和个性。

(4)产品的命名要有伸缩性，可适用于任何新产品。这是因为某些产品的命名，具有过强的产品偏向，不适用于对企业家族化、系列化、一体化产品的命名。为了解决这一矛盾，企业就必须给产品命名一个通用的名字。例如，日本有一个产品叫"味王"，开始是用于味精，后来又用于酱油、食品罐头等。以产品种类来看，"味王"二字极适合于食品类。

(5)产品的命名要研究消费者的喜好和禁忌，尤其是在出口商品上必须了解消费者所在国家和地区的习俗，切勿犯忌。例如中国的"山羊"牌闹钟，"山羊"在英国是被喻为"不正经的男子"，"山羊"如果出口英国，尽管这种闹钟价廉物美，仍会无人问津。还有中国的"芳芳"牙膏，在英语中的意思是"毒蛇"和"狼牙"，恐怕这种牌名的产品也不会有好的销路。

(6)与良好视觉的图案和符号相配。有了一个好名称后，还要一个匹配的图案和符号。一个成功的符号或标志，能整合和强化一个品牌的认同，加深消费者对品牌的独特印象。例如"耐克"(Nike)的钩形商标，充满动感，与名称相得益彰。

三、品牌商标的审美设计

1. 品牌商标的审美设计原则

品牌商标是商品的标志，是生产者或经营者为使自己提供的商品或劳务具有明显特征、并能够区别商品来源而使用的识别符号，是产品质量的象征和企业信誉的重要代表。品牌商标与企业标志一样都以符号、图案、颜色、字体及其组合表示，与企业标志可以截然不同、部分相同或完全一致。品牌商标作为品牌和企业最外在的识别工具正在担负着越来越重要的职责，其设计除了符合企业标志的设计特点外，还有其特殊要求：

(1)适应性原则。所谓适应性，首先是指商标设计要符合产品行销国的法规和风俗。各国的商标法对什么样的商标能够注册，都有明确的规定，如果商标设计违反了有关法规，就不能在该国注册，当然也得不到该国法律的保护。如果选择的商标设计与产品行销国的习俗相左，也会使产品滞销。如菊花形的商标，不宜在意大利使用，因为意大利人习惯将菊花献给死者。荷花形商标在日本也不相宜，日本人将荷花视为献给死者的花。

(2)知识性原则。所谓知识性，是指商标形式要适应产品行销地消费者的文化水平。如果产品消费者不少是文盲，那就不宜选择文字商标，而应选图形商标。如果产品是高技术产品，产品消费者文化层次极高，当然宜用文字商标。如果产品消费者分布面很广，既有高文化者，又有低文化者，还有文盲，那就应当选用适应面广的组合商标。

(3)可呼性原则。所谓可呼性，就是商标可以用语言来称呼的性质。目前我们常见的文字、图形、组合商标中，最具有可呼性的是文字商标。因为文字是语言的符号，凡用文字构成的商标都能被人用语言称呼，具有可呼性，如SONY(索尼)、SANYO(三洋)等。有可呼性才便于消费者问购，这对促进产品销售十分有利。也有不少图形商标同样具有可呼性。如“鳄鱼”“皇冠”等品牌。为了使商标具有更广泛的可呼性，许多企业采用文字与图形相结合的组合商标。懂文字的消费者，按文字称呼；不懂文字者，可按图形称呼。这样，商标的可呼性、适应性会更广泛一些。

(4)易识性原则。所谓易识性，是指一个商标容易被人识别、被人记忆的性质。大量事实证明，越是简洁的商标越容易在人的脑海中留下深刻印象。一个易记的品牌标志，应该容易让消费者理解其含义，能用一句话或一个词来概括。如奥迪汽车、标致汽车、别克汽车的标志(见图7-7)。这些标志图案尽管不同的人可能存在不同的描述，但它们均可用一个词或一句话来表达：标致汽车的标志是“一只站立起来的狼”；别克汽车的标志是“三颗子弹”；奥迪汽车的标志是“四个圆圈”。

图7-7 从左至右：奥迪汽车标志；标致汽车标志；别克汽车标志

2. 品牌商标的审美设计表现

品牌标志是企业形象与商品形象的代表符号，前面介绍了品牌商标设计时应该遵循的一些原则，这些原则可帮助设计者设计出比较符合要求的商标。值得注意的是，即使遵循这些原则设计出来的商标，也不一定是好的标志，下面综合一些名牌标志的审美设计特征，从中我们可以发现，品牌就是一种形象、一种文化，是沟通人与产品、企业与社会最直观的中介之一。

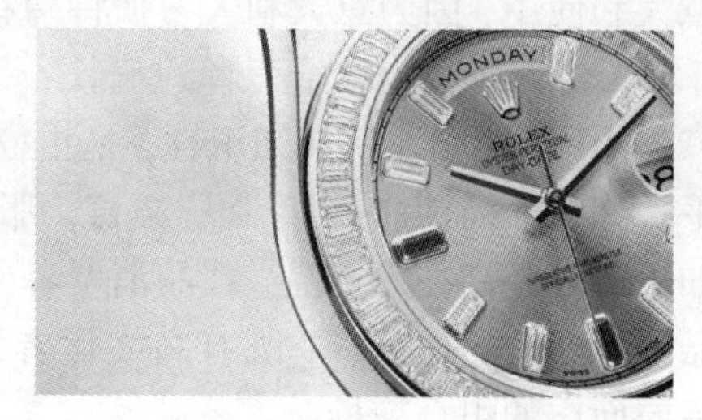

图 7－8　劳力士(Rolex)：手表领域中的霸主

(1)传达信息，拉近距离。一个品牌拥有者，在为产品或公司设计一个品牌标志时，一般希望通过该标志向消费者传达某种含义，以便让消费者尽早了解该品牌是从事何种行业的公司，是什么类别的产品，或具有什么样的属性、特点，从而拉近与消费者的距离，达到促销商品的目的。劳力士手表将“皇冠”符号作为自己的标志图案，长久以来一直占据着高档手表的市场(见图 7－9)。凯悦是一家环球连锁酒店集团，新月形的线条令人联想起日出和日落，正好代表世界各地的凯悦顾客均会获得宾至如归的服务(见图 7－9)。

图 7－9　凯悦环球连锁酒店集团的品牌标志

(2)形象鲜明，造型独特。名牌标志在图形与文字设计上以鲜明的形象表达了名牌企业的经营内涵和名牌产品的功能特色。德国奔驰车行驶在街上，即使孩童也能通过那对称的几何图形标志辨认出(见图 7－10)。因为由圆环内的人字形造型给人以汽车方向盘和汽车轮子的定向联想，十分形象地表达了产品的功能特色。法拉利的标志是腾空飞奔的马，马是速度的象征，用马可以暗示法拉利跑车的速度快(见下图)。

(3)构思新颖，创意卓越。名牌标志均有一流的创意，耐人寻味给人以非同一般的审美享受。矗立在世界各地的麦当劳快餐连锁店，那金色双拱形标志，像两扇打开的金色大门，象征欢乐与美味(见下图)。雀巢公司的标志则图文并茂，一个给雀巢中小鸟喂食的母鸟，既巧妙地吻合了“依偎”(Nestle)的英文词，又使人在母亲、婴儿、营养品之间产生无限遐想(见图 7－11)。这些标志都以别具一格的构成形式把销售意念充分表达。

(4)图形简洁，易认易记。名牌标志一个突出的特征就是图形简洁洗练。设

图 7－10　从左至右：奔驰汽车标志；法拉利汽车标志

图 7－11　从左至右：麦当劳快餐连锁店的标志；雀巢公司的品牌标志

计者力求在信息视觉化过程中以最凝练的语言表达最丰富的内涵，尽可能将繁杂的信息内容用最简洁、最醒目、最有特色、最动人、最有序、最明晰准确的方式予以表达，同时还必须在作品中注入审美内涵，把人们对信息的消费转化为精神享受。例如花花公子是“一只打着领带的兔子”（见图 7－12），给人以欢乐、享受的印象；耐克的标志是一个“勾”（见图 7－12），它容易让人产生穿鞋运动时脚步落地的感觉，以及发出的“刷刷”声，这种感觉和声音给人进一步的联想是“高品质”。

图 7－12　从左至右：花花公子标志；耐克标志

四、品牌包装的审美设计

1. 品牌包装的功能与审美特性

品牌包装，包括品牌的外包装以及包装物上的商标、吉祥物、标准中英文字形和内容、代表色、辅助色、所用材质和所展示的形状等可感的外在特征，是品牌的脸面，是企业所产商品不可忽视的附加值。

现代商品包装是一门集产品保护、形象设计和广告宣传三种功能于一体的商业艺术，也是集实用性和审美性于一身的视觉艺术。与名称、商标等因素一样，包装也能有力地塑造品牌，其功能与作用可归纳如下：

(1)保护功能。保护功能也是包装最基本的功能，即使商品不受各种外力的损坏。一件商品，要经多次流通，才能走进商场或其他场所，最终到消费者手中，这期间，需要经过装卸、运输、库存、陈列、销售等环节。在储运过程中，很多外因，如撞击、潮湿、光线、气体、细菌等因素，都会威胁到商品的安全。因此，首先要想到包装的结构与材料，保证商品在流通过程中的安全。

(2)标志功能。包装是由商标、形状、结构、材料等组构而成的规范化的视觉整体。对于产品及其生产企业而言，包装是其外部标志。个性鲜明的包装能帮助消费者知道包装物内装的是什么企业的什么产品，并可以从包装上将不同企业的同类产品或同一企业的不同功能的产品区别开来。

(3)便利功能。所谓便利功能，也就是商品的包装是否便于使用、携带、存放等。一个好的包装作品，应该以“人”为本，站在消费者的角度考虑，这样会拉近商品与消费者之间的关系，增加消费者的购买欲和对商品的信任度，也促进消费者与企业之间的沟通。

(4)销售功能。在市场竞争日益强烈的今天，包装的作用与重要性也为厂商深谙。在各种超市与自选卖场如雨后春笋般而起的今天，直接面向消费者是产品自身的包装。好的包装，能直接吸引消费者的视线，让消费者产生强烈的购买欲，从而达到促进销售和提升企业形象的目的。

“包装是沉默的商品推销员”，对于任何一种想赢得市场，获得消费者认可的品牌来说，创造出消费者满意的包装，是企业在创造品牌的同时不可忽略的环节。如家电行业海尔“真诚到永远”的双王子设计、可口可乐“通俗走红歌手”的形象塑造等等。尤其是可口可乐的包装设计极富个性化，它的品牌名称无论用哪种文字，都是红底白字，有一道波浪拦腰横过，其精美的包装十分注重色彩和图案的协调性，消费者在享受到产品质量的同时，也感受到了品牌个性化的情趣，从而进一步激发起人们的购买欲望。企业只有掌握了包装设计的审美属性，才能在推出自己的品牌时，创造出简洁明快、个性突出，给消费者强烈的现代视觉冲击力和艺术感受的包装美。包装美的审美特性主要表现在以下几方面：

（1）外在美与内在美的统一。商品内在美是指产品质量，外在美是指外观。一种畅销商品，它必定是内在美与外在美的统一，如久负盛名的茅台酒，其质量有口皆碑，加之造型独特的酒瓶，使其达到完美和谐的统一。若偏重于一方，此产品难以畅销。要想使一种产品成为名牌产品，首先应注重内在美，并使内在美与外在美相统一。

（2）形象美与意象美的统一。意象属于主观范畴，形象属于客观范畴。意象美是情与物的统一，是主观感情通过艺术形象表达出来，通过那些意象感觉的象征设计手段来表达某些无法用图解传递的意境。形象美是形和神的统一，通过对事物具体或抽象的表现来达到形状和神似的统一。包装设计的形象和意象均统一于商品的形象中，通过造型和图案，实现形象美和意象美的统一。

（3）装饰美与实用美的统一。装饰美是指包装的造型与装潢应使人愉悦，有艺术魅力，实用美是指包装应使用方便、舒适，是审美价值和使用价值的有机结合，是美与用的统一。若是只注意装饰美，忽视实用性，该包装难为人们所赏识。人们在生活中要得到实用美的满足，在感觉上要得到装饰美的满足，二者相辅相成，才能组成一个好包装。

（4）流行美与个性美的统一。流行反映一种时代潮流，表现着时代精神，是人的新鲜感而形成的必然结果，包装通过新颖的造型、构图、色彩等来体现新鲜感，体现美感，而这种美感一旦为大众所接受，即成为流行美，可以说，流行美是一种人们的共同认识，然而，流行的东西是一种共性的反映，往往特色不足，即体现不出个性，这样的包装难免流于一般化。一个品牌要想在消费者的心目中定位，让人们产生想象丰富的内涵，其包装除了具备流行的元素外，还要具有浓郁的个性化色彩，在视觉、听觉、触觉等感性方面更具有可亲近性，让消费者在购买精美包装中的物品时，产生心有所属的归宿感。

2. 品牌包装的审美设计原则与策略

包装设计应实现实用性与新颖性、个性化的科学统一，才能为商品提供保护和识别的依据，才能作为一种无形价值为品牌、企业形象的塑造和传播起到积极作用。就包装对社会效益的考虑而言，以前的商品包装越美观、华丽、高档就越能吸引到顾客的目光，而现在的包装设计则应遵循更符合时代要求和潮流的设计原则：

图 7 – 13 茶公司的有机饮茶饮料包装

（1）环保性原则。包装应对商品起到保护、保存作用，为消费者带来携带和使用的方便，对企业则起到促进销售、宣传品牌形象的作用，为社会带来一定的社会贡献，如避免资源不合理利用、环境污染等问题。但在环境问题日益严重的今天，许多国际企业在包装设计上已经开始实行环保计划，缩小包装体积，更换包装材料，并降低包装成本。注重环境保护、采用环保型包装已经成为包装设计的一大趋势，并且受到消费者的关注和好评。如 Honest 茶公司现在提供的有机饮茶饮料装在100%可回收的塑料瓶中，这种塑料瓶的棱条更少，并且更加圆滑，更加引人注目，很容易突出该种茶饮料的健康、低糖的特点。这种环保性的包装采用了一种新的灌装技术，消除了在大多数热灌装塑料瓶上常见的热膨胀棱。所带来的结果就是这种新型的设计外观清新高雅，给人一种玻璃瓶的感觉(见图7－13)。

(2)个性化原则。包装作为商品的外衣，必须个性突出，才能使商品具有个性化的形象，从而帮助商品迅速地被消费者识记和喜爱。实现个性化包装的途径很多，可以针对产品的不同属性、特征和消费者的构成情况而采取个性鲜明的包装结构——异形包装、系列包装、开窗式包装等，可以采用特殊的材料，运用独特的设计风格及其他手段和方式，达到个性鲜明的包装效果。

(3)创新原则。创新是包装设计在内的所有营销手段的共同的制胜法宝。只有实现“人无我有，人有我新”，才能使本产品在产品同质化严重的市场竞争中保持旺盛的生命力。如近年来，由于印刷、喷色的技术越来越进步，产品的包装更为丰富多彩，甚至能出现随心所欲变换颜色的包装，满足了消费者求新、求变、追求时尚的口味。Heinz 公司在西班牙的 Orlando 调味酱工厂采用吹塑成型的高密度塑料瓶来包装产品。这种创新性塑料瓶不但所用套标的颜色可以根据调味汁的不同而不同：红色的是番茄酱，黄色的是芥末酱，而且有着优美曲线的锥形造型创造了一种很强的货架展示效果，很方便顾客拿取(见图7－14)。

图7－14　Orlando 调味酱产品包装

包装设计的过程除了要遵守设计原则，还需要用科学合理、有针对性的策略进行全盘指导，才能保证设计出来的产品包装既实用，又成为品牌和企业的无形资产。常用的包装策略有：

(1)等级包装策略。根据产品品质的不同等级，设计不同价位的包装装潢，分高、中、低三个等级进行包装。这种策略在酒、食品等类产品的包装上运用得比较广泛。包装等级的差异主要体现在包装材料、装潢的精细程度、结构形式等几个方面。

(2)产品线包装策略。凡是本企业所生产的产品都使用风格相同或相近的图形、色彩、造型、结构予以包装，将这些单个包装摆在一起，犹如一个阵容庞大的包装大家族，形成一个包装系列，可以提高商品的整体效应，比起单一的包装更具有强烈的视觉冲击力，使消费者对该企业和品牌形成一致的认识。而且，当新产品上市时，消费者凭借包装就能很快辨认出该产品应属于某企业、某品牌家族，并易于把原先形成的认识与喜好转移到新产品上。

(3)趣味包装策略。趣味包装或称幽默包装，也是目前国际市场上较为流行的一种销售包装。这类包装主要是在造型及装潢上采用比喻、夸张、拟人等手法以及别出心裁的构思设计，增加包装趣味性和幽默感，强化对顾客的吸引力。美国有一家食品公司，在水果罐头的罐盖上印有谜语，并注明打开罐头，吃完东西，谜底就在罐底。

(4)文化包装策略。这种策略以文化背景为媒介展示产品的悠久历史或唤起人们的某种情绪、感情，因而在材料选择、结构造型和装潢风格上不同一般。这种策略因集地方性、商业性和民族风格于一体，往往散发出浓厚的民族文化气息，此外，还有分量包装、附赠品包装、透明包装等策略。在包装设计时，应该根据不同的需要和情况进行具体选择和运用。

随着市场竞争的日益加剧，注重包装设计，开启品牌包装个性化新时代，已成为现代企业不容忽视的一个现实问题。推出好的品牌，再辅以令人耳目一新的包装，如此靠质量取胜、靠品牌占领市场的企业，才能在全球经济一体化的市场竞争中如虎添翼。

当代企业竞争大体经历了三个阶段：一是生产力导向阶段，竞争取决于能提供什么样的产品；二是行销力导向阶段，垄断被打破，看谁能把商品卖出去；三是形象力导向阶段，增强产品的差别性，突出商品符合消费心理需求的鲜明特点，促使消费者树立选购的稳固印象成为现代企业竞争的重点。

生活中审美含量的增加促成消费审美化趋势的发展，消费审美化趋势的发展又给企业带来一场以审美为追求的革命。为统一和提升企业的形象力，企业就必须进行形象管理和形象设计，实施企业和品牌形象战略，用完美的一体化设计，将信息与认识明晰化、有序化和个性化，唤起公众的注意与兴趣，激发他们的购买欲望和行动，这已经成为现代企业的基本战略。

现代广告不应仅仅局限于商品信息的发布层次，而是应该自觉地渗透到形象策划之中，运用形象战略理论从整体上策划企业形象和商品形象。这是现代广告事业得以持续发展的根本。当今国际市场竞争越来越激烈，提高企业形象和品牌形象的审美含量，不仅是企业价值最大化的问题，更重要的是企业的价值观能否得到实现的问题，只有得到员工和客户审美观认可的产品，才能使企业的价值观转移到物化的产品中。只有注重产品和形象的审美含量，才能全面培育具有市场竞争力的审美文化，才是具有先进文化的企业。

本章小结

当代企业竞争大体经历了三个阶段：一是生产力导向阶段，竞争取决于能提供什么样的产品；二是行销力导向阶段，垄断被打破，看谁能把商品卖出去；三是形象力导向阶段，增强产品的差别性，突出商品符合消费心理需求的鲜明特点，促使消费者树立选购的稳固印象成为现代企业竞争的重点。

生活中审美含量的增加促成消费审美化趋势的发展，消费审美化趋势的发展又给企业带来一场以审美为追求的革命。为统一和提升企业的形象力，企业就必须进行形象管理和形象设计，实施企业和品牌形象战略，用完美的一体化设计，将信息与认识明晰化、有序化和个性化，唤起公众的注意与兴趣，激发他们的购买欲望和行动，这已经成为现代企业的基本战略。

现代广告不应仅仅局限于商品信息的发布层次，而是应该自觉地渗透到形象策划之中，运用形象战略理论从整体上策划企业形象和商品形象。这是现代广告事业得以持续发展的根本。当今国际市场竞争越来越激烈，提高企业形象和品牌形象的审美含量，不仅是企业价值最大化的问题，更重要的是企业的价值观能否得到实现的问题，只有得到员工和客户用审美观认可的产品，才能使企业的价值观转移到物化的产品中。只有注重产品和形象的审美含量，才能全面培育具有市场竞争力的审美文化，才是具有先进文化的企业。

第八章

广告媒介的审美特征

媒介正以前所未有的速度演变，深深影响了我们的生活。广告界也随着媒介的变化而不断前行。加拿大学者麦克卢汉指出，不但报纸、广播、电视是媒介，自行车、汽车、轮船、飞机等交通工具也是媒介，与人相关的各类物体诸如住宅、道路、服装、游戏等都是媒介，这种开放的媒介观告诉我们，“媒介即讯息，任何媒介对个人和社会的影响都是由于新的尺度产生的”。① 广告媒介是广告传播所借助的物质手段，它与消费主义联手制造了快节奏、片段性为特征的现代广告世界。通过生产出的各种符号，向大众展示一个流光溢彩的消费场景，持续刺激着大众的欲望，使人们体验各种消费主义快感。广告媒介可分为平面媒介、电子媒介、新媒体、视觉标志及展示媒介。从审美的视角考察，这些媒介各有其审美特征，把握广告媒介各自的审美特征，有助于广告实践有效地选择媒介载体，提升广告的审美价值。

第一节　平面广告媒介的审美特征

平面广告媒介是在二维平面内用文字、图像、图形的配合来传达广告内容的信息载体。人们获得的信息有80%是通过视觉获取的，平面广告媒介完全诉诸视觉传达信息，图文并茂，理性与感性并重。最常见的平面广告媒介大致分为两类：报纸杂志媒介和招贴广告。

① ［加］马歇尔·麦克卢汉：《理解媒介——论人的延伸》，何道宽译，北京：商务印书馆，2004年，第83－86页。

一、报纸杂志媒介的审美特征

报纸是以文字和静止的画面、图表为传达信息手段的大众传播媒介，具有容量大、可以反复阅读、便于说明复杂信息、印刷相对粗糙等特点。由于它是最早出现的大众传媒，所以在公众中享有较高的信誉。

杂志同样以文字和静止的画面、图表为传达信息的手段，是用来刊登各种专门信息以满足各类读者需要的大众传播媒介。杂志出版周期较长，传播速度慢，但比报纸的专业性、指向性更强，读者群划分更为明确集中，便于广告主选择；其制作精良，便于长期保存和反复阅读的特点，使其成为刊登各类专用产品的理想载体。

由于报纸与杂志作为纸质媒介具有对话的物质性，因此在审美过程中，承担了由媒介自身实现的传播真实。纸质媒介"既是信息，又是感件，它直接作用于感觉，是我们创造行为的促进者，和电子媒介不同，纸张具有一种潜藏在媒介本身中的特质。通过不断与其色彩与材料的沟通，我们便能耕耘并获得一块表现的恒久领地"。① 因此，我们探究各种媒介的意义时，也需要通过感觉重新评价一下媒介的审美意义。

报纸杂志广告媒介的审美特征可以概括为：

1. 图文并茂，相得益彰

平面广告一般由文字和图片两部分组成，二者相互配合，互为补充，准确而生动地传达广告信息。

美国著名哲学家苏姗·朗格指出："运用文字可以表达出那些不可触摸的和无有形体的东西，即被我们称之为观念的东西；还可以表达出我们所知觉的世界中那些隐蔽的、被我们称之为观念的东西。正是凭借文字，我们才能够思维、记忆、想象，才最终表达出由全部丰富的事实组成的整体；也正是有了文字，我们才能描绘事物，再现事物之间的关系，表现各种事物之间相互作用的规律，才能进行沉思、预言和推理(一种较长的符号变换过程)。更为重要的是，我们还可以运用文字进行交流，这就是要求将那些可听的或可见的词语排成一种为大家所理解的式样，通过这种式样人们可以反映出自己各式各样的概念、知觉对象，以及种种概念和知觉对象之间的联系。"②文字作为人类创造的最重要的符号形式，既有描绘事物和现象的再现功能，又有表现事物之间复杂关系的概括功能。

凡不需用语言文字说明或语言文字无法表达广告主题时，使用图像较为有效。因为图像可以将广告主题以生动形象的图解形式表现出来，从而克服了语言

---

① ［日］原研哉：《设计中的设计》，纪江红译，桂林，广西师范大学出版社，2010 年，第 156 页。

② ［美］苏珊·朗格：《情感与形式》，滕守尧译，北京：中国社会科学出版社，1986 年，第 79 页。

文字表达的不足。实验显示，视觉表现要素（文字、色彩、图像）中，图像注意度为78%，文字为22%；但文字记忆度为65%，图像为35%，二者各有千秋。文字是抽象的表意符号，如果没有阅读，就达不到信息传递的功能，报纸杂志广告要吸引受众阅读，必须借助图片的视觉冲击力。报纸杂志广告审美关注的是如何在文字与视觉之间架起融合的桥梁。图片是报纸杂志广告的主要具象表现，因而审美特征在这一方面比较容易体现出来。广告图片可以是广告摄影、漫画、艺术设计等，它们将广告主题转化为视觉形象，同文字部分（广告的标题、口号和正文）一起构成广告作品的整体。广告图片不同于艺术摄影、绘画，它既不以审美作为最终目的，也不以反映拍摄者或制作者的个人情感和思想为主旨，而以传播商业信息为主要动机，以迎合消费者情趣和进行必要的规劝、说服为基本手段，以追求商业的促销效果为根本目的，具有明确的功利性倾向。但是，为了达到上述的功利性目的，广告图片常常通过审美的方式和手段，寓功利性于审美性之中。因而，从某种意义上讲，广告图片既传递认知信息，也传递一定的审美信息。

图文并茂强调的是图像与文字的有机配合，其奥秘在于视觉上的冲击，心理上的唤醒，激起人们的向往，形成与消费者的沟通。由于图像所提供的信息比文字更具直观性，所以报纸杂志广告常将图像作为视觉中心，把广告信息通过艺术的手段表现为可见的形象，旨在表现和传达一种情感状态。此外，绝大多数人阅读广告的顺序是先看广告图片后看文案，因此图片的设计常以色彩、线条等视觉元素形成主动的、有吸引力的视觉效果，将人们无意中扫过的目光紧紧地吸引住。在捕捉住人们的目光之后，还可以提示广告文案的部分内容，造成一定悬念，使人产生一定的趣味，通过视觉引起心理反应，例如皇冠假日酒店在推销四川美食时，在杂志上除创作“空山灵雨醉斜阳，忆四川；今嗜珍馐叙酒情，在眉山”诗句外，还配有山水画把四川美食引入诗意般境界。

2. 情“理”相间，相映生辉

在平面广告中，文字长于说理，图片善于抒情。这里所说的“理”，指的是商品信息、说服受众的理由。情理兼容的平面广告更能说服人、打动人。

广告的目的是为了推销产品，单单介绍产品，往往给人生硬、功利之感，而缺少有关商品自身的信息一味地抒情、煽情，又会让人受众觉得华而不实。为使广告既具亲和力又有实实在在的信息，报纸广告在图文并茂的基础上，常常以图抒情，以文为理。感性而直观的图像直接作用于人的视觉，长于说理的文字符号则经由大脑的分析理解，二者结合，让人在审美的过程中完成认知。泰国BBDO（天联）为Air Asia（亚洲航空）所做的系列广告（Better on weekdays）（见图8－1）就很好地利用了情理相间的审美特征。篇幅有限，仅选取其中一幅作品分析。

画面：背景是一张普吉岛海滩美景，按日期被划分为30个小方格，每个方格代表一天。从画面中我们可以看出周末两天海滩上挤满了游人，而工作日的时候

图 8－1　Air Asia 系列广告（Better on weekdays）之一

海滩上却是空空荡荡，仅有一对情侣在玩耍。

标题：普吉岛

正文：平日（或工作日）的普吉岛比周末更好，现在就来 airasia. com 订票吧。

这则短小的平面广告从美的角度来刺激人的联想和想象，不仅图文并茂，而且情理兼具。“普吉岛”这个标题本身就能引起人们对于浪漫气氛和舒适意境的向往，能使人们在审美的愉悦中得到感情的满足，并产生理解、记忆，最终达到广告传播的最佳效果。正文部分以理性的述说说明了平日的普吉岛比周末更值得游玩，对画面做进一步解读，文字在这里起到了对深层信息的说明功能。画面则向人们直观地展示了普吉岛的美景，同时与文字相呼应。受众通过图文的情与理，理解了广告所传递的信息，一方面感受着普吉岛的美景，一方面了解到亚洲航空可以带你感受到与周末不一样的普吉岛，产生欲订的需求。在广告的接受过程中，受众的情感与理性认知始终交融。对广告理解得越充分，情感就越活跃；而情感越活跃，理解也就越深入，欲求也就更强烈，购买行为可能更快更坚定。

又如威乐汽车的报纸广告（见图 8－2）：

标题：一年后它变成了马

正文：

它不漂亮。

但它——

吃的少：百公里只吃 5－7L 汽油，你不心疼。

心脏好：丰田 5A 发动机，领先同级别汽车。

肚子大：车高 1.51 米，座椅随意调高，脑袋照样轻松。后排椅会使肥胖者露出微笑。绝不像一些外表大气内部小气的车子。

图 8－2 威乐汽车的报纸广告

动作快：拥挤路段起步快。

阻力小：风阻系数仅 0.29.

很便宜：起价 6.98 万，保养成本低。

时间让威乐越来越好看。

一年前你告诉朋友：我买了一头驴。

现在，它是你心爱的马。

这则文案的画面是一辆蓝色威乐轿车和一匹马，车型时尚精致、简洁大方，从视觉上给人以美的享受。在设计中，用汽车作为图像来吸引受众是不够的，广告用 1/2 的面积刊载了一匹马的头部特写，由于面积占比极大，且在广告设计中动物是最吸引人注意的形象之一。所以，马的头部特写以强大的视觉冲击力成为吸引受众目光的第一要素。但是，画面虽宜于表情，却不擅说理，需要文字对抽象部分进行补充说明。这则广告的文案部分将威乐汽车比喻成用户心爱的一匹马，然后用一系列浅显易懂的语言来证明该车的性能卓越，经济实用，秉承天津一汽的传统，感性诉求与理性诉求前后呼应，相得益彰。

二、招贴媒介的审美特征

招贴广告又叫“海报”，是张贴在公共广告栏、销售点、街头等公共场所的广告。作为一种古老的广告形式，它至今仍受到人们的欢迎。它具有传播信息及时广泛、具有视觉冲击力、张贴有效时间长、制作简易、费用低廉等特点，是一种容易被接受的广告宣传形式。另外，招贴设计的局限性小，自由度大，具备特有的艺术效果和审美价值，被人们誉为“视觉的艺术”或“最美的广告”。

招贴广告的审美特征主要体现在：

1. 图像的瞬间永恒

将瞬间的视觉冲击化为永恒的美感留存于心是现代招贴设计追求的理想境界，这与现代人的生活及阅读习惯的改变相关。现代人工作生活节奏加快，面对纷繁的广告信息，常常感到无所适从，不能花费许多时间驻足仔细阅读招贴广告，因而招贴广告必须在几秒钟内吸引眼球，否则就会被忽略。运用醒目的色彩、具体的形象、灵动的创意构思吸引受众，使之在匆匆的一瞥之间一目了然、过目不忘是现代招贴广告的发展趋势。

招贴广告一般张贴在人流密集的公共场所，受众庞杂，所以图像必须易于理解，符合大众文化水平和欣赏习惯。它不同于一般的绘画或摄影作品，必须一目了然，一看就懂，使人在有限的时间、一定距离外就能看清楚所要宣传的事物，达成沟通，形成记忆。如果在这个过程中广告信息主题单纯，广告形象简洁，受众每接受一次广告信息都感到是在视觉或感觉上受到冲击，就能加深对广告作品的印象，促成记忆，收到良好效果。

现代社会，招贴广告浩如烟海，简单单纯的广告形象才能脱颖而出。下图是李奥·贝纳(德国杜塞尔多夫)为牧田株式会社的电动工具所做的招贴广告（见图8－3)。广告形象直观、制作精美，通过各类电动工具钻头的不同造型与迪拜塔、帝国大厦等摩天大楼形象相结合，并在招贴右上角配以一句简单的文案“这一切都归功于选择了正确的工具”，赋予了电动工具新的历史内涵，让人们在有限的画面中能联想到更广阔的生活图景，感受到新的意义。

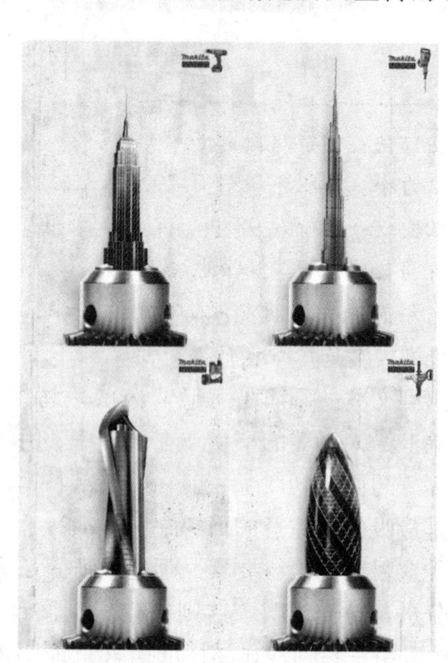

图8－3　牧田株式会社的电动工具招贴广告

2. 语言的集合浓缩

招贴广告的语言经过艺术处理，言简意赅，易于记忆。

虽然一些招贴广告越来越注重图像的运用，但文字语言仍发挥着不可缺少的作用。语言运用得如何，直接影响招贴广告信息内容的传达。招贴广告语言的简明性是指在“读图时代”文字常常起着画龙点睛的作用，符合现代人的审美习惯。简明不是简单，而是寓丰富于简约。简明的语言具有含蓄性、指示性和召唤性，从而引起受众的联想，激发行动。例如我们比较熟悉的百度的广告语：百度一下，你就知道！短促而有力，是一种号召，又是一种呼唤。语言的简明性首先体现在用词的准确性上。所谓准确，主要在于选用贴切的词语，合乎逻辑地组织安排句子，以确切地表达广告主所要传递的信息；其次体现在语意的鲜明性上，即语意要明确，条理要清楚，使商品或服务的性质、特点明确突出地呈现在受众面前，给人清晰的印象；最后，在简明的基础上力求生动，主要是指文字的运用灵活多样，别致生动，能够有效运用各种修辞手法把事物的情状生动描绘出来，打动人心，使之易于理解和接受。总之，语言的简明性是通过用词准确、鲜明、生动来达到的。准确是简明的前提；鲜明、生动赋予简明的语言以强烈的表现力和感染力，使之避免流于枯燥、干瘪。

简洁单纯的语言往往是“言有尽而意无穷”，即“以少胜多”，是“不全之全”。“以少胜多”的“少”，是指作品简洁地描写与整体事物相关联的某一侧面，或发展过程中的某一时刻；所谓“多”，是指由个别或局部构成的形象具有整体性，蕴涵着丰富的潜在信息，观众在欣赏中能感受到整体的多个方面及发展的全过程。简洁形象中“不全之全”的“不全”是指画面的不完整，“全”是指整体的完整。不完整的画面而能表现完整的形象，也就是简洁单纯的整体形象中潜藏着诸多的相关性、暗示性因素，可充分调动观众的想像力，从不同层次，不同角度去认识、感受形象蕴涵的丰富内容。大众汽车智能泊车系统广告(图 8－4)创意单纯，构图简洁：画面的两侧各有一辆车，中间勉强空出一个车位，几位像评委一样的人好像在等待着打分。下面的文案写道：毫无压力，大众智能泊车系统。从这幅看似静止的广告上，几乎可以感受到正在自动进行泊车操作的大众汽车的引擎轰鸣声，甚至可以感受到评委惊叹的眼神，看似简单而不简单。

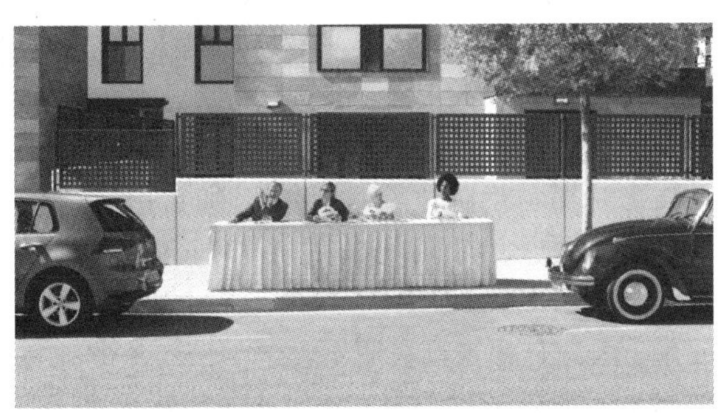

图 8－4　大众汽车智能泊车系统广告

3. 画面的鲜明醒目

招贴广告的精美体现在它的构思精美和制作精美两方面。好的招贴要做到既要让人"一目了然"，还要做到让人"一见倾心"，为它所吸引，顾盼之余留下较深的印象。这就要求招贴具有精湛的构思。任何艺术，都不能说明一切，特别是招贴广告，它只能从生活的某一侧面而不是从一切侧面来再现现实。任何形象都不过是构成整体的一部分，重要的是能不能概括其他部分。招贴画中常常有充满画面的颜面特写：一双手、一双眼、一个动态、一个表情，只要是选择最富于代表性的现象，而且着重它的某些特征，它就能构成"言简意赅"的好作品。尽管构图简单，却要求表现出一定的、能吸引人的意境。在"意境"中，客观事物精粹部分得到了集中处理，达到了情景交融，能牵动人的某种情思，某种体验，某种联想。清代一位学者说过，一幅画"与其令人爱，不如使人思"。好的招贴广告就是要引人入胜，唤起人的联想，引起人的美好愿望。

例如，最为著名的招贴广告《绝对伏特加酒》(图 8 -5)是以一系列绝对伏特加酒瓶为主体，围绕设定主题来展开造型。在《音乐篇》中，一行行金色的音符勾勒出绝对伏特加酒瓶的朦胧外型；《鸽子篇》中，威尼斯的圣马可广场上，上万只鸽子汇集成一只绝对伏特加酒瓶的形象，大气恢弘又充满浪漫情趣，很好地传达了绝对伏特加酒的非凡品质；《蝴蝶篇》(图 8 -5)中，色彩缤纷的蝴蝶叠摞成一个酒瓶，又似一棵香橼树，散发着阵阵香气。招贴设计概念是揭示绝对牌与市场上其他的品牌的差异点，以怪状瓶子的特写为中心，下方加一行两个词的英文，总是以"ABSOLUT"为首词，并以一个表示品质的词居次；如"PERFECTION"(完美)或"CLARITY"(清澈)。没有必要讲述任何产品的故事，因为它都被刻在瓶子上了。该产品的独特性由广告产生的独特性准确地反映出来。把瓶子置于中心充当主角当然很可能吸引顾客，但更重要的是，与视觉关联的标题措辞与引发的奇想赋予了广告无穷的魅力和奥妙。直至现在，许多人将绝对伏特加酒的招贴广告作为艺术品来收藏。由此可见，招贴广告中富有创意、设计精良的画面可以传达优美的意境，带给人们美的视觉享受。

图 8 -5 《绝对伏特加酒》招贴广告《蝴蝶篇》

第二节　电子广告媒介的审美特征

以电子技术新成果为主发展起来的新传播媒体，统称为电子媒介，如幻灯、电影、电视、广播、录像、计算机网络等。电子媒介是现代社会里最具有强劲发展势头和发展潜力的广告媒介。本节分别阐述电子媒介中应用最广的广播、电视及以网络媒介为代表的新媒体广告的审美特征。

一、广播媒介的审美特征

广播是以电波为载体、以声音为传达信息手段的大众传播媒介，具有听众广泛、覆盖面广、传情性强等特点。广播广告充分发挥声音的特性和声音独有的造型功能，通过刺激听众的听觉系统，塑造商品的听觉形象，传播丰富多彩的广告信息。

广播具有独特的审美特征：

1. 声情并茂，富于联想

广播的感染力源于声音所带来的丰富联想，所以，西方学者称之为“最形象的传播媒介”，这并非因为声音能够再现客观世界，而恰恰是因为广播所塑造的听觉形象往往比较模糊，因此能够让人产生丰富的联想，这些联想使听众创造性地把某些声音符号转化为更丰富的形象。

广播容易引发联想有以下几点原因：首先，广播的具有亲和色彩的传播方式。在传统媒介中，广播最具有人际传播的色彩。虽然广播实际是“一对多”的大众传播，但听众仿佛觉得是对自己说话，这就构成了一个“一对一”的具有亲和色彩的谈话气氛。听众会把自己“投射”到这种语境中，“扮演”与主持人对话的角色，在这种情境中最容易产生联想。其次，声音符号具有较大的想象空间。溪流声、鸟鸣声，通过听觉作用于大脑，调动起人的生活经验，仿佛身临其境。联想由此可能产生于一切细节中，正是因为联想，广播的各种声音可能创造电视或印刷媒介无法再现的人物、情景和迷人的世界。下面这篇日本寿司饭店 santory（三得利）酒广播广告就是发挥联想性的典范，该广告以“百人音乐会”的形式向听众介绍了 santory 酒。

解说：各位晚安，“百人音乐会”这个节目由具有 60 年制造洋酒历史的寿司饭店向您提供，欢迎收听。

音乐：肖邦作品，溪流，鸟鸣。

解说：人生短暂，艺术长久，优秀的作品经得起悠久岁月的考验。同样，发挥杰出创造力而生产的优秀威士忌，也经得起岁月的考验。具有 60 年传统的世界名酒 santory，是日本最适宜酿造洋酒的地方——山崎出品的。在木桶内无声透明的东西日以继夜地沉睡着，10年，20年，30年，随着时间的流逝越陈越香。

音响：清脆的开木樽声。

解说：朋友们，酒桶已经开了，满室都飘荡着一股santory酒的芬芳。看！一滴滴像琥珀一样发着光芒陈年的好酒，正像是古典音乐的馥郁。

音响："咕咕"斟酒声，冰块落入杯中的"叮当"撞击声。

音乐：带有田园色彩的舒缓乐曲轻轻飘荡。

解说：您现在最好的伴侣是一杯放冰块的世界名酒santory和一首世界名曲，让自己完全沉浸在美妙的境界里。

这则诉诸听觉的广告，充分借助想象，营造出一种主体的情境。逼真的声响刺激着听众的听觉器官，引导受众进入某种生活意境。绘声绘色的语言描述，音乐背景和音响效应，使santory酒色、香、味一体，如物在眼前，似芬芳在侧，既给人以听觉享受，又触发"视听联觉"（在声音的刺激下产生视觉形象，又如通过听觉获得视觉感受、嗅觉、触觉、味觉等），启发味觉，视、听、嗅在人们心理感受上相互联系和转化，形成通感和联想效应。

2. 曲乐相和，营造意境

音乐是用节奏和旋律表达思想感情的特殊语言，通过有组织的乐音构成听觉形象，以此直接抒发情感、反映生活。音乐的主要特征有：一、它是一种声音艺术，音乐形象是用声音作为物质材料塑造起来的。音乐所使用的音乐材料既不同于其他艺术的物质材料，也不同于大自然的原始声音，而是从声音世界中选择、提炼、概括出来的一系列有组织的"乐音"。音乐形象就是通过这些"乐音"，通过音调、音色、节奏、旋律、和声等音乐语言塑造出来的。二、它是一种情感艺术，贝多芬说，音乐中"情感的表现多于描绘"。它虽然不具有语言描述的具体性和视觉形象的直观性，但它最富有感染力，具有沁人心脾的艺术魅力，因为情感本身是一种动态过程，音乐的声音就是动态的。音乐的激荡回旋，反复渲染最能激起人的情感，能够迅速直接地激起人的情感。正如我们所知，"四面楚歌"能够瓦解楚军军心；"京城女"的琵琶演奏能够产生"满座重闻皆掩泣"的情感效应。《乐记》中记载："乐也者，圣人之所以乐也，可以善民心，其感人深，其移风易俗，故先王著其教焉"，音乐可以陶冶性情，可以愉悦感官，同时满足人的审美需求。

在广播广告中，音乐起着铺垫基调、烘托气氛、调节情绪、强化记忆的作用。它不仅可以为广告提供背景音乐，而且有的甚至直接把广告内容音乐化，把它变成歌曲唱出来。背景音乐主要是电台在播送各类广告时的伴奏音乐，它可以避免广告平淡呆板，使听众在欣赏乐声中听到广告闻之悦耳，发生兴趣。广告歌是广告构思用一定的音乐旋律而表现的形式，通常都是为某一特定广告而专门谱写录制的，听众闻之声便知是什么企业、什么商品。广告歌短小易记，有个性，具有感染性、煽动性、传播性和重复性，应用很广。此外，不同电台广告信息，配上不同风格情调的音乐，能突出广告主题，增强广告感染力。如景德镇的旅游广告，配上电子琴演奏的歌曲《我的祖国》，让人感到祖国的可爱；乌鲁木齐乐器广告配上新疆维乌尔族音乐，显示地方产品特色；大型工业产品，配上雄壮的管弦乐，听起来使人振奋，联想到工业的壮观景象；儿童车广告，用一种跳跃的木琴旋律，形容儿童骑自行车的活泼形象。我国各地广播电台常用的有古典音乐、轻音乐、民乐，进行曲等。古典音乐表达情感含蓄、细腻、悠扬；轻音乐节奏热烈，令人轻松愉快；民乐富有地方和民族色彩；进行曲雄壮有力。如果音乐类型与广告主题协调则会带来巨大的听觉享受，如电台宣传广东产品时就选用广东音乐，听起来格外亲切。正如卢梭所言："音乐不在于直接描绘形象，而在于把心灵置于音乐能够在心灵里创造的情绪中去。"

3. 拟声逼真，再现情景

拟声是广播广告中模拟自然界和社会生活中的各种音响效果。它一经运用到广播中来，和人类的社会生活紧紧联系到一起。拟声在广播中具有极大的表现力和感染力，尤其当它与语言、音乐组合起来，三位一体，不仅能够使广播内容更具真实感，加强认知效果，而且能够渲染、烘托气氛，加强审美效果。以上则广告中的拟声为例，广告里出现了两种拟声：其一为模拟的自然音响，如小溪的淙淙流淌声，鸟儿欢乐的啼叫，一方面渲染出一种宁静柔美的温馨氛围，让消费者产生一种仿佛置身山崎深谷、亲聆泉声鸟语的无与伦比的听觉美感，另一方面又让消费者浮想联翩；有着美丽自然风光的山崎，空气清新，泉水纯净，用山崎泉水酿制而成的三得利酒自然芬芳馥郁，美妙异常。其二为产品的音响，如开木樽的声音，将冰块放入酒中的清脆响声，从听觉上刺激人们的生理欲求，促使消费者迅速购买以满足自己的心愿。

请体会下面案例中逼真的音响效果。

案例　米其林冬季轮胎

[音效]（风声、走在厚厚积雪上的脚步声）

[男声]无论是在光滑的冰面，还是在松软的雪地（汽车打火声，音乐起），米其林冬季轮胎，交叉Z型沟槽，保证出色冰面稳定性。柔软的胎面橡胶，带来更好的冰面抓地力。米其林冬季轮胎，体验冰雪路面的安全驾驶。

详情致电米其林服务热线40088、90088。

[音效]（急刹车声）

取自自然的真实音响为听众营造了真实可感的冰天雪地的情景，沙沙的走路声，让人感到冰雪路面行走之难，但随着汽车打火声，广告进入全新情景，贯穿始终的紧促的节奏感强的音乐，衬托出装备米其林冬季轮胎的汽车在冰雪天气仍然一如既往地快速、安全行驶，让人体验到冰雪路面上的驾驶快乐。结尾的急刹车，车辆戛然而止，突出了轮胎超凡的防滑性能。广告也戛然而止，干净利落。

二、电视广告媒介的审美特征

电视是以声音、动态画面、字幕为传达信息的手段，兼有报纸、杂志、广播三者优势，能够进行动态演示的大众传播媒体。因此，电视广告冲击力、感染力特别强。广播广告只有声音没有影像，平面广告有影像而无声音，都不能像电视媒介这样动态地、以人们感触到的现实生活中的原始形态来展示讯息。此外，电视视听结合的独特属性对加强广告理解度、记忆度有着其他媒介不可比拟的优势。总体来讲，电视表现的综合性、声画的逼真性以及动态的可视性使它具备以下的审美特征：

1. 视听兼备，声画并茂

电视的最显著特点是视听兼备，声画并茂。它通过刺激人的视觉和听觉器官来激发其感知过程，完成信息传递，带给人们全面的视听享受。

视与听是人类接受外界信息的主要途径。人对外界的感受，60%来自视觉。视觉在我们的感官中是最重要的。通过我们的眼睛，我们可以比通过耳朵更加了解和熟悉周围的世界。眼睛记录下的是物体对光线的反应，以便认知物体在空间中的形状、颜色、表面特点和运动形式；耳朵录下的是物体运动中产生的声波。二者并用，便在大脑中基本记录了事物的特征。从记忆效果来看，听到的信息能记住20%，看到的信息能记住30%，边听边看能记住50%。所以，声画并茂、视听兼备的综合性传播，符合人的生理特点，是电视的独特优势，也使它成为最具审美效果的大众媒介。它不仅可以塑造诉之于听觉的审美形象，还可以塑造诉诸视觉的审美形象。声音和画面的匹配，产生的审美效果更是其他大众传媒不能比拟的。

2. 通俗平易，喜闻乐见

电视通过动态画面、音响、音乐传情达意，人人一看就懂，一听即知，无需翻译，不要解释，形象生动而逼真，声色优美而感人，有很强的穿透力和感染力，尤其能产生一种独特的潜移默化的传播效果。借助画面、语言、声音、字幕等辅助手段，电视广告可以展现一个场景，可以讲述一段故事，可以制作一则动画，可以播放一首广告歌曲。不论文化水平的高低，年龄差异的大小，人们可以轻松方便地接受电视传递的广告信息。可以说，电视是一种老百姓喜闻乐见的大众传播媒介。

海信金刚手机“宝宝篇”（图8－6）电视广告以其生活化的形式，带给受众视听上的双重享受。电视画面中，爸爸正在和面，宝宝为了引起爸爸的注意先是故意把手机从桌子上摔下来，然后又故意把水泼到手机上，爸爸无奈又溺爱地看着宝宝。然后字幕旁白出现“防水 防尘 防摔 海信金刚手机”。

这则电视广告对消费者进行了情感与理性诉求，一方面通过天真可爱的孩子和爸爸的互动，塑造了一个平易而趣味十足的场景，把产品赋予了承载亲子交流的特征，给消费者留下深刻印象。另一方面通过三种应用场景，来展现手机防水、防尘、防摔的功能，并在最后强化记忆。同时，活泼的音乐与画面相结合，眼耳并用，印象深刻。

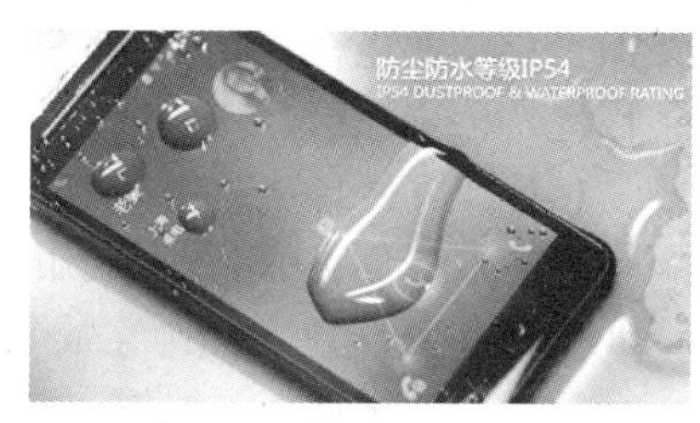

图8－6　海信金刚手机“宝宝篇”

3. 表现体验，真实可信

人们常说“耳听为虚，眼见为实”。信服，是赢得顾客的关键要素。电视可以运用画面演示、演员表演、用户证言、音响配合、音乐渲染等手段来获得信服，让受众相信自己是在直接地目睹客观现实。电视广告通过将产品完整地展现在屏幕上，原原本本地道明操作使用方法，以现场表演的方式表现产品特质，介绍产品功效，让人亲眼目睹产品投入应用的实况，或让观众透过细小的动作，微妙的表情判断人物的证言、体验是否真实可信。例如，郭冬临演示的汰渍洗衣粉广告，通过和不同品牌洗衣粉使用前后的对比，让观众清楚、直观地看到洗涤效果，无须过多说明和夸耀就可以达到劝服效果。再比如减肥器械也常常通过电视演示来证明减肥效果，这种方式真实可信，有很强的说服力。还有一些无法具象化的事物变化或思想情感，也必须通过画面来传达。比如，食用某品牌方便面后惬意、满足、回味无穷的表情；使用某洗发水后清爽、自信的神情会激发受众的心理体验，留下深刻的印象。

此外，当电视画面要表现难以甚至无法传达的感觉、体验、变化和抽象的思想意识，比如食品的味道、化妆品使用后的变化、驾驶汽车的乐趣、对新生活的向往时，声音则可以发挥作用。比如：运动鞋广告采用比赛现场的喝彩声、润喉糖广告采用树林里的鸟鸣声等等。在电视广告中，音响可以用来暗示象征，烘托气氛。有时，音响可以用以替代某些以画面表现不便、不雅的内容，塑造画外空间。比如以一声尖锐的刹车声，暗示车祸的惨景。因此，电视广告的音响使用率也很高。

4. 营造氛围，共同跃动

电视媒介借鉴并融合了电影、摄影、文学、音乐、绘画、舞蹈等众多传统艺术的精华，因此，电视广告能综合运用多种艺术表现手段，营造氛围，吸引观众投入其中，通过达到情感上的共鸣或认识上的一致而拉近彼此距离，共同感受、共同跃动。在电视广告创意中，如果利用亲情、友情、爱情来创作，可以打动相当一部分人的心。如获2014年金瞳奖微电影类别全场大奖的金士顿品牌广告片《记忆月台》(图8-7)，讲述了一段感人至深的有关回忆、爱情与生命的真实故事(改编自英国BBC报道的地铁遗孀请愿新闻)，让观众深深记住了这个品牌。每次地铁到站，站台广播都要播放合成的声音“mind the gap ”(小心月台间隙)，一位地铁乘务员好奇地发现一位优雅的妇女总是坐在地铁站，有一天，她向他走来，向他讲述了她坐在这里的理由。她与丈夫第一次见面就是在这个站台，丈夫对她说的第一句话就是“mind the gap”。三年前，丈夫离开人世，她每天来这里就是为了听地铁广播里面播放的“mind the gap”，因为这是用她丈夫的声音录制的(她的丈夫声音非常动听，在一次录歌的时候，被要求帮助录制了地铁站的广播)，但是，声音已经被换掉了。女子希望地铁乘务员将存有声音的录音带送给她。但乘务员遗憾地表示，地铁系统已经更换，无处寻找了。女子失望地离开，很久没有再来。之后，画面回忆了女子与丈夫从相识到相恋直至结婚生子的快乐瞬间，定格在丈夫录制“mind the gap”的瞬间。广告最后，地铁乘务员又一次见到拉着行李箱要离开这座城市的妇女，就在地铁进站的一刻，她又听到站台播放她丈夫的“mind the gap ”。乘务员告诉她，他们找到了那份录音，决定在此站作为共同的回忆继续播放它，并将记录有“mind the gap”的金士顿优盘交给她。女子也微笑着告诉他，她将带着对丈夫的回忆继续走下去。

这则广告中产品只出现不到两秒，却将金士顿所隐含的品牌价值，深深地刻画于观众心中，极大地增强了受众对金士顿品牌的好感度。优盘作为电子产品，本身散发出一种冰冷的科技感，但广告重新诠释了优盘存储信息的基本功能，告诉人们：小小的优盘中承载的并非一个个毫无意义的数字，它是一个承载了各式记忆的容器，将我们的记忆保存，并忠诚地流传下去。如片中的文案所述，“记忆是趟旅程，我们在同一时间上车，却在不同时间下车。然而，记忆不曾下车。A Memory to Remember——记忆，永远都在”。

我们经常看到电视广告常常以一个温馨、美丽、现代的家庭为背景；或是以一个青春、阳光的场景作为故事发生的环境。因为，电视是一种传载大众文化的载体，对反映现实生活乐此不疲。当它成为现代人生活、家庭文化的一部分时，便具有传递消费模式的属性。很多电视广告所描绘的生活状态成为众多受众模仿和向往的对象。电视广告因此也带有了“造梦”的色彩。它可以为渴望美丽容颜的少女营造一个一夜之间由丑小鸭变成白天鹅的场景。如立白洗洁精广告中，陈佩斯饰演的丈夫，疼爱妻子，为妻子选购不伤手的立白洗洁精。电视画面中所展示的生活场景，为情节的展开营造了一个观众熟悉而又亲切的氛围，有同样渴望的观众极易融入其中，甚至渴望自己成为广告中的那个角色。立白洗洁精在这种氛围中，不仅仅是一种洗洁用品，更是凝结了爱的事物。再比如泰国第二大移动运营商 DTAC 的一则视频广告 *Technology cannot replace love*，该片讲述了一个新爸爸独自在家看宝宝，宝宝一直哭闹不止，爸爸让外出的母亲和宝宝视频，可是宝宝还是一直哭，直到不敢抱宝宝的新爸爸颤颤巍巍放下手机，迈出第一步，抱起了宝宝，宝宝终于停止了哭闹。剧终字幕浮现：Technology cannot replace love（科技永远无法代替爱）。

这则电视广告看似没有直接或间接叙述产品，实则通过情感共鸣，阐述了企业的理念，拉近消费者与视频的距离，也让消费者身处其中，拥有瞬间让人幸福感上升的魔力。温情的视频短片能很好唤起人们对某种事物的记忆，在不经意之间能引起消费者的共鸣，从而带动买家购买欲望。爱能拉近陌生，也可以让人信任，而信任就是购买的关键点所在，视频所流露的共鸣正是买家所需要的。比起那些拿自己产品叫卖的广告，这种以家庭，亲情为主题的广告在某种程度上能唤起人们内心的情感需求，才是现在市场所需要的广告，也是受年轻人追捧的广告。

三、新媒体广告媒介的审美特征

新媒体的概念起源于麦克卢汉，他指出：“一种新媒介的首要内容是另一种旧媒介”，即新媒体是这样一些数字媒介：“它们是互动媒介，含双向传播，涉及计算，与没有计算的电话、广播、电视等旧媒介相对。新媒体将许多要素集于一身，把文本、音频、数字视频、互动多媒体、虚拟现实、互联网、电子邮件、聊天功能、手机、掌上电脑和智能手机、计算机应用以及任何个人电脑能获取的信息集合起来”。[①] 新的文化形式或生于计算机或倚重计算机流通，有网址、人机界面、虚拟世界、虚拟现实、多媒体、电子游戏、电子动漫、数字视频、电影特效、网络电影、互动计算设备等。基于互联网的体验是在个人层次上的，每一位使用者独自面对电脑或手机的屏幕和界面。由此可见，旧媒介是被动型的大众媒介，新媒介是个人使用的互动媒介。新媒介容许使用者积极参与，他们不再是被动的信息接受者而是内容和信息的积极生产者。例如：电子邮件用户、聊天室、博客、播客、微信、微博、网上兜售商品者都可以自己制造内容，动手创建链接，将广告信息与现存信息关联起来并予以传播。新媒介不同于旧媒介，主要在于对我们的思维方法的强化。我们所见的互动媒介如互联网不仅是创新的结果，而且是一个创新的机制和过程，它使所有人同览和分享。因此，新媒体可以指代这样一类媒介：它们是数字化的、互动的。媒介技术发展，尤其是以网络为代表的新媒体的形成，种种在现实社会中受到制约的创意，都可以在虚拟世界中尽情挥洒，人们的意志自由受到的限制越来越少，各种新思想在碰撞和交流中张扬，最终对广告表现产生推动，拓展了广告创意的表现空间，加深了广告互动的程度。

以网络为代表的新媒体近年来以高昂的姿态迅速崛起，对媒体格局的不断变化起到关键作用。报纸、电视等传统媒体的强势地位受到重大冲击，互联网等新媒体技术引发了信息传播的重大变革。新媒体是通过计算机网络传播信息的物质载体，它具有信息量大、使用方便、检索快捷、交互性强、反馈及时等特点，是最具发展潜力的广告媒介。新媒体广告融合了文字、声音、图像、动画、视频等多媒体形式，打破了传统的文字媒介、声音媒介、视觉媒介之间难以逾越的鸿沟。新媒体广告代表了未来广告的发展趋势，它的出现标志着人类传播史上第五次传播革命的到来。

新媒体广告的审美特征包括：

1. 有机互动　审美共享

新媒体广告是一种互动的双向式广告，可以更多地采取平行、对话的方式与受众沟通，针对目标消费者的特点与需求，将产品的特点、性能、功能、规格、技术指标、价格以及售后服务等内容显示在网页上，以便受众查询，帮助他们作出理性的选择。从传播学角度看，互联网是一种抗拒“推”的传播方式的“拉力”，强调信息主体双方的互动性，而不是像传统广告那样强迫受众接受广告信息。现在的受众更愿意把自己放在主动选择的位置上，更强调自我尊重和自我实现，所以以网络为代表的新媒体广告将越来越容易被消费者所接受。

新媒体的互动功能使受众更多地参与到信息传播中来。传受双方的界限变得

---

① [加]罗伯特·洛根：《理解媒介：延伸麦克卢汉》，何道宽译，上海：复旦大学出版社，2012 年，第 5 页。

图 8－7　金士顿品牌广告片《记忆月台》截图

十分模糊，每个人都可以是新媒介广告的发布者，按照自己的方式发布广告信息。在选择广告信息的时候，受众是主动的，他们根据自己的需要有目的地获取广告信息，只与他感兴趣的广告内容深入接触，当需要一部二手摄像机时，他可以通过新媒介强大的搜索功能在几秒钟获得大量专门的二手摄像机的转让信息。根据不同要求，还可以进一步获取详尽的相关信息，甚至在网上实现交易。新媒体广告受众的自主性得到了充分的尊重。例如，奔驰 Smart：10 亿组合随你变。(图 8 -8)

奔驰 Smart 根据每位消费者的个人喜好和需要，从上百种车身喷漆、皮革类型、座椅材质甚至是轮毂颜色中任意搭配，丰富的个性搭配可创造出达10 亿种极富个性的 Smart 座驾，结合此产品信息，此次以“10 亿组合随你变”为主题，选取粉色、篮球、沙滩三个元素，定制与之匹配的三款 smart BRABUS tailor made 车型，同时结合新浪微博用户的属性，将三款车型广告和用户的微博账户头像整合以浮层形式显示到不同的用户看到的新浪网首页。在广告内容上，将粉色延伸到可爱女生，古铜色延伸到沙滩和阳光，并用晒古铜号召用户，紫金延伸到篮球、铁杠洛杉矶；清晰的分类契合富有感召力的文案，有效地拉近了品牌与用户的距离，增进和消费者之间的情感沟通。

图 8 -8　奔驰 Smart：“10 亿组合随你变”主题广告

具有自己的个性和独到的品位是新媒体受众最关键的特征，同时他们熟悉新的媒体，社交媒体分享是他们日常生活中很重要的一部分。smart BRABUS tailor made 与众不同的专属体验和独特魅力，同时社交媒体的嵌入带动了消费者对活动信息的二次传播。2013 年 4 月 19 日至 5 月 22 日活动间，本次个性化的广告投放共产生曝光量为 7287446，点击率为 2.58%，有效到达率为 0.07%，投放效果良好，有效提升了 smart BRABUS tailor made 的品牌覆盖面。新浪微博平台的嵌入，加强了活动信息的二次传播，带动了新浪微话题“给 smart 点颜色看看”的话题讨论，传递了积极自信、健康快乐的 smart 生活方式。

2. 创生技术　多维体验

创生，指创造一种存在形式，并赋予它意义。如果没有意义，创生便不成立。传统美学对于审美价值和审美取向问题，强调在心灵对美的追求和知性基础上的审美判断力，心灵美和艺术美的追求是其审美的出发点。传统媒体在强调信息传播、信息告知的同时，还追求能使人的心灵得到净化、人格得到完善、超越自我而达到新的境界的效果。而在新媒体时代，人们对于网络的依赖程度加深，加上现代多元化开放的社会，人们的生活节奏加快、生活压力加大，促使人们对信息的审美诉求发生了明显的变化，对媒介信息的审美接受从心灵美转向感官美与娱乐美。2010 年初，群邑中国(GroupMChina)发布了首个中国网民数字消费细分市场的调研报告发现：大部分消费者，尤其是二三线城市的消费者认为网络是视频和游戏娱乐的主要渠道，放松心情是上网的主要驱动力之一。因此，对于品牌而言，围绕新媒体而展开的广告传播活动，满足大众的娱乐化审美需求显得尤为重要。传播学者库贝指出，网络游戏设计创造一种现代人的逃避意义，玩家很快就能感觉到玩游戏的瞬间快乐，一种心理强化因此形成。游戏设置了基本的挑战，玩家会有克服困难、获得胜利的愿望，这些游戏高明地为玩家设置了游戏的级别，即使是难度不断增加，但始终处于可控范围，玩家从解决这些问题入手获得极大满足，因此具有强化作用。① 网络时代，娱乐成为一种重要的存在之意义。因此，如詹姆斯·库兰所言，新媒体技术的“革命性”表现为“媒介与了发展有赖于技术的创新，正是在各种技术的创新使娱乐系列化生产在经济上变得可能。对大众娱乐的技术形态塑造，新媒体具有出乎意料的重要性，且完全投身于各种新的符号生产手段的实验中去”②。

虽然新媒体广告现在还不能彻底取代其他的传统传播方式，但是它具有传统广告媒介所不具备的优点，如主动选择、双向沟通、平等参与等。它还具有文字、图片、声音、色彩、动画、电影、三维空间、虚拟现实等所有广告媒体的功能。因此，它能提供给受众生动活泼、具有震撼力的多媒体资讯，维系消费者对新媒介广告的好奇心和注意力，加强传播效果，而且，它使广告摆脱了费用、传播速度、传播量等多方面的束缚，给予创意更加自由的空间，进而使得广告的艺术表现形式更加丰富，更具个性化，更加符合消费者的审美观念、审美心理、审美趣味，使消费者的个人价值得到体现。消费者在新媒体广告中基于多维体验而获得的审美感受是强烈的，致使此类广告的市场效应日益显著。

---

① ［美］阿瑟·伯格：《媒介分析技巧》，李德刚等译，北京：清华大学出版社，2011 年，第 149 页。

② ［英］詹姆斯·库兰：《大众媒介与社会》，杨击译，北京：华夏出版社，2006 年，第 191 页。

3. 仿真虚拟　巧设悬念

舒茨的现象社会学告诉我们：生活世界不仅仅包括日常现实，还包括许多其他世界，如幻想世界、梦幻世界。由于新媒体的构建是基于数字技术发展的，所以新媒体广告具有虚拟的特点。这种虚拟的特点使广告创作可以突破现实时空的限制，对自然和人类生活进行动态的实时再现或仿真再造，创造出"虚拟现实"，从而实现主体创造力和想象力的发挥。

新媒体的发展促进了人的创造意识和创造潜力的发挥，它深深蕴涵现代文明的新特征。现实与非现实(虚拟世界)的界限越来越模糊不清，现实与影像也处于新的关系之中。这为广告制作者发挥丰富想象力进行创造性实践提供了巨大的平台。一些大型房地产公司制作的房产销售网络广告利用三维技术制作出样板间的模拟实景，受众可以在电脑屏幕上通过点击和移动鼠标来拓展视角，移步易景，仿佛置身于真实的样板间中，既可远看，又可近观，全方位，多角度地细细品味房间设计中的每个细节。不论身在何处，都可以通过新媒体置身于这个虚拟的现场中，不仅大大满足了受众的获知欲求，也灵活地实现了广告的宣传目的。可以毫不夸张地说，新媒体技术把广告创作和欣赏带入新的境界，把审美体验与生命体验联系起来，给人们带来崭新的审美体验。

对于新媒体广告来说，"点击"就是生命。我们常常可以看到这样召唤性的句子：如"Click here""Visit now""Enter here"或是时间性的句子：如"最后机会""On sale""Free"之类的诱惑。这些句子虽然俗套，但对指定消费人群来讲还是有一定吸引力的。例如，麦当劳针对儿童上网者所进行的定向性广告，其广告语为："输入标题以创造你自己的报纸头条，在这里你就是明星。"这则网络广告针对性很强，它能与儿童产生互动行为，让他们乐此不疲，并进一步与麦当劳之间产生一种内在的默契。谷歌在 Youtube 上投放的一则片头广告，反其道而行，用极具创意的动画形式，把谷歌以往产品的各种元素拟人化，这些动画人物用各种戏谑的方式吸引观众注意，鼓励用户点击"SKIP"跳过广告，而用户反而被富有创意的内容吸引，想看到结尾。不仅吸引了观众的注意，也宣传了 youtube 的跳过广告功能，更使谷歌产品的各种形象深入人心。

吊起受众的胃口，而且吊得巧妙，吊得恰到好处，这就是新媒体广告设置悬念的魅力所在。人的好奇心与生俱来，一旦激起了心底的疑念，便会一直追问到底。巧设机关正是充分利用了人们这种好奇的天性。雅虎有一则网络广告标题是"王菲要唱京戏，刘德华耍双节棍"，红底白字十分醒目，许多人看到这样的标题会有很强的好奇心，王菲、刘德华怎么会唱京戏、耍双节棍？广告标题的设定正是利用年轻人对娱乐界名人的关注与好奇，诱导点击，探个究竟。就目前来看，新媒体的使用者多是年轻人，他们乐于接受新鲜事物，对新奇、前卫的事物有着无比的好奇心，往往是新产品的实践者。他们用新奇的眼光来看待这个世界，对于平庸、缺乏新意的广告形式与内容嗤之以鼻。因此，新媒体广告从内容到形式上都必须勇于创新，展现出“新、奇、特”的美学特点来吸引网络受众，从而达到推介产品的功利目的。除了利用标题设置悬念，还可以采用动画、Flash、游戏等方式吸引受众参与点击。

值得一提的是，虽然新媒体广告具有“快餐文化”的特征，但新媒体广告也应该有自己的美学追求。受众对新媒体广告的认知过程也是对美的感受、认知和理解的过程。新媒体广告不能一味强调吸引点击、推销商品，同时也传递着某些艺术追求，承担着一定的社会责任，力求让人在对新媒体广告的认知中得到美的熏陶，提升自身的审美意识和对艺术的感悟能力。尤其在知识经济时代，人们十分注重在有限的时间内，从新媒体提供的信息中获得尽可能多的东西，尽量去陶冶自己的情操，提高自身修养。例如，2013 年 11 月 5 日，新浪娱乐官方微博发布了一段高圆圆的私密视频，视频中高圆圆与神秘男子互抹剃须泡，十分亲密。一经发布，引起网络热议。后该视频已被证实为吉列发布的剃须刀广告的花絮，而该事件也是天联为吉列剃须刀进行的一次公共推广活动。此次公关活动正是利用年轻人对娱乐界名人的关注与好奇，诱导关注，进行传播。所以，在制作网络广告时，设置机关要恰到好处，避免哗众取宠，诱导点击也应积极健康，减少新媒体广告成为垃圾广告的可能性。

第三节　视觉标志、展示广告的审美特征

视觉标志是造型单纯、意义明确，又能代表企业、团体、组织的形象、特征、信誉、文化的一种视觉符号；展示广告是现代企业大型宣传的重要工具，大至万国博览会，小至橱窗广告，展示广告成为企业、商品、服务展示自身的重要舞台。在现代广告行业中，视觉标志和展示广告共同为传播特定信息与文化，塑造良好的外部形象发挥着各自的作用。

一、视觉标志的审美特征

视觉标志是将事物、对象抽象的精神内涵以具体可见的形象表现出来的一种视觉识别符号。它在生活中犹如语言，起着传递信息的作用。它通过精练的艺术形象，使人一目了然，具有很强的概括性和象征性，所以我们称视觉标志为视觉的语言。

视觉标志应用广泛，按照用途大致上可以分三类：政治、文化和体育性标志，企业标志，公共服务性标志。关于企业标志的审美在第七章有专门论述，此处不再赘述。

视觉标志的主要审美特征包括：

1. 简洁鲜明，易懂易记

视觉标志是用来传递信息、彰显内涵的一种识别符号，既然要起到识别的功能，在设计上应简洁鲜明，易于传播，做出有强烈感染力的视觉效果，如：Tesla 电动汽车经典的红底白色盾牌 T 字标志(图 8－9)，具有良好的可视性和明视度，从色彩及造型上均给人以鲜明简洁的深刻印象。我们知道，越简洁、越醒目、越富于视觉冲击力的符号越能引发人的注意，容易形成记忆。视觉标志可以通过调和、对比、对称、平衡、律动、反复、比例等方法构建简练、独特、美观的构图，使其具有相对独立的审美意义给人深刻印象。

图 8－9　Tesla 电动汽车广告

视觉标志能在有限的空间内传达出最能代表其特征的信息，因此，要讲究通俗易懂，使受众易于接受、理解并记忆。视觉标志可以是具象的，如消费者协会和教师协会的标志。具象的视觉标志有写实的、写意的，也有具有象征意义的，比如苹果公司、七匹狼服饰就是写实的，这些直观的形象作用于人脑，令人记忆深刻，历久不忘；而凤凰卫视的台标(图 8－10)则是抽象的凤凰旋转交融的形象，阴阳结合，展示了开放的媒体姿态。视觉标志还可以是抽象的，抽象的标志一般在形象上更为简洁，内容上则相对丰富，从而产生美感，引发记忆。比如微软公司的新标志(图 8－11)，用红绿蓝黄四个颜色的方块组成一个大方块，象征着微软对不同平台的大一统愿景与开放精神。人们一旦了解了形象背后的含义，很容易对其产生记忆。再如日本任天堂公司的 logo(图 8－12)运用了立方体的镂空组合来表示公司的核心业务。抽象的标志还有文字符号型的标志设计，如中文变形组合，还有汉语拼音、阿拉伯数字和其他的图形组合。无论运用何种表现手法都是为了增强美感和艺术感染力。

图 8－10　凤凰卫视台标

图 8－11　微软公司的新标志

图 8－12　任天堂公司标志

2. 内涵丰富，寓意深刻

没有内涵的标志是没有生命力的。从古至今，人们之所以反反复复地描摹图形，不仅仅是因为它的外形具有多么美好的欣赏价值，更重要的是在于我们所看到的这些传统图形后面，往往蕴藏着更多更深的意义。外在形态是内在意义借以表达的方式，是内在涵义的外化和物化，所以，视觉标志要力图让人们借助符号识别，发挥联想去探求和挖掘蕴涵在标志背后的“意”。

中国传统图形——“盘长”，在民间它常结合“方胜”图案来使用，并以此表达人们四环贯彻、一切通明的美好意愿，中国联通的标志就是采用了源于佛教八宝的“八吉祥”之一“盘长”的造型，取其“源远流长，生生不息，相辅相成”的本意来延展联通公司的通信事业无以穷尽，日久天长的寓意。该标志造型中的四个方形有四通八达、事事如意之意；六个圆形有路路相同、处处顺畅之意；而标志中的10 个空处则有圆圆满满和十全十美之意。无论从对称讲，还是从偶数说，整个标志都洋溢着古老东方已流传的吉祥之气。

2018 年俄罗斯世界杯官方标志(图 8 - 12)十分具有斯拉夫民族色彩。该标志以大力神杯作为原型，将俄罗斯国旗中的三种颜色融入其中。官方标志的设计还吸收了俄罗斯圣像画艺术传统，体现出追求创造、勇于达到目标的精神，同时也表达出对足球运动的热爱。这一标志在一定程度上能够反映出俄罗斯的精神风貌，展现出俄罗斯的“心与灵魂”。

另外，中国邮政的标志也是很好地运用了传统图形中的“势”。中国邮政的标志，其基本元素是中国古写的“中”字，在此基础上，设计师根据我国古代“鸿雁传书”这一典故，将大雁飞行的动势融入到标志的造型中。该标志以横与直的平行线为主构成，形与势互相结合、归纳变化，表达了服务与千家万户的企业宗旨，以及快捷、准确、安全、无处不达的企业形象。

所以，标志是利用图形传情达意，由标志造型延展出更新、更深层次的理念精神，使其更具有文化性、社会性与审美性。

3. 与时俱进，新颖夺目

视觉标志具有极强的时代性，往往反映着一定的时代烙印。以我国视觉标志的设计发展为例可以清楚地印证这一观点。20 世纪初，我国企业的视觉标志主要是文字和吉祥物，它们代表了民族工业发展初期的品牌雏形；20 世纪 30 年代，视觉标志的图案大多是以神话故事、民间故事作为主要题材，如“寿星牌”“八仙牌”，图案较为复杂，倾向写实；新中国成立后，由于社会制度的改变，人们向往更美好的新生活，出现了“丰收牌”“跃进牌”“新华牌”等标志设计；十一届三中全会后，设计思想开始活跃，出现了大批构思新颖、设计巧妙、积极向上的视觉标志。

视觉标志应既符合时代精神，又体现民族风格。一般来讲，标志一旦设计出来，通过传播为公众所熟知和信任，必须长期传播，具有相对的稳定性。但随着时代的变迁或标志所有者自身的变革、发展，原有标志的设计风格有可能与时代节拍不相符合。因此，视觉标志设计会在保持相对稳定的前提下发生相应变化。另外，视觉标志是世界通用的艺术语言，在设计上必须运用世界通用的形态语言，避免一味地追求传统的狭隘的形态语言，而造成沟通上的困难，必须在相互交流中相互影响，内容上有所丰富，形式上有所变化发展。在吸取各国精华的同时，注意保持民族风格，努力创造具有中国特色的世界通用标志。

同时，随着公众审美情趣的不断发展变化，视觉标志也会随着时代的发展而有所调整甚至改变，从而避免成为僵化的视觉符号。如日本三洋电器公司，在1990年代初，对其使用了许多年的旧标志进行了革新，摈弃了原先组合标志中三个向上箭头组成的圆形图案，将象征其高新技术、现代电器产业的、具有动感的发射状图形与企业名称字体进行组合，使其成为视觉的中心。新的标志表示了企业经营者的创新突破、追求卓越的精神，采取视觉冲击性的强力诉求，增强商品的竞争力，提高诱导消费者的诉求力，不仅具有鲜明的时代特色，而且向社会大众传达出明确的信息：三洋电器正向新的目标前进。

二、展示广告媒介的审美特征

展示广告是通过实物陈列、展台设计的方式，运用造型布局、灯光渲染等综合手段，将商品直接呈现给受众的一种实物传播的媒介形式。它随着当代信息社会的不断发展，正发挥着巨大作用，大至展示会，小到商业橱窗，可以说无处不在。正因如此，它在传播方面的审美要求也随着社会需要不断地更新和发展。譬如作为展示广告重要形式之一的商业橱窗，已成为繁华都市一种代表性景观，其设计已不局限于陈列商品，更为重要的是展示一种“流行”，倡导一种“时髦”，从而影响周围人的生活感觉。展示广告设计质量的高低直接影响到企业本身的价值和形象，并在一定程度上体现了都市风貌，其审美特征包括：

1. 真实呈现，生动可感

人们对立体的事物感知更为直接、全面、深刻。展示广告与其他广告最大的不同在于它将商品立体地呈现于受众面前，让消费者看个真真切切。那么，是不是将商品置于消费者面前就完成了展示广告的功能了呢？绝非这样。同样一件衣服，如果展示在模特身上，会让人眼前一亮，它被购买的几率会是仅仅悬挂在衣架上的几倍。这就是展示广告的魅力。当它将一件衣服立体地展现在消费者面前时，消费者可以形象逼真地看到它的全部细节，包括长短、款式、色彩，从而想象出自身的穿着效果。

作为展示广告媒介之一的橱窗，它对体现城市繁华、展示商业企业文化和引导消费有着不可忽视的作用。风格现代多元、构思独特、蕴含城市文化特色的橱窗来体现着现代动感和历史底蕴，同时又能够充分展示消费热点、传递商品信息、引导时尚、扩大销售。相对于某一种具体的产品广告，橱窗通过实物展示，告诉我们的内容要广泛得多，丰富得多、深刻得多。有一幅展示鞋类新品的橱窗设计十分吸引人。乳白色的衬底，使灰色几何图形更加鲜明。架鞋用的道具与背墙体颜色图案一致，仿佛是从墙上延伸出来的。画面中，还采用挖空处理，露出一对情人的腿和脚，使人感到立体、生动、有趣，又突出特写的作用，激发了人们的购买欲望。又如，以“结婚用品”为展示内容的橱窗广告，把橱窗布置成为婚礼的场面，整个陈列以红色作为基调，在橱窗的中央装饰一个“囍”字，这样就可以把床上用品，家具、家用电器、玻璃器皿、服装鞋帽、日用百货等商品有机陈列在一起。在某一主题下把它们联系起来，给人以联想，激起购买欲望。

此外，以立体形象出现的展台则让人置身其中，更为注重造型功能。展台基本造型是整个展台的骨架所在，是一个展台设计大效果形成的关键，不仅对展示内容的安排有直接影响，而且可以通过造型表意，传达信息。参观者对参展商的第一印象总是从处于较远位置的展台设计外观得来，这一印象可能会持续很久，并直接影响参观者对参展商的态度、行为，最终影响参展效果。因此，优秀的展台设计应通过新颖的造型形成强烈的视觉吸引力。在考虑展出时间(季节)、展出地点、灯光照明调配等因素的同时，必须考虑到企业及展品，根据展品来选择、使用造型要素。造型新颖而不怪异，简洁而不简陋。

2. 渲染气氛，营造效果

展示广告还要注重营造效果。橱窗的灯光、商品布排、字画点缀，都必须符合美的法则；展台的设计则要充分考虑灯光布景、音乐背景，甚至展示人员的整体规划等。另外，针对不同产品要设计相应的展示风格，不仅可以体现设计者的设计理念，更能凸现商品的特点，古朴还是现代、简洁还是奢华、庄重还是活泼，都会给商品带来超出自身价值的审美价值。

例如一件白金饰品如果和其他首饰一起放置在柜台中，可能不会突现它的美丽和高贵，如果将它放置在特殊的展台中，配以黑色背景、柔和灯光和优雅轻柔的古典音乐，效果会极为不同。因为，对于珠宝首饰展示设计来讲，以黑色为背景会彰显其高贵典雅，黑色凝重而神秘，它会将消费者的注意力很好地集中于商品本身；柔和的灯光可以带给消费者一种朦胧美，巧妙的灯光布局可以映射出首饰的精细做工，折射的光芒会给人视觉美感。此外，将某件商品单独展示，会给消费者一个心理暗示，即这是一件与众不同的商品，从而对它投入更大的关注。

大型展会更是将展示广告营造效果、渲染气氛的功能发挥得淋漓尽致。以法兰克福车展为例：新潮的概念车、超现实的场景布置与节目表演、尖端的汽车技术、真实的互动与体验等近年来一直是法兰克福车展的重要构成要素。如2013年车展大众展台的超现实主义时装秀，声光电结合，配合着烟雾与绚烂的色彩，引人入胜；再如奥迪展馆，一改以往跑道式布局，在展馆顶部设置了一面高科技反光镜，流光溢彩，倒影中展现永恒的科技之美，仿佛海市蜃楼般的虚幻和真实相结合，天地一体式相连的展馆内一直都是人山人海。还有乐高积木车，以汽车为底盘的巨无霸婴儿车等也是吸人眼球。在户外展区，参观者可以参与多项与赛车有关的活动，观看4D电影，体验模拟驾驶的乐趣，可以领略参展汽车穿越各种不同路面的性能，让观众切身体验各种展车表达的不同的情感和独特的审美体验。观众在参观展览时会被这一和谐悦目的环境所感染，达到情感上的愉悦。带着一个好的心情来参观展览对于参展商和观众自己都是十分重要的。

展示广告由于采用光、电、色、声以及变换运动等现代技术，再加上新颖别致的设计，已经成为现代商业气氛的一种点染，城市环境的一种点缀，客观上也起到美化城市、美化环境的作用。

媒介社会的重要特征是媒介影响力对社会的全方位渗透。在真实世界之外，媒介营造出一个虚拟并无限扩张的媒介世界。人们通过媒介来获取对于世界的认知，甚至依据从媒介获取的信息来指导现实生活，广告不仅使消费主义成为受众的主流思想，还把消费由物质消费延伸到文化消费，直至把消费变成目的。对于生活在媒介社会中的人来说，不仅对于世界的全部想象由媒介来构成，其思维方式、个体意识也烙上了媒介化的烙印，媒介的桥梁作用不可忽视。

本章小结

平面广告媒介中，报纸杂志媒介以文字为主，辅以图片；对产品(服务)的介绍推广主要以文字的叙述、图片的渲染的来完成，图文并茂，情理相间；招贴广告则以图片为主，辅以文字；对产品(服务)的表现主要通过图片形象地展现某个或某几个局部来完成。图像简洁、文字浓缩、画面精美。

广播媒介以语言的叙述和音乐音响的表现连续再现和推广产品(服务)，其表现是抽象化的，受众对它的接受是通过听觉到大脑来完成的。在这种连续式广告传播中，广告所要表现的内容需要用语言的描述和声音的渲染来完成，具有声情并茂、富于联想、感染力强的审美特征。

电视媒介是综合的艺术载体，它能够全面、真实、直观、详尽地再现和推广产品(服务)，其表现是形象化的、全景式的，受众对它的接受(感觉)是眼耳并用，画面的语言、音乐、文字、色彩均可发挥作用，从而具有表现丰富、真实可信、通俗易懂等审美特征。

新兴的数字互动媒介蕴藏着无限发展潜力，它集众家之所长，吸引着新人类好奇的目光，以百变的形式演绎着现代广告的丰富内涵，具有虚拟现实，触发想象、强化参与、实现自我等审美特征。

视觉标志、展示广告则以自己独特的视觉冲击力发挥着吸引眼球的广告功效。

以上广告媒介各有自身的审美特征，但都要以功利性、适用性为应用原则。随着广告市场的日趋成熟，广告竞争日趋激烈，如何在不计其数的同类竞争品的广告中突出自己，如何提高广告传播的效率，如何满足受众不断提升的审美需要，成为亟待解决的问题。研究各类广告媒介的审美特征，有效选择适宜的广告载体，满足广告受众的审美需要是在这场竞争中取胜的一个重要因素，也是我们学习这一章的意义所在。

第九章

广告受众的审美接受心理

从现代传播学的学科视角看，信息传递的终点和归宿是“信息的接受者”，当信息真正进入接受者的范围内并被其解读和吸纳，传播才会完成一次相对完整的运动。因此，以传播学的规律来看待广告运动，就不难得出这样的结论：任何广告信息只有最终到达广告信息接受者的头脑中，才算是完成了一个完成的广告运动过程。作为广告运动的信息宿点，“受众”在整个广告运动中的地位十分关键。

第一节　广告受众的审美心理机制

广告受众接受广告信息的过程，不只是一个简单的“刺激—反应”过程，而是包含着复杂的心理活动和运行机制在内的有机系统。一方面，受众的心理定式直接制约了其对广告信息的取舍；另一方面，广告受众在接受信息的过程中又表现出复杂的心理特征。因此，对广告受众审美心理机制的研究是廓清广告受众的心理面貌、把握广告受众的心理动机的首要问题。

一、何谓广告受众

1. 受众概念的由来

1948 年，现代传播学的奠基人之一，美国著名传播学家拉斯韦尔(Harold Dwight Lasswell，1902—1980)提出了著名的“五 W”(即 Who；Says what；In which channel；To whom；With what effect)学说，在这个被称之为“超越亚里士多德”的传播模式中，有一个极为重要的“W”，即“受者”。从此，“受者”研究成为传播领域的重要课题而受到学术界的广泛关注。

“受者”(receiver)指传播过程中的信息接受者。例如，A 告诉 B 一件事情，B 就是这一信息传递行为的受者；大学教师在报告厅作演讲，在座的学生就是这次知识信息传递活动的受者。

受众(audience)是社会信息传播的接受者群体的总称。

从现代大众传播学的角度看，一般认为受众具有如下一些特点：

A. 广泛而巨大，即受众的人数众多，分布范围广泛。

B. 分散而异质，即受众广泛地分散于社会的各个阶层，没有特定的组织形式，其成员具有各不相同的社会属性。

C. 隐藏而匿名，即受众的各个成员之间互不相识，对于传播者来说也很难知道受众的各个成员的情况。

D. 混杂而流动，即受众成员的构成是混合、复杂的，同时群体成员时有变化、流动不居。

可以说，上述受众的特点将会对传播过程发生潜移默化的影响。

2. 广告受众的含义

广告受众，则是指广告信息传播过程中接受者的群体，是通称这些信息接受者的集合名称，包括电视广告的观众、广播广告的听众、报纸杂志广告的读者等。

作为广告信息传播的对象，受众是广告传播过程的要素之一。他们是广告传播活动存在的前提，是这个过程的重要参与者，在整个的广告信息传播活动中占有着极为重要的位置。

从广告运动的实际情况看，广告受众与一般的大众传播受众稍有区别，主要表现在以下两个方面：

(1)范围更广大——这主要是由于时代发展、科技进步带来的传播媒介多样化的结果。今天的广告信息传播不只利用传统的大众传播媒介，而是尽可能地利用一切媒介物来荷载广告信息，进行广告宣传。比如今天的广告传播媒介包括报纸、广播、电视、电影、杂志、电脑网络、传单、路牌、海报、橱窗、霓虹灯、空中漂浮物、旗帜、公共设施、道路设施、建筑物、车船外壳、航空航天器等无以计数的手段形式。可以说在今日的商品社会中，广告无孔不入、无处不在、无时不有，广告传播会利用一切人类视觉、听觉所及的生活环境中形形色色的载体散布信息，吸引受众。所以，根据媒介的区别，广告的受众也可以划分为相应的类别，如报纸广告受众、电视广告受众、网络广告受众、户外广告受众、交通广告受众等。

(2)层面更复杂——并不是所有接收到了广告信息的受众都会成为产品或服务的购买者，在广告信息的接受者中只有一部分受众会转化成广告发布者所期待的真正意义上的消费者，因此就广告受众的层面而言就具有了复杂性。比如，有的广告理论将广告受众划分为三个层次，分别是“预定的消费者(implied consumers)”“资助性消费者(sponsorial consumer)”“实际消费者(actual consumer)”。“预定的消费者”是广告传播假定的消费者，只是广告信息传播的一般对象；“资助性消费者”是出资方的决策者，是策划广告信息发布的守门人；“实际消费者”是现实生活中广告传播真正的目标受众。由于这些复杂层面的存在，使得广告受众与普通大众传播受众既有大体相似的共性，又有迥然相异的个性。

上述广告受众的实际特点，以及广告受众与普通大众传播受众的差异，是影响到广告传播效果具体实现的内在因素，应该说广告受众群体具有其独特的属性和独有的品质，在广告审美活动中发挥着独立的作用。

二、广告受众的审美心理特征

广告受众从宏观的角度看是一个庞杂而巨大的集合体，包含者复杂的结构和系统的运行机制；而从微观的角度看则表现为具有丰富多样性的个人。如果从社会成员的个体视角深究下去，不难发现：在现代社会中，接触广告媒介是每个社会成员生活中的重要内容。因此，考察广告受众的审美接受应该对广告受众的行为心理进行细致的微观探究。

作为广告受众信息接受的核心层面是其心理活动，这种心理活动在感知、需要、动机、情感等方面具有鲜明的特征。

1. 广告受众心理的感知特征

现代广告学认为，广告受众的感知过程大致由刺激、感觉、情感、知觉、记忆五个阶段构成①，如图 9 - 1。

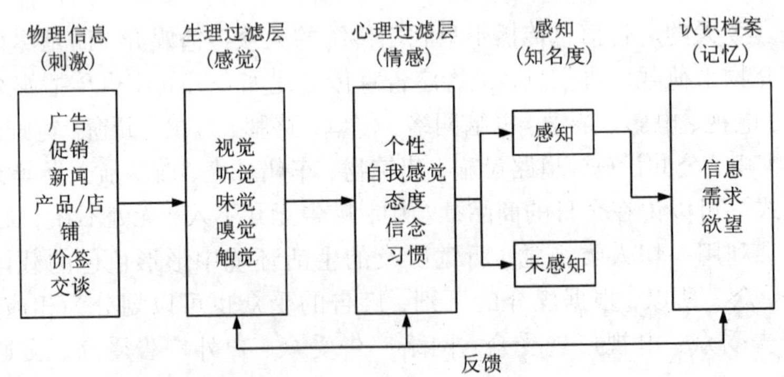

图 9 - 1　消费者感知过程模型

广告受众的心理感知特征也在这五个阶段呈现出来。

第一个阶段是刺激。刺激指的是引发受众注意的物理性的广告信息。而这其

① ［美］威廉·阿伦斯：《当代广告学》，丁俊杰等译，北京：华夏出版社，2001 年，第 131 - 132 页。

中的所谓"注意"，又是广告心理学中的专有名词，指"人的心理活动对于外界一定事物的指向与集中"①。广告传播中有关大小、强度、色彩、变化、运动、形状等元素都能够形成刺激，进而吸引受众的注意力。

例如，"加大刺激物的强度"是广告创意过程中经常使用的一种方法，即刺激只有达到一定强度，才能引起人们的注意。大尺寸广告的采用就是增强广告效果的一种手段策略，大型立体充气广告"巨无霸"，以其轻便和体形巨大为特点，可以按照广告传播的要求，随意地制作成为各种外形，有的几米见方宽，甚至于几十米见方，飘在空中或立在街头，十分引人注目。堪称世界第一的瑞士钟表广告，直径达到 16 米，重量达到 6 吨，垂挂在日本东京的一座摩天大楼上，十分醒目。

"增强刺激物之间的对比"也是广告创意过程中经常使用的一种方法，即在广告设计中有意识地处置广告中各种刺激物之间的对比关系和差别，或者增强广告本身各个元素之间的对比，或者增强广告与环境、背景之间的对比。日本著名广告学者川胜久说："印刷广告，先是肥大字体挤在一起，既无对比也无空白，只让人有沉重的感觉，往往就会失败。相反，有长体，有正体，有充分空白的广告，由于对比性强而突出，就增加了吸引注目的机会"。"利用刺激物的动态"也是广告创意过程中经常使用的一种方法，即活动、变化的刺激物比不活动、无变化的刺激物更容易引起人们的注意。有的时候，动画片的广告传播效果可能要好于幻灯片，霓虹灯之所以引人注目，就在于它的闪烁变动。阿恩海姆在《艺术与视知觉》中提出，运动是视知觉最容易强烈注意到的现象，人类的眼睛也同样会受到运动的吸引，在实际的广告创意活动中不难发现，即便是平面广告作品，如果考虑了"运动的刺激"，其效果也要好的多，下面的两幅汽车广告平面作品(见图 9-2)运用了充满动感的视觉图像符号，创造出了亦真亦幻的视觉效果。

第二个阶段是感觉。感觉指的是"直接作用于我们的感觉器官的客观事物的个别属性的反映。感觉是直接面对客观事物产生的心理现象"②。简单地说，人类的感觉大致可以分为两大类，即外部感觉与内部感觉。外部感觉包括视觉、听觉、嗅觉、味觉、肤觉等，内部感觉包括运动感觉、平衡感觉、内脏感觉等。在心理学上，把能够引起感觉持续一定时间的刺激量叫做感觉阈限，而最小的、刚刚能够被觉察出来的感觉界限就是绝对阈限(表 9-1)。可见，生理过滤是以感觉器官的绝对阈限为标准来衡量刺激的范围与强度。进一步说，在绝对阈限之上的广告刺激可以被受众感知，而阈下刺激往往使人"不知不觉"。

---

① 王纯菲、赵凌河:《广告心理学》，大连，辽宁师范大学出版社，2002 年，第 27 页。
② 王纯菲、赵凌河:《广告心理学》，大连，辽宁师范大学出版社，2002 年，第 49 页。

图 9－2　成功运用“运动的刺激”的汽车平面广告作品

表 9－1　人类重要感觉的绝对阈限

感觉类别	绝对阈限
视觉	晴朗的暗夜中可以见到 30 英里外的烛光
听觉	静室内可以听见 20 英尺外钟表的嘀嗒声音
味觉	两加仑水中加入一茶匙糖可以辨别出甜味
嗅觉	一滴香水可使香味扩散至三个房间的公寓
触觉	一片蜜蜂翅膀从一厘米外落在面颊上可感觉其存在
温冷觉	皮肤表面温度有摄氏一度之差即可以觉察

例如，绝对阈限在广告创意的运用带来了这样的现实选择，即广告在形象、声音等方面刺激强度的处理上要高于绝对感觉阈限，接近感觉阈限的上限，才容易引起人们的关注。有研究显示，人类听觉的适宜频率为 16～20000 次/秒（赫）的音波，也叫可听音，16 赫兹以下和 20000 赫兹以上的音波在一般情况下上听不见的。但不同年龄段的人群有所不同，小孩子往往能够听到 30000～40000 赫兹的高音，而 50 岁以上的人只能听见 13000 赫兹的声音。从音强来看，声音的分贝数越小越不容易被听见，但是当强度超过 120 分贝之后，音波不会再引起听觉的进一步变化，只能产生压、痛的感觉。

第三个阶段是心理过滤即情感阶段。心理过滤指的是“受众根据自己的主观情感标准来评估过滤广告信息，并使信息带上个人色彩”①。在这个阶段，受众通过感

① 张金海、姚曦：《广告学教程》，上海：上海人民出版社，2004 年，第 228 页。

觉器官对外界广告信息的筛选和把握主要表现为“选择性注意”。这是指受众面对着众多的广告信息，无法做到毫无选择地、完全被动地注意所有内容并且立即做出反应；相反，他们只能根据自己的需要程度、消费动机、兴趣方向、信念归宿、性格特点、气质类型、能力大小，有选择、有舍弃地注意和接受广告传播。例如，儿童消费者可能会加倍注意食品或玩具的广告信息；得了疾病的消费者可能更关注医药卫生的广告信息；体育爱好者或许更加注重运动器械的广告信息；生性开放的消费者更愿意搜寻新奇的产品；财力有限的百姓更喜好关注物美价廉的服务——总之，受众成员总会结合自己的现实情况和主观需求有选择地注意广告信息。

第四个阶段是知觉。“知觉是直接作用于感觉器官的客观事物的整体在人脑中的反映”①。根据起主导作用的感觉器分类，知觉可以分为视知觉、听知觉、嗅知觉、味知觉、触知觉、动知觉等；根据物质存在的形式分类，知觉可以分为空间知觉、视觉知觉、运动知觉等。在广告心理学领域，十分强调知觉的选择性对广告传播的重要意义。这是因为，人们知觉的客体不是孤立存在的，而是存在于一定的环境之中，知觉具有一系列的组织原则和形成理论。在广告创意中，知觉具有接近性、类似性、连续性、封闭性等特点，是直接构成广告形式感的依据，也是广告造境的重要手段。

例如，著名的“鲁宾的面孔/花瓶幻觉”的实验。格式塔心理学家爱德加·鲁宾从一张 19 世纪的智力玩具卡片上获取的灵感，制作了一个图形（见图 9－3），人们在刚刚开始观察时或许只能看到一种图形效果，但是当你继续观察时，图形会发生变换。1906 年英国心理学家詹姆斯·弗雷泽创造了以整个系列的缠绕线产生幻觉的图片，被称为“弗雷泽螺旋”（图 9－4），在图片中人们看到的好像是个螺旋，但其实它是一系列完好的同心圆。

图 9－3　鲁宾的面孔——花瓶幻觉

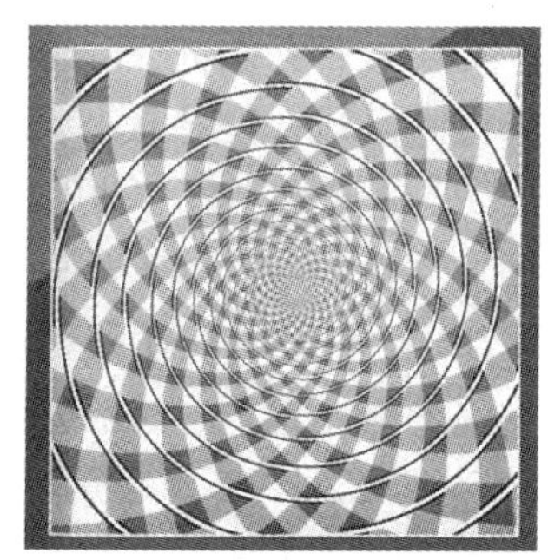

图 9－4　弗雷泽螺旋

① 王纯菲，赵凌河：《广告心理学》，大连，辽宁师范大学出版社，2002 年，第 59 页。

这样在广告传播中，尊重知觉的接受规律注意广告表现在颜色方面的差别、在形态方面的差别、在动静方面的差别等，可以最大限度地满足受众的审美需要。

第五个阶段是记忆。从广告心理学的角度看，记忆的过程大致需要三个环节，即广告识记、广告保持、广告回忆。广告识记是识别和记住有关广告信息、积累广告知识经验的过程；广告保持是巩固已获得的有关广告知识经验的过程；广告回忆在刺激作用下头脑重现广告信息的过程。值得注意的是，在广告记忆的每个环节中，都表现出广告受众的心理感知特征。比如广告识记根据有无明确目的可以分为无意广告识记和有意广告识记，前者无须强化、灌输，依靠受众对信息内容的兴趣、爱好，是广告制作商着意开发的重点所在。比如在广告保持环节，信息往往呈现出这样的变化：趋向简略、概括；趋向夸张、突出；趋向完整、合理，这些规律也是广告创意者需着重研究的方面。

2. 广告受众审美心理的欲求特征

在广告心理学领域，关于受众的心理欲求研究有一个特定的概念范畴，即“需要”。需要是在一定情境条件下，有机体对客观事物的欲求，是人类行为活动的基础，是人们心理活动和行为运动的原动力。一般说来，需要具有如下特征：

(1)需要是一种缺乏状态。消费者由于陷入某种产品或服务的缺乏状态下时，就会引发其内部的紧张和不舒服感，从而产生欲求，成为导致行为发生的内在驱动力。当这种内驱力被消费主体明确地意识到并且成为维持行为发生与完成的动力时，就成为动机。

(2)需要是缺乏状态引起的主体自动平衡倾向。缺乏状态是需要产生的心理基础，但是并非所有的缺乏都会瞬间转化为需要，其间还往往存在一个中转环节，即主体自动平衡倾向。当消费者由于缺乏而产生紧张或不舒服时，会诱发欲求，而主体自动平衡倾向恰恰是对缺乏的解除，使缺乏得到满足。所以，需要是缺乏尚未得到满足的一种状态。

(3)需要是主体伴随自动平衡出现的择取倾向。消费主体的自动平衡倾向带有明显的方向性，为了实现对缺乏状态的平衡，主体必须对缺乏对象进行选择和获取，而且在不同的时间阶段，择取的重点不同。人本主义心理学家马斯洛提出过著名的需要层次理论，揭示了人的从生理、安全、归属到爱、尊重、自我实现逐层递增的心理需要。从中可见，在适应受众特点、引发受众需要、适合受众优势需要等方面，广告传播大有作为。

(4)需要是时间尺度上的择取变迁。从宏观方面说，无论人类需要的内容、水平和满足需要的方式，都受制于社会经济的发展，即需要具有时代性；而且，自然季节的变化也明显地影响到需要的变化，即需要具有季节性。从微观方面说，优势需要与非优势需要之间会相互转化。因此，要根据需要的这种动态特征不断更换广告主题，才能达到预期的效果。例如，传统的冰箱广告会更多地强调其制冷效果和冰冻功能，但随着人们生活水平的提高，人们对于冰箱功能的需求逐渐走向多元化，应和这种择取变迁，许多冰箱广告开始强化冰箱产品的新功能，即把保鲜、抗菌、无氟等功能作为广告传播的新的诉求点。

在广告心理学领域，关于受众的心理欲求研究还有一个特定的概念范畴，即“动机”。动机是使生活主题趋向一定目标的内在动力，它隐藏在行为的背后，是行为的动因。动机在需要的基础上产生，需要最初只是一种潜伏的状态，当需要有了明确的对象，它才获得了激励和引导活动的机能，成为推动机体活动的力，此时需要便表现为动机，动机是被意识到了的需要。一般说来，动机具有如下的特征：

(1)动机是一种内在动力，这种“力”的作用是在主体内部驱使主体向着一定的目标行动。比如，一个人在看书，偶尔站起来倒一杯水喝，倒水和喝水的动作都是由饥渴的动机所导致。动机又简称为内驱力。

(2)动机作为内驱力、内在动力，是心理活动中出现的心理力。动机是激起一个人去行动或抑制这个行动的一种心理上的冲动。需要只有在意识中得到表现，被意识到，才会以动机的面貌出现，才会作为一种“力”起作用。比如，当一个婴儿饥饿时要哭，却不具备动机之力，因为他还没有真正脱离生物人，没有获得真正意义上的人的心理。一个人伏案疾书，专心致志，虽然口渴也不会想起倒水，因为他的注意力集中在与口渴无关的其他事情上，“渴”没有形成此时的心理动机。因而，动机是有意识性的。

(3)人的动机也有无意识的成分。比如，人遇到危险回自动躲避，这种行为动机是在无意识状态下起作用的。人的无意识状态下的行为往往隐藏得很深，也往往无法理喻。人的无意识活动和意识活动总是相反相对，又相辅相成。

(4)说到底人的动机从机能看，是一种“内驱力”。

广告心理学中关于受众心理欲求的研究，对于促进广告创意的实施，具有很强的借鉴作用，通过了解广告受众的消费需要，可以制定相应地创意策略，甚至可以主动地运用创意手段激发消费者的消费需要。例如，国外有家制鞋商，以为消费者对鞋的属性的关心顺序首先是式样，其次是价格、面料以及小饰件。于是把广告的主题对准了鞋的式样，可是销路平平。后来进行了实地调查，询问了5000 位顾客对鞋的关心点，结果发现：42% 的顾客认为是穿着舒适；32% 的顾客认为是经久耐用；16% 的顾客认为是价格合理。厂商根据所得到的这个调查结果，果断的改变了广告主题，由原来的突出鞋的样式转变为突出穿着舒适、经久耐用，结果收益匪浅。

激励，是一个心理学的特定概念，指根据人的需要持续激发人的动机的心理过程，是在某种内部和外部的刺激影响下，使人维持一种兴奋状态，促使其实现行为目标的心理过程。早在1964年，费卢姆在《工作与激励》一书中，就提出了著名的“期望理论”，并且提出了“激励力量 = 效价 × 期望值”的公式。广告宣传说到底，就是要调动多种手段，强化消费者的需求，包括把消费者的潜在需求转化为现实需求，都可以运用相关的激励原理，追求激励的效果。所以，在广告受众心理欲求方面的研究，会极大地扩展广告创意的理论空间和实践空间，在这方面广告创意主体会大有作为。

其实，无论是“需求”还是“动机”，甚或是“激励”，都是对广告受众审美心理的特征描述，其价值在于探寻造成受众广告审美体验的内在因素。

3. 广告受众审美心理的情感特征

从心理学的角度看，情感是人们对客观事物和对象所持的态度的体验。情感的缘起对象是客观事物，离开了客观事物，情感就无从谈起，因此可以说世上是没有无缘无故的情感的。一般来说，那些满足人的需要的对象往往会引起各种肯定的感觉，产生诸如满意、高兴、喜悦等情感；反之，那些不能满足人的需要或者与人的需要相抵触的对象就往往会引起各种否定的感觉，产生诸如痛苦、厌恶、憎恨等情感。现今在广告理论界，对消费者广告情感反应的研究还处于探索阶段，至今没有一个全面的、公认的确切结论；但在心理学领域对人类情感的特征研究方面得了一些重要成果。

首先，情感具有两极性的特征。广告受众在接受广告信息时产生的任何一种情感都有与之相对应的、性质相反的情感存在，如欢乐与悲哀、紧张与松弛、肯定与否定、激动与平静等。在每一对性质相反的情感内，成为两种极端的情感品质，就被称为情感的两极性。情感两极性的实际表现是多种多样的，它可以表现为情感的肯定性和否定性；可以表现为积极的、增力的和消极的、减力的性质；还可以表现为紧张的、激动的和轻松的、平静的性质。那么，广告传播必须考虑受众情感两极性的特征，善于利用广告符号有效唤起受众情感体验，引起受众注意、引导受众消费，动之以情、晓之以理，寻求广告传播与受众情感之间的互动与共鸣。

其次，情感的产生是多种因素共同作用的结果。美国心理学家沙赫特在20世纪70年代曾经提出过“情绪三因素说”，对我们科学看待广告受众心理的情感特征很有帮助。沙赫特认为，情绪的产生是外界刺激、机体生理唤醒和认知过程三者相互作用的结果，其中认知过程起着较为重要的作用。由此，广告传播的策划者应该认识到，必须在广告运动中时常考虑人与人之间、人与环境之间的相互作用，从个人经验、文化氛围对认知过程的影响方面着手，来全面考察广告受众心理的情感存在和变化，从而有效指导具体的广告策划和创意。

下面，我们用一个具体的案例来进一步解说广告受众的心理情感特征。

“威弛汽车”的电视广告攫取了生活的一个片段，广告当中的音乐是按照产品量身定做的，产品在这首能够引人联想的主题歌曲配合下，得到了更精彩的表现，后来这首歌曲成为歌星朴树的主打歌，同时产品也得到了更广泛的传播，所以它又是一则含有音乐表现形式的广告。广告选用了一种比较贴近事业初成的年轻人的生活片段，使人看了之后有一种很自然的“亲和力”，感觉广告是在展示人们生活一个真实的侧面，最后还是“威弛”汽车让你“重返五彩缤纷的日子”，广告就在这种浪漫又现实的生活场景中进行着，让人们默默的不知不觉的接受。在广告当中主要人物的选择上，目标消费群已经很明显的定位，同时也采用了一种名人效应。广告的名人效应运用的很是恰到好处，演艺明星吴彦祖被安排在贴近生活的场景当中，淡化了其“名人气息”，使名人不至于高于产品，笑星范伟被很巧妙地组织到了广告的场景当中，靠近平凡人的生活状态，拉近角色与受众的距离，这样在看完浪漫、现实的广告之后，我们欣赏完了“名人的生活”，最后“威弛”更是给人们留下了深刻的印象，而且TOYOTA品牌也在人们的心目中得到了提升。广告当中主题歌曲的运用，恰到好处的阐释了“威弛”的理念，“威弛”也有了人情的味道。想到了“威弛”似乎就感受、呼吸到了那种温馨、甜美、五彩缤纷的浪漫生活。正如歌词里所写的那样：“像一阵风/掠过我身边/当你错身而过的瞬间/忽然间/想要去很远/和你去看繁华世界/ IMAGINATION（从未停止幻想）/ NEVER LOSE MY PASSION（从未失去热情）/ IT IS ON MY WAY（这是我的路 我的路）……”广告画面在音响、音乐的密切配合下，取得了比较完美的艺术效果。广告音乐突出了广告的主题，很好的表达了广告的主题思想，更重要的是激发了受众的情感因素，调动了受众的情感体验，推动和帮助剧情的进展、延伸情绪等。通过听觉感受使观众的心理感觉上形成视觉形象、听觉形象的立体感，因而使银幕形象更丰富、生动、真实，大大加强了广告的表现力和感染力。抒情性的音乐是最长于表现情感的艺术，在广告中充分地发挥了抒发感情的功能，引起了受众内心深处的共鸣。从而把人们带入片中的那种氛围当中，产生了梦境、联想。

第二节　广告受众审美心理的普遍性

作为广告受众接受广告传播信息的审美心理反映，是广告受众群体意识与个体意识的辩证统一。在实际的广告传播过程中，我们必须承认虽然由于审美趣味的不同、审美观念的差异，不同广告受者对广告信息的体验程度和感知程度不尽相同，但是在不同的审美主体的审美感受差异中毕竟还是存在有普遍性的特点的，这种普遍性是基于差异性基础上的概括和一般，是掌握广告受众审美心理普遍规律的经验总结。

一、广告受众审美心理普遍性的含义与形成

广告受众审美心理的普遍性是指广告受众在广告传播的过程中对广告信息产生审美感受的共同性。一方面，面对共同的广告审美对象，不同的广告接受者之间的审美感受是大致相同的；另一方面，广告的审美感觉作为文化意识形态又是一个历史范畴，在同一时代、同一民族、同一群体内部可以形成对广告信息的不同程度的共同审美感觉。

广告受众审美心理普遍性的形成根源于人们的社会实践。

1. 人们社会实践过程的共同性，决定了广告受众审美心理的共同性

受众的广告实践来源于现代社会经济活动的需要，也就是说人们接受广告信息是当今社会经济生活的基本内容，广告信息与人们基础性的生存需要(诸如衣食住行)密切相关。具体而言，无论广告受众在个体上有怎样的差异与不同，但他们至少有着共同的生活时空，在面对基础性的生存需要时，有着共同的动机和欲求。比如，在"衣"的方面，人们都会经历从衣服遮挡身体的原始诉求，逐步过渡到衣服美化外表、体现身份的高级诉求上来，在这个逐级递进的过程生活实践中，人们历史地形成了在审美心理上的共同性。所以，消费满足需要的实践活动，就决定了不同的广告受众个体之间有着共同的生活对象，也就有着某些为大家所共同感兴趣的审美对象，从而形成某些近似的、共同的审美感受。所以当广告传播者传达出这些信息时，会引起广泛的共鸣，比如雄浑壮丽的自然山河、旖旎秀丽的地理风光、豪华气派的人工建筑、婀娜多姿的美丽形象、鲜嫩可口的美食菜肴、色彩典雅的服饰衣衫——这些都会成为大多数广告受众仰慕、倾心的审美信息。

在人们社会实践过程的共同性方面，"文化因素"常常被看成是促成广告受众审美心理共同性的一个至关重要的方面和环节。文化对广告受众的审美心理产生最广泛而深远的影响。具体而言，影响广告受众审美心理的文化因素，包括文化、次文化等层次。

广义的文化是指人类在社会历史实践中所创造的物质财富和精神财富的总和；狭义的文化指社会的意识形态及其与之相适应的制度和组织机构。在广告传播和审美领域，通常来说，指的是狭义上的文化含义。任何社会都有其特定的文化，它往往是处于社会之中的人的欲求和行动的最基本的决定因素。

次文化，也就亚文化。在每一种文化中，往往还存在许多一定范围内具有文化统一性的群体，即所谓次文化。次文化以特定的认同感和社会影响力将其社会成员联系在一起。次文化包括民族次文化、宗教次文化、种族次文化、地理次文化几种类型。广告受众会因民族、宗教信仰、种族和所处地域的不同而必然具有不同的生活习惯、生活方式、价值倾向、文化偏好和禁忌，这些都会构成他们彼

此之间形成共通的审美取向和审美心理定势。

实际上，人们社会实践的共同性的内涵十分广博，广告受众正是由于身处特定时间、特定空间的历史实践阶段，因而必然地打上了审美共同性的烙印。

2. 人们作为社会实践主体的共同性，决定了广告受众审美心理的共同性

作为社会经济生活的实践主体，在相当广阔的时间和空间范围里，广告受众之间虽有地域和属性之分，但是他们还是在观念上有相通之处，特别是在广告审美理想上存在着某种一致性。所谓审美理想就是人们审美要求系统化后所形成的观念体系，是审美要求的升华，是人们对美好的愿望和追求。而广告审美理想则是必然是人们对于广告传播至善至美境界的一种观念和追求，比如对未来美好生活的向往，对自由与舒适的追求，对纯真爱情的渴望，对珍贵物品的奢求，对动人往事的怀念，对无限神秘的幻想等等，广告受众的这些共同的理想的对象化表现，都会成为共同审美感觉的基础。

从人口统计学的因素上看，处于同样的年龄、家庭生命周期、性别、职业、爱好、教育程度、经济状况、生活方式的受众之间往往具有天然的共同性表现。

年龄是天然的分水岭，由于年龄的相仿而形成的广告审美上的共同性是显而易见的。家庭生命周期是指消费者从年轻时离开父母独立生活到年老的家庭生活过程，由于分别身处单身阶段、新婚夫妇、满巢期、空巢期、鳏寡退休期等不同阶段所带来的相近体验，使得同类广告受众无论是在情感上还是在经历上都具有类似性，因而很容易形成共通的审美体验。

由于生理形成的心理差异，男性和女性群体内部，在欲望、习惯、态度、视角等方面，具有了本生的共通性。男性普遍的粗犷豪放、崇尚力量、热衷竞争的共同性和女性普遍的心思细腻、多愁善感、纤弱柔媚的共同性，也同样会形成在广告审美心理上的彼此共通。

生活方式是人们根据自己的价值观念等安排生活的模式，并通过其活动、兴趣、意见表现出来，生活方式直接反映人的偏好、取舍。而具有形似生活方式的受众之间，很容易形成对同一广告传播的审美接受心理，从而产生大体相似的心理反映和基本相近的心理认同。

3. 人们社会群体所属的共同性，决定了广告受众审美心理的共同性

特定的广告受众个体总是归属于特定的社会群体。美国著名传播学家赖利夫妇在提出现代传播学的社会系统模式时，曾经对传播参与者的社会所属提出了深刻的见解。他们提出了三个相互关联的概念，即“基本群体”“更大的社会结构”“社会总系统”。基本群体，也叫首属群体、初级群众，指家庭、邻里、亲密伙伴等；更大的社会结构，指关系比较松散的次属群体，如工作单位、学校、社团等；社会总系统，指民族、国家乃至世界等隶属群体。他们指出，在传播的过程中，没有人不会受到上述群体、结构、系统的影响。

具体而言，在基本群体中，家庭是最重要的相关群体，任何一个广告受众都是首先作为一名家庭成员，从小到大深受家庭的熏陶和影响，家庭系统的审美取向对于每一个家庭成员而言，具有潜移默化的影响和改造作用，使其具有了所谓家族的共同性。在次属群体中，学校是最常见的相关群体，很多受众接受过学校的集体生活和集中教育，在学校计划性的教育过程中，关于价值、理念、人生观、价值观、道德观等一系列的心理认知方面的建设，对于同属一个学校范畴内的成员而言，具有风格上的相似性和意气上的相近性，在此基础上建立起来的审美心理的共通性也就可想而知了。在隶属群体中，国家是最重要的相关群体，任何一个受众个体，首先是祖国的公民进而是时代的子孙、民族的一员，国家的风土人情、风俗习惯，民族的传统约束、历史传承都会在其成员当中产生历久弥新的凝聚力和吸引力，在这种凝聚力和吸引力的聚合下，其成员享有同一的审美态度就不足为奇了。

从这个理论中不难看出，广告受众社会所属的共同性对审美心理共同性影响，相似的社会所属、相同的社会阶层总会有大致相仿的审美情趣和审美感觉。

二、广告受众审美心理普遍性的内容

1. 广告受众审美心理的时代共同性

广告受众的审美心理有时代性的特点。也就是说审美感受是随着时代的发展而呈现出历史阶段性的。

一般来说，时代的构成是各阶级的政治、经济、文化的一定历史发展阶段所显示的社会状况、社会风貌的总和，而一定的社会状况、社会风貌又造成一定的政治、经济、法律、道德、风俗所构成的社会的时代精神。法国著名美学家丹纳站在实证主义美学的立场上，对时代精神给人们带来的审美影响作出了深刻解释。他认为，艺术的生产水平和物质、精神文明的面貌取决于种族、环境和时代这三大因素，其中“精神的气候”和“自然的气候”起着同样的作用。

就广告文化的传播而言，特定时代的社会成员在特定时代的社会状况、社会风貌的总作用下，会形成时代的广告审美文化的共同美感。这是因为时代的种种因素，会制约该时代广告传播的审美趣味、文化风尚，从而在广告审美活动中形成时代的广告审美取向。

纵览广告发展的历史，这种因时代变迁而展现出来的审美心理演进十分明显。19 世纪中期，由于印刷业的发展，使报纸走进平民生活，当时的报纸广告以白描的手法，平铺直叙地阐述产品特性，风格朴素而率真；而到了后期，印刷术的飞跃发展，平版印刷使得印刷画面更精美，色泽更真实，海报开始充斥大街小巷，海报成了广告宣传的时尚。20 世纪初期，一些杰出的广告人致力于广告的学术理论研究，H. 盖尔（Harlow gale）的《广告心理学》、W. 第尔（Walter Dill）的《广告原理学》相继问世，现代广告雏型形成；一些大型企业也有意识地长年地塑造良好形象，此时的海报广告造型以绘画为主，但也加强了线条与色彩的运用。第一次世界大战前后，在战争的刺激下，交通事业迅速发展、报纸发行量激增，广告社形成；美术领域的多元化发展，也导致广告的多元表现。20世纪20年代，汽车的普及、爵士乐的流行以及分期付款的发明，使人们的消费热情日渐高涨，市场的竞争更趋白热化；但此时的广告风格没有大的突破，主要是启用电影明星，利用其的号召力，以期打开市场。20世纪30年代，西方世界处于经济大萧条时期，企业开始注重产品宣传前的市场调研及整体规划，广告社内部分工细化；这时广告更注重运用宣传策略，而超现实主义大行其道。20世纪40年代，广告被注入政治色彩，形形色色的商人打着爱国的旗号；在后期，随着战争的结束、经济的复苏，广告业继续向前发展。20世纪50年代，营销学、传播学的形成，使现代广告学的框架及体系，更加牢固及完善；摄影制版术的发展，使摄影广告占据越来越重的比例，这时的广告注重了文字、图文的编排。20世纪60年代，是广告的重要变革时期，Bernbach提出了革命性广告理念：只有与众不同的广告，才有与众不同的产品；这时广告比以往更加注重创意的新奇性。20世纪70年代，是广告业的巩固与充实期，广告人加强对人们消费行为、心理的研究和预测；这个时期概括出了现代广告最本质的两条原则：可信性和新奇性。20世纪末期，科学技术取得了日新月异的发展，尤其是电脑的出现，使得平面广告设计队伍高度专业化，半路出家的设计师不复存在；广告语言日臻国际化，不再充斥纷繁的信息，自然、朴实之风重回。

2. 广告受众审美心理的民族共同性

民族是一个特定的社会文化概念，指在历史上形成的具有共同语言、共同地域、共同经济生活以及表现于共同文化上的共同心理素质的人的共同体。

特定民族正是由于上述各个方面的共同性，造成了广告文化传播中共同审美感受，表现为广告受众审美心理的民族共同性。

在广告受众审美心理的民族共同性方面，“民俗”是一个至关重要的范畴。现代民俗学的发展已经把民俗问题作为人文学科殿堂中一门自成体系的专门领域加以深入探讨和广泛研究。民俗在其外部特征上具有这样的一些特点：历史性、地方性、传承性、变异性。民俗在其内部特征上具有这样的一些特点：民族的区别、全人类的共通性。

在民俗的内部特征方面，所谓民族的区别，既是指同一类民俗事象在不同的民族中所具有的不同特点而言，又是指不同民族生活中有不同的民俗事象在世代传承。例如，我国民俗，自古以来形成了所民族的民俗结构，在婚丧嫁娶、节日庆典、礼仪规范、风俗习惯等方面积累了厚重的历史传承，这些传承不仅在过去、而且在现在、也必将在将来不断地发挥着潜移默化的影响作用，不难理解在这样的大背景下，处于相同民俗圈的受众，在接受广告信息传播时，一定具有共通的审美心理和审美体验。

在民俗的外部特征方面，所谓历史性是指民俗在发展上的时间性，即作为时代标志的特征，在这里历史的变革与保留、创新与继承有着重要的意义。所谓地方性是指民俗在空间上所显示出来的特征，即作为地理或乡土的特征，在这里地域环境的作用显得尤为突出。所谓传承性是指民俗在发展过程中显示出来的具有运动规律的特征。所谓变异性，是与传承性密切相关，反映民俗变化、迁移、推陈出新的过程。

在民俗的内部特征方面，所谓全人类的共同性，这是民俗具备的十分广泛而深刻的属性。各个民族的习俗，在其形成的过程之中，都会在面临共同的认识世界、改造世界的生存课题中取得相似相近的成果，这些成果的汇聚，正构成了人类社会辉煌的文明进步，而这种文明的果实则同时镌刻着人类共同的奋斗历程和共通的思想内容。比如，世界的各个民族几乎都经历了生产力的发展从微弱到强大的历史进程，都经历了文化发展从蒙昧到睿智的历史进程，都经历了生活方式从原始到现代的历史进程，不难想象，这些曾经走过的足迹，这些相似相近的轨迹，一定会在社会文化交流的舞台甚或在广告信息传播的审美过程中产生强烈的共鸣，而共鸣的产生和升华恰恰是能够感动全体人类的共同性。

那么广告受众审美心理的民族共同性是如何形成的呢？概括地说，是因为共同地域的共同经济生活和共同的语言以及共同的文化环境造成了共同的审美心理结构，其内容包括这样几个方面：广告审美习惯，它是长期广告文化习俗在广告审美活动中的表现；广告审美趣味，它是广告活动在历史作用下提炼为含有合理性因素在内的广告审美标准；广告文化水平，它是指整个民族的广告文化的发达程度。

总之，在广告审美习惯、广告审美趣味、广告文化水平诸种要素的综合作用下，在民族的历史演进过程中，渐次形成了相对稳固的广告受众审美心理的民族共同性。

3. 广告受众审美心理的社会共同性

广告受众审美心理的社会共同性是指，在整个社会生活之中，广告受众处在不同的阶级或阶层上，就会有不同的立场、态度，有不同的功利要求，表现在广告审美方面也就会有基于相同社会阶层和所属群体意义上的、大致相同的广告审美感受。这一特点，在传统的美学领域也早有涉及。车尔尼雪夫斯基曾经说过，贵族和农民对于“美女”的标准不同，农家少女参加劳动，以体格健壮为美；上流社会女子生活优越，以纤小柔弱为美。这个不仅说明了两种美女的审美形态是阶级差异造成的，同时也说明了同一阶级会有大致相同的审美感受。同样是饮食消费，《红楼梦》中所描绘的贾府举行螃蟹宴的奢华消费习惯与刘姥姥进府送乡下新鲜瓜菜的简朴消费习惯放到一起，形成了鲜明的对比——豪门一宴是农家一年的生计，这正好生动地诠释了在消费背后阶级的差别。

拿广告传播中受众的审美现象来说，对于经济富裕阶层而言，奢华消费的广告信息更能刺激他们的消费欲望和满足他们的浮华心理；而对于经济贫穷阶层而言，物美价廉的广告信息则更符合他们的日常生活需要和满足他们的节俭习惯——身处同一社会阶层的广告受众之间，在接受广告信息的传递方面，具有者相似的取舍法则和审美标准。

第三节　广告受众审美心理的差异性

在具体的广告审美活动中，由于审美主体的主观条件的差异，在接受相同的广告信息时所形成的审美感受是各不相同的。正所谓“一千个观众心中有一千个哈姆雷特”，人们往往基于围绕在自身周围的性格特点、志趣爱好、生活经验、团体归属、社会环境等因素对广告信息作出迥然相异的评价和判断，这种现在在传统的美学研究领域早已被学者所广泛考察。

而广告传播活动恰恰要把握这些隐藏在受众身上的不同点，找到这些差异的来源和变化，进而指导广告活动运行在科学的轨道上，为满足形形色色的受众需求、为符合各种各样的受众特点而有针对性的引导和宣传。

一、广告受众审美心理差异性的形成

从广告心理学的角度讲，广告受众审美心理的差异性源自广告受众个体之间的个性差异，正是个性差异的存在和运动，构成了广告受众审美心理差异性的内在机制。

“个性”一词来源于拉丁语 persona，意为“人格面具”。人们通常意义上所说的个性，主要指在一定的社会历史条件下的具体个人所具有的意识倾向性，以及经常表现出来的、比较稳定的、本质的心理特征。

人的个性结构主要包括个性的倾向性和个性的心理特征两个方面。个性的倾向性是人进行活动的基本动力，也是个性结构中最活跃的因素，它表现在对认识和活动的对象的趋向性和选择性上，包括需要、动机、兴趣、理想、信念、世界观等；个性的心理特征体现着个体的典型心理活动和行为，它在心理过程中形成，又反过来影响着心理过程的进行，它包括性格、气质、能力等。

所谓广告受众审美心理的个性差异就是指广告审美的主体之间的迥然相异的个人意识倾向性和彼此不同的心理特征。

二、广告受众审美心理差异性的内容

1. 广告受众审美心理的个体差异

首先，广告受众审美心理的个体差异最明显地表现在人口统计学上的区分。

这种区分主要是根据现代人口统计学的原理，对广告受众的人群依照年龄、性别、文化程度、工资收入、职业等因素进行细分。例如，按照年龄区分，广告受众可以分为“儿童群体”“青年群体”“中老年群体”等若干部分。显然，儿童的贪玩好奇、青年的活泼好动、中老年的沉稳保守都会对广告传播的前期策划产生直接的限制和影响。再比如，文化程度的高低会影响到广告传播的诉求方式；工资收入水平会左右消费者的购买力；性别的差异直接导致商品的取舍；职业规范会制约群体成员的消费理念——任何人口统计学上的简单因素或许都会成为广告受众群体划分的重要依据。据《中国电视市场报告（2003—2004）》的统计显示，2002 年北京、上海、广州三地的广播听众以男性居多；报纸的读者以男性为主，杂志的读者女性居多，同时报纸、杂志读者群主要由 45 岁以下、高中以上学历、月收入在 900 元以上的人居多。这组数据①生动地反映了人口统计学因素对受众市场细分的影响。

其次，广告受众审美心理的个体差异还表现在广告受众的消费心理区分。

这种区分主要是根据广告受众的个性特点和自我形象进行的细分。例如，在现代的大众社会，可以将广告受众的社会性消费心理划分为几个不同的阶段，即生存性消费心理阶段、优越性消费心理阶段、超越性消费心理阶段。在生存性消费心理阶段，受众接受广告传播的信息，主要目的是为了维系自身的生存，这是一种最基本的消费心理状态；而到了优越性消费心理阶段，受众在满足了的生存需要的基础上，进而追求物质或精神上的富足，同时要显示自己的社会地位、赢得他人的关注甚至是羡慕，这是发展到比较高级阶段上的消费心理；在超越性消费心理阶段，广告受众对广告传播的接受，完全是站在全新的目标基础上，谋求物质或精神追求的更高境界，这是发展到高级阶段的消费心理。再比如，也可以根据广告受众接受广告传播时是否诉诸理智而将其细分为“理性消费受众市场”和“非理性消费受众”两类。前者的消费心理体现为量入为出、按需索取、实事求是、理性消费；而后者的消费心理体现为超前支出、高价攀比、随波逐流、冲动消费。

再次，广告受众审美心理的个体差异又表现在广告受众的消费行为区分。

这种区分主要是根据广告受众的消费行为因素对其进行的细分。例如，依照

---

① 胡波：《从媒介、广告与消费市场互动全新解构中国电视市场》，载《中国电视市场报告（2003－2004）》，《广告人》，2003 年 10 期。

广告受众在消费行为中是否持积极态度的个体表现可以把他们细分为“冲动型广告受众”“中立型广告受众”“保守型广告受众”。前者指个性开放、敢于尝试、容易受到广告信息刺激的、在消费行为中表现活跃的受众群体；中者指个性平和、随波逐流、正常感受广告刺激的、在消费行为中表现普通的受众群体；后者指个性内向、比较保守、不易受到广告信息影响的在消费行为上表现消极的受众群体。

2. 广告受众审美心理的地域差异

这种区分主要是根据地理位置对广告受众所进行的细分。就地理意义而言，人们总是生活在不同的地理环境之中，或者高原或者海滨，或者盆地或者丘陵，或者南方或者北方——那么在这迥然相异的自然条件下，人们的消费需求自然就会呈现出以地理环境为主要因素的群体特征，把握这种不同特征恰恰是广告传播对受众群体市场细分的第一步。

在我国古代早熟的农业文明中，人们对地理环境方面的认识也十分发达，在《淮南子·齐俗训》中就对不同地区因自然条件而相对固定某种生产并彼此交换的情况做了论述；而汉代的司马迁在其《史记·货殖列传》中，则明确指出了当时中国存在的四个经济区域；东汉末年的诸葛孔明还曾在《隆中对》中就地理环境对政治格局和军事战略的影响发表了演说。

在近现代的人文社会科学领域，基于地理差异的“地缘”研究成果十分丰富，而中国自古就有“万事皆备于地缘”的思想，人们争说的川妹子漂亮、湘女多情之类的现象背后，究竟是什么决定了人们如此迥异的审美观呢？在西方思想界，孟德斯鸠的地理环境决定论和黑格尔的历史的地理基础理论曾经广有影响，而其他强调地理环境对社会生活具有极大影响与作用的学者、专家也不乏其人。英国学者巴克尔(1820—1862)在其著作《英国文明史》中认为，种族差异不是因为先天的特质不同，而是由于气候、食物、土质等因素差异的结果；德国人赖哲尔认为，政治团体的大小、组织的形式、政治的尚文尚武、百姓的悲观或乐观、进步或退步、热爱自由或顺从，都可以从地理环境对人类的影响中找到答案。地理经纬度社会观认为，由于地球纬度的不同，即气温的差异，也会影响到在不同地区的各个民族的风俗、习尚、音乐、宗教甚至是社会制度。英国著名历史学家汤因比在《历史研究》中，曾经分析了 21 个古代文明的发展与变迁，认为它们所处的地理环境不同，因而面对的挑战也不同，最后形成的文明的特征也就大相径庭。地缘学发展到 19 世末 20 世纪初，更把地理环境与国家政治、政府的内政外交以及该国在国际政治格局中的地位等重大问题联系在一起，出现了像德国学者拉采尔《政治地理》(1895 年)、英国学者麦金德地缘政治学等学说的盛行。

上述这些有关地理环境因素对社会生活乃至民族文化产生深远影响的认识，有助于我们从科学的角度看待地理环境因素对人类文化心理的影响，正是在这样科学研究的大背景下，现代广告传播领域，也开始借鉴相关的合理成果，针对广告信息传播的审美实践，探究广告受众审美心理的地域差异。例如，近年来每逢冬季，在我国的北方地区总会出现保暖服饰产品的广告大战，各种有关“保暖棉内衣”“羽绒服”“防寒皮鞋”的广告粉墨登场；而在我国长江以南的地区就看不到这种情况发生。这就是所谓地理区分导致的广告传播的目标选择，这种因地制宜、因地而变的广告宣传规律已经为广告传播者广泛掌握。

3. 广告受众审美心理的文化差异

这种区分主要是根据风俗习惯、宗教信仰、家庭传统等社会文化因素对广告受众审美心理的所做的细分。不同的广告受众个体生活在不同的社会文化氛围中，面对着同样的广告传播，他们的反映会可能会是大相径庭。

从广告心理学的角度看，文化差异的甄别往往涉及到市场研究方面的单元细分，其最终目的是代表着某种特定的商品或服务所要寻找的一定范围的目标市场。因而广告受众审美心理的文化差异，又可以具体地涵盖以下几个方面：

(1)价值取向不同。在文化学界，关于东西方文化差异的探讨十分热烈，人们倾向于认为中国人的价值取向的历史传统集中在人生的价值方面，而西方的价值取向则朝向事理。比如，中国传统的儒家思想，关注的是天理，以天理的模范来指导人生之道，形成了中国文化重视人伦体验、重视礼仪关系等鲜明的文化特点。而西方的崇尚自由生命、执著于科学技术，也带来了尊重人性、笃信宗教等文化特色。无论如何，价值取向上的差异总会造成在审美心理上的巨大不同。

(2)思维方式不同。很多文化学者认为中国人的思维传统是偏重感悟的，西方人的思维传统是偏重逻辑推理的。因此有人比较中国历代思想家所沿袭下来的思想传统中，很少有像西方哲学家那样的抽象探究真理的方式。其实这里反映出来的就是思维方式上的差异。由于在不同文化环境下成长、在不同生活境况中生存，人们的认知结构、心理机能存在着巨大的个体差异，这反映在人们的大脑思维方面就是思维方式的差异，不同的思路会有截然相反的思维结果，不同的逻辑推演也会形成迥然相异的认知图解。

(3)情感需求不同。有的文化学者认为，可能东方人的情感需求更多的偏重在现实的、人文的、伦理的方面；而西方人的情感需求可能更多的偏重在宗教的、超越的、人性的方面。不管这种说法是否切中了东西方文化传统的本质，但至少反映了基于情感需求上的文化差异问题。在实际的广告信息的接受过程中，广告受众心中固有的情感需求，会左右他们对广告信息的接收、选择、记忆，会在极大程度上决定广告受众对广告传播信息的好恶态度。

如上所述，把握广告受众审美心理的文化差异，有助于广告传播的市场细分，更有助于对广告传播主体对广告创意的文化考量。例如，“火腿肠”的广告在普通广告受众群体眼中可能司空见惯，但是在信奉伊斯兰教的民众那里就会毫无成效，甚至会受到排斥；习惯了民族服饰的百姓，在面对西装革履的广告传播时，在生活着装习惯上，会有相当的阻隔；崇尚简朴的家庭未必会轻易地接受豪华享乐式的消费宣传——种种现象表明，社会文化与广告受众的审美心理如影随形。

本章小结

广告受众接受广告信息的过程，不只是一个简单的“刺激——反应”过程，而是包含着复杂的心理活动和运行机制在内的有机系统。一方面，受众的心理定式直接制约了其对广告信息的取舍；另一方面，广告受众在接受信息的过程中又表现出复杂的心理特征。

广告受众，是指广告信息传播过程中接受者的群体，是通称这些信息接受者的集合名称，包括电视广告的观众、广播广告的听众、报刊杂志广告的读者等。

作为广告信息传播的对象，受众是广告传播过程的要素之一。他们是广告传播活动存在的前提，是这个过程的重要参与者，在整个的广告信息传播活动中占有着极为重要的位置。

作为广告受众信息接受的核心层面是其心理活动，这种心理活动在感知、需要、动机、情感等方面具有鲜明的特征。现代广告学认为，广告受众的感知过程大致由刺激、感觉、情感、知觉、记忆五个阶段构成。

广告受众审美心理的普遍性是指广告受众在广告传播的过程中对广告信息产生审美感受的共同性。一方面，面对共同的广告审美对象，不同的广告接受者之间的审美感受是大致相同的；另一方面，广告的审美感觉作为文化意识形态又是一个历史范畴，在同一时代、同一民族、同一群体内部可以形成对广告信息的不同程度的共同审美感觉。人们社会实践过程的共同性，决定了广告受众审美心理的共同性。

人们社会实践主体的共同性、社会所属的共同性、决定了广告受众审美心理的共同性。在具体的广告审美活动中，由于审美主体的主观条件的差异，在接受相同的广告信息时所形成的审美感受是各不相同的。从广告心理学的角度讲，广告受众审美心理的差异性源自广告受众个体之间的个性差异，正是个性差异的存在和运动，构成了广告受众审美心理差异性的内在机制。

第十章

广告审美批评

审美，从广义上说其范围可以涵盖整个美学所涉及到的内容，从狭义上来讲，也就是对于"美的对象"和"对象的美"的接受活动，是一种接受者对于"美的对象"或者"对象的美"的体验和鉴赏活动，如果用经济学的术语来措辞，便是对"美的对象"或者"对象的美"的"消费"。而审美批评是艺术和公众之间的桥梁，是审美主体在审美欣赏和审美创造活动基础上进一步的理性思考。

广告审美批评是对广告的审美创作和活动所做的鉴赏、阐释和评价，对广告作品起着评价定向的作用。自大众媒介的兴起，广告便随着媒介的扩散而弥漫于社会的各个角落和领域。人们渐渐形成了这样一种认识，即所消费的物品首先需要经过广告的宣传，在消费者的心目中形成一定的意象后才被购买和消费。"人们消费更多的是意象，而不是商品的使用价值。"①这正是我们研究广告，并且要展开对于广告的审美批评的起点与动力。广告审美批评担负着为广告创作者和受众指出方向的责任，同时辐射到社会与企业，并对其产生一定的作用与影响。

第一节　广告审美批评的特点

广告主要任务是传播商业信息，广告艺术价值是依附于它的经济价值而存在的。以艺术为包装，从而实现事实上的商业目的才是广告的根本特征。

广告审美批评正是在尊重与遵循其商业目的的前提下，对广告艺术表现的冷静审视与评价。从这个意义上来说，广告审美批评具有如下特点：

---

①　赵一凡、张中载、李德恩：《西方文论关键词》，北京：外语教学与研究出版，2009 年，第 661 页。

一、来自受众与企业的双重关注

广告的首要职能就是充当商家与消费者之间的桥梁，让供需双方通过广告了解市场动态和商品信息，从而发挥指导消费、扩大生产、促进流通、提高效益的作用。因此，广告的审美创作活动要迎合企业与受众双方的审美需要，而对一则广告的美与丑的鉴赏与评价也必有受众与企业的双方参与。

受众对广告的审美期待有着心理定势和审美极限，那么受众之于广告的审美批评也无非是围绕着受众的审美期待①展开，如广告所传递的商品信息是否真实可信；广告在推广同类商品时，是否能够求新求异吸引受众的注意；广告推介商品的形式是否能够使受众在对广告的欣赏中得到身心的愉悦和放松等等。广告的创作要能够满足受众的审美需要，从而推动商品整个营销过程的顺利进行。因此受众对广告的评价，既包括对广告推介商品的方式的不同意见，也涵盖对广告艺术美展现的满意程度。广告审美批评是在受众审视的眼光下的批评，并能够在这种关注下不断修正广告创作和推广的过程。

而企业也同样关注着广告的投放，但与受众注重投放后的广告的外在体现不同的是，企业更关注广告投放后的实际结果。作为广告的终极目的，是能够将产品推向市场，并取得良好的销售业绩，不管广告作得有多么符合艺术的审美，如果它不能取得良好的社会效益或者赢得高额的利润，在商家眼里，就很难称其为一则好的广告。广告无论如何脱离不了它的商业属性，并且始终以商业属性为安身立命之所在。艺术美始终是辅助在广告商业性上的奇花，如果用得恰当，自然会瑰丽绚烂，并且使广告赢得商家与受众双双青睐而好评如潮。

中国广告的创作经历过一个靠不断反复以强调和推广产品的过去，有许多产品的认知度的提升并不完全是靠优秀的广告创意与广告表现。比如依靠“四大叔”与“斯达舒”谐音的胃药广告，“亲嘴”与“清嘴”谐音的含片广告等。这些广告的投放虽然在一定程度上提高了产品的认知度，但这种单纯靠提高记忆和强推销效力的广告，因为缺乏足够的美感，而被消费者厌恶并抵制。但广告制作者与企业却并不这样认为。以“斯达舒”为例，其在“四大叔”的广告投放之后，产品销量成功从 3000 万上升到 1 亿，并且使斯达舒迅速跻身于国内胃药市场的品牌之一，让人不得不承认广告投放的强大功效。这也是此类广告仍然不绝于世，并且总会后继有人的重要原因。企业与广告制作者仅仅追求广告效果的单一行为，让广告作品陷入到一种恶俗的境地。恶俗本身便是一种效果，人们的心理总是会对好的和坏的两个极端的事物印象更深刻。我们的广告如果靠恶俗来达到令受众记忆深

① 审美期待：审美期待指审美主体对艺术作品满足主体美审美需求的心理活动，是审美主体依照审美原则对审美客体的形式及效果的期待和希望，来满足自身的审美心理、获得审美快感的过程。

刻的目的，实在是一种悲哀。但在广告制作与投放的早期，这却成为一种简单易行的方式而广为流传。因此，像脑白金所制作的“今年过节不收礼，收礼就收脑白金”的广告，其制作成本不高，画面也难以称得上有美感，却因为其反复大量和赤裸裸地对于“送礼”文化的强调与宣讲，使得消费者对其产生深刻的印象。这种方式虽然对认知度的扩大有很强烈的效果，其美誉度实则大受影响。显然，对于审美需求日益提升的受众，这种看似可以达成有效认知，却并不能给受众带来愉悦观感的广告，长此以往，是很难给品牌带来良性的影响，只会给社会文化、人文精神和受众心理带来负向的积累。

随着物质文化的丰富，消费社会对于精神产品的追求与要求都会形成新的标准，广告的受众不再是单一的产品消费者，同时也是广告作品的消费者，好的广告对于受众来说就是一种会带来愉悦的精神消费。而能够带来愉悦的观感的广告作品势必会对广告作品所呈现和推广的产品带来好的效应。这正是广告审美的原动力，广告审美批评也正是能够为广告作品的提升与臻善提供方向与指引的存在。因此，广告不能只满足企业的赢利目的而忽视受众的审美需求与趣味，好的广告必须是在受众与企业的双重关注中，谋得两者最佳的契合点，达到商业目的与艺术美的双赢，才会获得良好的评价，才可以成为美的广告、好的广告和成功的广告。

总之，广告审美渴望达成受众与企业的双赢状态，既满足受众的审美需要，又达到推广商品的目的。而广告的审美批评在对广告作出评价时，也关注着广告美是否既满足受众的审美需要与审美期待，并培养或提升了受众的审美趣味，又实现广告的商业属性，实现推销商品的实际目的。广告审美批评是受众凝视广告的眼睛，是企业关注广告的目光。它是在受众与企业双重关注下，对广告作出的客观评价。只有满足了受众与企业的双向诉求，才是广告审美批评认可的成功广告。否则，无论是只讨得商家欢心而恶评如潮的广告，还是受众看好却未打开市场的广告，都无法称其为好的广告。

二、重视审美效果的实践反馈

广告审美批评重视审美效果的实践反馈，指的是广告审美批评是在广告实践活动进程完成后对广告审美进行的评价。也就是说，广告审美批评在广告投放后，引起了消费者的关注，引发了消费者购买行为，实现了广告的经济功能的基础上，按照审美的标准与要求，再对其做出审美评价，才具有价值和意义。

广告的目标是促成和强化企业与受众之间的一致性。对于企业来说，保持与受众的一致性，是一项极其重要的任务。企业提供的商品、服务及宣传观念只有与受众的有效需求存在一致性，才能被公众接受。因此，在企业为推广商品而制作的广告上，广告的艺术美也要尽可能地谋求与受众审美需求达成一致，才能达到艺术美在广告作品中的功用。因而，广告的审美是一种需要在经济生活中为经济目的所检验的美。它的美学目标，始终不能脱离广告本身的经济价值。广告审美批评的做出，也是要在广告实践进程的完成后进行。即以广告投放后，是否实现其经济目的为标准，来衡量判断广告艺术美所产生的价值与意义。

南方黑芝麻糊电视广告的成功便可以说明这个问题。南方黑芝麻糊电视广告从情感诉求入手，用回忆的手法，把消费者带到黑芝麻香甜可口的回忆之中，使一个平淡无奇的、物质化的南方黑芝麻糊，有了生气，也有了情味，从而达到了引起欲望、促进销售的目的。特别是它完美的视听组合，加上演员的恰当表演，进一步强化了情感诉求的效果。比如广告开头，很有真实感的弄堂、灯影，暖、柔色调相互辉映的画面，特别是那个大特写镜头：意犹未尽的孩子不舍得放下碗，还不断地舔着碗沿和碗底的动作，逼真而自然，使人为之动情。它最能体现人情味的创意细节是：芝麻糊担主给小孩添半勺芝麻糊，并爱怜地替他擦干净脸上残留的芝麻糊，这个细节深刻地反映出中华民族尊老爱幼的传统美德，升华了广告主题，使其本已亲切自然的效果又增色了不少。广告片结尾，一碗热气腾腾的黑芝麻糊，配上“一缕浓香，一股温暖”的广告语，的确让人感受到扑面而来的南方黑芝麻糊的诱人香味和发自内心的暖意(见图10－1)。

图10－1 南方黑芝麻糊广告

南方黑芝麻糊广告自投放以后，迅速打开了销路，并迅速攀升为同类产品的龙头老大，甚至在南方黑芝麻糊声名鹊起的时候，掀起了一场黑芝麻糊大战。与此同时，该广告以情感诉求取胜，进而带来相应的经济效应的表现，也成为广告创作的典范，为广告受众、广告界同仁所认可、所肯定。

一则广告的成功与否的认定是在广告投放市场之后做出的，广告审美批评的一个重要方面就是对受众对于广告审美实践反馈的一种理性审视与思考。

三、遵循大众批评标准

对广告做审美批评，我们始终都不可以忘记广告的商业属性，其最终要推销商品，实现赢利的目的。因此，广告效果的实现，是以大众的参与及购买行为的产生为判断的。那么，广告美是否符合大众的审美需要、审美期待、审美趣味、价值判断等，就成为影响广告商业目的实现的重要因素。广告审美批评中大众批评标准也成为衡量广告美的评判准绳。

广告审美批评要秉承大众批评标准，本能地追踪大众文化的文化消费心理，了解并掌握大众的审美趣味。一方面要能够作出符合大众审美价值取向的评价与判断，一方面也要能给予广告创作前瞻性和有益性的指引。比如对于央视招商广告《水墨篇》的有关评价便彰显出广告审美批评对于广告创作的客观评价与有益指引。这个在2010年的纽约广告节上荣获金奖的广告，以墨入水中晕染开来，形成灵动百态，形象地向作为目标消费者的广告商们展现了广告宣传对于品牌塑造的作用。由代表着古代文明的峰峦、游鱼、仙鹤、蛟龙、长城、太极等意象引领至代表着现代文明的和谐列车、运动、飞机、鸟巢，并最后指向中央电视台的电视塔，这种时空上的层层递进，在短暂时间内便传达了中国古老文化与现代文化的融通，极为浓缩地向受众展示中国文化的发展和中国文明的积淀与进步，凸显出代表中国主流文化的中央电视台的品牌形象魅力。图10－2有评价如下："《水墨篇》作为央视的招商形象广告，一方面要发挥出央视作为中国社会代言人和中国向世界展示自我的窗口的作用，对外宣扬中国特色文化的主流价值观和自身企业文化，提升企业的形象和影响力；另一方面又要展现央视作为主流媒体的领袖气质和雄厚实力，以获得广告商的信赖。选取水墨画这种极具代表性的中国元素作为广告表现主体，利用墨在水中晕染的形态变化引发创意灵感，不仅扩张了想象空间，表现形式丰富，具有原创性和审美性，而且极具视觉和艺术冲击力，表达出'从无形到有形，从有界到无疆'的哲学思想。"

图10－2　央视招商形象广告《水墨篇》

显然，这种对于优秀广告的分析既提出了广告所服务的企业诉求，又肯定了广告作品对于企业诉求与艺术欣赏的融合，并且为优秀的广告创作指出了提升空间与提高的路径，鲜明地指出广告作品中对中国文化元素的选择和运用对创意表现的成功和传播效果的良好实现起到了至关重要的作用。并且十分确定地肯定该广告的成功之处在于，将具有特色的传统中国元素与企业形象及其品牌价值内涵相融合，广告因调动了民族情感的距离而更容易获得中国消费者的文化认同和信赖感。这样的广告必然符合大众审美批评标准，也必然会获得大众较高的审美评价。由此看来，广告审美批评是一定要符合包括大众审美取向、审美期待、审美趣味、文化心理和价值判断等在内的大众批评标准。广告远离大众批评标准，便会失去源头与土壤，成为无根之水和无本之木。

第二节　广告审美批评的价值尺度

广告活动是一个开放的动态系统：广告的信息来自于生产和流通领域，广告的内容来自于现实生活，广告的表现形式来自于艺术和文化积淀。因此，广告体现着现实社会的政治、经济、文化以及悠远的历史，具有文化和艺术品质。研究广告审美批评的价值尺度对广告的艺术创作具有很强的指导意义，也有助于把握受众对广告的认知和感受。

一、广告审美批评的真实性尺度

广告审美批评的真实性，是指广告审美批评要以广告的真实性表现作为审美的价值尺度对广告进行鉴赏、评判。广告无论以怎样的艺术手段宣传商品、传达商品信息、塑造商品形象都必须保证所传递信息的真实与可靠，对于商品品质、功能、质量、材料、加工，以及造型、装饰等都必须实事求是地介绍和说明。广告审美批评重视与强调广告所传递信息的真实性，广告真实性的保证，是广告美表现的前提，也是对广告进行审美评价的重要内容。

广告作为一种有偿传播形式，其目的在于引起受众的注意并激发其购买欲望，同时提升企业产品形象、品牌形象或企业形象的知名度和美誉度。无论是对产品的夸大还是对企业的不实宣传，都是对受众和企业双方的不负责任。失真所造成的功利价值的缺失，更让广告审美没有了进一步探讨的可能，也失去了其依附在广告上的意义。

应该指出的是，作为处于商业行为与艺术表现交汇点上的广告，一方面应秉承对“真”这种价值判断的继承与实践，严格而准确地表述商品的品质和功能；一方面又应以艺术的表现手段，劝说和感染受众对商品的亲和和认同。而艺术的表现手段，自然就包括艺术夸张、艺术变形、艺术地不合生活逻辑的物象组合等内容。这些艺术手段的运用是否违背了广告的真实性原则呢?

虚假广告①破坏了“真”这一标准，就无从谈其美之所在了。营销效用是广告的基本效用，是广告的重要职能。虚假广告给产品营销带来的只能是负效用。不但会降低受众对广告、产品企业、广告公司的信任度，还会损害受众的经济利益乃至身心利益，从社会影响上来看，还严重破坏了社会风气，扰乱了正常的经济秩序，造成负面社会效益，阻碍了社会正常有序的发展。虚假广告本身没有广告

① 所谓虚假广告，是指直接向受众提供虚假信息，或者利用受众心理上的弱点、语言方面的模棱两可之处去误导受众的广告。

审美批评的价值。因为，它连广告起码的真实性都无法保证。

而广告艺术夸张的手段的运用与虚假广告不同。虚假广告是广告内容的表现，广告艺术夸张等手段的运用则是广告的形式表现因素，进行形式处理的广告内容本身是真实的、可信的，艺术夸张等手段的表现只是为了让这些真实可信的内容以更为醒目的形式为受众了解与关注。艺术形式本身有其表现的规则，这些表现规则在受众长期接受的艺术熏陶中已成为一种知识积淀并转化为一种对艺术接受的特有心理定式，在这种审美形式接受的心理定式规约下，受众不会将艺术夸张等手段等同于实际生活，他们知道那不过是艺术表现。受众能够分清哪些属于广告内容的虚假，哪些属于艺术的夸张等手段的处理。因此，广告为增加审美效果的艺术夸张等手段的运用不违背广告的真实性原则。广告审美批评对广告运用艺术夸张等手段方式，有评价的必要，因为在真实性尺度的衡量下，通过对广告艺术表现手段的审慎评价，可以为广告创作提供更为有益的指导，将其引入正确的轨道。

廓清了上述问题之后，我们来把握广告真实性尺度的问题。广告审美批评的真实性尺度，有赖于企业与广告制作者的自律，以及广告法规的监督来维系。

第一，企业的自律给广告审美批评提供现实基础。从企业占有市场、建立和提升品牌形象的长远考虑，从维护和保持受众对产品的忠诚度考虑，企业在意图发布广告促进销售、开拓市场的时候，就应时刻警醒自己，所做广告的内容应真实、准确，以诚信为本，绝不能提供给广告制作公司虚假信息，并通过广告散布出去，从而欺骗受众，误导消费。

第二，广告制作公司的行业自律为广告创作提供保证，给广告审美批评奠定评价的基石。由于受众不可能做到与每一件商品的直接接触，再加上现在的许多商品又都是高科技密集型产品，所以受众只能通过大众媒介这样的认识中介去了解有关产品的信息。而广告作为主要中介之一，势必会对受众的认识产生广泛而深刻的影响。因此，广告制作公司应该致力于传递实事求是的商品信息，而避免虚假广告的出现。

第三，相关法律法规的制订出台，从法律的角度约束和限制企业和广告公司，为广告审美批评提供法律保障。2015 年修订的《中华人民共和国广告法》的总则中有如下规定："第三条 广告应当真实、合法，以健康的表现形式表达广告内容，符合社会主义精神文明建设和弘扬中华民族优秀传统文化的要求。第四条 广告不得含有虚假或者引人误解的内容，不得欺骗、误导消费者。广告主应当对广告内容的真实性负责。"①世界广告大国美国的广告法规中，也特别强调防止不正当竞争，制止虚假广告。美国的一些民间组织甚至提出过广告必须真实的

① 中华人民共和国广告法. 第三条，第四条[Z]. 2015 -9 -1

口号。

广告审美批评的真实性尺度既是对于广告艺术美的捍卫，也是对企业和产品的维护，更是对受众的一种责任。广告虽然在一定范围内允许对于企业或者产品的艺术的夸张，但这种有限的放大与夸张是建立在产品本身和诉求的强调，以及对受众心理的一种呼应。如果广告创作偏离了这样一种真实，其宣传效果也会随之大打折扣。虚假广告本身，事实上是对于企业、产品与受众的多重背叛，一旦受众形成这样的认知，其影响是恶劣的。

奥运会游泳冠军孙杨在成名之后迅即成为广告商的宠儿，代言了诸多的产品。2013 年孙杨为北京现代推出的新款汽车胜达系列代言，但不久之后他却因为交通肇事而成为新闻焦点，这则广告也立即成为了众矢之的。事实上，从广告对产品的创意、制作及艺术呈现，即便此广告算不上是汽车广告中的上乘之作，但也可以说是中规中矩，孙杨年少成名的气质和目标消费群体所追求的年轻稳健也比较吻合。问题出在作为汽车代言人的孙杨在交通肇事中被查实，其本人并没有取得驾驶执照。一个没有驾驶执照的明星不但在代言汽车广告，还在广告中堂而皇之地驾驶汽车，这个真实的情况，使得孙杨和胜达汽车变成了受众关注的焦点。没有驾照的明星代言汽车不但成了一个笑话，更是一场赤裸裸的欺骗，受众心理上所产生的强烈的被欺骗之感，久久不能消除，对于北京现代汽车的胜达系列来说其销售会受到相应的影响自不必言。尽管北京现代发布的声明中显示，北京现代与孙杨的合作为“产品形象代言”，而非“驾驶者代言”。在代言产品全新胜达广告中，孙杨驾车的镜头均采用静态拍摄的方式（使用平板拖车移动拍摄）。在整个广告拍摄过程中，孙杨本人从未实际驾驶车辆。并且声称与孙杨的合同到期并不再续约。但这则广告的不良影响已然造成，广告涉及的多方皆受损。无论是企业还是广告商，包括参与广告制作的明星，这都是一次教训。广告作为文化产品所带来的负向效应，需要在审美批评中得以曝光和纠偏。广告的美允许一定程度的艺术夸张，但绝不允许欺骗，以及有违法律法规的行为出现（见图 10－3）。

图 10－3　孙杨代言的韩国现代胜达汽车广告

二、广告审美批评的实效性尺度

所谓广告审美批评的实效性，是指广告审美批评要以广告的审美表现是否达到传播商业信息目的作为审美价值尺度对广告进行鉴赏、评判。广告无论采取什么样的艺术手段，都要为企业的经营思想和直接销售目标而服务，广告创作是受买卖双方的商业行为所左右和影响。因此，广告艺术形象更是它的商业形象，其塑造和艺术表现方法的运用，都是为了实现经济利益和物质功利，没有商品最终的销售业绩即广告推广后的实效作为评判，广告的艺术美就是“水中月，镜中花”。

广告美的实效性与商品的功利性既有区别，又有目标的一致性。

众所周知，商品既具有使用价值，又具有交换价值，其交换价值的产生就是来源于商品的有用性。因为商品本身有用，可以满足人们物质或者精神方面的需要与欲求，而使其具备了值得交换的可能。可以说，商品功利性是直接的。当然，商品本身也或多或少会具有一定的审美价值，尤其是在技术发达的今天，在同类商品的使用价值差异越来越少的现状下，商品也非常注重产品设计所营造的美感，希望在美丽外表的直观表达中，能够吸引消费者的眼球，使其能够激发消费者的购买欲望，但是无论如何，商品自身的审美价值始终是受到其使用价值的约束，不可能超越自身功能的限制。因此，商品的审美价值不是商品实现价值的最主要因素，只有使用价值能够满足消费者的物质或精神需要，才能达到其销售的目的。举个例子来说，我们去买鞋，无论这双鞋的款式如何新颖，设计如何巧妙，看起来又是多么漂亮，只要它的设计不符合人体工程学原理，穿在脚上不舒服，那它对消费者而言就没有使用价值，其审美价值也就没有实现。因此，商品是很具有直接功利性的。

而广告并非商品本身，它是作为商品的介绍人和推荐者，将商品介绍给受众，让受众通过广告认识商品，熟悉它的使用价值，了解它的特征、功能等。换句话说，广告美参与并辅助和推动商品功利活动的实现，是商品功利性得到实现过程的一个纽带和中介，广告的实效性是在商品功力性目的实现时发生的。广告美的目的是劝说受众购买商品，促进商品物质功利性的实现。它的直接对象是人的思想、意志、心理和行为。它的艺术手段的使用，是希望通过艺术的形式促进商品买卖行为的产生，同时又通过广告的艺术美感染受众，陶冶或改变人的审美观念、审美价值、审美理想和审美行为。广告艺术美通过广告的艺术夸张，使受众在审美愉悦中了解商品的使用价值，其劝服过程自然随意、潜移默化地影响受众的行为。这一特点比商品的直接功利性，更容易唤起受众的消费欲望。

综上所述，我们可以得出这样的一个结论：广告美的实效性和商品的功利性是有区别的。商品具有直接功利性，而广告美所产生的实效性是实现商品直接功利性的纽带；与商品相比，广告美更具有艺术性。但他们在实现商品销售这一目标上是一致的。广告审美批评正是在广告美实现商品销售目的、取得良好的广告效果后，对广告艺术美做出的评价与判断。

既然实效性是广告审美批评的价值尺度，我们就面临着如何把握的问题。在实际的操作中，广告创作曾经经历过这样的一个过程，早期创作大多只注重广告的实用功能，广告内容中大量地堆砌和罗列有关商品的信息，常常忽视广告的审美功能，表现得太过理性、严肃，甚至是呆板。后来，广告创作者们认识到了这样的问题，却又对艺术美强调过度，一味地在艺术美上下工夫，而忽略了广告的本质属性商业性，常常是云山雾罩之后，让受众不知所云。因此，在实践中，我们应该时刻警醒自己，纠正这样的错误认识与行为。

第一，广告定位要切实针对目标受众①的需求。广告的宗旨就是向目标受众成功地推销商品。它的主要任务就是把有关的商品信息介绍给它的目标受众，如何介绍是一个很关键的问题。首先，要切实了解商品目标受众的需要，也就是受众的物质需求与精神需求，然后根据反馈回来的信息对商品进行准确的定位。如此，才能运用艺术的手法，通过艺术加工和渲染，突出商品为受众所需要的特征，强调产品可以满足受众的精神欲求，从而达到用广告的艺术美推销商品的实际效用。如果广告与目标受众的需求不对位，那么再美的广告也对商品的推介毫无用处与价值。

第二，避免形式唯美，内容空洞的倾向。唯美主义作为一种艺术思潮，也是艺术美的一种表现形式，曾经在一段时期内为大家所推崇和追随。但是唯美主义在广告创作中却是一个要慎重使用的方式。我们要时刻谨记，广告创作是要把创意构思出来的用于表现主题的形象、意境通过艺术手段鲜活地体现出来，以此去震撼、冲击受众的心灵，最终唤起受众对商品价值的认同，产生购买欲望，从而达到有效地宣传商品、品牌和企业形象。广告创作是要通过艺术创作来实现上述的过程和目标，但是它仍然是要在商品所提供的真实、对受众有价值的商品信息的基础上创作，而不能脱离于此。而唯美主义容易让创作者醉心于艺术表现和文字技巧，而忽略广告创作的终极目的，这使得广告不能有效地宣传商品，不能让受众的注意力集中在商品的属性上，而集中在了对广告作品本身的欣赏上。这样的广告实在是不在少数，那么它的后果就是，商家企业拿钱做了广告，尽管广告很好看，却不实用，没有实效的广告，对于企业来说就是一种浪费，在营销的过程中，就成了一个败笔。我们应该时刻牢记，广告是实用艺术，它要受市场环境、广告战略、营销战略、消费需求等多方面实际因素的制约，它限于只能再现商品

① 目标受众：在市场营销业和广告业里，目标受众又称目标顾客、目标群体和目标客群，是一个营销活动作为目标的人口群体。

的属性，而不能像一般文艺创作那样天马行空，凭作家艺术家给人的生活体验和审美趣味去决定和表现主题。在广告中，可以有创作者风格与个性的体现，但要始终从属于广告的商业目的。

深圳景田出产的矿泉水“百岁山”广告一经投放便引发了争议无数。最主要的意见简单而直接——“画面虽美，却不知所云”。百岁山为推广产品制作的广告都花费不菲。百岁山的第一个广告斥巨资请了曾被格莱美提名的芬兰女歌手 Tarja Turunen，歌手的形象和歌声俱佳，画面也也以银白色系凸显了水的纯净，应该说该则广告的形式为受众带来足够的美感，但是如果从消费者的角度来看，这则广告的功效就要大打折扣。因为这位女歌手在中国国内的辨识度并不高，尽管企业对产品的定位是“水中贵族”，以女歌手作为贵族的形象代言或许可以，但对于普通消费者而言，除了感觉到画面很漂亮，歌声优美，却很难将其与“贵族”的形象相联系（见图 10－4）。

图 10－4　百岁山广告（一）

百岁山的第二则广告，沿袭了对形式美的追求。面容姣好，衣着华服的公主，行驶在瑞典古老皇宫门前的路上，公主的形象直击贵族的理念，但其行为却又令人十分费解。车队与马队簇拥下的公主却特意停下车来，直接拿走了落魄老人的一瓶水。这种情节的设计，很快就引发了争议。作为广告来说，能够唤起受众与消费者的注意不是一件坏事。但注意之后不是对广告以及广告产品的认可与赞许，而是质疑困惑之声不断，实在难以称其为成功的好的广告。广告想要借用公主的传说来凸显品牌“高贵优雅”的追求并昭显其贵族品质，但对于并不了解这个传说的中国消费者来说，广告内容既不能支撑起对于传说的认知，更无法将其与产品对应与衔接，这成为受众不认可该则广告的主要原因（见图 10－5）。

图 10－5　百岁山广告（二）

浪漫唯美是百岁山广告的一贯风格，这一点毋庸置疑，但需要将企业与产品的诉求有机地融入广告中，并且以凸显产品以及品牌为第一追求，才是广告的理想状态。广告审美批评也正是在这样的一种理念的指引下针对广告进行的客观评价。广告的美是在广告能够达成产品和企业的宣传目的前提下对于广告的一种呈现，广告的商用价值是广告的基本诉求，在满足这一基本诉求之上，广告的美学价值则会给受众给社会给文化带来更大的效果和满足，同时客观上也会对广告商用价值的实现带来促进作用，对于企业及产品的认知度以及美誉度的提升带来积极的效果。这才是广告审美批评促成广告进入良性循环的基本模式。

三、广告审美批评的审美性尺度

广告审美批评的审美性尺度，是指广告审美批评要以广告美的表现是否符合美的表现规律，是否带给受众健康向上的审美愉悦及体验作为审美价值尺度对广告进行鉴赏、评判。很多研究者认为，在消费社会中，交换价值和符号价值在消费者的心目中已经大大超出其对于使用价值的需要。“人们对商品的消费越来越多地表现在对其形象的消费上，更多地重视商品形象所带来的情感体验、文化联想与幻觉。”①

具有审美价值的广告，不但会辅助商品实现其销售的最终目标，还会在受众的欣赏中，为其带来愉悦的审美体验，甚至是美的感染与引导，而这一点反过来又会再次转化为对产品的强调，进而增强了产品印象，构成了消费与购买行为的产生。广告审美批评的审美性尺度就是要从这个角度为广告创作提供标准和准绳。

广告同其他艺术形式相比，并无明显的长处。孤立来看，它会运用绘画手段，但不会像绘画那样以线条、色彩、构图等造型语汇见长；它会调动音乐，但也不能像音乐那样以旋律、和声、节奏、音色等“自然符号”取胜；它也会借用舞蹈形式，但也没有舞蹈以人体动作、姿态、手势作为表情手段的基础的优势；它还会利用建筑，却也缺乏建筑以尺度、韵律、构图、式样来组成空间实体的特征。然而，广告的长处又恰恰在于它对所有的艺术形式、艺术手法都能兼收并蓄，为我所用。任何形式、任何手法都可以吸收于广告之中，成为广告艺术生命肌体中的有机组成部分。表面上，广告似乎是一无所长，但综合来看，它又是无所不通。合多艺为一身，集众美于一体，这就是广告艺术表现的特点，广告的审美性因为其具有兼容其他艺术之美而独具魅力。

广告的审美性表现还在于，它能够将各种艺术的手段化为自己的艺术特质，这才是广告艺术的综合性的实质所在。换句话说，广告艺术的综合不是将各种艺术形式拿来拼凑堆砌在一起，而是要紧紧围绕广告的促销功能这个轴心，将其化为宣传商品、促进销售的一种艺术手段。广告综合了各种艺术手段，把它们构成

① 赵一凡、张中载、李德恩：《西方文论关键词》，北京：外语教学与研究出版，2009 年，第 662 页。

了一个美的整体。各种艺术形式的元素在进入广告之后，就被融合在广告自身的艺术特性之中，从而发生了质变，成为广告艺术的基因了。比如绘画在进入广告后不再有独立存在的价值，而只能作为广告的美的一个元素而存在，功能也发生了变化，成了塑造商品形象的一种手段。

总之，广告审美批评脱离不了审美性这一价值尺度，了解广告美，判断广告美，进而对广告创作提出有益的批评，使广告美能够朝着正确的轨道行进，从而给企业带来良好的收益，给受众带来美的体验与感受，这是广告创作者力图实现的目标，也是广告审美批评的任务与目的。

第三节　广告审美批评的功能

大众传播媒体已全面渗透到社会生活的方方面面，给人们的生活带来了全方位深刻的变化，在给人们带来种种好处的同时，也带来了诸多新的问题。广告，作为在媒体中出现频率最高和必不可少的内容，其对受众所产生的影响已远远超出了其商品推销的经济功能。其所内含的文化功能日益凸显，特别是由于媒体广告鲜活生动通俗简洁等特点与大众接受心理和接受能力能很好契合，对大众的思想心理、行为习惯所带来的影响不可小视。因此，广告在对商品的介绍中，在艺术美的使用中，对大众产生了哪些正反影响，以及如何通过加强管理引导，加强广告文化建设，减少甚至消除其消极影响，就成为广告审美批评不得不关注和研究的问题，广告审美批评的功能也因此而彰显出来。

一、广告审美批评的监督功能

广告审美批评的监督功能，是指广告审美批评时刻关注广告作品对人们的现实实际生活及其社会文化产生的效果，监督广告创作的真实程度、审美表现、价值导向，使广告作品符合社会发展要求，符合受众的审美需要、文化心理及价值判断，使广告创作不偏离正确的轨道。

作为对广告艺术美的鉴赏与评价，广告审美批评对广告美的创作及其对社会、文化及人们的生活实际发生的作用极为重视，根据广告为受众与企业双重关注的特点，广告审美批评往往既充当受众监督企业与广告制作公司的眼睛，又为企业和广告制作公司提供着受众审美趣味与审美需求的指向。

虽然广告有着较为强烈的商业诉求，但作为一种文化产品，其文化属性使得它对受众仍然有着强烈的精神影响与作用，承担着不可推卸的社会责任。广告审美批评中，对于广告的文化属性的关注与强调，使其也发挥出了重要的监督功能。对于不符合社会文化与精神文明的广告，有必要纠正这样的偏差，鞭挞这样的行为，使得广告回归其作为文化产品的应有位置。

2004年耐克篮球鞋的“恐惧斗室”广告以触伤中国民族情绪遭至禁播。该广告描述一位美国NBA巨星——勒布朗·詹姆斯进入一个五层高的建筑中，经历了分别名为“夸张的宣传”“诱惑”“嫉妒”“自满”和“自我怀疑”的恐惧斗室的考验，终于战胜对手，取得最后的胜利。但是一一击败的对手中，有鸡皮鹤发的中国武者、风姿绰约却极尽妖娆的飞天神女与金钱，以及红着双眼的两条盘龙和妖怪。詹姆斯对这些对手的一一攻破，让中国消费者却看得十分不满。那些对于中国形象的战胜，深深地刺痛了国人的民族情绪。尽管耐克公司一再出来解释，但这种带着文化歧视的表达却很难挽回。原因即在于对受众文化心理及价值标准的理解与判断上的失误，使得广告的投放非但没能达到预期的效果，反而起了巨大的反作用，刺激了受众，使其产生了反感。广告审美批评对这类广告创作就发挥其监督功能，及时发现并指出广告创作中的这种不良现象，提醒后来的广告创作者不要重蹈覆辙。广告审美批评的监督功能还会促使业界完善现有的资质认证体系、实行跟踪和监督制度、引入黄牌和红牌机制，进而达到在行业内部促使广告业的良性运行。

二、广告审美批评的规范功能

广告审美批评的规范功能，是指广告审美批评对广告创作中的不良现象给予及时有效的纠正，从而起到对广告制作的规范与约束的作用。广告审美批评使广告美在辅助传递商品真实有效的信息的同时，能够弘扬和传播优秀的文化，提倡良好的社会风气，提升社会的道德水平和大众的审美品位，从而承担对社会应负的责任。

由于广告身负推销商品的商业目的，少数企业与广告制作者贪图利润的诱惑，不惜背离大众正确的审美价值取向及现实审美接受水平，或制作盲目趋从低级趣味、对性着意张扬的低俗广告，或制作只图标新立异、不顾历史文化真实性的不严肃广告，或制作滥用名人效应的不负责任的广告。如韩国女影星全智贤一直以形象清纯健康而成为青年偶像，但她所参与的一则服装广告则因为露骨和挑逗性过强的情欲表达而在网络上遭到众多网民的指责。再如湖南新闻频道曾经播出过一个长沙当地某啤酒品牌的广告，大致内容是，屈原悲悯地站在江边，一边口里念着“路漫漫其修远兮，吾将上下而求索”，一边摆出要投江的架势。就在这时，坐在屈原身后的一位打扮洒脱的现代年轻人奉劝屈原说，“人都死了，你还能求索啥?”结果屈原一扫愁容，笑逐颜开，与这位现代年轻人席地而坐，开怀畅饮该品牌啤酒。这条广告播出以后，不少观众斥之无聊，纷纷表示不能这样拿历史文化名人开涮，并建议有关部门封杀这种广告。在媒体随机调查的消费者中，多数人认为，这一广告对历史和历史人物都是极其不尊重和不负责任的，有哗众取宠之嫌。屈原备受全国人民的景仰和热爱，如此拿“屈原自杀”大做广告不但是对全国人民感情的一种亵渎，还会危及青少年对历史人物的认知。

对于上述诸种广告业界的不良现象，广告审美批评的规范功能会发挥其作用将其一一指出，加以纠正，并通过广告相关法律法规的约束，整饬混乱局面，肃清不良现象，为广告创作营造一个清明的氛围与环境。

广告要能够以健康的内容、美的形式充当商品的代言人，去推动广告经济的发展，不能为追求经济利益，而忽略自己作为大众传媒所担负的社会责任。广告审美批评的规范功能正是对广告非规范表现的一种社会应激性的反应。通过对广告美的正确评价，纠正广告制作的偏差，从而达到净化广告行业和美化社会的效用

三、广告审美批评的引导功能

广告审美批评的引导功能，是指广告审美批评通过对广告作品给予客观理性的评价，能够为广告创作者及广告制作机构指出广告创作的正确方向，引导广告创作走向健康、积极、提高受众整体审美水平的轨道上去。

具体看来，广告审美批评的引导功能主要体现在如下三个方面：

(1)及时批判广告中的不良现象，阻止不良广告的继续扩散，澄清广告创作者及制作机构在广告创作中的错误认识，给大众审美指明正确方向，提供健康、积极、向上的审美标准。

美国著名品牌CK牛仔裤2009年发布过一个半分钟不到的电视广告，内容是几个穿着CK牛仔裤的男女模特纠缠爱抚的画面。广告海报中，同样是两男一女的亲吻、裸露、缠绵的表情，公众认为该广告“已不止是暧昧的性暗示了……”该CK的广告因此被要求下架。在新媒介频出的当下，广告已经不仅仅是报纸、广播、电视上的广告，网络发布的便捷和迅即性已经使得广告和商家寻找到了新的投放点。在这之中广告的监管成为一个难题。许多网游的广告因为针对年轻的消费群体，极尽能事地致力于吸引和网罗网游爱好者的眼球。对于这个年龄段偏低，甚至缺乏辨识能力的群体，游戏广告的着眼点往往着力于厮杀和情爱，一些广告的血腥和挑逗画面伴随着相应的文字常常在网页打开时迅即弹出，广告的不良现象对受众的危害是极大的。

广告中的不良现象，始终是广告审美批评关注的对象，及时发现广告中的这些不和谐因素，能够尽早制止，使其不至于在更大的范围蔓延，是广告审美批评的任务与责任。广告审美批评的客观评价和准确判断，能给广告创作指出一个正确的方向，也能为广告行业健康有序的发展提供必要的保证。

(2)及时纠正广告创作中的平庸现象，指明平庸广告创作的原因所在，用以提高广告作品的艺术水平和审美价值，使大多广告能够达到既满足企业推销商品、开拓市场的目的，又符合大众的审美品味与价值判断的“双赢”状态。

比如洗发水行业广告请明星代言而出现的雷同问题。利用明星作为品牌代言人，可以借助公众对明星的关注，迅速提升产品的知名度。一般公众对明星都有一种崇拜、羡慕之情，尤其是一些追星族，对自己喜爱的明星简直崇拜得五体投地，他们将明星奉为心中的偶像，广告制作机构和企业乐于选择明星作为品牌代言人，正是抓住了人们的这种心理，利用人们对明星的喜爱，爱屋及乌，使人们对明星所推荐的产品也自然而然地产生好感。可是明星在电视屏幕上的出场率过于频繁，观众的视听早已麻木，见美不美、见怪不怪，对明星广告失去往日的观赏兴趣，甚至可能视而不见。在这种情况下，明星广告的神奇魅力就会成为明日黄花。当下洗发水广告大都采用功能诉求加明星展示的策略，无论是植物、珍珠、去屑还是护理，都是令头发"更乌黑、更亮泽、更柔顺、更健康"，千篇一律的广告说辞加上广告表现手法的高度模式化——明星推荐，使这些广告很难脱颖而出，它们共同的命运是一同携手，跳进洗发水广告的汪洋大海之中。

很显然，在洗发水的行业广告中他们的基本方向并没有错，但是明星的滥用和广告诉求的单一，无论你画面如何精美，明星如何靓丽，都无法在受众麻木的注视中唤醒更多的注意。这就是广告创作中的平庸表现，广告审美批评的引导功能就是要在对广告作品的评价中指引广告走出平庸制作的误区，尽快尽早的拨云见日，以提升广告制作的整体水准与品格。

(3)及时评价广告创作中的优秀作品，使其更加完美完善，同时对优秀作品成功之处的指出，使今后的广告创作有据可循，使广大的广告创作者及制作机构明确广告创作正确的发展方向，从而为广告创作创造良好的环境和氛围。

2013年，央视公益广告《关爱老人——打包篇》短片一播出就在各大视频网站和微博上走红。该广告由香港著名广告导演侯仲贤执导，创意源自真人真事，短片中的父亲的记忆力越来越差，忘记了很多事情，甚至认不出儿子，也不知道家在哪里。儿子带他外出吃饭，盘子剩下两个饺子，父亲竟然直接用手抓起饺子放进口袋。饭桌之上，儿子很是尴尬，语带责备地说了句："爸，你这是干什么呀?"父亲却答道："我儿子最爱吃这个了。"短片的这一情节，戳中了许多人的泪点，篇末那句"他已经忘记了一切，可是却从未忘记对儿子的爱。"引起了受众强烈的共鸣，迅速席卷各大视频网站和微博。土豆、优酷、56等视频网站的点击量都在短时间内突破了十万，大家纷纷在自己的微博分享了这段感人的父爱故事。很多受众都表示自己"被深深地感动到了"，并将其称为"催泪弹"。从网友的留言中可以看到该则广告所产生的深刻影响。如一位网友在网上留言："可怜我父亲连得老年痴呆症的机会都没有就走了。每次深夜想起都鼻子一酸。"还有的网友回忆起童年时的父子情深："当年老爸因为工作条件艰苦，夏天发冰棍老爸总舍不得吃，用保温杯装好了带回家给我吃，自己在一边笑眯眯地看着我。"这段公益广告以中国传统的孝道作为切入点，却又反其道而行之，以父母长辈的爱唤起后辈在纷乱生活中对于久远生活的记忆，确实独到，其感动人心之处也十分精准。所以，才能够在广告投放之后，迅即产生效果。这样的广告是值得广告创作者琢磨、分析和研究的，也是广告审美批评应该倡导的(见图 10－6)。

图 10－6　央视公益广告《关爱老人——打包篇》

综上所述，我们有理由相信广告审美批评的理性思考和客观冷静的分析与判断，会为广告创作者和广告制作机构提供最有力的支持和指导。但从我国广告审美批评的现状来看，广告界尚没有形成健全的审美机制和成熟的理论与实践丰富的广告审美批评队伍。如今对广告的审美评价来自四面八方，而且大多呈现“散兵游勇”“一盘散沙”的游离状态。这使得对广告创作的各种评价和判断良莠不齐，很容易给创作者造成“雾里看花”的认识，尽管评价多多，但仍搞不清正确的方向，从而使广告审美批评的功能大打折扣。广告审美批评的存在，一方面是给予受众审美的指导帮助，让受众更好地欣赏和理解好的广告，使其在了解产品的同时还可以得到更好的审美熏陶；另一方面，也将受众的反馈及时传递给广告的创作者。作为公众意见的代表，有水准、有质量的广告审美批评会以系统、理性的分析，给创作者提供一个相对明确的标准和正确的创作方向。这对于广告创作来说，既是效率的提高，也减少了广告创作走入歧途的可能。因此，我国广告界亟须制订一套广告审美标准，使广告创作者能够有律可循；基于广告行业的健康发展，建立起一套符合大众批评标准的价值评判体系，建立起一支实践广告审美批评的高素质队伍；还应建立健全完善的审美机制。只有如此，我国的广告审美批评才会日臻完善，发挥其全部的功能，从而让广告的创作朝着积极的方向发展，使广告业的运作更为健康而有序。

本章小结

广告审美批评是广告发展的一个重要产物，是对广告的审美创作和活动所做的鉴赏、阐释和评价，对广告作品起着评价定向的作用。广告审美批评担负着为广告创作者和受众指出方向的责任，同时辐射到社会与企业，并对其产生一定的作用与影响。广告审美批评会使受众在对广告进行审美活动中保持审慎冷静的态度，提高鉴赏水平；也会给广告创作者提供切实地监督、规范与引导。。

广告审美批评始终是来于受众与企业的双重关注的，广告审美渴望达成受众与企业的双赢状态，既满足受众的审美需要，又达到推广商品的目的；广告审美批评也重视审美效果的实践反馈，即广告实现经济功能后，才按照审美的标准与要求对其做出审美评价；广告审美批评还要遵循大众批评标准，追踪大众文化的文化消费心理，了解并掌握大众的审美趣味。这三方面便构成了广告审美批评的三大特点。

广告审美批评要以三个价值尺度为准则：真实性、实效性和审美性。三个价值尺度制约和规范着广告审美批评的产生和发展，是广告审美批评始终以客观、清醒和理智的态度，引导大众健康审美的保证；对于广告创作来说，又是其效率的提高，减少了广告创作走入歧途的保证。

广告审美批评的功能表现为三个方面：广告审美批评的监督功能，即监督广告创作的真实程度、审美表现、价值导向，使广告作品符合社会发展要求，符合受众的审美需要、文化心理及价值判断，使广告创作不偏离正确的轨道；广告审美批评的规范功能，即广告审美批评对广告创作中的不良现象要给予及时有效的纠正，从而起到对广告制作的规范与约束的作用；广告审美批评的引导功能，是指广告审美批评通过对广告作品给予客观理性的评价，能够为广告创作者及广告制作机构指出广告创作的正确方向，引导广告创作走向健康、积极、提高受众整体审美水平的轨道上去。总之，广告审美批评在广告审美中扮演着不容忽视的重要角色。为此，广告界应该加大对广告审美批评队伍的建设、机制的建立，努力提高广告审美的鉴赏与评价的水平，掌握广告审美批评的方式和方法，从而让广告的创作朝着积极的方向发展，使广告业的运作更为健康而有序。

第十一章

广告审美文化的后现代性表现

在中国社会转型带来大众消费文化骤然繁荣的当下，作为消费引导者的广告深入人们的日常生活，并成为创构人们新的生活方式及形成人们新的价值取向的重要资源，已成为不争的事实。当广告为激发人们的消费欲望，以美学的手段、按审美的规律进行创意、图像制作及语言组构等活动时，广告便跃入了审美文化活动的视域。作为审美文化领域一位极具活力的新成员，广告①天然地带有反传统美学的属性，它的“神圣的”完成商业任务的终极目的是对审美活动“无功利”“非物欲”说的摧毁；它对世俗审美趣味的追逐与肯定是对视“高雅”为正宗审美趣味观念的挑战；它运用现代技术批量生产的仿像图片是对传统崇尚个性与创造性审美表现的解构。广告诸如此类的审美活动，凸显出广告审美文化的“后现代”特征②。

第一节　广告审美活动对经典美学理论的消解

在“消费时代”，扩大与引导消费需求成为社会经济发展的前提，面对现代消费者多元化的消费需求，广告作为诱发并引导现代人消费欲求的重要手段，不仅要对商品的实用性价值关注，还要对商品的审美价值的关注，通过对商品的审美化处理，达到对消费者精神欲求的诱发与引导。很多时候，广告是通过凸显商品的审美价值，促成消费者对其商品的亲和。广告在促进消费中发生的审美活动，在根本上背离了一些传统的审美经典理论的设定，其主要表现有如下几点。

---

① 指商品广告，广告审美文化的后现代性表现主要针对商品广告。

② “后现代”是西方后工业社会的一种泛文化现象，它以“解构”“消解”“颠覆”传统为表现特征，就审美文化而言，它表现为与商业经济、消费文化、世俗倾向密切关联，崇尚某种经验的直接性等特征。

一、广告审美活动的功利性对审美超功利性的消解

本质地说，审美与功利并不就是断然分开的，审美在人类的功利需求中产生，在此后的人类生活境况中，它又不断地与人的功利活动产生联系并对之发生影响，人们在功利需求中需求审美，在需求审美中也追求着功利满足。但在后来的社会分工中，生存整体性随着分工而分解，人被分工所片面化或抽象化乃至异化。审美活动成为从物质生产活动中分化出来的精神劳动者活动的专利，对审美活动的研究也日益形而上学化，审美活动由此成为远离现实物质生活的精神的天国。为了探索这种精神活动的本质，美学家对其进行了纯粹抽象的研究，认为美的本质、审美活动是超功利性的。例如康德说："每个人必须承认，一个关于美的判断，只要夹杂着极少的利害感在里面，就会有偏爱而不是纯粹的欣赏判断了。"①

在现代，审美领域不断扩大，一些实用产品在进行实用功能的开发时，也在进行着审美效果的创造，因而也被纳入审美领域之中，如建筑。对于这些"实用艺术"，美学家们常用审美本质的超功利性与审美实践的功利性的不同来加以论证。对这些"实用艺术"的审美观照，也常常将其审美属性从其实用目的性中剥离出来独自欣赏。

广告审美活动既不同于纯艺术的超功利的审美活动，也不完全等同于传统美学意义的"实用艺术"的审美活动。广告的本质特征在于它是商家的代言人，商品的宣传者，它的目的是引导消费者走向商品，它的审美化表现是为其功利目的服务的，是功利的审美化，审美化了的功利。在广告审美活动中由于功利性是其本质，审美化便成为本质的现象。本质的现象受规于并表现着本质，现象无法从本质中剥离。要而言之，广告即功利信息的传播，传播即传播过程亦即传播形态，而传播形态又离不开审美形态，于是，在广告这里，功利即审美，审美即功利。当我们欣赏一则广告时，只注意到它的审美属性，注意不到它所代言的商品，这便是一则失败的广告。广告的实用性与审美性结合为一体，难解难分，实现着对"审美超功利"经典定义的消解。

广告审美活动对功利的追逐，反映了广告他律性的审美本质，它与传统审美活动以自身活动特性、规律为根本动力的自律性审美本质不同，它的审美活动动力来于商业运作的目的。新奥迪 A8L3.0 加长型的招贴广告（见图 11－1），画面除 A8 汽车主体形象外，还配了两幅格调高雅的图像，一是凡·高的名画《向日葵》，一是穿着典雅的现代女模特形象。前者的广告提示语是"经典"，后者的广告提示语是"起点"，这象征着新奥迪 A8 既具有经典作品的历史厚重感品质，又

① 康德：《判断力批判》上卷，北京：商务印书馆，1965 年，第 39－40 页。

是新颖的现代性作品，传统而时尚。这幅广告有着很强的审美属性，它的广告语其中的一句就是“与其说这是一款为阁下而造的豪华车，不如说是一件因您而生的艺术品”，然而如果我们真的将新奥迪 A8 当作艺术品来欣赏，就与广告制作者的意愿大相径庭了，广告极力进行审美表现，只不过在于提升新奥迪 A8 的品格，达到促销的目的，审美表现是受商业目的规定的。广告将实用性与审美性融为一体的审美文化行为，借助传媒声势浩大地强制介入大众日常生活，它越出“审美超功利”的设定，进入现代消费者的审美意识之中。

图 11－1　新奥通 A8L3.0 加长型招贴广告

二、广告审美活动的非距离性对于审美距离性的消解

在审美活动中，审美主体与审美对象之间保持适当的距离的学说，美学史上称之为“距离说”。审美距离说由瑞典美学家布洛提出，他用“心理距离”的概念考察审美活动，提出美感之所以产生是由于在主体与对象之间介入距离的结果，这种距离不是空间和时间的距离，而是心理上的距离。为此传统美学理论认为，审美距离是美感产生的条件，同时又构成着美感，这是一种审美心理状态，即面对非功利性的审美对象，控制功利欲望的产生，保持心境的平和，凝神观照对象的有意味的形式，进行自由体验。审美“距离说”与审美超功利说本质上是一致的，是功利淡化的结果。在传统审美活动中，审美对象主要是艺术美与自然美，如画中的动物百态、诗中的良辰美景、汩汩山泉与覆雪青松等，这样的审美对象具有虚拟性和超现实生活性，审美主体不能真正生活其中，心理距离的保持相对容易。

在广告审美活动中，审美化了的广告以其所传播信息的功利性，使接受主体面对广告的审美活动必须在功利性中展开。形态各异、争奇斗艳的广告所以要使自己审美化，目的非常明确，就是赢得人们的注意，以求得对所宣传的商品的选择与购买。当消费主体被审美化的广告唤起兴趣从而形成对其商品的关注与赞赏时，他的基于实用目的的选择也就在这关注与赞赏中开始了。广告以其审美化的手段，将其功利化的目的赤裸裸展现在受众面前，直逼受众的现实生活，让你避之不得，观赏即实用，实用即观赏，它们是一回事，审美距离感难以产生。

广告具有这样的功能，它能将审美心理体验与实用功利性体验一起传达给受众，让受众在美的广告形象的感召中，唤起功利性的欲望，驰骋功利性的梦想，或在广告引导下的实际消费中体验广告招引、暗示的消费的愉快。姚明代言的“GPS 导航仪”（任我游）（见图 11－2）广告，展现了作为一个男士志得意满的成功形象，从审美角度说，这是一个审美形象，然而这一成功男士审美形象的确立，与他手中“GPS 导航仪”联系在一起，广告将对成功男士形象的审美体验与GPS 导航仪的实用体验一起表现出来，为受众创造一种定向联想，并由此激发受众基于“羡慕”“模仿”心理而产生的购买欲望。英国学者麦克·费瑟斯通说：“消费文化的一个重要特征就是，商品、产品和体验可供人们消费、维持、规划和梦想……消费绝不仅仅是为满足特定需要的商品实用价值的消费。相反，通过广告、大众传媒和商品展陈技巧、消费文化动摇了原来商品的使用或产品意义的观念，并赋予其新的影像与记号，全面激发人们广泛的感觉联想和欲望。”①在这样的由广告引发的联想与体验中，审美主体与审美对象的距离荡然无存。而广告的全部努力就是要消除作为审美主体的消费者与广告审美形象之间的心理距离，唤起消费者占有对象的欲望。

图 11－2　姚明代言的“GPS 导航仪”（任我游）广告

三、广告审美活动的“物欲化”对审美非物欲性的消解

传统美学理论谈及审美欲望，将之归属于人类的纯粹的精神追求。这种审美欲望由于不包含直接的功利目的，属于人类的更高层次的生存动机之一。比如观瀑布而生崇高之感，望江河而生豪迈之情，这崇高与豪迈的情感体验是观赏者欲超越“常人”俗情的精神释放。对艺术的创造与欣赏更见其纯粹精神需求的特征，艺术是追求者“去蔽见真”的精神场所。因而，审美欲求在经典美学理论中始终排斥对对象的占有，以保证精神处于一种鉴赏愉悦的境地。

广告审美活动的功利性本质，导致了广告审美非物欲性的失效。就广告的商

① ［英］迈克·费瑟斯通：《消费文化与后现代主义》，南京：译林出版社，2000 年，第 166 页。

品信息本质而言，这是广告的功利性；就功利性对接受者的心理动力激发而言，这是广告所唤起的功利欲求。由此说，商品广告乃是商品欲求的物欲化。广告诉求目的就是要把自己推销的商品或生活方式与消费者的欲望相联系，使消费者为满足欲望而采取购买行为。因此，广告审美活动不仅不排斥“物欲”，而且它就是“物欲”的生产者和创造者，它调动浑身解数，或提供一个许诺，或创造一种联想，或倡导一种生活方式，用以指明消费者存在的尚不明了的欲望，唤醒消费者以为并不存在却潜在着的欲望以及为消费者创造一种新的欲望。而且，广告审美活动就是让你占有广告宣传对象，在占有的同时进行赏心悦目的审美活动。独具匠心的广告能够“把罗曼蒂克、珍奇异宝、欲望、美、成功、共同体、科学进步与舒适生活等等各种意象附着于肥皂、洗衣机、摩托车及酒精饮品等平庸的消费品之上”①。人们天天从电视屏幕、报纸杂志和街头矗立的广告牌领受“物欲”的诱惑，审美与物欲的联姻千百遍地为广告演绎，纯粹精神的审美追求的呼声，在这排山倒海般的“审美物欲化”的宣传攻势中以及在人们从思想接受到身体力行的审美行为中日渐微弱。

琳琅满目的广告是欲望多样化与复杂化的现实外化，人们有实用性的欲望，更有无穷无尽的表现自我、证实自我、展示自我形象等精神性的欲望。广告“善于将人们漫无边际的欲望投射到具体产品消费上去，使社会身份同消费品结合起来，消费构成一个欲望满足的对象系统，成为获得身份的商业符码体系和符号信仰的过程。广告的轰炸诱导，当代人不断膨胀自己的欲望，纷纷抛弃了独立思考的原则而加入听从广告消费的物质饕餮大军之中，更多地占有，更多地消费，更多地享受成为消费社会中虚假的人生之难，甚至消费活动本身也成为人获得自由的精神假象”②。而且商品生产越发展，市场越发达，人们来于实用性需求与象征性需求的消费欲望也越发展与膨胀，广告也就越有用武之地。人们需要以切近“物性”与“物欲”的方式进行审美宣泄，广告是最好的宣泄对象之一。在这样的审美活动中，审美走下精神的圣坛，走向大众的平浅的生活。

第二节　广告审美趣味对传统审美趣味的挑战

在审美活动中，人们对某些审美对象所产生的不由自主的喜好和偏爱，称为审美趣味。审美趣味的形成与人们的生存境况以及由此形成的审美需要等因素密切相关。在商品经济充分浸透人们日常生活的当下，人们的审美需求发生了移位，其审美趣味也自然发生相应变化。在这样的变化中，广告起到了举足轻重的

① 迈克·费瑟斯通：《消费文化与后现代文化》，南京：译林出版社，2000 年，第 21 页。

② 杨魁、董雅丽：《消费文化——从现代到后现代》，北京：社会科学出版社，2003 年，第 282 页。

作用，它基于对功利的审美趣味的创造、对大众宣泄消费的审美趣味的迎合等，凭借自身强大的传播力量，形成了对传统审美趣味挑战的态势。

一、广告审美趣味从超越向世俗的滑落

在传统美学中，审美趣味就其主观偏好来说无优劣之分，但就其审美标准而言却有高低、雅俗之别。那些远离功利、无涉物欲属于精神追求的审美趣味，那些由社会精英、上层位阶层表现出的审美喜好与偏爱，被视为超越的审美趣味；反之则被看作审美趣味的低俗表现。以功利追求为本质特征的广告审美文化，顺应大众宣泄消遣的艺术趣味，将大众与功利、物欲相关的日常生活趣味变为审美文化中心，并赋予肯定的价值与意义，在广告审美文化领域中，消解了审美趣味的高低、雅俗之别。而广告文化作为大众媒介的重要组成部分，对人们的生活方式、审美观念及其价值取向有着极其深刻的影响，广告审美趣味高低、雅俗之别的消解也必然导致人们对审美趣味认识的新的价值取向，审美趣味由超越向世俗滑落也就成为一种生活现实。

广告审美趣味的世俗化在于广告基于功利需要的求俗表现。俗，即众；求俗，即从众随流，即求众乐。广告审美趣味的求俗，一方面表现为对世俗趣味的追随、依顺、讨好，即根据世俗审美趣味进行广告创意与表现，这是对世俗趣味的现实肯定。如电视广告《天益食用油 · 动画老鼠偷油篇》的小老鼠偷油吃的故事；《立邦漆 · 小屁股篇》中的站成一排的光屁股娃娃扭来扭去的形象；《澳柯玛电话 · 音乐篇》中的鸭妈妈带着一群小鸭，幼儿园阿姨带着八个小孩的情景，这些都是老百姓喜闻乐见的景象和切身熟识的情感，将此用来做广告其效果不言自明。广告审美趣味的求俗另一方面还表现为对世俗审美趣味的超越与提升，它的超越与提升途径是求得上层位审美趣味或精英审美趣味的通俗化，在上层位审美趣味或精英审美趣味的通俗化过程中使世俗审美趣味获得超越取向并求得超越性发展。对于世俗审美趣味与上层位审美趣味的相互作用，美国学者克兰有过论证，他说："尽管每个趣味公众都有其自身的一套偏好，但是这些偏好之间也存在某种相互重叠的地方——中上等公众从低俗趣味的文化中拾取精神食粮，反之亦然。"①

无论是对世俗趣味的追随还是超越，广告审美趣味表现所依据的主导标准则是众人标准，众人审美趣味在广告审美化中占据着决定性的位置，即便是世俗审美趣味的超越表现，也要以众人能接受为前提条件，而超越的结果是向众人审美趣味回归。广告审美趣味的众人标准既不是强令的标准也不是规定的标准，作为

---

① [美]戴安娜 · 克兰：《文化生产：媒体与都市艺术》，南京：译林出版社，2001 年，第 36 页。
[英]迈克 · 费瑟斯通：《消费文化与后现代文化》，南京：译林出版社，2000 年，第 20 页。

众人的普遍追随与表现，一方面它来于特定生活条件与生活状况的生存共同性，当下大众的审美趣味便是市场濡染的审美趣味；一方面来于现实生活中人们之间不断发生的重复模仿。在重复模仿中形成的审美趣味带有受众人操纵的特性。生存共同性与重复和模仿，使得每一个时代、相对的每一个时期都有其必然形成的众人共同接受的审美趣味标准。这些众人审美趣味成为广告追逐的对象，大肆表现的对象。经过广告和其他传媒的广为宣传，众人审美趣味会弥漫为社会主流审美趣味。麦克·费瑟斯通说：“随着文化的高雅目标与价值屈从于生产过程与市场的逻辑，交换价值开始主宰人们对文化的接受。高雅文化所奋力追求的最佳产物……让位于孤立的、受人操纵的大众。而正是这样的大众，参与着具有最低共同点的可替代性的大众商品文化。”①显而易见，“在今天的后现代社会中，为文化设立标准和塑造大众趣味的是这个文化场所，而不是高雅文化”。

二、广告审美趣味从理性向感性的流动

理性与感性在西方传统的二元论美学中是被划分开来的，远离物欲的理性的审美趣味被大加赞赏，热衷于感官享乐的审美趣味因其低俗常被一些美学家驱除于审美家园。在市场经济运行的今天，大众传媒在经济利益的驱动下，极力宣扬唤起人感性愉悦的娱乐文化，以理性精神为主导的审美文化发生了裂变，感性娱乐审美文化勃然兴起而成为新的审美景观。大众出于对时尚的追随，也遵循着大众媒介的导向将审美趣味投向感性审美娱乐活动。大众媒介中最能淋漓尽致表现这一功能的，就是广告。

广告作为商品与消费者的“中介”，瞄准的是消费者对商品的“欲求”，消费者“欲求”越多越广越迫切，发生的消费行为就越频繁，商品自然就有了市场。而大众最容易被调动起来的欲求是感性欲求，消费大众对衣食住行的现实关注总是多于对生存精神意义的思考，对基于感性愉悦的生存体验也总是多于对生存理性深度的追问。在生活节奏日益加快、竞争激烈的今天，消费大众尤其需要自由放松、释放紧张的消费体验，也尤其偏爱通过消费迅速达到自证目的的消费行为。因而现如今，休闲消费、享乐消费、炫耀消费、奢华消费能迅速成为时代的消费理念，成为一种消费的时尚行为，由于“消费的主导性推动，消费的突出的感性特征便得到充分发挥，于是一段时间的感性冲决理性的情况也就不可避免。而以感性为特征的市场经济繁荣的派生物，如广告，如时尚，如电视图像……也便泛滥起来”②。铺天盖地的广告每天都在发掘、表现与强化着这种消费理念与消费行为。弗兰卡整体厨房“优越生活的另一种表白”；三星 DLP 数码光显背投电视“活

① [美]戴安娜·克兰：《文化生产：媒体与都市艺术》，南京：译林出版社，2001 年，第 6 页。

② 高楠：《改革开放 30 年中国文论建构》，北京：文化艺术出版社，2013 年，第 90 页。

色生香，摄人心魄”“让您尽享巅峰视觉感受”；“你的燃情瞬间，由靓彩为你点亮”，雅诗兰黛靓彩丰润唇膏“唇唇欲动，撩人心动”；欧珀莱护肤，令肌肤“皙白无比”“分外柔润”；“奔驰”汽车奔向“美好的生活”；天享公寓“天造地设此一家，享不完人生乐趣在你家”等。从眼前顺手拈来的这些广告中，我们可以看到，广告正用华美的词藻和虚构的奢华与浪漫的梦想，把人们的生活理想、审美趣味引向感性享乐的世界。“享乐主义的道德合法化过程，在广告和广告形象的泛滥中，终于演变为大众日常活动的基本成分。”①

广告审美趣味的感性化最明显的表现就是对年轻、美貌、奢华、丰裕形象的彰显与欣赏。在大幅户外广告、橱窗广告中展现最多的是俊男靓女的形象；高档轿车的展示定要与身着旗袍或其他时尚服装的美女共同亮相；品种繁多的杂志封面用姿态万千的美女形态诱惑着消费者身上的钱袋；城市、企业也纷纷找相貌姣好的体育、影视明星作“形象大使”“形象楷模”。化妆品广告、时装广告用靓丽的身体形象彰显商品本质自不待说，其他商品也对之趋之若鹜。三星手机（图11－3），用韩国当红女影星全智贤做广告，将全智贤年轻、靓丽、性感、丰润的身体与三星手机联系在一起，用身体形象隐喻享乐的生活理想在此广告中不言而喻。所有这些，渐渐把人们的审美目光吸引过来，它似乎传达这样一个道理：有了姣美的容貌、窈窕的身躯、光洁的皮肤，就可以有美好的生活。化妆品行业前所未有的兴隆、美容院雨后春笋般地开张、人造美女前赴后继的涌现，都说明着广告身体形象表现所带来的大众审美趣味向感性形象移动的功效。正像麦克·费瑟斯通所说：“千真万确，消费文化的内在逻辑取决于培养永不满足的对形象消费的需求。为了刺激社会层面的销售业绩，众多的形象被产生出来。……日复一日对自己外貌现状的认识在参照了自己过去的照片以及广告和视觉媒介中随处可见的理想化的人体形象之后就更为清晰。形象需要比较：它们时刻提醒我们今天如何，而明天我们通过努力又将如何。”②正是在这样的面对年轻、美貌、奢华、丰裕形象的“努力”中，大众审美趣味发生着向感性流动的嬗变。

广告审美形式表现也决定了广告审美趣味的感性化。从广告接受来说，广告接受者直觉地求于广告对象的主要是感性愉悦、感性刺激，即看着悦目听之悦耳。广告是瞬间接受的艺术，消费者是在看电视的间隙、浏览报纸的闲余、穿梭于街头巷尾的偶然观顾中接受广告的。作为广告，“瞬间”审美表现不可能也来不及展示形象、物件蕴藏着的深刻的理性意义，它主要是以新颖的形式因素吸引受众，娱乐受众。比如各种时兴的包装和商品造型，一般都不适于理性意义的追

① 王德胜：《文化的嬉戏与承诺》，郑州：河南人民出版社，1998年，第197－198页。

② ［英］麦克·费瑟斯通：《消费文化中的身体》，转引自汪民安、陈永国：《后身体文化、权力和生命政治学》，长春：吉林人民出版社，2003年，第333页。

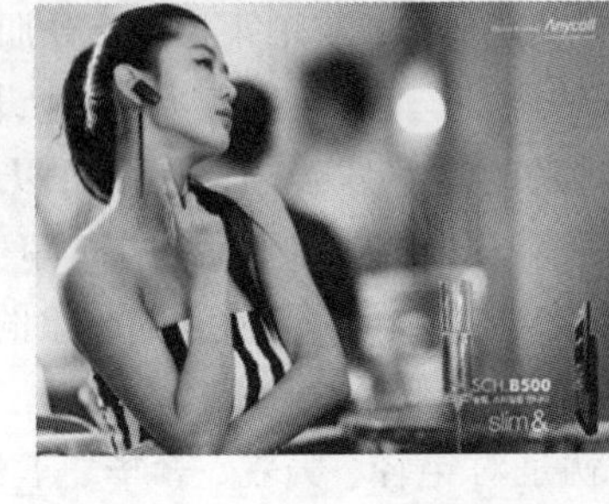

图 11－3　三星手机广告

问，因为这类形式一般都较少可以追问的理性的意义，它们存在的意义就是令人愉快。广告"包装"一词极为形象地表达了广告注重感性形式的特点。广告的形式包装与商品内容很多时候并不具有彼此组合与生成的必然性，它主要是组合于外在于某物的消费目的性，能达到吸引消费者注意，引得消费者愉悦就可以了。而受众对广告审美的接收期待，也不是期待精神的超拔、感情的慰藉、理论的拨翳，而只是寻求视觉的冲击、感官的享乐、精神的愉悦。

第三节　广告审美表现对传统审美表现的冲击

在市场经济繁荣中，在计算机虚拟技术、数字仿真技术等现代化技术的突飞猛进的发展中，诞生了新的艺术表现手段，并由此带来了审美艺术表现形式的变革。广告作为市场经济繁荣过程中的有生力量，首当其冲地成为新的审美艺术手段的展示者。广告审美表现对传统审美表现的冲击是显而易见的。

一、图像展示对文字书写的颠覆

斯洛文尼亚学者阿莱斯·艾尔雅维茨在他所著的《图像时代》一书中的第一章用了这样一句话作为章目："我从不阅读，只是看看图画而已"。这句话颇能说明当下大众对审美对象关注的指向所在，它隐喻出大众审美指向由文字阅读向图像欣赏的转向。发生这种转向的始作俑者或推波助澜者，广告当是其中之一。

广告图像展示是现代生活的一道靓丽的风景线，也是现代人无法躲避的生活景观。漫步街头、闲逛于商场、翻阅报纸杂志、浏览电视节目……不管愿意与否，你都必与广告图像不期而遇。借助电视、报纸、杂志、招贴、橱窗、网络、新媒体等媒介的力量，广告把它的满载着商业信息的图像散发到现代人生活的各个角落。"图像硬是挤进了社会生活的肌理之中，我们怎么看，我们挣什么，在什么地方都有图像出没，甚至在我们为账单、住房和抚养孩子操心的时候，图像也仍然和我们在一起。它们通过采用能产生震惊效果的手法、信誓旦旦的保险、性和神秘感，以及邀请观众参加一系列视像猜谜游戏，千方百计地争夺人们的注意力。广告牌上的广告总是显现出一个不受任何规范约束的图像，令人不快地强加给哪怕是最顽固的过路人。”①广告给现代人提供了“读图”的便利，也硬给现代人营造了一个“读图”的环境。在我们习以为惯的叙述话语文本中，叙述语言是文本的主体，插图只是文字的说明，而在大多数广告中，图像是主体，文案只是图像画龙点睛的提示或读解图像的提示，广告的审美表现体现了图像对文字主体作用的取代。

与文字相比，从受众接受角度说，广告更注重对图像的审美表现的原因在于，一方面，广告作为“瞬间”展现的艺术，图像比文字具有更强的视觉冲击力，比声音具有更持久的特性，它适合广告“瞬间”让人识记的目的要求，比如电视广告，一则电视广告一般要在5～90秒之内完成，15秒与30秒是广告片用的最常见的时间，要在如此短暂的时间完成讯息传达的任务，图像比文字更有优势；另一方面，图像本身就言说着内容。世界是以图像的方式呈现的，图像是人生存的主要方式。图像中包含着人的情感、愿望，人对生活的理解和企盼。一双渴望上学的大眼睛，蕴藏的深刻含义与时代、与人的生活境遇、与人的精神追求密切相关。每个人都可以根据自己的经验和对生活的理解在图像中获取属于自己的东西。正是从这个意义上说形象大于文字。广告图像是广告制作者根据广告诉求需要，根据消费者相应的消费经验储备及相应的情感需求刻意制作的，它更易唤起指向明确的消费注意及消费体验和消费联想。麦克·费瑟斯通认为：“在大众文化中，由于人们对商品(commodity)的消费不仅是其使用价值，而主要是消费它们的形象，即从形象中获取各种各样的(也是后现代的)情感体验，因此，影像就代替了使用价值，成为使用价值的代替品。”②广告图像就是以“自己言说”的特性，借助言简意赅的文字说明达到说服的目的。

“读图”发挥和锻炼的是视觉功能，阅读以叙述语言为主体的书写文本发挥和锻炼的是对文字意义的理解能力，长期的为图像所“围攻”、所“浸泡”，是否会导致对语词深刻意义的理解和把握的弱化，乃至带来这种弱化的不可逆转性呢？这是一些学者十分关心的问题，阿莱斯·艾尔雅维茨说：“在后现代主义中，文学迅速地游移至后台，而中心舞台则被视觉文化的靓丽辉光所普照。此外，这个中心舞台变得不仅仅是个舞台，而是整个世界：在公共空间，这种审美文化无处不在。”“这种优势似乎也暗示出某种其他内容：词语钝化。”③尽管接着他又补充说，

① ［英］安吉拉·默克罗比：《后现代主义与大众文化》，北京：中央编译出版社，2001年，第28页。
② ［英］迈克·费瑟斯通：《消费文化与后现代文化》，南京：译林出版社，2000年，第20页。
③ ［斯］阿莱斯·艾尔雅维茨：《图像时代》，长春：吉林人民出版社，2003年，第34页。

当前的"图像转向"也可能仅仅是对语词在社会和历史中的持续作用的一种补充，但他提出的"读图"成为文化接受的主要形式后会导致语词弱化的问题仍然令人警觉和深思。而英国学者安吉拉·默克罗比则坚定地认为，"图像本身就是一种现实，而对于被定牢在图像上的人们来说，已不可能返回到以前那种表征模式上去了"①。尽管从理论上还难以求得图像对于文字阅读的冲击程度所在的一致意见，但大量的图像展示已构成对文字阅读冲击的事实则为学者们认同，现实生活中年轻人也的确越来越懒于阅读具有深度精神的大部头话语文本了。对于这种情况，盛产图像的广告的作用是不可忽视的。这也可以看做广告图像泛滥的一种效应。

二、仿像制作对意象创造的逐出

意象是艺术家所创造出来的充分具有主体情思意念的艺术形象，它是艺术家的主观情意与客观物象的巧妙结合。就以意象的绘画、构图表现来说，它的特征在于：它是创造性的产物，产生于艺术家的头脑之中，任何意象都饱含着创造它的艺术家的情思意想，都铭刻着艺术家鲜活的生命印记；它又是个性化的产物，不同的艺术家在不同的情感、认识、心境状态下创造的意象都是独具的"这一个"，它具有不可重复性。大多广告图像（现今越来越多的广告图像是以计算机虚拟技术与数字仿真技术制作），虽然也是形象化的展示，但在本质上与意象表现大为不同。

首先，广告图像主要不是主体心灵的生活体验的表现，而是商品信息的创意。从创作或制作目的性来看，意象主要在于表现创作者的人生体验或生活境遇体验，象以意而神，意以象而尽；广告图像制作则以商业运作为目的，追求的是宣传的效果。广告图像不重在表情达意，重在能留住人的视线，便于人识记。它不追求意蕴的深源，而追求形式的醒目。第六届中国广告摄影大赛，获得金银奖的广告都是以构图别致、色彩运用大胆等醒目的形式表现取胜的。获金奖的广告《黑袋》构图是：红色的背景下在一个红色的箱子上放着一只做工精巧的黑色女士手袋，内容表现极其单纯，取胜的法宝在于黑红色彩鲜明的对比运用。获银奖的《你又晒，我又晒》广告，远景为表现主体——轿车，近景为一半裸的金发女郎后部优美弯曲的躯体形象，将这样的两个图片剪接在一个构图中，作者借形式表现留住受众视线的意图是显而易见的。从创作或制作的过程来看，意象是审美艺术家主体与审美客体在心灵中融合、酝酿的结果，创作主体的审美理性起决定作用；广告图像则是在一个总体意图指引下，通过剪辑、分切、叠化、组合、拼贴等高科技仿制手段来完成，它更多地依据技术原则。当然，指引广告制作过程的总

---

① ［英］安吉拉·默克罗比：《后现代主义与大众文化》，北京：中央编译出版社，2001年，第34页。

体意图亦即创意，从某种意义说也有艺术构思的性质，但这样的艺术构思却不是为主体心境而构思，而是为商品他者构思，创意构思的本质是商品信息的视觉转换。如网上的一个或几个图片可以被无数广告制作者下载，在不同的构思下，用来与不同的物象组合，再经过光、线、色彩、声音等不同的高科技技术处理，做出表现广告主旨的作品来。图片被反复地使用后，其原出处便逐渐被遗忘，后来的图片使用者也无须去考证原图片出自何处，只需使用就可以了。法国后现代著名思想家波德里亚说："仿像不再是对某个领域、某种指涉对象或某种实体的模拟。它无需原物或实体，而是通过模型来生产真实：一种超真实。"①广告图像是"文化工业"的产物，它的本质是仿制而非创造。

其次，仿制的广告图像是非个性化的。广告图像是出于商业化运作的需要为商品度身定做的，它要满足大多数消费者的消费需求，迎合大多数消费者的审美趣味，在这样的目的指向下，制作者的文化审美个性就没有了表现的理由和表现的空间。广告制作也讲究"个性化"，但这种个性化是广告诉求的个性化，是针对不同消费群体的消费需求与消费特点所进行的有针对性的广告诉求，如果把这看做广告"个性化"追求的话，它也是表现消费者群体的"个性化"而非制作者审美个性化，它本质上是面对同一层面消费者的广告表现的标准化和同质化。自然，有些广告制作者也在追求广告审美表现的个性风格，但这种追求的空间是极其有限的，它受商品品格的制约，受消费者接受条件的制约，更受出钱做广告者的审美水准的制约。事实上生活中表现广告制作者审美个性风格的广告图像被出钱者封杀的现象比比皆是。如此多的制约，广告图像的审美表现只能是非个性化的，或者是"伪个性化"的。此外，广告图像的本质是"仿制"，仿制就消解了个性化。它的制作过程消解了个性，它的流通过程也消解了个性。为了消费需要，每一幅广告图像诞生后，都要被大规模地复制，电视不厌其烦地重复播放，报纸连天累月地反复刊登，电子媒介滚动式播出，同样的张贴广告遍布大街小巷。重复多了就产生了审美疲倦，就没有了新鲜感。重复是对个性的扼杀。

显然，广告的仿像制作是对传统的审美表现追求创造性与个性的消解，它产生的是一个威胁创造性和个性的同质性大众文化，这种文化抹平了审美意象中的深刻的意蕴，又以大量生产的复制品将审美意象逐出广告审美领域，它带来的后果是人们对意义追求的削弱和漠不关心。"影像与仿真的再生产，导致了固定意义的丧失，并使实在以审美的方式呈现出来。大众就在这一系列无穷无尽、连篇累牍的记号、影像的万花筒面前，被搞得神魂颠倒，找不到其中任何固定的意义联系。"②仿像文化的形成并成为主导性文化是后现代审美文化表现的一个标志。

---

① 转引自《文学前沿》第五期，北京：首都师范大学出版社，2002 年，第 17 页。

② ［英］迈克·费瑟斯通：《消费文化与后现代文化》，南京：译林出版社，2000 年，第 21 页。

第四节　对广告审美文化后现代性表现的理性思考

毋庸置疑，广告审美文化的后现代表现已构成了对传统美学的冲击，面对这种冲击，以纯审美的眼光对之漠视、否定是不客观的；而采取一味认同、抚摸的态度也不可取，而应以宽容的姿态对此进行理性的思考。

一、是“沉沦”又是“回归”

广告审美文化后现代表现的重要特征是它的世俗性、大众性、功利性。在传统的精英文化与大众文化二元对立的审美文化划分中，它不折不扣地属于大众文化。它明目张胆地把功利、把欲望带入审美文化领域，把商品、消费、金钱这些传统美学蔑视的东西贴上审美的标签。它把美学从神圣的精神殿堂拉入到现实生活之中，它是使美学“沉沦”的罪魁祸首之一。

然而，在我们历数它的“罪行”时，也同时会为它今天的“功绩”所震惊——不是相当多的消费者在接受广告的指南进行美的生活的实践吗？服饰如此，美化居室如此，甚至审美理想、审美价值观的建构也如此。广告审美文化能深入日常百姓生活，并在百姓生活中发挥作用，是否存在着更合于美学本质的东西呢？

广告审美文化摒弃了精英（高雅）与大众（通俗）的二元对立模式。广告面对的是所有社会成员，无论你是上层社会的官员、白领，还是只识油盐酱醋的平民百姓；也无论你是精神产品的制造者，还是用体力赚钱养家糊口的普通劳动者，当你从事消费的时候都是消费者，都有权决定如何消费，在金钱充裕的情况下，也可以在某些消费品面前进行同等的消费，因此广告审美文化表现追求雅俗共赏，追求融入精英成员审美取向的大众审美标准。广告如果一味追求高雅，就会远离大众而导致失败，而如果完全走向通俗又会使它失去一部分受众，广告只能兼而有之。所以，无论从消费规律还是从广告自身特征看，在广告那里，精英与大众的对立都不复存在。其实，在原始审美文化中，尚无精英与大众之分，“精英与大众的对立，说到底是精英文化制造出来的神话”。现实生活中精英文化与大众文化也远不像“某些精英文化论者所说的那样彼此对立、泾渭分明，而是既彼此对峙、冲突，又相互渗透、融合。文化的发展既不是精英文化的一枝独秀，也不是大众文化的独行其道，而是两者的妥协、互渗和交易的过程”①。而广告不是正在进行着将两者妥协、互渗和交易的活动吗？

广告审美文化消解了审美与日常生活的界限。以往，谈起美与艺术的字样，

---

① 邢建昌：《大众文化的发展与中国美学的转型》，《文学前沿》第四期，北京：首都师范大学出版社，第102页。

会令人肃然起敬，认为那是美学家、艺术家的专利，与百姓的柴米油盐酱醋日常生活无关，而今美与艺术已由“旧时王谢堂前燕”转而“飞入寻常百姓家”，审美日常生活化或日常生活审美化已然成为时代的特色。“……艺术也在向生活广泛渗透。这是随着物质生活质量的提高，对生活本身的追求必然向一种‘有意味的生活’或‘高质量的生活’看齐。而美的和艺术的法则，不再是那些天才的艺术家们的专利，它脱去自己神秘不可接近的外衣，忍辱屈尊地成为一种普通生活方式的外在点缀和装饰……审美不但变成了生活方式，它还演变为日常生活的意识形态。毋庸置疑，把艺术和审美文化从神圣的象牙塔中请到日常生活中来，是一个带有革命性的转变，提高生存质量和丰富生活趣味，当然是艺术的最终功能”①，也是审美和艺术的最初功能。正时刻将百姓的柴米油盐酱醋日常生活用品，用喜闻乐见的图像等形式进行审美化处理的广告，正是实践着审美、艺术的最初与最终功能，从这个意义上讲，广告是否应该算是一个促发审美革命性变迁的冲锋陷阵者？

广告审美文化还模糊了艺术与功利、理性与感性、精神追求与物质享乐等传统美学理论中相互对立的范畴规定，将它们融合为一体，共同参与审美实践活动，实现了感官快乐与精神愉悦的审美一体性。人是理性与感性、精神与物欲双重因素构成的复合体，将人割裂为纯粹精神的理性的层面或纯粹或感性的或物质的层面，然后将审美活动归于人的精神的理性的层面的活动，将功利追求、物质追求、感官享乐活动归于只注重感性物质享乐的人的低俗行为，是不符合人的自然本性的。人是整体地感知世界的，也是整体地进行审美活动的。审美与艺术活动的最初发生，就与功利、感官享乐不可分割地纠缠在一起，只是后来“职业”艺术家产生，文化艺术逐渐成为相对独立的领域，审美、艺术才被作为精神活动的产品而与世俗生活分离。悲剧就诞生于古希腊人的精神与感官享乐共在的狂欢活动，西方学者尼采用酒神精神论证悲剧的本质，而酒神象征情绪的放纵，是人打破一切禁忌，放纵情欲，复归原始自然体验的表征。因此，从根本上说人的审美活动是不能将审美与功利、感性与理性、精神需求与感官享乐截然分开的。在这一点上，广告审美文化在某种程度上应该说是符合了人最本真、最自然的要求。

由此可见，广告审美文化的世俗性、大众性、功利性是美学在广告审美领域“沉沦”的表现，同时，它将精英文化与大众文化、将审美与日常生活、将艺术与功利等传统美学二元对立的模式去分化，又是美学向其发生之初精神愉悦与感官享乐、理性与感性共在状态“回归”的一种表现。当然，我们不能过高地估计和评价广告审美文化的这种表现。这是因为，古典美学理论在今天的大众审美文化冲击下的确受到了震撼和质疑，但不能因此就认定古典美学理论的过时和否定它蕴

① 周宪：《中国当代审美文化研究》，北京：北京大学出版社，1997 年，第 304 页。

藏着的真知灼见；大众审美文化在今天也的确有市场，但也不能因此就认为存在的就都是合理的。美学是发展着的，一些根本的、基元性的美学问题还有待于发展中进一步研究。况且，广告审美文化表现的精神愉悦与感官享乐、理性与感性共在状态也不同于原始的和谐文化状态，就去分化来说，它是"回归"，而就文化表现来说它却未必和谐，它的主要审美形态是片断的、复制的，有时甚至是纯物欲的、荒谬的。

二、审美价值评判的"缺席"与"在场"

广告审美文化对功利、物欲、感官享乐的认同与表现，并不意味着审美活动到了任意而为的时代，相反，审美导向与价值评判尤显得迫切和必要。

在审美活动的全过程中，审美评判是一个重要环节。遵循一定的审美标准对审美活动进行审视、评定的审美评判，可以保证审美活动在社会形成与认可的价值尺度的范围内运行，审美评判的"缺席"，就会使审美活动"失控"进而偏离审美轨道。广告审美文化后现代性的种种表现，尤其需要审美价值评判的"在场"。

我国广告审美文化活动目前存在的几个亟待解决的问题，就迫切需要广告审美价值尺度的建立及审美评判的实施：

对消费欲望无限度地宣传。一些广告任意地夸大人对奢侈生活的向往，对高档商品使用的渴望，甚至将住高档洋房、坐豪华轿车、过挥金如土的生活作为成功人士的标志而大肆宣传，让人们误认为大把花钱购物、过花天酒地、纸醉金迷的生活才是人生的最高意义，这无疑是一种审美误导。消费欲望无限膨胀，简朴的生活状态、勤俭的生活美德就会遭到舍弃，享乐与奢侈就会成为人们生活追求的目标，人的精神世界就会变得日益空虚与贫乏。况且在现今的中国，大众的消费水准远没有达到一些广告所宣传的"奢侈""享乐"的高度，大多数的消费者还处于正常的生存消费水平，甚至还有相当多的人停留在解决温饱的消费阶段。无限度地宣传消费欲望，扩张人的物质欲求，不但不符合中国国情，不利于中国在社会主义初级阶段鼓励人们勤俭节约、艰苦奋斗，也不符合消费规律。那些自觉经一辈子工作努力也难以达到广告倡导的"奢华"生活水准的人，就会对此类广告避而不见，拒绝接受。也许还会发生经不住一次次奢华的诱惑，在被激发起来的强烈的内心欲求与现实的购买能力窘迫的巨大矛盾中铤而走险、强取豪夺、杀人越货的事情，当然，这绝不是广告审美表现的初衷。

对低俗趣味的无原则迎合。在金钱利益的驱使下，一些广告瞄准一些人的低俗趣味无原则地恣意地表现，污染了广告审美空间，也降低了广告整体审美文化表现的水准。比如"性广告"、低俗的"女性身体广告"。用女性身体、女性形象做广告无可非议，也是当下许多健康广告乐于采取的形式，问题是有些广告采用直接刺激人的本能共性为突破口，或明目张胆或隐约暗示"性"的因素，毫无理由地扩张表现女性身体“性”部位，用牺牲女性的尊严迎合一些男性低俗的生理、心理需求达到宣传、推销商品的目的，这就有了诱人“堕落”的嫌疑了，正如钱中文所说：“优美高雅的艺术往往会把性意识提升为一种具有健康的生命之力、生命之美的人生体验，而不是继续停留在性意识自身。那些低劣的两性描写，则总是把性的粗俗的一面尽情展示，流向恶俗”①。因此，此类广告严重损害和扭曲了女性健康向上的形象，同时也使广告自身沦为视觉公害，沦为不良文化的源头之一，违背了《广告法》中所规定的“广告应当真实、合法、符合社会主义精神文明建设的要求”。诉诸感官功能的低俗广告泛滥，会导致广告审美文化背离它陶冶人们情操，提升人们健康的消费水平，引导人们进行健康积极的消费行为的正确轨道，广告界对此应给予充分地重视。

仿像制作粗制滥造。在中国广告领域中，充斥着大量内容恶俗、表现粗糙的仿像制作。在因特网上、街头巷尾散发的小广告中表现尤甚。这些广告追求所谓的视觉冲击力，不顾广告内容地随意剪接、拼凑富有感官刺激性的图片，色情、暴力、丑陋的影像片断经过技术处理公开地展览出来，使图像广告成为一些人窥视世间恶俗的场所；一些广告图片虽然没有表现色情、暴力这些恶俗内容，但制作平浅、“文”不对题、形象不佳、配图语言平庸，观后令人倒胃口。上述两类广告经复制品广泛传播，如果长期地大量地接受这类广告图像的“熏陶”，对含蓄、俊秀、韵味、崇高、幽婉、恬淡等审美的感觉就会逐渐钝化，审美鉴赏力就会降低，我国国民的审美素质就会整体下滑，这是十分严重的问题。

由此可见，在广告审美文化领域中，审美价值评判是不可“缺席”的。保证审美价值评判的“在场”，可以监督和批判广告文化的“非美”表现，尽可能地杜绝丑陋、“伪美”广告作品的产生和流传，规范广告审美文化市场，使广告审美文化领域成为传播美弘扬美的场所。

本章小结

作为审美文化领域一位极具活力的新成员，商业广告审美活动天然地带有反传统美学的属性。将广告审美活动置于当下审美文化语境中考察，可以看到广告的审美活动具有后现代审美文化表现的特征。

广告的审美活动在根本上背离了一些传统的审美经典理论的设定，其主要表现有：首先，广告审美活动的功利性对审美超功利性的消解。传统美学认为审美活动是超功利性的，在广告审美活动中由于功利性是其本质，审美化便成为本质的现象。本质的现象受规于并表现着本质，现象无法从本质中剥离。广告以实用

① 钱中文：《文学理论：求索与反思》，北京：中国社会科学出版社，2013 年，第 105 页。

性与审美性结合为一体、难解难分，实现着对“审美超功利”经典定义的消解；其次，广告审美活动的非距离性对于审美距离性的消解。传统美学理论认为，审美距离是美感产生的条件，同时又构成着美感。在广告审美活动中，消费主体被审美化的广告唤起兴趣从而形成对其商品的关注与赞赏时，他的基于实用目的的选择也就在这关注与赞赏中开始了，观赏即实用，实用即观赏，它们是一回事，审美距离感难以产生；第三，广告审美活动的“物欲化”对审美非物欲性的消解。传统美学理论谈及审美欲望，将之归属于人类的纯粹的精神追求，审美过程中排斥对对象的占有，以保证精神处于一种鉴赏愉悦的境地。而广告审美诉求目的就是要把自己推销的商品或生活方式与消费者的欲望相联系，使消费者为满足欲望而采取购买行为。广告审美活动的功利性本质，导致了广告审美非物欲性的失效。

广告审美文化的后现代性表现还体现为广告审美趣味对传统审美趣味的挑战，这种挑战本章主要分析了两点，一是对传统美学将审美趣味分为高低、雅俗之别的挑战。以功利追求为本质特征的广告审美文化，顺应大众宣泄消遣的艺术趣味，将大众与功利、物欲相关的日常生活趣味变为审美文化中心，并赋予肯定的价值与意义，在广告审美文化领域中，消解了审美趣味的高低、雅俗之别。二是对传统美学将感性审美趣味驱除于审美家园的挑战。广告极力宣扬唤起人感性愉悦的娱乐文化，用华美的词藻和虚构的奢华与浪漫的梦想，把人们的生活理想、审美趣味引向感性享乐的世界，促使以理性精神为主导的审美文化发生了裂变，感性娱乐审美文化勃然兴起而成为新的审美景观。大众审美趣味发生着向感性流动的嬗变。

借助现代科学技术而呈现的广告审美表现也形成了对传统审美表现的冲击，体现出后现代审美文化的特征，其主要表现为：首先，图像展示对文字书写的颠覆。广告图像展示是现代生活的一道靓丽的风景线，广告把它的满载着商业信息的图像散发到现代人生活的各个角落。广告给现代人提供了“读图”的便利，也硬给现代人营造了一个“读图”的环境。广告的审美表现体现了图像对文字主体作用的取代。其次，仿像制作对意象创造的逐出。意象是艺术家所创造出来的满含主体情思意念的艺术形象，它是创造性的产物，又是个性化的产物。广告图像是为传达商品信息而创意，创作者的主观情意必须服从商品信息传达的需要，同时，广告图像是“文化工业”的产物，它通过剪辑、分切、叠化、组合、拼贴等高科技仿制手段来完成，更多地依据技术原则。因而广告图像是非创造的。广告图像出于商业化运作的需要，就必然要满足大多数消费者的消费需求，在这样的目的指向下，制作者的文化审美个性就没有了表现的理由和表现的空间，因而广告图像又是非个性化的。显然，广告的仿像制作是对传统的审美表现追求创造性与个性的消解，它产生的是一个威胁创造性和个性的同质性大众文化，这种文化抹平了审美意象中的深刻的意蕴，又以大量生产的复制品将审美意象逐出广告审美领域。

对广告审美文化后现代性表现要进行理性分析，以纯审美的眼光对之漠视、否定是不客观的；而采取一味认同、抚摸的态度也不可取。广告审美文化摒弃了精英（高雅）与大众（通俗）的二元对立模式，模糊了艺术与功利、理性与感性、精神追求与物质享乐等传统美学理论中相互对立的范畴规定，实现了感官快乐与精神愉悦的审美一体性，将精英文化与大众文化、将审美与日常生活、将艺术与功利等传统美学二元对立的模式去分化，这些对于美学的研究及美学学科的发展都提供着重要的现实依据与理论借鉴意义。但广告审美文化对功利、物欲、感官享乐的认同与表现，并不意味着审美活动到了任意而为的时代，相反，它提出了在审美活动中审美导向与价值评判“在场”的必要性。我国广告审美文化活动，迫切需要广告审美价值尺度的建立及审美评判的实施。

参考文献

[1] [德]黑格尔. 美学(一、二). 北京: 商务印书馆, 1979 年版
[2] [德]康德. 判断力批判(上卷). 北京: 商务印书馆, 1965 年版
[3] [德]海德格尔. 林中路. 上海: 上海译文出版社, 2004 年版
[4] [德]伽达默尔. 真理与方法. 沈阳: 辽宁人民出版社, 1987 年版
[5] [德]姚斯. 接受美学与接受理论. 沈阳: 辽宁人民出版, 1987 年版
[6] [法]狄德罗. 绘画论. 北京: 商务印书馆, 1980 年版
[7] [法]罗兰·巴尔特, 让·鲍德里亚等: 形象的修辞——广告与当代社会理论. 北京: 中国人民大学出版社, 2005 年版
[8] [英]詹姆斯·库兰. 大众媒介与社会. 北京: 华夏出版社, 2006 年版
[9] [英]麦克·费瑟斯通. 消费文化与后现代主义. 北京: 译林出版社, 2000 年版
[10] [英]安吉拉·默克罗比. 后现代主义与大众文化. 北京: 中央编译出版社, 2001 年版
[11] [美]鲁道夫·阿恩海姆. 艺术与视知觉. 北京: 中国社会科学院出版社, 1984 年版
[12] [美]苏珊·朗格. 情感与形式. 北京: 中国社会科学出版社, 1986 年版
[13] [美]李奥贝纳. 百感交集: 广告大师李奥贝纳的 100 名言. 滚石文化股份有限公司, 2000 年版
[14] [美]阿瑟·伯格. 媒介分析技巧. 北京: 清华大学出版社, 2011 年版
[15] [美]威廉·阿伦斯. 当代广告学. 北京: 华夏出版社, 2001 年版
[16] [美]戴安娜·克兰. 文化生产: 媒体与都市艺术. 北京: 译林出版社, 2001 年版
[17] [美]丹·海金司. 广告写作艺术. 北京: 中国友谊出版公司, 1991 年版
[18] [美]丹·E·舒尔茨. 广告运动策略新论. 北京: 中国友谊出版公司, 1991 年版
[19] [加]马歇尔·麦克卢汉. 理解媒介——论人的延伸. 北京: 商务印书馆, 2004 年版
[20] [加]罗伯特·洛根. 理解媒介. 延伸麦克卢汉. 上海: 复旦大学出版社, 2012 年版
[21] [斯] 阿莱斯·艾尔雅维茨. 图像时代. 长春: 吉林人民出版社, 2003 年版
[22] [日]植条则夫, 广告文稿策略: 策划、创意与表现. 上海: 复旦大学出版社, 1999 年版
[23] [日]原研哉. 设计中的设计. 南宁: 广西师范大学出版社, 2010 年版
[24] 马克思主义文艺理论研究. 编辑部编选. 美学文艺学方法论. 北京: 文化艺术出版社, 1987 年版

[25] 宗白华. 美学散步. 上海：上海人民出版社，2002 年版
[26] 杨恩寰. 美学引论. 沈阳：辽宁大学出版社，1992 年版
[27] 王向峰主编. 文艺学新编. 沈阳：辽宁大学出版社，1990 年版
[28] 王向峰，洪凤桐主编. 美学新编. 沈阳：辽宁大学出版社，1998 年版
[29] 王向峰. 向峰文集(第三卷). 中国美学论稿. 沈阳：辽宁大学出版社，2002 年版
[30] 钱中文. 文学理论. 求索与反思. 北京：中国社会科学出版社，2013 年版
[31] 高楠. 改革开放 30 年中国文论建构. 北京：文化艺术出版社，2013 年版
[32] 高楠、王纯菲. 中国文学跨世纪发展研究. 北京：人民文学出版社，2008 年版
[33] 宋伟. 后理论时代的来临. 北京：文化艺术出版社，2011 年版
[34] 周宪. 中国当代审美文化研究. 北京：北京大学出版社，1997 年版
[35] 王德胜. 文化的嬉戏与承诺. 郑州：河南人民出版社，1998 年版
[36] 姚文放. 文化工业：当代审美文化批判. 沈阳：社会科学辑刊，1999 年版
[37] 张荣翼，张小元，张利群. 文艺学概论. 成都：天地出版社，2001 年版
[38] 张晶. 论审美文化. 北京：北京广播学院出版社，2003 年版
[39] 赵一凡，张中载，李德恩. 西方文论关键词. 北京：外语教学与研究出版，2009 年版
[40] 周宪. 美学是什么. 北京：北京大学出版社，2003 年版
[41] 张薇. 广告美学. 武汉：武汉大学出版社，2012 年版
[42] 邓加林. 广告美学. 北京：人民出版社，1995 年版
[43] 孔昭林. 实用广告美学. 北京：高等教育出版社，2006 年版
[44] 祁聿民，苏扬，李青. 广告美学：原理与案例. 北京：中国人民大学出版社，2003 年版
[45] 何修猛. 现代广告学(第三版). 上海：复旦大学出版社，2001 年版
[46] 张金海，姚曦. 广告学教程. 上海：上海人民出版社，2004 年版
[47] 张余海. 20 世纪广告传播理论研究. 武汉：武汉大学出版社，2002 年版
[48] 王纯菲，赵凌河. 广告心理学. 沈阳：辽宁师范大学出版社，2002 年版
[49] 宋玉书，王纯菲. 广告文化学——广告与社会互动的文化阐释. 长沙：中南大学出版社，2004 年版
[50] 张微. 广告文案写作. 武汉：武汉大学出版社，2003 年版
[51] 刘博，杨旭庆. 中外经典广告成功策划. 贵阳：贵州人民出版社，2004 年版
[52] 张崇婉. 广告创意与语言艺术. 北京：光明日报出版社，1997 年版
[53] 王诗文主编. 电视广告. 北京：中国广播电视出版，2001 年版
[54] 饶德江. CI 原理与实务. 武汉：武汉大学出版社，2002 年版
[55] 张德，吴剑平. 企业文化与 CI 策划. 北京：清华大学出版社，2000 年版
[56] 叶万春，万后芬，蔡嘉清. 企业形象策划. 大连：东北财经大学出版社，2001 年版
[57] 刘光明. 企业文化. 北京：经济管理出版社，2001 年版
[58] 周旭，易心. 商标与企业形象设计. 长沙：湖南美术出版社，2001 年版
[59] 邹志仁. 信息学概论. 南京：南京出版社，2007 年版
[60] 高宣扬. 流行文化社会学. 台北：扬智文化事业股份有限公司，2002 年版
[61] 杨魁，董雅丽. 消费文化——从现代到后现代. 北京：社会科学出版社，2003 年版
[62] 汪民安，陈永国. 后身体文化、权力和生命政治学. 长春：吉林人民出版社，2003 年版

后　记

广告业的兴起与繁荣，不仅有效地促成了广告学以及与广告学密切相关的其他学科的发展，如市场学、市场营销学、大众传播学、公共关系学以及公共事务管理学的发展等等。而且，它还向以其超功利性而不甘染指于世俗功利的传统美学与艺术学发起了挑战，派送了请单。它的挑战在于它以广告业繁荣的不容回避的客观现实性，向传统美学与艺术学发出功利性质疑，要求后者回答广告的功利性是否就必然与美和艺术无缘。而令后者难以回答的是，倘若仍坚持美与艺术的超功利性的传统看法，则强调功利性的广告就确实与美和艺术无缘。可是，实际情况却是广告功利性的现实实现又总是美的实现或艺术的实现。这样一来，在广告现实的质疑面前，传统美学或艺术学就陷入两难境地，它或者放弃一贯坚持的美或艺术的超功利性，或者闭上眼睛不看那生机盎然的现实，恪守概念思辨的冻土。放弃超功利性是传统美学、艺术学面对现实的自我否定，而不顾现实，则又是传统美学、艺术学对于现实的否定。无论如何，广告的现实挑战都把传统美学与艺术学逼入了面临否定的困境——或是自我否定，或是被现实所否定。至于广告业在繁荣中向美学或艺术学所派送的请单所发出的吁请，则在于广告在现实发展中几乎无处不与美和艺术相遇，而且又总是在美与艺术中找到自己的功利归宿；这使它不能不迫不及待地恳请美学与艺术学走出殿堂，出手相助。这吁请急切而且真诚，这对于美学与艺术学而言，正是一片充满生机的天地。

正如高楠在2005年我们撰写出版的《广告美学》的序言所说：这是一个重要的时代课题。这一课题的关键在于美或艺术如何在广告的功利性中安居，广告的功利性又如何在美或艺术的栖居中实现。而这一课题的求解，就是广告学与美学的联姻。从根本上说，广告是一种工具，一种手段，它为所传播的信息——包括商品信息、服务信息、企业信息以及社会公益信息而存在。这决定了广告的依附性，它只能依附于它的信息目的。它的构思、创意、制作、效果，以及因此而来的对于它的接受与评价，都受信息目的所规定、所制约、所衡量。广告如果离开它的信息目的去另外追求自身的目的，如广告自身的精彩、广告自身的完善或广告自身的别出心裁，实际上就都是广告的否定。错把手段当成目的或不同程度地把手段当成目的，是很多广告误入歧途的原因。而美学的通常看法在于，美或艺术在历史发展与实践展开过程中，以自由实现或自由肯定的形式从其所关联的功利活动或功利内容、功利属性中超然而出，以其赏心悦目的独立价值唤起人们的自由体验。人们体验着自由，而自由便是功利压迫的解脱。但实际上，不管历史实践与现实实践给人们提供了怎样的自由，这自由都是物质实践的自由，是见于物质实践的自由。见于物质实践，也就必然地关联着物质实践的功利性——没有功利性的物质实践并不存在。这样，一方面，美或艺术是超然于物质实践的自由；一方面，美或艺术又总是根基于、关联于物质实践，因此又是见于物质实践的自由。既超越又关联，这是美或艺术对于功利性的实际情况。在现实生活中，美是具体生活的美，艺术也是具体生活的艺术，具体生活是美或艺术的源泉，构成美或艺术的内容，并规定着美或艺术的形态。很难想象，当美从具体生活事物中以其自由形式而被抽取出来时，它将着落于何方？如人的容貌的美、建筑的美、风光的美，它离开面貌、离开建筑、离开风光，又会以何种形态存在于现实生活？艺术也是一样，离开具体的生活内容、生活体验、生活形态，艺术又将是什么呢？弄到最后，美或艺术恐怕就只能被抽取为一堆毫无生机的色彩和线条了。康德就正是在这样的美的抽取中，把美推上了枯燥线条的绝路，以至于他不得不进行挽回式的让步。在这一点上，康德成为他自己的思辨逻辑的逃逸者。这就是说，在历史实践与现实实践中，在生生不已的现实生活中，美或艺术其实离不开现实生活亦即离不开功利性。长时期以来，美或艺术被超功利地理解与论证，这只在概念思辨的美学与艺术学体系中有效，是概念打造出来的超功利性。以此引申于广告，就有了广告美学所面临的基本悖论：美或艺术超然于广告的信息目的、功利目的，但同时，前者又是见于后者，依附于后者的信息目的存在、功利目的存在。广告美学的理性活动正是在这样的悖论中展开。

这部《广告美学》即沉潜于这一悖论的研究与分析，对这一悖论进行深度的求解，强调了广告美之于所传播的信息目的的工具性、手段性及因此而来的依附性。在这一性质定位的前提下，突破美的超功利的封闭性，将之向广告实用领域引申，揭示其超功利又回落于功利的功能属性及向现实生活敞开的构成性，进而阐释美来于现实功利生活又实现于现实功利生活的辩证展开过程。自然，作为一门交叉学科，广告美学不是广告学和美学简单粘贴、拼凑而成的，而是科学与科学对接、交融、整合的结果。它有多学科的渊源和宽阔的理论平台，也有自己的研究对象和研究任务、自己的理论框架和学科体系、自己的学术空间和学术个性。2005 年《广告美学》出版至今刚好十年，在十年的广告美学的研究与教学中，我们越来越深刻地体会到这门学科的独具性，越来越感受到这门学科领域散发的独有魅力，在这部修订的《广告美学》中，我们将十年来的对这门学科的新认知、新理解注入著作中；十年来，作为服务型创意产业之一的广告业，借助国家“十二五”规划将其列入国家发展战略的组成部分的强劲东风，也得以突飞猛进地发展，蕴含审美意味的广告更是层出不穷，我们也将十年来广告业与时代同步的、富有创造的广告实践的新姿态融入著作中。

修订的《广告美学》的作者仍是原班人马。王纯菲教授、宋玉书教授担任主编，负责制定修订原则、修改意见、审稿统稿等工作，并且撰写了第十一章、修订了第一章。张晓龙撰写、修订第二章，李东撰写、修订第三章和第九章，马弋飞撰写、修订第四章，王百娣撰写、修订第五章，王百娣、刘宝金撰写第六章（王百娣修订），林溪声撰写第七章（李东修订），冯露撰写、修订第八章，王彤撰写、修订第十章。

真诚地感谢中南大学出版社的彭亚非、刘辉编辑，十多年来，她们一如既往地支持我们、信任我们，编写者之间的友好合作与由此建立的深厚友谊，是我们重振修订《广告美学》的动力。

时代在发展，广告就在发展，《广告美学》的研究也就不能划上休止符。

2015 年 10 月